中国社会科学院创新工程学术出版资助项目

西藏哲学社会科学学人丛书

耕耘 思考 求索

王春焕 ◎ 著

中国社会科学出版社

图书在版编目（CIP）数据

耕耘　思考　求索／王春焕著．—北京：中国社会科学出版社，
2017.10
ISBN 978-7-5203-1682-8

Ⅰ.①耕…　Ⅱ.①王…　Ⅲ.①社会科学-文集　Ⅳ.①C53

中国版本图书馆 CIP 数据核字（2017）第 314231 号

出 版 人　赵剑英
责任编辑　任　明
责任校对　赵雪姣
责任印制　李寡寡

出　　　版　中国社会科学出版社
社　　　址　北京鼓楼西大街甲 158 号
邮　　　编　100720
网　　　址　http://www.csspw.cn
发 行 部　010-84083685
门 市 部　010-84029450
经　　　销　新华书店及其他书店

印刷装订　北京君升印刷有限公司
版　　　次　2017 年 10 月第 1 版
印　　　次　2017 年 10 月第 1 次印刷

开　　　本　710×1000　1/16
印　　　张　25.5
插　　　页　2
字　　　数　426 千字
定　　　价　95.00 元

自　序

我成长在充满理想主义色彩的时代，在乡下就读初高中时就萌发了考大学的梦想，那时不是考大学，而是推荐上大学。生活在山西省一个穷乡僻壤的小山村里，最远也只去过离家十多里的县城，不知世事，怎敢梦想上大学呢，怎能被推荐上大学呢？在上学的乡间小路上，时时仰天畅想：能上大学多好啊。那时很幻想用自己的笔做题考上大学。"文化大革命"结束后，从1977年起，国家恢复了高考制度，正在就读高一时，我有幸参加了高考，但因乡下学校书本简单、复习资料短缺，复习得较差，直到1979年才迈进大学的门槛。理想的实现真让人兴奋，进入大学的知识殿堂，有那么多的书读，可惜自己不知怎么学习，真羡慕那些进工厂当工人、下农村当知青锻炼的大哥大姐们，他们有丰富的人生经历，好像就很懂得学习。在懵懵懂懂的时光中读完了大学，心想毕业后当个大学教师做点研究就心满意足了。可1983年进藏时，我被分配到拉萨中学任教，据校长说我教的班级成绩是第一就直接被提走档案了，这一任教就是十年，应该说自己是个优秀的中学教师，连续三年教高三年级的历史课，学生成绩在全区排第一名受到奖励，还被评为学校优秀教师和自治区教育厅先进教育工作者。可惜，十年中，我能把所教的教材熟记无误，可就是连一篇论文的题目都想不出来。

1993年，我调到西藏民族学院任教，成为一名高校教师，开始了科研工作，冥冥之中在朝着大学时的梦想发展。1999年调到西藏大学任教，有幸于2000—2002年到西南大学（当时称西南师范大学）在职攻读硕士学位。在吴文华导师的指导下，完成了一篇三万五千字的硕士学位论文，这成为我科研的真正起点。此后，写文章似乎容易了，在职硕士没有白读啊，受益至今。

在高校任教期间，基于教学需要，广泛涉猎专业外知识，如社会学、心理学、民族学、宗教学、法学等，也常思考一些问题，学习、思考、教学构成一线，促进了我科研能力的提高。2002 年，西藏大学在"法律基础"（当时称"两课"）公共课程基础上筹建法律专业，我与几个高校刚毕业的教师承担筹建工作，并担任西藏大学第一任法律系主任职务，心中志忑地工作。先在电大、成人函授班开设法律课程。我担任过宪法、法理学、刑法、民法、劳动法、监狱法等课程，除了借阅图书做参考资料外，还广泛听取其他教师授课，拓展法学理论知识，申报国家社科基金课题《西藏地区非诉讼纠纷解决机制研究》，撰写法学类文章。现在回想起来，正是这一时期我较快地提高了科研水平，法律课程教学培养了我思考的洞察性和逻辑性。同时，也因担任"两课"（马克思主义理论课、思想政治教育课，2005 年改为"思想政治理论课"）教学工作，使自己的研究范围不断拓宽。

2008 年，根据西藏哲学社会科学发展的需要，我调到西藏社会科学院工作，主要是创建马克思主义理论研究所，研究所成立初期只有我一个人，两三年以后院里逐渐引进年轻科研人员，有五六人了。正是因为创建一个新的研究所，要承担较多的科研任务，就更加磨炼了研究能力，这时我的研究向马克思主义大众化以及在马克思主义指导下研究西藏重大现实问题的方面拓展，参加过国家社科基金重大招标项目《维护西藏地区社会稳定对策研究》论证与子课题工作，参加过国家社科基金特别委托项目《西藏百年史》，参加过自治区党委、拉萨市、林芝地区委托项目等，取得一定的成果。创建高校法律专业和马克思主义理论研究所的工作，对提高我的科研水平具有重要作用，感谢西藏大学和西藏社会科学院给了我这样的锻炼机会。

在西藏社会科学院成立 30 周年之际，院里决定出版论文集，此时，我被派到中国社会科学院马克思主义研究院挂职锻炼（担任院长助理职务），这本论文集的编辑工作在北京完成，心情激动不已。受中国社会科学院浓厚学术氛围的影响，深感自己的研究不够。中国社会科学院的学术环境激发了我一些新的思考，将促进我继续在学术平台上不断努力。

感谢西藏社会科学院给予我的机会，感谢多年来关心、支持我的各位老师、领导、同事和朋友们！

王春焕

2015 年 5 月

目　　录

马克思主义理论与应用研究

思想政治教育研究

爱国主义教育研究

价值观教育研究

民族理论与实践研究

文化建设研究

法制建设研究

社会与历史研究

纪念百万农奴解放研究

教育教学研究

马克思主义理论与应用研究

论毛泽东对西藏革命和建设的
理论与实践的贡献

摘　要　以毛泽东为代表的中国共产党人，把在实践中形成的中国革命和建设理论应用于西藏革命和建设中进行探索，成功地指导西藏革命和建设顺利发展，并初步形成新中国中央领导治藏的基本思想。毛泽东对西藏革命和建设理论与实践做出了巨大的贡献。

关键词　毛泽东　西藏　理论　实践　贡献

在中国革命和建设过程中，以毛泽东为代表的中国共产党人创立了中国革命和建设的一系列理论，指导包括西藏在内的中国革命和建设取得了胜利。西藏与全国各地相比较，是一个特殊的区域。如何完成西藏地区的革命和进行建设是中国革命和建设中的难题。以毛泽东为代表的中央领导把中国革命和建设理论应用到西藏革命和建设中进行探索，成功地指导了西藏革命和建设顺利发展，在此基础上初步形成了新中国中央领导治藏的基本思想。

一　把中国革命和建设的理论成功地运用于
西藏革命和建设中

以毛泽东为核心的中国共产党人，把革命和建设的理论放置于西藏这个特殊区域，进行了革命和建设的探索。实践证明，在全国革命和建设过程中形成的理论能够适用于西藏地方。

（一）西藏和平解放前的基本区情与中国革命理论的适用

西藏位于我国的青藏高原上，面积 120 多万平方公里，平均海拔

4000 多米，河流众多，高山纵横，复杂的地理使交通极为不便，阻隔了西藏人民与内地兄弟民族的交流。解放前，西藏实行政教合一的封建农奴制度，官家、贵族、寺庙僧侣三大领主是统治阶级，农奴是被统治阶级，三大领主对农奴实行残酷的剥削。西藏主要居住的是藏族，还有门巴族、珞巴族以及僜人、夏尔巴人等世居族群，各族群众绝大部分笃信佛教，藏传佛教影响社会的各个方面，西藏的民族、宗教情况十分复杂。自元朝以来，历代中央政府对西藏实行有效的管理，但管理与内地还是有很大的区别。民国时期，中央政府对西藏的统治和影响逐渐恢复和强化，但 1945 年第二次世界大战结束后，英、美、印等国联手干涉西藏事务，西藏地方上层分裂主义势力加快谋求脱离中国的步伐，西藏地方面临从中国分裂出去的危险。到全国基本解放时，西藏是全国唯一没有中国共产党组织的地区。① 随着全国的基本解放，毛泽东开始考虑解放西藏的问题。1949 年 2 月 4 日，毛泽东在河北省平山县西柏坡村与来访的苏联共产党中央政治局委员米高扬谈话时讲：中国 "大陆的事情比较好办，把军队开去就行了"。"西藏问题也并不难解决，只是不能太快，不能过于鲁莽，因为：第一，交通困难，大军不便行动，给养供应麻烦比较多；第二，民族问题，尤其受宗教控制的地区，解决它更需要时间，需要稳步前进，不应操之过急。"② 在英帝国主义分子黎吉生的策划下，1949 年 7 月 8 日，西藏地方当局制造了所谓的 "驱汉事件"。9 月 3 日，新华社发表社论指出："中国人民解放军必须解放包括西藏、新疆、台湾在内的中国全部领土，不容有一寸土地留在中华人民共和国的统治之外。"③ 12 月，毛泽东赴苏联访问，在途经满洲里时写信指示西南局：进军西藏宜早不宜迟。中央着手解放西藏事宜，在西藏地区开始了革命。

　　毛泽东亲自指挥和领导了西藏革命，将中国革命的理论运用于西藏革命中。笔者认为，针对西藏的情况，毛泽东应用了中国革命理论中的革命阶段理论、统一战线理论、军队斗争理论和人民民主专政理论等。

　　毛泽东从近代中国半殖民地半封建社会的基本国情出发，认为中国革命必须分两步走：第一步改变半殖民地半封建的社会形态，使中国成为一

---

① 《解放西藏史》编委会：《解放西藏史》，中共党史出版社 2008 年版，第 20、35 页。

② 师哲：《在历史巨人身边》，中央文献出版社 1991 年版，第 380 页。

③ 中共中央文献研究室等编：《西藏工作文献选编》，中央文献出版社 2005 年版，第 2 页。

个独立的新民主主义社会；第二步使革命向前发展，建立一个社会主义社会。① 毛泽东从西藏社会的基本情况出发，也采用了革命分两步走的理论，即新民主主义和社会主义两个革命阶段，而西藏新民主主义革命也是分两步走，即先从帝国主义的侵略下解放西藏，再从封建农奴制度下解放西藏。在西藏革命中由于没有党的组织，没有人民基础，毛泽东首先运用了统一战线理论，解放西藏或是民主改革首先是争取上层，而后再影响群众，即首先是引导上层觉悟再引导群众觉悟。如何解放西藏，根据西藏的实际，中央做出了以和平方式解放的决定。1949 年 3 月，在七届二中全会上，毛泽东就把今后力争以北平（通过谈判和平解决）和绥远（暂时维持现状而后解决）方式解决尚待解放的各地问题，提上了解放战争的日程。据此，朱德、刘少奇、周恩来等在各种场合讲话中阐明了中央和平解放西藏的主张和方针。② 在西南局深入调研的基础上，中央决定争取和平解放西藏。中央采取多种办法争取同西藏当局和谈，但遭到拒绝，西藏当局将藏军陈兵于昌都阻止解放军进藏，根据当时西藏当局的军事情形，中央决定组织昌都战役"以打促和"。昌都战役后，西藏当局派出代表团赴京与中央人民政府签订了"十七条协议"，西藏得到和平解放。解放西藏的过程中，中央采取了政治争取和军事斗争并用的手段，这既是毛泽东和平解放主张的运用，也是毛泽东军事斗争思想的运用，二者很好地结合起来，解决了西藏的解放问题。在西藏和平解放过程中，交替使用了毛泽东关于统一战线理论和军事斗争理论，这种情况一直到民主改革时。根据"十七条协议"，西藏地方应自动进行社会改革，但他们中的反动上层希望永久保持西藏落后的社会制度，最终破坏协议，发动武装叛乱，因此，中央对叛乱采取了人民民主专政方式，平定叛乱，进行了民主改革，完成了西藏民主革命的第二步任务，这是毛泽东关于人民民主专政理论在西藏革命过程中的胜利。

（二）西藏民主改革后的基本情况与社会主义革命理论的适用

1959 年 3 月，西藏反动上层发动了武装叛乱，28 日，国务院责令解散西藏地方政府，命令中国人民解放军平定西藏叛乱。在平息叛乱中，中

---

① 申家字：《论毛泽东新民主主义革命时期的理论创新》，《经济研究导刊》2011 年第 7 期。

② 《解放西藏史》编委会：《解放西藏史》，中共党史出版社 2008 年版，第 104—105 页。

央要求西藏进行民主改革，首先是在平息叛乱的拉萨、山南地区和曾经参加叛乱的寺庙里进行，然后在其他城镇、牧区、边境地区进行。民主改革历时两年，"使西藏的社会制度和政治面貌发生了翻天覆地的变化"①。第一是废除了封建的农奴主生产资料所有制，实现了劳动农牧民的个体所有制，铲除了封建剥削制度产生的根源，翻身农牧民在历史上第一次有了自己的土地、牛羊，成为社会和自己的主人。第二是废除了政教合一的制度，对寺庙进行改革，彻底废除了宗教特权，实现了寺庙的民主管理。第三是建立了人民民主的各级政权，到 1960 年年底，建立 1000 多个乡级人民政权，建立 283 个区级人民政权，建立 78 个县级人民政权，建立 8 个专区（市）级人民政权。② 农奴出身的大批干部走上领导岗位。第四是旧社会各项事业初步发展，交通、电力、教育、卫生等民生事业得到发展。民主改革是西藏社会一次最彻底、最深刻的社会变革，触及了西藏社会的生产关系和上层建筑领域，极大地解放了社会生产力，为西藏进入社会主义社会奠定了前提条件。

　　民主改革标志着西藏完成了民主革命的任务，民主革命是西藏革命的第一步，对于西藏革命如何走第二步即建立社会主义社会，倾注了以毛泽东为主的中央领导的心血。笔者认为，在西藏社会主义革命和建立社会主义制度过程中，应用了民族自治理论和社会主义改造理论。

　　在完成民主革命的基础上，最首要的就是在西藏建立社会主义社会的政权。1938 年 10 月党的六届六中全会上，毛泽东首次比较明确地提出了民族区域自治的思想，这对于解决民族地区的政权建立问题具有理论指导意义。根据《中国人民政治协商会议共同纲领》"各少数民族聚集地区，应实行民族区域自治"的规定，"十七条协议"中就规定"西藏人民有实行民族自治的权利"。西藏和平解放后，中央就考虑了西藏建立自治政权的事宜。1954 年 9 月，毛泽东接见出席第一届全国人民代表大会的达赖和班禅时就提出了成立西藏自治区筹备委员会的意见，1956 年 4 月 22 日成立西藏自治区筹备委员会，开始西藏自治区的筹备工作，经过九年的准备，1965 年 9 月 1 日，西藏自治区第一届人民代表大会在拉萨召开，中共西藏自治区委员会（由中共西藏工委改名）和西藏人民委员会（政府）

---

① 《中央关于西藏工作方针的指示》，1961 年 4 月 21 日。

② 许广智：《西藏地方现代史》，西藏人民出版社 2009 年版，第 205 页。

建立，随后相应的各级政权建立起来。西藏自治区的成立标志着西藏民主革命的基本结束，实现西藏从封建农奴主土地所有制转变到农牧民个体所有制后，进入了社会主义革命和社会主义建设的新时期。①

社会主义改造是社会主义革命的必经阶段。西藏与内地不同，社会主义改造是在"文化大革命"时期完成的。在自治区成立前，中央对西藏的社会主义改造做出了指示："西藏农业合作化原定在5年内不搞，现在已经过了5年，同时情况又已有了变化，可以着手搞一点人民公社的试点。第二步如何办，待试点后定。"② 1965年8月29日，中央做出《关于在西藏进行社会主义改造问题的复示》，同意西藏有领导、有计划、有步骤地试办人民公社（先办初级社），指出："在建立人民公社的时候，宁可时间用得长些，准备得充分些，搞得稳些。因此，要特别逐一防止一哄而起，打被动仗，应该先在专区领导下和少数领导能力强的县领导下搞少数试点。"③ 在西藏试行人民公社基础上，中央进行深入的调研，于1970年12月发出《关于西藏社会主义改造问题的指示》，对西藏社会主义改造作了具体的部署。到1976年，西藏完成了对农牧、城镇的私营商业、手工业的社会主义改造，实现了生产资料的个体所有制向社会主义公有制的过渡，最终使社会主义制度在西藏建立起来。

（三）西藏自治区成立前后的基本状况与社会主义建设理论的适用

在民主改革任务基本完成后，中央对西藏采取了"稳定发展"的方针，防止急躁。在稳定发展时期，西藏的农牧业、工业、商业和文化教育、医疗卫生等得到了长足的发展。自治区成立后，西藏社会主义革命和建设同时进行。笔者认为，这一阶段，西藏交替应用了社会主义革命和社会主义建设的理论。除了社会主义改造理论外，还应用了社会主义基本矛盾和全面建设的理论等。

毛泽东强调，社会主义社会的基本矛盾仍然是生产力与生产关系、经济基础与上层建筑之间的矛盾，主要表现为既相适应又有不相适应的方面，相适应是主要的，不相适应的方面可以通过社会主义制度自我调节，因而不具有对抗性。在西藏，虽然推翻了旧政权、废除了旧制度，建立了

---

① 《解放西藏史》编委会：《解放西藏史》，中共党史出版社2008年版，第522页。

② 中共西藏自治区委员会党史研究室：《中国共产党——西藏历史大事》，中共党史出版社2005年版，第223页。

③ 同上书，第226页。

新政权、新制度，但是仍然存在生产力与生产关系、经济基础与上层建筑之间的矛盾。旧西藏的生产力发展程度和经济基础以及封建农奴制思想都对西藏新的生产关系和上层建筑有很大影响，因此，西藏必须遵循这一社会矛盾规律，大力开展经济、政治、社会、文化等各项建设，发展先进的生产力和科学的文化，不断完善社会主义制度，提高人民的思想政治和文化素质。笔者认为，在西藏自治区成立后，中央和西藏地方将社会主义改造、社会主义基本矛盾以及全面建设的理论交叉应用于西藏的工作中，推动了社会主义革命和建设在西藏的同步发展，取得了社会主义革命和建设的胜利。

二　以符合西藏实际的理论指导西藏
地方革命和建设的实践

毛泽东创立的中国革命和建设的理论在指导西藏革命和建设的过程中，根据西藏的实际作了一定调节，使之形成符合西藏实际的理论，指导西藏革命和建设顺利发展。

（一）以革命阶段理论指导西藏解放

毛泽东关于革命阶段理论在指导西藏的工作中，实际包括了新民主主义革命和社会主义革命两步走以及民主革命两步走的内容。民主革命理论指导西藏解放，社会主义革命理论指导西藏确立社会主义制度。

在毛泽东民主革命阶段理论的指导下，西藏完成了两个层次的解放。第一个是从帝国主义侵略下解放。解放前，帝国主义尤其是英帝国主义通过两次侵藏战争在西藏攫取了政治、经济、文化等多方面的利益，控制了西藏地方当局，尤其是在新中国成立前后，加大力度策动"西藏独立"，因此，新中国成立后首先要从帝国主义侵略压迫下解放西藏，正如"十七条协议"第一、第二条规定的"西藏人民团结起来，驱逐帝国主义侵略势力出西藏，希望人民回到中华人民共和国祖国大家庭中来"；"西藏地方政府积极协助人民解放军进入西藏，巩固国防"。之后，国家向印度收回了英帝国主义控制西藏的多项主权。第二个是从政教合一的封建农奴制度统治下解放。解放前，西藏实行的是政教合一的封建农奴制度，三大领主从经济、政治、文化上完全控制了人民，人民没有任何自由，因此，中国共产党必须从这一制度下解放受苦受难的人民。民主改革，把西藏人民从旧制度的束缚下解放出来，翻身当家做了国家、社会和自己的主人。

（二）以社会主义改造理论指导西藏确立社会主义制度

建立社会主义西藏是毛泽东领导西藏革命和建设的最终目标，但在步骤上他首先提出"建立人民民主的西藏"的目标。毛泽东在 1950 年 1 月 2 日的电文中指出，解放西藏就是要把西藏"改造为人民民主的西藏"①；1956 年 12 月 16 日，再次指出，如果发生重大的叛乱事件，"那就有可能激起劳动人民起来推翻封建制度，建立人民民主的西藏"②。建立人民民主的西藏，是一项完整而系统的工程，到西藏自治区正式成立告一段落，以后则纳入国家的整体运行之中；把西藏改造为"人民民主的西藏"成为西藏革命和建设的根本落脚点。对于"人民民主的西藏"，毛泽东有着具体的目标设定。和平解放之前，是"统一的富强的各民族平等的新中国大家庭中的一分子"以及"西藏的解放"、西藏人民与内地人民的"团结"。西藏自治区筹委会成后（1956 年 4 月）是"更加团结和进步"。人民民主西藏的建立为社会主义西藏的建立奠定了基础。从政权形式看，自治区成立标志着西藏与全国人民一道走上了社会主义发展的道路。但从所有制形式看，民主改革后西藏建立的是农牧民个体所有制。建立社会主义西藏在所有制方面必须进行改革。毛泽东在新中国成立前后集中阐述了对我国农业、手工业和资本主义工商业进行社会主义改造的理论，③ 为我国开展社会主义改造作了具体的指导，到 1956 年年底我国在内地基本完成社会主义改造，为社会主义公有制建立奠定了基础。根据西藏的实际情况，在民主改革时期建立起一定数量的生产互助组，1965 年中央指导试办人民公社，到 1975 年基本实现人民公社化，实际上是初级和高级农牧业合作社的形式。1975 年一年多的时间内中央指导完成了城镇商业、手工业的改造。西藏社会主义改造晚于内地 20 年，经过改造运动公有制在西藏确立，西藏跨越式进入了社会主义社会，实现了建立社会主义西藏的目标。

---

　① 中共中央文献研究室等编：《西藏工作文献选编》，中央文献出版社 2005 年版，第 7 页。

　② 中共中央文献研究室等编：《毛泽东西藏工作文选》，中央文献出版社 2008 年版，第 5 页。

　③ 中共中央文献研究室编：《毛泽东著作专题摘编》，中央文献出版社 2003 年版，第 831—894 页。

（三）以社会主义建设理论指导西藏各项建设

毛泽东在实践中开辟中国社会主义建设道路的同时，也在理论上对社会主义进行了探索，① 形成了社会主义建设的若干理论。尽管西藏进入社会主义社会要迟于内地，但是毛泽东关于社会主义建设的理论对西藏各项建设发挥了重要作用。第一是政治建设，建立和完善民族区域自治制度和社会主义制度，实现西藏各族人民当家做主，既有政治权利的保障，又有发展经济、文化的权利保障。第二是经济建设，在中央的号召下，国家动员全国的力量与西藏各族人民一道开展了大规模的经济建设活动，开展工业化建设，推进科技建设。第三是文化建设，中央调派全国各省、市教师进藏帮助创立各级各类学校，培养干部和专业技术人才，同时也在内地一些高校培养各级各类人才，大力发展文化教育事业；除此在保护和传承民族文化的基础上还开展社会主义文化建设。第四是社会建设，中央动员各省、市技术力量进藏帮助发展各项社会事业，尤其是医疗卫生事业取得长足发展，努力满足人民健康需要。总之，在毛泽东关于社会主义建设理论的指导下，西藏各项建设取得举世瞩目的成就，"跨越上千年"的奇迹从此开始。

三　初步形成新中国成立以来中央治藏的基本思想

毛泽东在指导西藏革命和建设的实践中，最大的贡献就是初步形成新中国成立以来中央治藏的基本思想。笔者认为，这些思想主要包括以下几方面。

（一）人民主体思想

从西藏和平解放、民主改革到自治区成立以及确立社会主义制度等革命和建设过程中，毛泽东始终坚持马克思主义的人民主体思想，他运筹西藏的革命和建设都是出于对人民利益的考虑。1949 年 11 月 23 日，毛泽东在给班禅额尔德尼的电报中写道："西藏人民是爱祖国而反对外国侵略的，他们不满意国民党反动政府的政策，而愿意成为统一的富强的各民族

---

① 李晓明：《毛泽东社会主义建设理论是新时期社会主义建设的认识基础》，《河北师范大学学报》2010 年第 2 期。

平等合作的新中国大家庭的一分子。中央人民政府和中国人民解放军必能满足西藏人民的这个愿望。"① 1951 年 5 月签订的"十七条协议"是一项反帝而不反封建的解放西藏的文献，协议规定"依据西藏的实际情况，逐步发展西藏的农牧工商业，改善人民生活"。实际上解放西藏就是解放人民，协议中提出"西藏地方政府应自动进行改革"目的就在于此。1957 年 2 月 27 日，毛泽东在《关于正确处理人民内部矛盾的问题》的讲话中说："西藏由于条件还不成熟还没有进行民主改革。按照中央和西藏地方政府的十七条协议，社会制度改革必须实行，但是何时实现，要待西藏大多数人民群众和领袖人物认为可行的时候，才能作出决定，不能性急。"当 1959 年西藏上层发动武装叛乱时，毛泽东指出："有些人对于西藏寄予同情，但是他们只同情少数人，不同情多数人……他们对西藏就是只同情一两万人，顶多三四万人。……我们则相反，我们同情这一百一十几万人，而不同情少数人。"② 这就是中国共产党解放西藏的真正目的——解放大多数人，因为推动历史前进的真正动力是人民，共产党就必须解放人民，依靠人民。西藏的民主改革、社会主义改造都是解放人民、依靠人民的行动，从此确立了共产党治理西藏始终坚持的人民主体思想。

（二）实现国家民族一体化思想

在经营西藏初期，毛泽东比较清楚西藏社会的状况，他领导的中国革命胜利后就是要建立一个人民共和国，在这个国家中各民族一律平等。在"十七条协议"中提出，要"依据西藏的实际情况"，"逐步发展西藏民族的语言、文字和学校教育"，"逐步发展西藏的农牧工商业，改善人民生活"。毛泽东在庆祝签订和平解放西藏办法协议宴会的讲话中讲道："我们各民族之间，将在各方面，将在政治、经济、文化等一切方面，得到发展和进步。"③ 历代王朝以及中华民国治藏都是以维护西藏地方的统治为目的，只求一方安定即可。而毛泽东等中央领导治藏则是为了把西藏发展起来，缩小与内地差距，提高西藏人口的素质，让人民过上幸福的日子。所以，毛泽东在同达赖和班禅以及接见西藏代表团、致敬团等多次谈话中都讲中央就是要帮助西藏发展。在人民解放军进藏执行"十七条协议"

---

① 中共中央文献研究室等编：《毛泽东西藏工作文选》，中央文献出版社 2008 年版，第 5 页。

② 同上书，第 183 页。

③ 同上书，第 43 页。

过程中就帮助西藏发展交通、电力、教育、卫生等，并动员全国的社会力量进藏建藏，发展经济、政治、文化以及各项事业。20 世纪 50 年代建成青藏、川藏、新藏公路，60 年代建成中尼公路，70 年代建成滇藏公路，现代交通粗具规模，加强了西藏与内地的交流。60 年代在国家最困难的时候拨专款扶持西藏发展基础工业，包括机械工业、轻工业、电力工业、采矿业、建材工业、民族手工业等，现代工业初步建成。国家采取资金全包，协调各省、市选派人员的办法支持西藏发展医疗卫生事业，保障人民健康。国家大力给予财政支持，1966—1976 年，中央给西藏财政补助年均增长 9.09%，主要用于发展生产和文教卫生等。50—70 年代，国家多次从各地选派教师进藏建设教育事业，这一时期，大、中、小学校陆续建立，保障西藏儿童受教育的权利，不断提高西藏各族人民的科学文化素质。① 所有这一切，都有别于历史上任何时期中央对西藏的治理方式。笔者将中央这一治藏思想称为"实现国家民族一体化治藏思想"。在这一思想的指导下，西藏迅速发展起来，整个社会和人民都发展起来。这是新中国成立后中央治边的主导思想，即实现国家各地区和全国各民族均质化的发展，也是现代国家治边和治藏的新理念，这对改革开放后中央对西藏的治理影响极大。新中国成立至今，中央一直用此思想治边、治藏。

（三）依法治藏思想

新中国成立后，以毛泽东为主的中央领导已开始了依法治藏的探索。首先是依宪治藏。中央依据《中国人民政治协商会议共同纲领》② 和 1954 年宪法，开展了解放西藏、民主改革、成立自治区和社会主义改造等事宜。《共同纲领》规定："中华人民共和国境内各民族一律平等，实行团结互助，反对帝国主义和各民族内部的人民公敌，使中华人民共和国成为各民族友爱合作的大家庭。""各少数民族聚居的地区，应实行民族的区域自治"，"人民政府应帮助少数民族的人民大众发展其政治、经济、文化、教育的建设事业"。1954 年宪法规定："我国各民族已经团结成为一个自由平等的民族大家庭。在发扬各民族间的友爱互助、反对帝国主义、反对各民族内部的人民公敌、反对大民族主义和地方民族主义的基础上，我国的民族团结将继续加强。国家在经济建设和文化建设的过程中将

---

① 《西藏自治区概况》编写组：《西藏自治区概况》，第十五章"中央关心　全国支援"，民族出版社 2009 年版。

② 1949 年 9 月 29 日中国人民政治协商会议第一届全体会议通过，具有临时宪法作用。

照顾各民族的需要，而在社会主义改造的问题上将充分注意各民族发展的特点。”可见，西藏革命和建设中，中央对西藏制定的一系列政策都是依据宪法的，同时也依宪执行政策。其次是依协议治藏。“十七条协议”是中央和西藏地方签订的具有法律效力的文件。① 西藏解放初期，中央命令进藏人民解放军和工作人员严格执行协议，同时也要求西藏地方执行协议。毛泽东在《军委关于进军西藏的训令中》指出：“和平解放西藏协议已于本月二十三日在北京签字，我人民解放军为了保证该协议的实现与巩固边防的需要，决定派必要的兵力进驻西藏。”② 1951 年 5 月 26 日又指示：“一切进入西藏地区的部队人员和地方工作人员必须恪守民族政策和宗教政策，必须恪守和平解放西藏办法的协议。”③ 毛泽东在给达赖喇嘛的信中说：“我希望你和你领导的西藏地方政府认真地实行关于和平解放西藏办法的协议，尽力协助人民解放军和平开进西藏地区。”④ 从进军西藏到西藏上层武装叛乱前夕，进藏部队和工作人员始终执行协议，叛乱分子撕毁协议破坏协议在先，人民解放军奉命进行平叛，赢得了道义和人民的支持，这就是依法治藏的成效。和平解放西藏初期，依法治藏的探索成为很好的治藏方式，一直影响至今。

（发表于《西藏研究》2014 年第 1 期）

---

① 美国学者梅·戈尔斯坦在《喇嘛王国的覆灭》一书中持此观点。

② 中共中央文献研究室等编：《毛泽东西藏工作文选》，中央文献出版社 2008 年版，第 47 页。

③ 同上书，第 51 页。

④ 同上书，第 45 页。

邓小平关于处理民族关系三个
论述的重大意义

摘　要　邓小平在领导中国革命、建设和改革开放中，对处理我国民族关系提出了一系列重要的指示，成为邓小平民族理论的重要组成内容，对当时我国处理民族关系起到了重要作用。其中，"两个主义一取消，团结就出现了"从理性上提出了我国处理民族关系的基本观念，汉族和少数民族"两个离不开"从实践上指明了我国处理民族关系的基本原则，少数民族地区发展"两个怎样"从事实上概括了我国处理民族关系的基本标准。我们认真学习和深刻领会邓小平关于处理民族关系的这些重要论述，有助于处理好现今和今后的民族关系，促进民族团结，维护国家统一。

关键词　邓小平　民族关系　民族团结

邓小平作为我们党第一代中央领导集体的重要成员和第二代中央领导集体的核心，对我国的民族理论和民族政策的形成与完善做出了重大贡献。继毛泽东之后，邓小平是我国统一多民族国家中妥善处理民族关系的重要领导人，尤其是在改革开放后，我国面临苏联解体、东欧剧变后世界民族主义浪潮的巨大冲击，在毛泽东和邓小平的民族理论和民族政策的指导下，我国经受住了国家坚持统一的考验，民族关系一直朝着平等、团结、互助、和谐的社会主义新型民族关系发展。在统一多民族国家，处理民族关系是民族工作的重大问题，也是影响国家大局的重大问题。新中国成立以来，我国的民族关系成为世界上最好的民族关系，这与毛泽东、邓小平等老一辈革命家在革命、建设和改革开放中形成的民族理论和民族政策的正确指导分不开。在当代世界民族问题日趋复杂的情况下，在我国各族人民奋力实现中华民族伟大复兴的梦想中，处理好民族关系依然是国家的重要事宜。在纪念邓小平诞辰 110 周年之际，我们重温和学习邓小平关于处理民族关系的重要论述，对于我国做好民族工作、处理好民族关系、凝聚起中华民族精神具有重要的指导意义。

一 关于"两个主义一取消，团结就出现了"从理性上提出了我国处理民族关系的基本观念

1950 年 7 月 21 日，邓小平在欢迎赴西南地区中央少数民族访问团大会上发表《关于西南少数民族问题》的讲话中指出："经过这些历史上的工作，加上今天的工作，我们完全可以解决几千年遗留下来的民族隔阂，把各民族团结好。在世界上，马列主义是能够解决民族问题的。在中国，马列主义与中国革命实践相结合的毛泽东思想，也是能够解决这个问题的。只要我们真正按照共同纲领去做，只要我们从政治上、经济上、文化上诚心诚意地帮助他们，就会把事情办好。只要一抛弃大民族主义，就可以换得少数民族抛弃狭隘的民族主义。我们不能首先要求少数民族取消狭隘的民族主义，而是应当首先老老实实取消大民族主义。两个主义一取消，团结就出现了。"① 邓小平这段论述坚持了我党在民族政策上一贯主张的反对大民族主义和狭隘民族主义的思想，将其应用于解决西南少数民族问题的实践中，取得了良好的效果。

民族主义起源于 18 世纪的欧洲，是在打破神权和封建主义的资本主义运动中兴起的一种民族认同运动。1844 年民族主义出现于社会文本中，其基本含义被解释为：对一个民族的忠诚和奉献，特别是指一种特定的民族意识，即认为自己的民族比其他民族优越，特别强调促进和提高本民族文化和本民族利益，以对抗其他民族的文化和利益。② 一些西方学者认为民族主义是一种观念形态，还是一种现实运动。③ 民族主义可以从心理和政治两个层面来理解，在心理上，民族主义是一种心理状态，表现为一个民族的民族性，或一种爱国心和民族自豪感；在政治上，民族主义是一个

① 《邓小平文选》第 1 卷，人民出版社 1993 年版，第 163 页。
② 转引自胡涤非《民族主义的概念及起源》，《山西师范大学学报》（社会科学版）2005 年第1 期。
③ 胡涤非：《民族主义的概念及起源》，《山西师范大学学报》（社会科学版）2005 年第 1 期。

民族追求建立自己的国家的政治运动。因此，民族主义是一把双刃剑，对于单一民族国家，民族主义与国家主义是一致的，有利于国家统一；但对于多民族国家来说，民族主义与国家主义不完全一致，不利于国家统一。在多民族国家中，如果每一个民族都坚持民族主义观念时，就必然出现民族之间的竞争或冲突。在中国共产党领导革命的过程中，十分重视团结少数民族的工作，认为中国革命是全国各民族的革命。中国共产党在领导全国各族人民进行革命时，逐渐清醒地认识到，由于历史上存在过的民族压迫，导致我国各民族之间存在较深的隔阂，所以，在革命过程中一直主张坚持民族平等、民族团结，反对大民族主义，包括反对大汉族主义和地方民族主义，努力消除隔阂。反对大民族主义不仅是中国共产党的民族理论主张，而且也是处理民族关系、解决民族问题重要的实践途径之一。民主革命时期，在党的文件中主张反对大汉族主义，也反对地方民族主义或狭隘民族主义。① 反对两种民族主义写进了《中国人民政治协商会议共同纲领》和1954年宪法中。新中国成立后，在全国范围开展两次民族政策大检查对大汉族主义进行了清算，在"反右运动"中也对地方民族主义进行了批判。② 1953年9月23日，邓小平在中央八届三次扩大会议的报告中指出："在少数民族中的社会主义教育和反右派斗争，除了同汉族地区相同的内容以外，还应该着重反对民族主义倾向。""在少数民族干部和上层人士中，应该指出，地方民族主义倾向和大汉族主义倾向，同样是资产阶级的反社会主义的倾向，对于社会主义祖国的各民族的团结统一同样有危险。过去我们强调反对汉族干部中的大汉族主义倾向，这是完全必要的。今后，也仍然要继续坚决反对大汉族主义。但是目前在少数民族干部中，强调反对地方民族主义倾向，是同样必要的。"③ 也就是说，在民主革命时期，党坚持反对两种主义；在新中国成立后主要反对两种主义的倾向。反对两种主义的教育运动换得了新中国成立后我国民族关系非常融洽的结果，各民族对伟大祖国、中华民族和社会主义高度认同。

　　但是，在反对地方民族主义或地方民族主义倾向中，同"反右运动"一样犯了扩大化的错误，一些地方将有一定情绪的少数民族干部扣上了地

　　① 王希恩：《中国共产党反对两种民族主义的理论和实践回溯》，《民族研究》2011年第4期。

　　② 同上。

　　③ 邓小平：《关于民族政策》，《民族政策文件汇编》，人民出版社1953年版，第112页。

方民族主义分子的帽子。"文化大革命"结束后，明确纠正了反对地方民族主义扩大化问题。1982 年宪法和 1984 年的民族区域自治法中都写了既要反对大汉族主义，也要反对地方民族主义。可是后来"大汉族主义"和"地方民族主义"的提法逐渐淡出。"然而，两种民族主义提法的淡出，并不等于相应现象的消失，相反，在当今新的历史条件下，原被归入大汉族主义和地方民族主义的各种现象都有故态复萌之势，所以我们可以放弃'两种民族主义'的提法，却丝毫不可放弃反对危害民族团结和国家统一的立场，不可忘记中国共产党关于反对两种民族主义的理论和实践警示。"① 如此看来，不管是在我们突出强调反对两种主义还是在反对两种主义淡出的情况下，两种主义都是我国民族团结的阻碍。邓小平关于"两个主义一取消"是一个动态过程，而"团结就出现了"则是这一动态的结果，可以说"两个主义一取消，团结就出现了"是一个动态发展的过程，是一个长期的过程，并非是一劳永逸的事情，因为只要民族存在，产生这两种主义就有可能。观察我国民族关系的发展过程，尽管我们在反对两种主义的做法上出现过偏差，但可以看到凡是两种主义低潮的时候，民族团结的大好局面就会出现；凡是两种主义或两种主义倾向抬头的时候，民族团结的大局就会受到影响。当前在世界民族主义思潮的冲击下，虽不能说我国存在两种主义，但两种主义的倾向却有抬头和增强，因此"两个主义一取消，团结就出现了"这种处理民族关系的理念依然需要坚持。虽然现今不可能在全国范围内大搞反对两种主义的教育运动，但是继续坚持邓小平这种从理性上处理民族关系时应有的基本理念非常必要，并且应该成为每个民族成员的自觉行动。邓小平关于"两个主义一取消，团结就出现了"这一论述对我国正确处理民族关系、促进民族团结依然有指导作用。

二　关于汉族和少数民族"两个离不开"从实践上指明了我国处理民族关系的基本原则

党的十一届三中全会以后，我国民族地区开始了民族、宗教工作

---

① 王希恩：《中国共产党反对两种民族主义的理论和实践回溯》，《民族研究》2011 年第 4 期。

上的拨乱反正。同时，由于受境外敌对势力渗透以及反动宣传的影响，民族分裂主义利用宗教进行的非法活动开始在一些民族地区抬头。一些别有用心的人挑起事端制造了破坏民族团结、引起民族关系紧张的事件。在此背景下，一期反映南疆军区政治部副主任乌拉太也夫有关在新疆工作大汉族主义要不得，地方民族主义也要不得，少数民族干部和汉族干部要相互支持和团结的看法的新华社内参，引起了邓小平同志的高度重视，并亲自作批示予以肯定。① 1981 年 7 月 16 日，中共中央关于转发《中央书记处讨论新疆工作问题的纪要》的通知中，第一次提出了"两个离不开"的政治观点。纪要根据邓小平同志批示精神提出："新疆的汉族干部要确立这样一个正确观点，即离开了少数民族干部，新疆各项工作搞不好；新疆的少数民族干部也要确立这样一个正确观点，即离开了汉族干部，新疆各项工作也搞不好。如果汉族干部认为离开少数民族干部可以，少数民族干部认为没有汉族干部也可以，都是错误的，危险的。"② 后来，中央形成了一个观点，即汉族和少数民族的关系是，汉族离开少数民族不行，少数民族离开汉族也不行。这个关系是相互依存、相互帮助的关系，谁也离不开谁。1990 年 8 月，江泽民到新疆视察，指出："我们伟大的中华民族，是由五十六个民族构成的。在我们祖国的大家庭里，各民族之间的关系是社会主义的新型关系，汉族离不开少数民族，少数民族离不开汉族，少数民族之间也相互离不开。"江泽民将"两个离不开"思想进一步发展完善为"三个离不开"的思想。

　　我国经过历史的长时期的发展，最终成为一个统一的多民族的国家，但这一过程是非常漫长而复杂的，因而我国的民族关系也是十分复杂的。历史上各民族之间有过友好合作的关系，但也有过冲突与竞争甚至是战争的关系，处理民族关系始终是历代政权维护国家统一的前提。中国共产党领导中国革命过程中，组织动员了全国各民族人民参加革命、支持革命，各民族人民共同完成了反帝反封建的革命任务。新中国成立后，党又领导各族人民建设社会主义。改革开放后，党又领导各族人民发展中国特色社会主义。在共同的奋斗目标下，各民族团结起来努力建设自己的国家。也

---

　　① 自治区档案局（馆）供稿：《"两个离不开"重要观点的提出与发展》，《新疆日报》2005 年 9 月 15 日。

　　② 同上。

就是在共同的奋斗中，各民族结成了平等、团结、互助、和谐的社会主义新型民族关系，各民族在社会主义国家大家庭中和睦相处，我国的民族关系得到了空前的发展。然而，改革开放后，一些民族分裂主义在国际敌对势力的挑唆下，制造了破坏民族关系的事件，影响了我国民族团结的局面。邓小平针对新疆民族工作做出的"两个离不开"的指示具有普遍意义，适用于全国民族地区。汉族和少数民族"两个离不开"的重要论述体现了中华民族"一家人"的思想，在一家人中就应当是谁也离不开谁的关系。

从实践上看，民族作为一个人们共同体会长期存在，国家由民族构成的现象也会长期存在，在多民族国家中，民族关系融洽是一个动态过程，融洽是一种结果，不融洽现象甚至是对抗现象也会发生。民族之间交往涉及诸多利益，这就需要从国家层面上不断调节民族关系，包括从法律上调节、从观念上调节、从事实上调节等。邓小平关于"两个离不开"的思想就是对我国民族关系的调节，这种调节是在"离不开"或不可分的前提下进行的。"两个离不开"是个量词的表达，实际上是指中华民族所有成员相互离不开。新中国成立后，我国识别了 56 个民族和僜人、夏尔巴人 2 个族群，按照人口标准通常称为汉族和少数民族，是一种平等的称呼，"两个离不开"表达的是民族平等关系。汉族和少数民族"两个离不开"思想是调节民族关系、处理民族关系的基本底线，没有这条底线就不存在调节民族关系问题了，中华民族就不能团结，只能分裂。所以说，邓小平根据新疆民族工作的实践提出了我国处理民族关系"两个离不开"的基本原则。这个基本原则运用于处理民族关系时就是，当不同民族成员之间发生矛盾或纠纷时首先要求的是坚持"一家人""离不开"的思想，在这样的大前提下具体解决问题，而非"你不是我家的""你是外人"的思想。正如毛泽东强调的"中华各民族团结起来"一样，"两个离不开"就是中华民族一家人团结起来，相互离不开。当前，在我国的一些民族地区由于受国内分裂主义和国际敌对势力的挑拨，往往在处理民族关系时出现非"一家人"的思想，导致一些民族矛盾和纠纷激化。因此，坚持邓小平关于汉族和少数民族"两个离不开"的基本原则，对于正确处理民族关系非常必要。

三　关于少数民族地区发展 "两个怎样" 从事实上概括了我国处理民族关系的基本标准

　　新中国成立后，帮助少数民族地区发展始终是党和国家基本的民族政策。国家组织动员社会各种力量，以多种方式，想方设法地发展少数民族地区，使少数民族社会面貌发生了巨大变化。改革开放以来，邓小平把发展生产力作为社会主义的首要任务，在发展少数民族地区问题上，也把发展重心放在解放和发展生产力方面。他说："粉碎'四人帮'后，中央政府采取了很多措施发展少数民族地区。拿西藏来说，中央决定，其他省市要分工负责帮助西藏搞一些建设项目，而且要作为一个长期的任务。西藏具有很大的开发潜力。中国的资源很多分布在少数民族地区，包括西藏和新疆。如果这些地区开发起来，前景是很好的。我们帮助少数民族地区发展的政策是坚定不移的。"① 他还说："西藏是人口很稀少的地区，地方大得很，单靠二百万藏族同胞去建设是不够的，汉人去帮助他们没有什么坏处。如果以在西藏有多少汉人来判断中国的民族政策和西藏问题，不会得出正确的结论。关键是看怎样对西藏人民有利，怎样才能使西藏很快发展起来，在中国四个现代化建设中走进前列。"② 在此，邓小平提出了用生产力发展与否衡量民族地区发展的 "两个怎样" 的标准，告诫世人，看中国的民族地区发展不是看哪个地区哪个民族人口多少，而是要看民族地区人民是否生活幸福，社会发展是否先进并能走进中国的先进之列。邓小平从事实上提出了判断民族地区发展与否的是非标准。

　　邓小平《立足民族平等，加快西藏发展》是在会见美国总统卡特时谈话的一部分，在此，他批评了一些不能正确看待西藏的人，认为 "如果以在西藏有多少汉人来判断中国的民族政策和西藏问题，不会得出正确的结论"。对于中国的民族关系，一些西方人总是以他们自己的标准来审视，认为中国是殖民国家，汉族到达少数民族地区是 "移民"。2014 年，习近平主席在参加国际活动中讲到中国不是殖民国家。中国历史上有过许

① 《邓小平文选》第 3 卷，人民出版社 1993 年版，第 246 页。
② 同上。

多民族，呈现出一条民族发展的轨迹，即交往、冲突、竞争、迁徙、同化和融合，各民族在历史的长河中早已形成你中有我、我中有你的血肉关系。相对而言，在民族居住区域中也有以某个民族为主体的地区，如西藏以藏族为主，新疆以维吾尔族为主，内蒙古以蒙古族为主等。新中国成立后，国家采取促进民族地区发展的政策，响应政策，汉族以及其他民族的干部、技术人员来到少数民族地区，投入本地区的建设与发展。这本是一国之内人民自由流动的事情，却被西方人说成移民，有殖民之疑。对此，邓小平予以驳斥，站在中国是一个统一多民族主权国家的角度，说明少数民族地区是中国的一部分，中国政府关心的是少数民族人民的幸福和少数民族地区的发展问题，关心的是中国少数民族在国家发展中的地位问题。

我国少数民族地区的发展程度关乎民族关系的好坏。新中国成立以来，民族地区得到了长足的发展，民族关系得到了大大的改善。经过几十年的努力，旧中国遗留的民族隔阂逐渐被打破并趋向消除。但是随着世界民族主义的泛滥，一些别有用心的人试图制造新的民族隔阂，在民族地区所谓的"移民"问题上做文章，企图搞乱我国的民族关系。邓小平"两个怎样"的是非标准事实上厘清了我国处理民族关系的基本标准。当前，一些西方国家插手我国民族事务的现象时而有之，对我国民族关系说三道四的大有人在，我们以邓小平"两个怎样"来进行判断才不会迷失方向。

总之，在我国发展中国特色社会主义、朝着中国梦伟大目标奋斗的过程中，民族问题的存在不可回避，处理好民族关系、实现民族团结依然是大事。半个多世纪以来，邓小平根据我国民族关系的发展状况提出的处理民族关系的基本理念、基本原则和基本标准仍具有现实意义，将不断指导我国的民族工作再上新台阶。

（发表于《西藏研究》2015 年第 2 期）

深刻领会胡锦涛同志关于西藏工作
"谋长久之策、行固本之举"
重要指示的指导意义

摘　要　胡锦涛同志关于西藏工作"谋长久之策、行固本之举"重要指示是当前西藏工作的指导思想，我们要从胡锦涛同志关于西藏工作"谋长久之策、行固本之举"的重要指示是对中央三代主要领导人关于西藏工作思想的继承和发展，将西藏工作置于国家发展和中华民族实现伟大复兴的总体战略中思考，是为西藏人民谋长远幸福之策、行安邦利民之举等方面，深刻领会其对西藏工作的指导意义，认真开展"谋长久之策、行固本之举"的工作思考与探索，为中央进一步制定新时期关于西藏工作的方针政策、做好西藏工作、促进西藏经济社会的发展与稳定进行新的实践。

关键词　深刻领会　胡锦涛　重要指示　指导意义

2009 年 3 月 9 日，胡锦涛同志参加十一届全国人大二次会议西藏代表团审议，在谈到维护西藏社会和谐稳定时，他强调，要把思想上的弦绷得紧而又紧、把各项工作做得实而又实，同时谋长久之策、行固本之举，筑牢反对分裂、维护祖国统一的坚固长城，推进西藏从基本稳定走向长治久安。3 月 18 日，西藏自治区党委召开常委会议，认真传达学习全国两会精神，并做出部署安排，要求旗帜鲜明反分裂，充分认识同达赖集团斗争的长期性、复杂性、尖锐性，坚决贯彻落实中央的方针政策和工作部署，抓好维护稳定各项工作，谋长久之策、行固本之举，筑牢反对分裂、维护祖国统一的坚固长城，推进西藏从基本稳定走向长治久安。

在西藏民主改革 50 周年、中华人民共和国成立 60 周年之际，胡锦涛同志对西藏工作做出"谋长久之策、行固本之举"的重要指示，这是西藏维护社会和谐稳定的指导思想，对于今后做好西藏工作具有重大的指导意义。

一　胡锦涛同志关于西藏工作"谋长久之策、行固本之举"的重要指示是对中央三代主要领导人关于西藏工作思想的继承和发展

西藏工作是国家整体工作的重要组成部分，在各个历史时期，中央非常重视西藏工作。中央主要领导人对西藏工作做出了具体的指导意见，在各个时期制定了西藏工作指导方针，为西藏发展指明了前进方向。

纵观中央领导对西藏工作的重要指示，都是在西藏发展的每一个关键时期、针对西藏工作面临的突出问题而做出的。解放西藏和民主改革时期，毛泽东同志做出"进军西藏宜早不宜迟"和"慎重稳进"的指示；在改革开放初期，邓小平同志做出"立足民族平等，加快西藏发展"的重要指示，提出判断西藏工作"关键要看怎样才能对西藏人民有利，怎样才能使西藏很快发展起来，在中国四个现代化建设中走进前列"的标准；在改革开放发展中，江泽民同志针对西藏工作的具体情况做出一系列加快发展的指示，并提出"决不能让西藏从祖国分裂出去，也决不能让西藏长期处于落后状态"；在改革开放 30 年之后、在新中国成立 60 年和西藏民主改革 50 周年之际，胡锦涛同志在对西藏工作提出"走中国特色、西藏特点发展路子"重要指示的基础上，又提出西藏工作要"谋长久之策、行固本之举"的重要指示。

"谋长久之策、行固本之举"内涵深刻而丰富，它关系着西藏发展的前景，又关联着西藏发展的现实。"谋长久之策、行固本之举"主要是针对当前西藏社会和谐稳定问题而提出的，但它涉及西藏经济、政治、文化、社会建设和边防巩固等方方面面的工作，既立足于现实，又谋划未来，是新时期胡锦涛同志对西藏各项工作提出的总要求，也包含着许多具体的要求，这是对中央三代主要领导人关于西藏工作思想的继承与发展。胡锦涛同志的指示继承了中央三代主要领导人关心西藏工作、抓住西藏工作中的主要问题、提出具体决策的思想，他们始终把西藏工作看作是关乎国家全局工作的重要内容，指导西藏工作，要求西藏各级党政干部努力做好西藏工作。

在这些方面，中央主要领导人的思想是一脉相承的，具有关于西藏工作指导思想的连续性和长期性，对西藏工作产生了重要的长久的影响。

胡锦涛同志的指示对中央三代主要领导人关于西藏工作思想的发展集中体现在两个方面：

一是丰富了中央三代主要领导人关于西藏发展的思想。西藏自古以来是中国的一部分，历代王朝对于西藏有不同的治理方法，但共同点都是给予西藏地方政府很大的权力，只求维持现状，并不制定发展的目标，以致使旧西藏长期处于落后的状态。新中国成立以来，几代中央领导人极为关心西藏社会的发展和人民的生产生活，为西藏的发展倾注心血，根据西藏每一个时期的具体情况做出发展的指导，制定发展的目标。在西藏和平解放时期，"十七条协议"规定"依据西藏的实际情况，逐步发展西藏民族的语言、文字和学校教育""依据西藏的实际情况，逐步发展西藏的农牧工商业，改善人民生活"。在民主改革中，1959 年 3 月 21 日中共中央做出《关于在西藏平叛中实现民主改革的若干政策问题的指示》，阐明民主改革的目的是"实行民主改革，以便彻底解放藏族人民群众，引导西藏地区走上社会主义的道路"①。民主改革完成后，党中央、毛泽东同志从西藏实际出发，于 1961 年 4 月发出了《中共中央关于西藏工作方针的指示》，提出了西藏"五年不办社"的稳定发展方针。在这一方针指导下，西藏大力发展和巩固农牧业生产互助组，农牧民个体所有制得到稳定，农牧业生产和各项工作顺利发展，农牧民群众在平叛改革后得到休养生息，生活进一步改善，为社会主义改造准备了必要条件。党中央、毛泽东同志高度重视西藏的发展，给予了特殊的关心和支持，做出了关于发展生产，修建公路，发展贸易，活跃农村经济等一系列重大决策，使西藏经济和社会事业取得了显著成就。党的十一届三中全会以后，以邓小平同志为核心的党的第二代中央领导集体，在整个国家百废待兴的情况下，始终关注西藏的发展进步事业，制定了一系列关于西藏工作的大政方针。1980 年中央召开第一次西藏工作座谈会，明确提出了西藏工作的中心任务和奋斗目标，制定了促进西藏发展进步的方针政策。在中央第一次西藏工作座谈会精神的指导下，西藏的经济建设和社会事业有了明显的进步。但由于历史的原因和当时的发展条件，西藏与内地相比差距仍很大。鉴于这种情况，

---

① 《西藏工作文献》，中央文献出版社 2005 年版，第 203 页。

在邓小平同志的亲切关怀下，为了加快西藏发展，尽快改善人民生产生活条件，使西藏尽快摆脱落后面貌，中央于 1984 年召开了第二次西藏工作座谈会。这次座谈会制定了一系列有利于西藏现代化建设和改革开放的优惠政策，极大地促进了 20 世纪 80 年代中期西藏的发展进步。以江泽民同志为核心的党的第三代中央领导集体，始终代表先进生产力的发展要求，不断开辟西藏发展生产力的前进道路；始终代表先进文化的前进方向，不断推进西藏社会的文明进步；始终代表最广大人民的根本利益，维护祖国统一，巩固民族团结，坚决反对分裂，确保西藏社会稳定与发展。1989年 10 月，针对西藏面临的反分裂斗争严峻形势和影响经济社会发展的不稳定因素，党中央召开了研究西藏工作的政治局常委会议，做出关于西藏发展稳定的重大决策，在稳定西藏局势、安定人心、解放思想、发展经济、增进团结上发挥了重要作用，成为新时期西藏工作的转折点。1994年中央召开的第三次西藏工作座谈会，把西藏工作放在关系党和国家工作全局的战略高度进行研究和部署，会议明确提出了新时期西藏工作指导方针，还明确了分片负责、对口支援、定期轮换的援藏方式，做出了全国支援西藏和 15 个省市对口援助西藏的重大决策，并由国家直接投资和动员全国支援西藏兴建了 62 项工程。这次西藏工作座谈会，成为新时期西藏工作的第一个里程碑。进入新世纪，中央于 2001 年召开了第四次西藏工作座谈会，会议决定把西藏作为西部大开发的重点地区之一，将对口援藏工作在原定 10 年的基础上延长 10 年。这次座谈会还把"一个中心、两件大事、三个确保"确定为新世纪初西藏工作的指导思想。新世纪初西藏工作指导思想的提出，不仅体现了党的社会主义初级阶段基本路线与西藏实际的有机结合，而且充分反映了我们党始终站在时代前列和党的治藏方略与时俱进的本质特征。这次会议成为新时期西藏工作的第二个里程碑。

　　党的十六大以来，高举中国特色社会主义伟大旗帜，深入贯彻落实科学发展观，坚持党的新时期西藏工作指导思想不动摇，指引西藏走上科学发展、和谐发展的轨道，树立了我们党在西藏工作历史上新的里程碑。2005 年中央制定的关于进一步做好西藏发展稳定工作的意见，是党中央坚持以科学发展观统领西藏经济社会发展全局，为进一步推动西藏经济社会实现跨越式发展和西藏实现长治久安作出的重大决策。中央明确提出新时期西藏工作的指导思想、发展的战略目标和首要任务。党中央强调指出，要按照科学发展观的要求，着力把握发展规律，着力推进社会主义新农村建设，着力推进改革开放，创新发展理念，转变发展方式，破解发展难题，提高发展质量和效益，推动西藏实现跨越式发展。[①] 2009 年胡锦涛同志提出"谋长久之策，行固本之举"，是西藏进一步加快发展的新思路，在这一思想指导下，中央必将制定一系列促进西藏进一步发展的方针和政策。

二是发展了中央三代主要领导人关于解决民族宗教问题的思想。新中国成立不久，为了实现祖国大陆完全统一，驱逐帝国主义势力出西藏，巩固祖国的西南边疆，毛泽东同志果断决策，进军西藏宜早不宜迟。中央根据西藏在社会、民族、宗教等方面的特殊性，提出了和平解放西藏的方针。在这一方针指引下，经过不懈努力，1951 年 5 月 23 日，中央人民政府同西藏地方政府签订了《关于和平解放西藏办法的协议》（简称"十七条协议"），这标志着西藏和平解放，西藏人民从此走上了光明大道。这是以毛泽东同志为核心的党的第一代中央领导集体在解决民族宗教问题方面运用和发展马克思主义的一个典范，突出表现了以毛泽东同志为核心的党中央高超的政治智慧和雄才大略。和平解放初期，中央在西藏实行"慎重稳进"的方针，这是党中央、毛泽东同志为在西藏的改革和建设中正确处理西藏民族宗教问题做出的一项重大决策。为了认真贯彻"十七条协议"，消除西藏上层对改革的疑虑，1956 年 9 月，中央又提出了"六年不改"的方针。实行这些方针，团结了一大批上层僧俗爱国人士，教育了广大藏族群众，增强了我们党的感召力。1959 年西藏少数上层反动分子发动了武装叛乱，我们党采取果断措施，迅速平定叛乱，粉碎了达赖集团企图分裂祖国、永远保住封建农奴制度的梦想。为了顺应西藏劳动人民进行改革的强烈愿望和爱国进步上层人士反对叛乱、赞成民主改革的要求，1959 年 3 月 22 日，中央发出《关于在西藏平叛中实现民主改革的若干政策问题的指示》，明确提出了民主改革的方针政策，确保了民主改革的顺利进行。在关心西藏经济社会发展的同时，以邓小平同志为核心的党的第二代中央领导集体还时刻关注着西藏局势的稳定。20 世纪 80 年代后期西藏局势非常复杂，国际敌对势力把西藏作为"西化""分化"中国的突破口，加紧对我国实施"西化""分化"战略。达赖集团在国际敌对势

---

①　藏宣理：《牢牢把握党的西藏工作指导方针　全面推进西藏发展进步伟大事业》，中国西藏新闻网，2008 年 8 月 5 日。

力的支持下大肆进行分裂破坏活动，在拉萨策划组织多起骚乱，严重破坏了西藏社会秩序和良好的发展环境。在达赖集团和国际敌对势力的猖狂进攻面前，1987年10月16日，邓小平同志在会见德意志联邦共和国巴伐利亚州州长施特劳斯时指出："要把西藏从中国分裂出去，谁也没有这个本事。"这极大地鼓舞了西藏各族人民夺取反分裂斗争胜利的信心和决心。1989年，为了维护祖国统一和民族团结，维护社会秩序，保障人民生命财产安全，国务院及时在拉萨实行戒严，得到了西藏各族人民的坚决拥护，彻底平息了拉萨骚乱，打击了分裂主义分子的嚣张气焰，稳定了社会局势。此后，西藏步入了连续18年保持社会局势基本稳定的发展时期。1994年中央召开的第三次西藏工作座谈会，把西藏工作放在关系党和国家工作全局的战略高度进行研究和部署，提出西藏的稳定，涉及国家的稳定，西藏的发展，涉及国家的发展，西藏的安全，涉及国家的安全；重视西藏工作，实际上就是重视全局的工作；支持西藏工作，就是支持全局的工作；决不能让西藏从祖国分裂出去，也决不能让西藏长期处于落后状态等重要治藏思想。胡锦涛指出："发展是硬道理，是解决中国所有问题的关键，也是解决西藏所有问题的关键。实现西藏的跨越式发展，不仅具有重大的经济意义，而且具有重大的政治意义。"从毛泽东、邓小平、江泽民到胡锦涛，中央领导人都把发展作为解决西藏民族宗教问题的重要途径。"谋长久之策，行固本之举"依然是围绕发展来解决西藏社会稳定问题，也是解决当前西藏民族宗教问题的重要途径。

二　胡锦涛同志关于西藏工作"谋长久之策、行固本之举"将西藏工作置于国家发展和中华民族实现伟大复兴的总体战略中思考，意义重大而深远

　　根据党的十五大和十六大绘制的发展蓝图，到21世纪中叶新中国成立100周年时，基本实现现代化，实现中华民族的伟大复兴。这是我国21世纪国家和中华民族的发展目标。

　　中华民族实现伟大复兴，是中华民族在新的时代背景和历史条件下发展起来，重新走在世界各国前列；它不仅是某些经济发展指标的简单放大，而且包括了经济、政治、文化、外交和国防等诸多方面的整体意义上

的全面繁荣和进步；它是和平发展，是中华民族重新开始对人类做出较大的贡献。[①] 中华民族是一个整体，新中国成立后经过民族识别，它包括了现有的 56 个民族。国家的发展是全国所有地区的发展，中华民族实现伟大复兴是所有民族都要发展起来，走进世界的前列。

中国共产党从成立的那天起，就把国家富强、民族解放、人民富裕作为自己的神圣职责和庄严使命。在共产主义远大理想的指引下，在每个不同历史时期，党都根据时代的具体要求，提出不同的阶段性目标。党的第一代领导核心毛泽东将实现中华民族伟大复兴这一奋斗进程概括为两步：一是争取国家独立、民族解放；二是发展经济，使国家富强起来。他说："1949 年中华人民共和国成立，完成了第一个任务。"中国人民争取民族独立，用了 100 年多一点的时间。选择中国共产党是历史的选择，是人民的选择。完成第二个任务，也需要 100 年时间，即到 21 世纪中叶。那时，正是中国共产党执政 100 年。党的第一代中央领导集体领导全国人民完成了民族复兴的第一个任务。在改革开放之初，党的第二代领导核心邓小平把第二个任务具体设计为"三步走"战略，提出了"小康"概念及其构想：第一步，用 10 年时间，实现国民生产总值比 1980 年翻一番，解决人民的温饱问题。第二步，到 20 世纪末，使国民生产总值再增长一倍，人民生活达到小康水平。第三步，到 21 世纪中叶，人均国民生产总值达到中等发达国家水平，人民生活比较富裕，基本实现现代化。党的第三代领导核心江泽民同志在继承的基础上，将第三步细化为"新三步走"战略。

党的十六大报告提出："我们要在本世纪头二十年，集中力量，全面建设惠及十几亿人口的更高水平的小康社会，使经济更加发展、民主更加健全、科教更加进步、文化更加繁荣、社会更加和谐、人民生活更加殷实。"党的十七大提出："中国特色社会主义伟大旗帜，是当代中国发展进步的旗帜，是全党全国各族人民团结奋斗的旗帜。解放思想是发展中国特色社会主义的一大法宝，改革开放是发展中国特色社会主义的强大动力，科学发展、社会和谐是发展中国特色社会主义的基本要求，全面建设小康社会是党和国家到二○二○年的奋斗目标，是全国各族人民的根本利益所在。"当前，我们正处于实现这一目标的关键时期。毛泽东提出的两个 100 年实现中华民族伟大复兴两个阶段的任务，到现在已经走过了四分

---

① 李乐刚：《中华民族伟大复兴的历史意义》，《湖北日报》2005 年 9 月 8 日。

之三的路程，完成国家发展的任务，实现中华民族伟大复兴的目标在即。西藏是我国的重要地区，其发展程度如何影响着国家整体的发展目标。西藏是一个以藏族为主的地区，西藏的藏民族发展如何影响着中华民族实现伟大复兴。在西藏地区和藏民族发展的过程中不仅受到这一地区社会发展原有程度的制约，而且还受到了西方反华势力和达赖集团的破坏，发展速度和进程均受到较大的影响。西藏地区和藏民族的发展影响到国家的发展，影响到中华民族实现伟大的复兴。因此，从毛泽东、邓小平、江泽民到胡锦涛党的主要领导人，都十分重视西藏工作，尤其是到 21 世纪实现国家发展和中华民族伟大复兴的目标越来越近，胡锦涛同志更加重视西藏工作，在指出西藏发展要走"中国特色、西藏特点"的发展路子后，又提出"谋长久之策、行固本之举"的重要指示。这是从国家发展和中华民族实现伟大复兴的战略高度给西藏工作提出的迫切要求，也是对西藏工作寄予的殷切希望。

西藏工作能否"谋长久之策，行固本之举"关系着西藏的发展，关系着藏民族的发展，关系着国家的发展，关系着中华民族的伟大复兴。目前，西藏地区在发展过程中还存在着诸多的困难，一是自身的发展基础较弱，经济发展中受到交通、能源等基础设施的瓶颈制约，社会发展中受到人们的思想文化素质较低的制约，导致经济社会发展还比较缓慢；二是来自西方反华势力的干预和达赖集团的破坏，造成西藏社会的不稳定。西藏在国家发展和中华民族复兴中占有重要的地位，要赶上其他地区的发展、并与其他地区一起实现国家发展目标和中华民族伟大复兴急切需要解决当前的问题与困难。胡锦涛同志提出"谋长久之策、行固本之举"的重要指示，就是要求我们从国家发展和中华民族实现伟大复兴的战略高度为西藏的发展与稳定"谋长久之策、行固本之举"，它既影响现在的发展又影响 21 世纪中叶的发展，甚至影响到 21 世纪西藏的发展。所以，"谋长久之策、行固本之举"的重要指示意义重大而深远。

三　胡锦涛同志关于西藏工作"谋长久之策、行固本之举"的重要指示从西藏人民根本利益出发，是为西藏人民谋长远幸福之策、行安邦利民之举

中国共产党代表人民的利益，在我党经营西藏、建设西藏和发展西藏

的各个历史时期始终代表西藏人民的利益。在每一个时期，中央主要领导人和党中央对西藏工作做出重要指示、制定重要政策，都是从西藏人民的根本利益出发，为西藏人民谋发展、谋幸福、谋未来。胡锦涛同志关于西藏工作"谋长久之策、行固本之举"从西藏人民根本利益出发，是为西藏人民谋长远幸福之策、行安邦利民之举。

中国共产党领导西藏人民走发展的道路、走幸福的道路是始终如一的，西藏人民紧跟中国共产党走发展的道路、走幸福的道路也是坚定不移的，这是西藏社会发展与进步的两大社会基础。中国共产党领导西藏人民使西藏社会发展有了正确的方向，西藏人民紧跟中国共产党走使西藏社会发展有了扎实的民心基础。但是西方反华势力和达赖集团为了他们各自的利益和目的，从1959年以来不断破坏西藏社会的发展，企图倾翻西藏社会发展的基础，连绵不断地策划和制造骚乱事件，策反我党培养的干部，与我争夺青少年和农牧民群众，争夺人心。这给西藏社会的发展与稳定带来了极大的危害，也给人民幸福生活带来了极大危害。西藏社会经过民主改革50年的发展、经过改革开放30年的发展已经进入一个新的历史发展起点，自身如何发展、怎样为实现21世纪国家发展目标和中华民族复兴做出新的贡献、怎样让西藏社会更加和谐稳定、怎样让西藏人民更加幸福等都面临着诸多困难和问题，除此，与祖国其他地区相比，还面临西方反华势力和达赖集团的破坏和阻挠，使西藏社会的发展面临更加严峻的挑战，使西藏社会和谐稳定和人民幸福生活面临更加严峻的挑战。胡锦涛同志审时度势，在西藏社会发展进入关键的时刻，为西藏工作做出"谋长久之策、行固本之举"的重要指示，它关系着西藏人民的幸福，关系着西藏社会的和谐稳定。

"谋长久之策、行固本之举"重要指示就要求我们根据西藏经济社会发展的现状，针对西方反华势力与达赖集团干扰破坏的情况，研究与探索、建立与实施和西藏社会发展稳定相关方面的长效机制、治本方案。无论在历史上还是在现实中，人民群众始终是我们战胜一切敌人和困难的强大力量，因此，"谋长久之策、行固本之举"要求我们从西藏人民的根本利益出发，大力发动人民群众，调动人民群众的积极性，在"谋长久之策、行固本之举"中听信于人民群众，问计于人民群众，培养和尊重人民群众的创造精神，把人民群众反分裂、维稳定、促发展的实践精神升华为谋西藏社会稳定的长久之策，转变为解决西藏民族宗教问题、夺取反分裂斗争胜利、促进经济社会发展的治本之法。

胡锦涛同志提出"谋长久之策、行固本之举"的重要指示，体现着中央几代领导人对西藏工作的关怀和重视，事关国家发展目标和中华民族的伟大复兴大计，事关西藏人民的根本利益和发展前途，我们必须深刻认识其重大而深远的现实意义和历史意义，各行各业、每个部门单位都要认真从工作中进行探索与实践，形成本行业、本部门在促进发展与稳定中的对策方案，建立既管现在又管长远的长效机制，真正把促进西藏社会发展和维护社会和谐稳定的各项工作落到实处，为中央进一步制定西藏工作的方针政策提供可行的建议，不辜负党中央和胡锦涛同志对西藏工作的期望。

（发表于《新中国的西藏60年》，西藏人民出版社2011年版）

坚持走有中国特色、西藏特点发展路子

——《自治区"十二五"时期国民经济和 社会发展规划纲要》解读

党的十七大以来，以胡锦涛同志为总书记的党中央针对西藏的发展实际，明确提出了走有中国特色、西藏特点发展路子，为自治区经济社会发展指明了方向。中央第五次西藏工作座谈会把坚持走有中国特色、西藏特点发展路子作为西藏工作指导思想中必须坚持的重要内容之一。近年来，经过理论探讨、舆论引导以及各级党政组织认真学习与深刻领会，走有中国特色、西藏特点发展路子已成为全区各族人民的共识。自治区九届人大四次会议通过的《西藏自治区"十二五"时期国民经济和社会发展规划纲要》（以下简称《纲要》），通篇贯穿了走有中国特色、西藏特点发展路子的指导思想。随着"十二五"规划的实施，西藏将走出、走好一条有中国特色、西藏特点发展路子来，为中国特色社会主义事业做出应有贡献。

一 《纲要》的指导思想中体现了坚持走有中国 特色、西藏特点发展路子的总体思路

《纲要》提出自治区实施"十二五"规划的指导思想是：高举中国特色社会主义伟大旗帜，以邓小平理论和"三个代表"重要思想为指导，深入贯彻落实科学发展观，全面贯彻落实党的十七届五中全会和中央第五次西藏工作座谈会、西部大开发工作会议精神，坚持党的领导，坚持社会主义制度，坚持民族区域自治制度，坚持走有中国特色、西藏特点发展路子，以科学发展、跨越式发展和长治久安为主题，以实施"一产上水平、

二产抓重点、三产大发展"的经济发展战略、加快转变经济发展方式为主线，以改革开放为动力，以民族团结为保障，以保障和改善民生为出发点和落脚点，以生态环境保护与建设为重要内容，巩固和扩大"十一五"发展成果，促进经济更好更快更大发展和社会和谐稳定，为到2020年同全国一道实现全面建成小康社会的宏伟目标打下具有决定性意义的基础。这一指导思想是在全区各族人民充分认识走有中国特色、西藏特点发展路子的基础上提出来的。有中国特色、西藏特点发展路子是对自治区经济社会发展规律的总结，也是对自治区经济社会发展道路的探索，把握这条发展路子就是要充分认识中国特色和西藏特点，并将二者紧密结合起来，最终实现全面建成小康社会的宏伟目标。在《纲要》中，提出以科学发展、跨越式发展和长治久安为主题，科学发展是中国特色社会主义的重要要求，跨越式发展和长治久安是西藏特点的重要体现。这一主题说明，在自治区经济社会发展中既要科学发展，也要跨越式发展，跨越式发展是科学的发展，发展是为了实现长治久安，长治久安是发展的前提基础。在中央的特殊关怀下，"十二五"时期西藏工作要紧紧围绕"科学发展、跨越式发展和长治久安"这一主题开展。加快转变经济发展方式是中央对全国的要求，是全国"十二五"工作的主线。但加快转变经济发展方式，自治区与全国的基础条件有所不同。根据自治区现有条件和基础，需要从一产、二产、三产的发展着手，因此，在《纲要》中，把以实施"一产上水平、二产抓重点、三产大发展"的经济发展战略、加快转变经济发展方式作为"十二五"工作的主线，并将此作为坚持走有中国特色、西藏特点发展路子，开创西藏跨越式发展和长治久安新局面的基本途径和方法。西藏工作在"十二五"时期的一个主题和一条主线，充分体现了中国特色与西藏特点的结合。

为了实现一个主题、贯穿一条主线，《纲要》提出了"六个坚持、六个突破"的基本要求。即坚持加快发展，着力在增强自我发展能力上取得突破；坚持共享发展，着力在保障和改善民生上取得突破；坚持可持续发展，着力在生态环境保护与建设上取得突破；坚持和谐发展，着力在长治久安能力建设上取得突破；坚持统筹发展，着力在优化空间发展布局上取得突破；坚持创新发展，着力在体制机制完善上取得突破。这"六个坚持"反映了西藏经济社会发展的六个层次，即加快发展、共享发展、可持续发展、和谐发展、统筹发展和创新发展，充分显示了要坚持在科学发展的轨道上推进跨越式发展。通过发展，在六个方面应取得突破，即在增强自我发展能力上、在保障和改善民生上、在生态环境保护与建设上、在长治久安能力建设上、在优化空间发展布局上、在体制机制完善上。这"六个突破"充分考虑了西藏特点，它的实现将使自治区经济发展方式得到实质性转变，达到中央所要求的加快经济发展方式转变的目标。

从《纲要》的指导思想和基本要求中，我们可以清晰地看到，其中体现出走有中国特色、西藏特点发展路子的总体思路，把有中国特色、西藏特点有机地结合起来，最终促进经济更好更快更大发展和社会和谐稳定，为到 2020 年同全国一道实现全面建成小康社会的宏伟目标打下具有决定性意义的基础。

二　把坚持走有中国特色、西藏特点发展路子的指导思想贯穿于规划的主要目标中

与全国的"十二五"规划纲要相比，《纲要》在主要目标的制定上，更加体现了有中国特色、西藏特点的战略思想。全国的"十二五"规划纲要中确定了今后五年实现的主要目标是：经济平稳较快发展、经济结构战略性调整取得重大进展、城乡居民收入普遍较快增加、社会建设明显加强、改革开放不断深化五大目标。而《纲要》中确定的今后五年实现的主要目标是：经济保持跨越式发展、人民生活水平显著提高、基本公共服务能力显著增强、基础设施建设取得重大进展、生态环境进一步改善、改革开放不断深化、社会保持持续稳定七项目标。其中，自治区在经济发展、人民生活、社会建设以及改革开放方面与全国的目标一样，同时在社会建设方面更加强调了基本公共服务能力的增强，并从自治区实际出发，把基础设施建设取得重大进展、生态环境进一步改善、社会保持持续稳定作为主要目标。

在经济发展方面，《纲要》提出要使经济保持跨越式发展，地区生产总值年均增长 12% 以上，地方财政一般预算收入年均增长 15% 以上，固定资产投资大幅度增长；居民消费率逐年提高，城镇化率达到 30%，工业增加值占 GDP 的比重超过 15%，服务业就业人员占全社会就业人员比重提高 5 个百分点，特色优势产业快速发展，经济结构进一步优化，发展

的质量和效益明显提升，自我发展能力明显增强。在人民生活方面，《纲要》提出要使各族人民生活水平显著提高，物价总水平基本稳定，居民收入和经济发展同步提高，低收入者收入明显增加，中等收入群体持续扩大，贫困人口显著减少；农牧民人均纯收入年均增长13%以上，城镇居民人均可支配收入持续增加；五年城镇新增就业人数超过10万人，城镇登记失业率控制在4%以内。在社会建设方面，《纲要》提出要使全区的基本公共服务能力显著增强，覆盖城乡居民的基本公共服务体系不断完善，城乡居民受教育程度和健康水平不断提高，思想道德素质和科学文化素质明显提高，九年义务教育巩固率达到90%，高中（中职）阶段毛入学率达到80%，新增劳动力受教育年限达到12.2年；广播电视人口综合覆盖率达到95%以上，千人拥有卫生技术人员数达到3.5人，文化事业和文化产业加快发展，社会保障覆盖率和水平大幅提高。在基础设施建设方面，《纲要》要求取得重大进展，交通、能源瓶颈制约进一步缓解，综合交通运输体系进一步完善，综合能源体系初步建立。县县通油路，次高级及以上路面里程达到1.5万公里；乡镇通光缆，乡村信息化水平明显提高；电力装机规模扩大，用电人口基本实现全覆盖；全面解决农牧民及农林场职工饮水安全问题。在生态环境方面，《纲要》要求进一步改善，耕地保有量保持在35.4万公顷。主要江河湖泊水质、城镇空气质量保持优良；天然林、原生植被得到有效保护，新增人工林地26万公顷，重点地区土地、草场沙化退化和水土流失状况得到明显遏制；主要城镇污水集中处理率达到60%，单位地区生产总值能源消耗水平持续下降，主要污染物排放总量控制在国家核定范围内，生态安全屏障建设初见成效。

另外，《纲要》还要求全区经济、社会事业等领域的体制改革和机制创新深入推进，政府职能加快转变，管理能力和行政效率明显提高，基本经济制度进一步完善，资本、土地、人才、技术、信息等要素市场进一步健全；区域经济协调发展水平不断提升，对外开放的广度和深度不断拓展，南亚贸易陆路大通道建设取得实质性进展。《纲要》最后还要求全区维稳能力建设不断加强，维稳长效机制全面建立，基层基础更加坚实，社会管理制度更加完善，社会管理能力不断提高，藏传佛教正常秩序全面建立，各民族大团结不断巩固发展，社会秩序良好，人民安居乐业。

经过全区各族人民的努力奋斗，"十二五"时期实施规划的主要目标，必将大大丰富有中国特色、西藏特点发展路子的深刻内涵。

三　将坚持走有中国特色、西藏特点发展路子的具体措施落实在"十二五"时期的主要任务上

《纲要》提出在"十二五"时期要完成九项任务，主要有：加强基础设施建设，增强跨越式发展的保障能力；改善农牧民生产生活条件，深入推进新农村建设；加快推进特色优势产业发展，增强自我发展能力；大力加强社会建设，全面提高公共服务水平；加强生态文明建设，构建国家生态安全屏障；统筹区域协调发展，积极稳妥推进城镇化；积极推进改革开放，营造良好发展环境；维护社会稳定，建设平安和谐西藏；完善落实措施，实现宏伟蓝图等。

走有中国特色、西藏特点发展路子不仅是理论问题，更是实践问题，需要自治区在长期的发展实践中坚持探索。《纲要》确定的具体任务中，从自治区的实际情况出发，把全国"十二五"规划的要求贯穿于其中，紧扣一个主题、一条主线，从宏观上体现出中国特色，从微观上体现出西藏特点，对每一项任务作了具体的规划，大到有总的目标方向，小到有具体的对策措施，使规划的每一项任务科学、可行。如在"改善农牧民生产生活条件，深入推进新农村建设"任务中，提出"坚持把改善农牧民生产生活条件，增加农牧民收入作为经济社会发展的首要任务，完善各项强农惠农措施，坚持多予少取放活方针，夯实农牧业发展基础，提高农牧业现代化水平和农牧民生活水平，建设农牧民幸福生活的美好家园"作为总的目标，把提高农牧业现代化水平和改善农牧区面貌作为具体措施，从积极调整农牧业结构、提高农牧业综合生产能力、提高农牧业科技创新和转化能力、建立农牧业社会化服务体系、稳定和完善农牧区基本经营制度以及加快农牧区基础设施建设、美化农牧区环境、增加农牧民收入、加大扶贫开发力度等方面具体落实。在"改善农牧民生产生活条件，深入推进新农村建设"这一任务中，规划出有中国特色、西藏特点的社会主义新农村的发展模式，这种思路也体现在其他任务中。可见，《纲要》将坚持走有中国特色、西藏特点发展路子的具体措施落实到"十二五"时期的主要任务上了。

总之，《纲要》具体回答了有中国特色、西藏特点发展路子怎样走的

问题，从指导思想、主要目标和主要任务提出了有中国特色、西藏特点发展路子的具体思路、途径和举措，这既是我区党政领导、理论工作者进行有中国特色、西藏特点发展路子理论思考的具体体现，又是自治区各族人民走有中国特色、西藏特点发展路子的实际行动。"十二五"时期是我国发展的关键时期，也是自治区深入贯彻落实党的十七届五中全会、中央第五次西藏工作座谈会、西部大开发工作会议精神，全面建设小康社会的攻坚时期。自治区各族人民在中央的特殊关怀下，在全国各兄弟省市人民的大力支持下，在自治区党委的坚强领导下，从新的起点出发，有决心、有信心完成"十二五"规划提出的目标和各项任务，走好有中国特色、西藏特点发展路子，步入民生大改善、特色产业大发展、基础设施大建设、文化事业大繁荣、生态环境大保护、自我发展能力大提高、社会局势大稳定的新里程，为"十三五"时期和全面建成小康社会奠定扎实的基础。

（发表于《西藏日报》2011 年 3 月 12 日）

中国特色社会主义与西藏的发展

摘　要　历史地考察，只有社会主义才能救西藏；现实地论证，只有中国特色社会主义才能发展西藏。西藏在 20 世纪中叶，实现了从封建农奴制社会向社会主义社会的跨越，开启了步入现代文明的大门。西藏各族人民选择建立社会主义制度，走社会主义道路，奠定了经济社会跨越式发展的基础。西藏各族人民选择走有中国特色、西藏特点的发展路子，经济社会进入了现代化的快速发展轨道。改革开放以来，西藏各族人民认同中国特色社会主义道路，努力建设和发展中国特色社会主义，发展成就空前，社会事业繁荣，经济社会巨变，人民生活幸福。

关键词　中国特色社会主义　西藏发展　认同

中国特色社会主义是一种崭新的社会主义，具有无限的生机和活力，是在经济文化落后的国家进行社会主义的成功探索，是对苏联模式社会主义的扬弃和创新，[①]　是一条符合我国国情的社会发展道路。这是全国各族人民建立新中国以后经历了对社会主义建设规律的实践、认识、再实践、再认识之后做出的正确选择。这一崭新的社会主义能够解决我国经济社会发展中的问题，同样能够解决西藏这样一个社会发育程度极低、经济文化十分落后地区的发展问题。西藏各族人民在选择了社会主义制度后，克服了地区发展中的诸多困难，选择了走中国特色社会主义道路，使西藏获得了空前的发展机遇，取得巨大的发展成就，彰显出中国特色社会主义的伟

---

① 季正矩：《中国特色社会主义：一种崭新的社会主义》，《中国特色社会主义研究》2008年第 5 期。

大力量。[1]

一　中国特色社会主义是一条能够解决
西藏发展问题的道路

中国特色社会主义道路，就是在中国共产党领导下，立足基本国情，以经济建设为中心，坚持四项基本原则，坚持改革开放，解放和发展社会生产力，巩固和完善社会主义制度，建设社会主义市场经济、社会主义民主政治、社会主义先进文化、社会主义和谐社会，建设富强民主文明和谐的社会主义现代化国家。中国特色社会主义道路之所以完全正确，之所以能够引领中国发展进步，关键在于我们既坚持了科学社会主义的基本原则，又根据我国实际和时代特征赋予其鲜明的中国特色。在当代中国，坚持中国特色社会主义道路，就是真正坚持社会主义。走中国特色社会主义道路是中国社会发展的必然选择。

1840 年鸦片战争后，中国逐渐沦为半殖民地半封建社会，各个阶层都在寻求救国的道路。以太平天国起义和义和团运动为代表的农民阶级作了尝试，以洋务运动、戊戌变法为代表的资产阶级改良派进行了社会改良，以辛亥革命为代表的资产阶级革命派推翻帝制，但都未能彻底拯救国家。国民党一度治理国家，但蒋介石搞独裁专制，抗日战争胜利后又要打内战，丧失了民心，国家依然未能走上良好的发展道路。以毛泽东为代表的中国共产党人领导工人阶级，联合农民阶级，团结国内一切积极的力量，经过 28 年的革命创建了新中国。以毛泽东为核心的党的第一代中央领导集体对建设社会主义进行了艰辛探索。以邓小平为核心的党的第二代中央领导集体在对“文化大革命”进行全面认真深入反思和总结基础上，以深邃的历史眼光和宽广的世界胸怀，提出了建设有中国特色的社会主义。经过各种尝试、探索和比较，中国走上了中国特色社会主义的发展道路，找到了适合中国国情的社会发展道路。以党的十一届三中全会为标志，我国进入了探索中国特色社会主义道路的新时期。对中国特色社会主

① 胡锦涛：《高举中国特色社会主义伟大旗帜　为夺取全面建设小康社会新胜利而奋斗——在中国共产党第十七次全国代表大会上的报告》，新华社，2007 年 10 月 24 日。

义道路的探索，是在继承毛泽东等对中国社会主义建设道路探索成果的基础上实现的一次历史性跨越。①

　　在我国各族人民探索中国特色社会主义道路的过程中，经过反复的实践形成了中国特色社会主义理论体系，中国特色社会主义理论体系成为我国各族人民走中国特色社会主义道路的指导思想。中国社会发展的实践呼唤指导中国社会发展的理论体系产生，这一理论体系包括邓小平理论、"三个代表"重要思想和科学发展观等重大战略思想在内，是一个开放的发展的理论体系，是随着改革开放实践的深入发展、随着中国特色社会主义道路的延伸逐步发展完善起来的。经过实践的探索和总结，这一理论体系系统回答了在中国这样一个十几亿人口的发展中大国建设什么样的社会主义、怎样建设社会主义，建设什么样的党、怎样建设党，实现什么样的发展、怎样发展等一系列重大问题。同时，通过 30 多年的实践，将理论的回答付诸实践，在实践中着力解决中国经济社会发展迫切需要解决的问题。作为新时期全部历史经验结晶的中国特色社会主义理论体系，在建设中国特色社会主义的思想路线、发展道路、发展阶段、发展战略、根本任务、发展动力、依靠力量、领导力量和根本目的等问题上，形成了一系列独创性的重大理论观点，②指引着中国这样一个十几亿人口的发展中国家解决摆脱贫困、加快实现现代化、巩固和发展社会主义等一系列重大问题。

　　新中国成立后的前 30 年的实践证明，社会主义能够救中国。我国人民创造性地实现由新民主主义到社会主义的转变，使占世界人口四分之一的东方大国进入社会主义社会，实现了中国历史上最广泛最深刻的社会变革。我们建立起独立的比较完整的工业体系和国民经济体系，积累了在中国这样一个社会生产力水平十分落后的东方大国进行社会主义建设的重要经验。③改革开放 30 多年的实践证明，中国特色社会主义能够发展中国。我国人民总结本国社会主义建设经验，同时借鉴国际经验，以巨大的政治勇气、理论勇气、实践勇气实行改革开放，经过艰辛探索，形成了党在社会主义初级阶段的基本理论、基本路线、基本纲领、基本经验，建立和完善社会主义市场经济体制，坚持全方位对外开放，推动社会主义现代化建

---

　　① 李捷：《"一面旗帜、一条道路、一个理论体系"是党和国家发展的根本》，《中国社会科学》2008 年第 6 期。

　　② 同上。

　　③ 胡锦涛：《在庆祝中国共产党成立 90 周年大会上的讲话》，新华社，2011 年 7 月 1 日。

设取得举世瞩目的伟大成就。[1] 20 世纪下半叶以来世界社会主义运动处在低潮时期，我国的社会主义之所以依然具有蓬勃的生命力，就在于我国人民选择了中国特色社会主义。中国特色社会主义作为"一面旗帜、一条道路、一个理论体系"，能够组织动员全国各族人民建设国家、振兴民族，开拓创新、克服困难、战胜风险，不断解决我国各个发展阶段中出现的经济、政治、文化、社会、生态及其执政党发展等重大问题，从实践和理论上再次诠释社会主义。中国特色社会主义是能够解决全国、全局发展中各种问题的道路和理论体系，当然也能够解决西藏局部地区发展中的各种问题。

西藏是我国封建农奴制社会延续时间最长的地区，也是大陆最晚获得解放的地区。获得解放后的西藏在政治形式上完成了与全国的一体化，但在政治实质上实现与全国一体化还有较大的距离，因为经济、文化和社会方面的一体化条件尚未具备。获得解放、完成统一、实现一体化后，西藏社会面临走向发展、富裕、文明的重大问题。经过民主改革到自治区成立后，西藏各族人民选择了走社会主义道路，在党的领导下确立起社会主义制度。1965—1975 年，西藏进行了社会主义改造，较内地晚了 20 年时间。直至改革开放前，西藏地区的社会主义建设实际才刚刚起步。经过社会革命，西藏经济社会获得了良好发展机遇，但还谈不上走向富裕。生产力不发达，人民生活不富裕，虽步入了文明社会的门槛，但文明程度较低，人民享有的各种权利受到限制和影响。在西藏刚刚结束社会主义改造的几年后，党召开了十一届三中全会，全国实行改革开放，社会发展全面转向经济建设，全国开始探索新的社会主义——中国特色社会主义。同样，西藏也开始了探索中国特色社会主义的实践。30 多年的发展历程表明，中国特色社会主义初步解决了西藏走向发展、富裕和文明的一系列重大问题，经济快速发展，人民富裕程度大大提高，社会现代化程度大大提升，西藏正在走向更高程度的现代文明社会。

二　西藏各族人民选择走中国特色社会主义道路

中国特色社会主义道路是一条能够解决西藏经济社会发展问题的道

---

① 胡锦涛：《在庆祝中国共产党成立 90 周年大会上的讲话》，新华社，2011 年 7 月 1 日。

路，西藏各族人民选择这条道路经历了艰难的历程。1956 年全国各地完成了社会主义改造任务，标志着我国确立起社会主义制度，进入社会主义建设的新时期。1959—1961 年，西藏完成平叛和民主改革任务，标志着新民主主义革命任务在大陆地区的最后完成，西藏开始迈向社会主义社会。1965 年，自治区成立标志着西藏进入了社会主义建设的新时期。经过民主改革，西藏人民走上社会主义道路，实现了从封建农奴制度向社会主义制度的历史性跨越。从西藏进入社会主义社会的过程看有两个特点：一是在国家实现统一、政治高度一体化的基础上，中央政府以国家体制统一为前提改变治理西藏方略，使西藏在历史上第一次与祖国各地一样选择同一社会制度；二是西藏地区确立与全国同步的社会主义制度是一个跨越千年的奇迹，即社会制度的大跨越。因西藏地区在经济、政治、文化和社会发展方面与全国差距较大，虽然选择社会主义制度，但是建设社会主义难度极大。西藏和平解放以来，历经民主改革、成立自治区和改革开放，经济社会发展与祖国内地一样也取得了举世瞩目的伟大成就，但是新西藏的经济社会建立在起点很低的层次上，国家对西藏经济社会的发展给予了大力扶持，在过去一个自然经济广覆、社会层次极不发育的边疆少数民族地区，经过多年发展仍然还是很不发达，是非典型二元经济结构特征十分突出的区域；西藏又是一个人口稀少、农牧区人口占很大比重，丰裕的自然资源禀赋短期难以利用，环境承载能力脆弱的高原区域；西藏还是一个经历过上千年封建农奴制，文明进步的基础极其薄弱，宗教文化传统十分浓厚的地区；西藏也是一个商品经济极不发达，安于自给但长期不能自足，由计划经济体制向市场经济转型，在实行改革开放以后经济迅速发展的地区；更为重要的是，西藏同时是一个地处边陲，长期面临境内外敌对势力、分裂主义分子渗透破坏，固边稳边、防止分裂任务十分繁重的地区。可以说，在中国，一个地区在发展中同时具备六大特征举国罕见。[①]在这种区域特征和发展情势下，西藏建设社会主义的过程必然艰辛。在改革开放前，西藏经济社会较之过去发生了翻天覆地的巨大变化，但是依然没有改变在全国的落后地位。当全国开始探索新的社会主义道路时，西藏如何发展、如何建设社会主义是摆在西藏各族人民面前的一个重要问题。

---

① 孙勇：《对走中国特色西藏特点发展路子命题内涵的思考》，《西藏日报》2009 年 8 月 6 日。

我国在探索社会主义建设的过程中，由于借鉴了苏联模式，遇到了一定曲折，生产关系在一定程度上阻碍了生产力的发展，影响了经济社会的发展，因而需要进行多领域的改革。党的十一届三中全会后，我国从农村局部领域开启了改革的历程。可是，对于西藏来说，虽然社会主义建设起步晚、起点低，但社会主义救西藏已是被历史证明的事实，各族人民高度认同当时的社会主义，要进行改革，人们在思想观念上难以接受，被质疑为改变社会主义，至于中国特色社会主义更是不被人们理解。

西藏的改革开放过程是各族人民思想解放、观念转变的过程，也是各族人民选择走中国特色社会主义道路的过程。西藏的改革开放大体经历了四个阶段：第一个阶段是 1978 年 12 月至 1984 年 9 月，即党的十一届三中全会召开到十二届三中全会召开前夕，是改革的起步阶段。西藏和全国一样，以农牧区改革为切入点，推行了各种形式的生产责任制，实行休养生息，确立了"长期不变"的政策，推动了农牧区经济的较快发展。第二个阶段是 1984 年 10 月至 1992 年 1 月，即从党的十二届三中全会召开到邓小平南方谈话前夕，是改革全面展开阶段。西藏的改革从以农牧区为重点转向农牧区、城市并重，确立了"一个中心、两件大事、三个确保"的指导思想，农牧区经济体制改革进一步深化，企业改革稳步实施，"两个开放"的政策加速推进。第三个阶段是 1992 年 1 月至 2003 年 10 月，即从邓小平南方谈话发表到十六届三中全会召开前夕，是改革开放的制度创新阶段。按照中央确定的"社会主义市场经济体制"改革目标，西藏提出了与全国"框架一致、体制衔接、适当变通"的改革原则，各项改革稳步推进，向社会主义市场经济体制转轨的步伐明显加快。第四个阶段是 2003 年 10 月至今，是完善社会主义市场经济体制、改革攻坚、构建社会主义和谐社会的全新阶段。西藏各族人民全面贯彻落实科学发展观，驾驭市场经济的能力不断提高，跨越式步伐不断加快。在这四个阶段中，西藏各族人民逐渐了解中央改革的系列政策，解放思想，更新观念，接受改革的基本做法，将全国的改革与西藏的实际结合起来，解决西藏社会发展中的问题，逐渐跟上全国的发展步伐，实现了与全国同步发展的目标。①从这四个阶段可以看出西藏改革开放的递进过程，亦即走中国特色社会主

---

① 金世洵主编：《西藏经济体制改革和对外开放 30 周年回顾与展望》，西藏人民出版社2008 年版，第 31—43 页。

义道路的推进过程。这一过程的不断向前推进，反映出西藏各族人民的思想观念不断解放以及对改革开放和走中国特色社会主义道路的认同。西藏的改革开放既是对社会主义制度的不断完善，也是对社会主义制度的不断适应和实践，① 通过改革开放，西藏各族人民最终选择了中国特色社会主义。

在西藏改革开放的过程中，从 1980 年 3 月至今，中央组织召开了五次西藏工作座谈会，形成并不断完善西藏工作的指导思想，不仅指导西藏的改革开放，而且给予西藏很多特殊优惠政策，大力支持西藏的建设与发展。在中央的特殊关怀下，西藏自治区在农牧区经济体制、国有企业、财税金融体制、社会事业领域、资源环境体制、基础设施建设领域、商品流通体制、对外贸易体制和行政管理体制等方面进行了全方位改革，从体制上保证了西藏经济社会的全面发展。目前，西藏经济社会的巨变和新貌都是基于各族人民这样的选择上。各族人民选择社会主义制度，走中国特色社会主义道路，大大缩小了西藏与全国的发展差距，这是西藏实现现代化、进入高度文明的现代社会的基石。

三　西藏在建设中国特色社会主义中获得巨大发展

西藏各族人民选择社会主义是历史的必然，选择中国特色社会主义也是历史的必然，这是基于 20 世纪中叶后的四次社会变革。第一次是 1951年，西藏实现和平解放，摆脱了帝国主义势力的侵略及其政治、经济羁绊，维护了国家主权统一和领土完整，实现了藏族与全国各民族的平等、团结以及西藏内部的团结。第二次是 1959 年，西藏实现了民主改革，彻底废除旧西藏政教合一的封建农奴制度，开创了西藏人民掌握自己命运、实现当家做主的时代。第三次是 1965 年，西藏自治区成立，实现了民族区域自治制度，西藏社会制度实现了历史性跨越。三次社会变革深刻改变了西藏前途命运，有力推动了经济社会的发展，西藏人民走上了社会主义的光明大道，也为西藏的改革开放奠定了坚实的基础。② 第四次是 1978

---

① 金世洵主编：《西藏经济体制改革和对外开放 30 周年回顾与展望》，西藏人民出版社2008 年版，第 25 页。

② 同上书，第 25、31—43 页。

年党的十一届三中全会后，西藏与全国一样实行改革开放，走中国特色社会主义道路，从经济体制、政治体制、文化体制等方面进行全方位改革，改革生产力与生产关系、经济基础和上层建筑不相适应的内容，进一步完善社会主义制度，在一定程度上调整了生产关系，促进了生产力的发展，更加夯实了经济基础，筑牢了上层建筑，执政党的执政地位更加巩固。

　　四次社会变革促进了西藏的发展，首先说是人的发展。马克思主义认为，人是生产力要素中最活跃的因素，社会的一切变化都基于人的发展。和平解放以来，西藏人的解放是社会最大的发展。马克思主义还认为，人的自由与发展的程度取决于现实生产力的发展水平，而不是人们的理想观念。事实上，人们每次发展都不是在他们关于人的理想所决定和所容许的范围内，而是在现有的生产力所决定和所容许的范围内取得自由的。生产力是社会发展的最终决定力量，也是人全面发展的决定力量。生产力的状况制约着人们发展的程度和水平。藏族是一个长期信仰藏传佛教的民族，很多人都有美好的愿望，但这些愿望在生产力不发达的社会只能是一种愿望，让人们长期祈愿。只有和平解放经历社会改革后，生产力获得极大的解放和发展，给人们提供了一定的社会条件，人们的愿望才变为现实，人才实现了发展。人的全面而自由发展，不仅要以高度发展的生产力为基础，而且还取决于高度发展的生产关系和社会制度。西藏由封建农奴制度跨越到社会主义制度是使人获得全面发展的基本保障，30 多年来中国特色社会主义的发展使社会主义制度更加完善，为西藏人的全面发展提供了更多的保障。在促进人全面发展的过程中，发达的生产力和生产关系只是人们全面发展的客观外在条件，人本身的整体素质和综合品质（包括人的身体素质、思想道德素质、科学文化素质等）的发展是人的全面发展的先决条件。和平解放以来，西藏的教育发展为人的综合素质提升提供了条件。旧西藏，适龄儿童入学率不到 2%，青壮年文盲率高达 95%，人的综合素质较低，限制了人的劳动能力的发挥。到 2010 年，西藏已经建立起一个涵盖幼儿教育、小学教育、中学教育、职业教育、高等教育、成人教育、特殊教育等具有地方特色和民族特点的现代教育体系。西藏拥有普通高等教育院校 6 所，各级中学 122 所，小学 872 所，各类在校学生达 50 多万人。内地西藏班在校生总数 2 万余人；在内地 12 省市 42 所学校开办中职班。西藏适龄儿童入学率、初中入学率、高中入学率和高等教育毛入学率分别达到 99.2%、98.2%、60.1% 和 23.4%，青壮年文盲率下降到

1.2%，15 周岁以上人口人均受教育年限达到 7.3 年。① 教育的发展与变化，极大地提升了人的综合素质，社会主义建设成就的取得都是基于人的创造力的增强基础上的。在社会主义历史时期，西藏人民当家做主、社会主义市场经济体制、按劳分配等制度的建立，极大地促进了社会生产力的发展，实现了社会关系的根本性变革，使人的本质和尊严获得了政治经济文化制度的保障，人的全面自由发展获得了前所未有的良好环境和无限广阔的前景。人实现了全面发展，人的主体能动性极大地发挥出来，西藏社会获得了巨大的发展。

　　其次说西藏的发展是社会的发展。社会是一个很复杂的系统，社会的发展表现在多个方面，在党和政府的很多文献中列举了社会发展成就的系列数据。笔者在谈及中国特色社会主义与西藏的发展话题时认为，西藏社会的发展主要在于其经济社会各种结构和社会面貌的变化与发展。经济结构方面，打破了旧西藏无工业的状况，现代工业从无到有，建立起一个包括能源、轻工、纺织、机械、采矿、建材、化工、制药、食品加工、民族手工业、藏医药等 20 多个门类、富有西藏特色的现代工业体系；能源、交通等基础产业蓬勃兴起；农牧业现代化程度大幅提高。同时建立在经济结构之上的政治结构也发生变化，建立了各族人民当家做主的各级政权，形成了有民族地区特色的法律体系，中国特色社会主义制度日渐完善起来，人民代表大会制度、中国共产党领导的多党合作和政治协商制度、民族区域自治制度以及基层群众自治制度等构成基本政治制度。文化结构方面，形成了社会主义先进文化、现代文化与传统文化并存的局面，社会主义先进文化和现代文化得到大力建设，传统文化得到弘扬和继承，成为各族人民的主流思想和精神支柱。社会结构发生较大的变化，封建农奴主阶级的统治被推翻，随着社会主义改造的进行，在境内（达赖集团流亡印度后，作为封建农奴主阶级的代表还存在），封建农奴主阶级已消失，全体社会成员都成为劳动者，进入新时期成为中国特色社会主义的建设者。经济结构、政治结构、文化结构和社会结构等方面的变化和发展，是西藏经济社会在经济、政治、文化、社会方面取得巨大成就的基础，没有这几种结构的变化就没有社会建设巨大成就的取得。社会面貌的变化和发展是社会发展的显性表现，为众人所感知。西藏社会面貌的变化与发展是世人

---

① 《西藏和平解放 60 年》，新华网，2011 年 7 月 11 日。

举目熟知的。西藏和平解放是西藏社会发展具有划时代意义的历史转折点，开辟了西藏从黑暗走向光明、从专制走向民主、从贫穷走向富裕、从封闭走向开放的新纪元。60 多年来，在中央关心、全国支援和西藏各族人民的共同努力下，西藏社会面貌发生了翻天覆地的巨大变化，各项事业取得了前所未有的伟大成就，实现了西藏社会制度和经济社会发展的历史性跨越，古老而神奇的西藏高原上创造出短短几十年跨越上千年的人间奇迹，经济社会的各个领域都呈现出生机勃勃的景象，一个崭新的社会主义新西藏屹立在世界屋脊上。

社会主义能够救西藏，中国特色社会主义能够发展西藏。目前，西藏各族人民认同中国特色社会主义，坚定不移地走中国特色社会主义道路，积极探索有中国特色、西藏特点的发展路子，以科学发展观指导各项工作，在经济社会各个领域全面贯彻科学发展观的实践要求，落实胡锦涛同志提出的"五个继续着力"，扎实推进跨越式发展和长治久安。各族人民正在意气风发地建设着团结、民主、富裕、文明、和谐的社会主义新西藏。

[发表于《西藏大学学报》（社会科学版）2012 年第 3 期]

治边稳藏重要思想的战略地位

习近平总书记在参加十二届全国人大一次会议西藏代表团审议时对西藏工作做出了重要指示，其中，"治国必治边、治边先稳藏"重要思想阐明了我国现今治国、治边、治藏三者之间的关系，是在新形势下关于边疆战略思想的具体体现，对于治理西藏、治理边疆以及治理整个国家具有重要意义。

以现代国家理论阐明治国、治边、治藏
"三位一体"的治国理念

自人类社会进入文明时代即出现国家这个政治组织以来，国家形态一直处于动态变化之中，从时序上可把国家划分为传统国家与现代国家两个类型。传统国家是一个相对性概念，一般是指前现代或者资本主义前的国家。传统国家有边陲而无国界。根据这种划分法，有人认为中华人民共和国的成立标志着现代国家建构在中国的真正开始。也就是说，在中华人民共和国成立之前，中国还处在传统国家形态上。由于国家形态的不同，世界各国形成不同的治国理念和方式，进而有传统国家理论与现代国家理论之别。现代国家的组织形式是民族—国家，制度体系是民主—国家，亦即民族、民主—国家，这里的民族指国族。民族—国家突出的是主权，民主—国家强调的是人权，民族、民主—国家重视的是主权、人权，这样使国家有了明确的国界，这样的国家成为公民社会，这是现代国家的实质。因此，现代国家理论强调的是国家一体化程度和公民社会的均质化发展，即凡是在国家拥有主权的地区都应同质发展，公民享有同等的权利，进而打破传统国家重中心地区轻外围（边境）地区的中心—外围边疆观，确立

起中心—外围平等发展的边疆观。中华人民共和国成立以来，实行民族平等政策，加速发展民族地区和边疆地区，边疆民族地区获得与内陆、沿海同等的发展机会，各族人民享有当家做主、参与国家和地方事务管理的权利。由此，国家领导也相应地形成现代国家的治边思想和理念，高度重视边疆的安全、稳定和发展。

"治国必治边、治边先稳藏"重要思想，深刻阐明治国、治边、治藏"三位一体"的现代国家治理理念，在这里，稳藏是治藏的结果。这一理念蕴含着治理好国家与治理好边疆、治理好西藏一致性的内涵，即存在治理好西藏就能治理好边疆、治理好边疆就能治理好国家的逻辑关系。治国是中国现代国家建构的总目标，治边是中国现代国家建构中巩固主权的必须途径，治藏是中国现代国家建构中巩固主权的重要基础。因此，"治国必治边、治边先稳藏"重要思想不仅提升了西藏在边疆、在国家位置中所处战略地位的重要性，而且把治国、治边、治藏"三位一体"的关系上升到现代国家边疆总战略的地位。领会"治国必治边、治边先稳藏"重要思想时，不能割裂这三者之间的关系，片面地强调一个方面，尤其是强调西藏的特殊性。"治国必治边、治边先稳藏"重要思想指导我们应该看到在现代国家建构中西藏具有重要性，在国家均质化发展的时代其特殊性会越来越少的趋势。因此，在工作中要重视西藏在现代国家建构中的重要性并致力于促进国家发展一体化进程，把西藏在现代国家建构中的重要性认识实践于西藏经济建设、政治建设、文化建设、社会建设和生态建设"五位一体"建设总布局，使西藏作为边疆地区为中国现代国家的建构做出贡献。

以治国、治边、治藏"三位一体"
关系构成边疆战略思想

在现代国家理论中，边疆是国家的重要组成部分，不再仅仅是传统国家观念中拱卫国家中心地区的外围屏障。传统边疆观念只要求边疆安全起到保卫中心的作用，不关乎其发展与否。现代国家边疆观念认为，边疆地区与传统时代的中心地区得到同样发展才能真正拱卫整个国家的安全。大国的崛起往往是拓疆式的崛起，在地理、领土疆域外都有其利益边疆和战略边疆，苏联和美国都是拓疆式的崛起。苏联失败了，美国还在继续，把别国的某个地区作为自己的利益边疆和战略边疆来拓展。在全球化过程中，国家形成了政治地缘性的竞争关系，这使现代边疆问题越来越复杂。中国正在崛起，但与苏联、美国的崛起不同，中国是守疆式崛起。由此，在全球化大趋势下，国家组织形式依然是国际社会最管用的组织形式，国家在政治地缘性竞争中趋于加强态势，中国必须考虑边疆战略问题。

"治国必治边、治边先稳藏"重要思想，以治国、治边、治藏"三位一体"的关系构成国家边疆战略思想。从这"三位一体"的关系中可以看出，治边是指治理陆地边疆，即治理陆疆。首先，这一重要思想把治边提升到治国的重要位置，即把治边作为治国的重要内容。新中国成立以来，是真正走向现代国家的建构时期，国家非常重视边疆地区的发展，动员力量大力建设边疆，使边疆地区经济社会发生了重大变化。因受传统观念影响，出现了一些现代国家发展中不应有的现象，即边疆地区每逢出现重大事件时，才能引起国家有关部门对边疆地区发展的重视，出现边疆地区越闹事越被国家重视的怪现象。这一重要思想要求整个国家确立起现代国家边疆战略理念，从国家层面讲，把治边纳入治国的总要求中，国家有关部门应形成国家整体区域和民族、边疆地区平衡发展的总思路，走出边疆民族地区发展不平衡的局面，形成国家整体区域均质化发展态势；从边疆地方层面讲，应当在治国的总要求下确立现代国家"国家利益至上"观念，发展边疆，努力消除国家整体区域间发展的差异，治理好边疆地区，能够为国家治理边疆、构建有中国特色的边疆战略提供实践经验。其次，这一重要思想把治藏提升到治边的重要位置，即把治藏作为治边的重要内容。西藏是我国西南地区的陆疆，在国家战略和边疆战略中具有重要影响。这一重要思想要求，在现代国家总治理中治藏为治边先行先试，探索治理模式，积累治边经验。最后，这一重要思想回应了国际社会中国家政治地缘性竞争的诸多问题。在全球化趋势下，不但地缘相连的国家（周边国家）对我国产生一定影响，而且非地缘相连的国家也对我国产生较大影响。以美国为首的西方国家通过与我国地缘相连的国家或直接对我国边疆进行全方位、宽领域渗透，造成我国边疆安全的威胁，给正在走向现代国家的中国带来较大阻力。以治国、治边、治藏"三位一体"关系构成的国家边疆战略思想，是对西方国家以边疆问题分裂中国阴谋的回击。习近平总书记关于中国边疆战略思想的核心是国家和边疆的一体性，治国、治边、治藏就宣示了中国国家整体区域要平衡发展，达到不可分离、分离不了的程度。这是我国现代国家构建中的一个重要方面，也是习近平总书记关于边疆战略思想的必然要求。

以治藏模式为国家治理中的治边提供经验

治藏是历代中央王朝治国经营之道，有许多成功的治理经验，但那时的中国属于传统国家的类型，主要由氏族、家族、部族、地方性族群等共同体构成。这种传统的国家治理已远远不能适应现代国家构建的需要。当然，不能隔断历史，历史发展有联系性，传统的治藏经验有可以借鉴的内容，但时过境迁不能照搬，何况现代国家需要建构科学管理民族、管理宗教、管理公民社会等一系列国家治理模式。新中国成立后，包括和平解放西藏在内，国家采取了一系列治藏措施，形成了一些治藏方略，探索了现代国家建构中的治边治藏模式，积累了一定的治藏经验，值得肯定。治藏是个动态过程，需要不断探索和完善，尤其是改革开放以来治藏的内外部环境发生了较大变化。西藏是一个以藏族为主体的边疆地区，多元宗教中藏传佛教影响最大。在国家快速发展过程中，民族、宗教出现了国内国际性流动。与传统国家时代相比较，解决民族、宗教流动性带来的问题是建构现代国家中治理西藏必须面对的问题。除此之外，关于边疆经济、政治、文化、社会、生态建设与发展中出现许多新情况，也是建构现代国家中治理西藏必须面对的问题。

"治国必治边、治边先稳藏"重要思想中的稳藏，是指通过现代国家建构中的治边、治藏实现稳藏的目标。先稳藏，就是要求治藏为现代治边、治国探索适合中国国情的治理模式，积累成功经验。这一重要思想既是对西藏在国家战略地位中作用的高度肯定与新认识，也是对做好西藏工作的重要指示，更是给做好西藏工作以及治藏提出的新命题。这就需要有清醒的认识和思考，明确西藏究竟该怎么做、做什么。习近平总书记在参加十二届全国人大一次会议西藏代表团审议讲话中，从推进跨越式发展、改善和保障民生、巩固和发展民族团结、维护社会稳定、培养各族干部等方面为治藏提出思路。我们应当在"治国必治边、治边先稳藏"重要思想指引下，从处理民族关系、宗教关系入手，探索解决民族问题、宗教问题的新途径，进而完善民族区域自治制度，探索出现代国家治边、治藏模式，为构建中国现代国家边疆理论做出努力，为国家治理其他陆疆地区提供经验。

（发表于《西藏日报》2015 年 5 月 9 日）

思想政治教育研究

加强公民基本道德规范教育要靠
强有力的思想政治工作

自治区党委书记郭金龙同志在区党委理论学习中心组讲话时强调，实现自治区社会长治久安，重在治本，必须加强思想政治教育。并进一步指出："当前要抓住中央在全国倡导公民基本道德规范、进行公民道德教育的时机，认真研究在我区各社会群体中，深入持久地开展以爱国主义为核心的思想政治教育的措施。"郭书记的讲话从西藏人民的根本利益出发，站在政治的高度，明确了治本的内涵，抓住了实现自治区社会长治久安的根本，指明了自治区公民基本道德规范的重点，提出了做好这些工作的要求。我们要在郭书记讲话精神的指导下，抓好以爱国主义为核心的思想政治教育，加强道德建设，为实现自治区社会长治久安做出应有的贡献。

公民基本道德规范教育是实现自治区
社会长治久安的治本之策

实现自治区社会长治久安是自治区实现经济社会跨越式发展的重要前提，也是党中央和全国人民赋予我们的崇高历史使命。实现自治区社会长治久安，重在治本。所谓"本"，就是一个社会的思想基础和政治基础。治本就是要从根本上解决人们的思想认识问题，打牢发展和稳定的思想基础和政治基础。达赖集团的分裂破坏是影响我区社会稳定的总根源，是实现自治区社会长治久安的阻力和障碍。治本就是要深入揭批达赖政治上的反动性和宗教上的虚伪性，坚决清除达赖集团的反动影响，肃清达赖集团祸藏乱教在人民群众思想上造成的混乱，进一步削弱直至铲除达赖集团的思想和社会基础。中央颁发《公民道德建设实施纲要》，要求全国各地进行公民基本道德规范教育，为自治区治本提供了一条新途径。自治区应抓住这一有利时机，大力加强"爱国守法，明礼诚信，团结友善，勤俭自强，敬业奉献"的公民基本道德规范教育，尤其是要大力加强爱国主义的道德规范教育。爱国是公民的道德之本，也是公民其他道德规范的前提条件。公民基本道德规范教育首先要进行爱国主义教育。在自治区，进行爱国主义教育就是要从根本上解决人们思想上的深层次问题，使人们认识到达赖集团的分裂活动是逆历史潮流、违背西藏人民根本利益的，西藏离不开祖国，离开祖国难以发展与进步，共产党领导西藏人民建设社会主义才是西藏社会发展的前途的深刻道理，激发广大人民群众跟共产党走、建设社会主义新西藏的自觉性和积极性，从而巩固中国共产党的执政地位，巩固中国特色的社会主义制度。

自治区公民基本道德教育要以爱国主义为核心

爱国主义既是规范每个公民与国家关系的重要政治原则，又是调整个人与祖国行为的基本道德规范，还是正确认识个人与祖国价值关系的人生价值准则。它强调每个公民对祖国的政治责任和义务，把爱国、报国、兴国、强国视为公民的高尚美德，倡导公民报效祖国、为社会为国家献身的精神。爱国是公民最基本的道德，它是具体的，不是一个抽象的概念。在自治区，爱国就是要爱中国共产党，爱我们社会主义祖国，爱社会主义的新西藏，识破达赖集团分裂祖国、图谋"西藏独立"的阴谋。自治区公民基本道德规范教育要以爱国主义为核心，教育公民履行对祖国的政治责任和义务，热爱祖国，拥护共产党的领导，为西藏社会主义现代化建设贡献力量；教育公民同达赖集团作斗争，认识到达赖集团搞分裂活动的目的是想恢复他们失去的天堂，而绝不是为西藏人民谋利益；认清达赖的本质是图谋"西藏独立"的分裂主义政治集团的总头子，是国际反华势力的忠实工具，是在西藏制造动乱的总根源，是阻挠藏传佛教建立正常秩序的最大障碍；认清我们同达赖集团和支持他们的国际反华势力的斗争性质，是近代以来中华民族反对帝国主义侵略斗争的继续，是中国人民反对霸权主义、强权政治斗争的重要组成部分，是社会主义初级阶段一定范围内存在的阶级斗争的突出表现，是维护祖国统一、反对分裂的重大政治斗争；

明白"团结是福，分裂是祸；稳定是福，动乱是祸"的道理，增强公民对达赖分裂谬论的识别和抵御能力，使每个公民捍卫祖国统一和民族团结，维护社会稳定，从而奠定西藏社会长治久安的思想基础和群众基础。

加强青少年公民基本道德规范教育要靠
强有力的思想政治工作

《中共教育部党组关于教育战线学习贯彻〈公民道德建设实施纲要〉的通知》指出："青少年学生是公民道德教育的重点人群，学校是对青少年学生进行系统道德教育的重要阵地，加强公民道德教育是学校德育的重要内容。"首先，要加强马克思主义"四观""两论"为主线的爱国主义教育，充分发挥"两课"主阵地、主渠道的作用，做好"四观""两论"教育的"三进"工作，用科学的理论武装学生。其次，要在青少年中大力加强以爱国主义为核心的公民基本道德规范教育，继续深入开展揭批达赖集团的活动，解决他们当中存在的深层次思想问题，增进民族团结，不断削弱达赖分裂集团的思想基础和社会基础。最后，加强青少年公民基本道德规范教育，要把思想教育与解决实际问题结合起来，要把理论学习与学以致用结合起来，要把一般学习与解惑释疑结合起来，要把灌输式教育与启发式教育结合起来，要把教育与管理结合起来，改进教学方式，增强教育的实践性和实效性，把他们培养成"四有"公民，为自治区现代化建设培养和造就高素质的创新人才。

（发表于《西藏日报》2002 年 4 月 18 日）

西藏和平解放时期党的思想政治
工作及其基本经验研究

摘　要　党在西藏和平解放时期开创了在西藏地区的思想政治工作。党的思想政治工作对和平解放西藏起到了巨大的作用。党在西藏和平解放时期开展的思想政治工作对以后西藏的思想政治工作产生了久远的影响。本文在马克思主义理论指导下，综合运用思想政治教育学、历史学等相关学科的知识，系统地、全面地总结西藏和平解放时期党的思想政治工作，并在此基础上深入研究这一时期党的思想政治工作的基本经验，旨在对中共西藏党史思想政治教育部分有所补益，对今天西藏开展思想政治工作提供借鉴作用。全文共分三部分：

第一部分：分析、概述党在西藏和平解放时期开展思想政治工作的重要性和必要性。文章从解放西藏前西藏地方当局与帝国主义相勾结，企图搞"西藏独立"，民族隔阂、宗教问题突出，藏族劳动群众没有觉醒，西藏气候恶劣、交通十分困难等客观方面以及受命进藏部队人员思想状况、党在西藏影响力等主观方面分析了解放西藏的特殊性，由此论证思想政治工作先行的重要性和必要性。

第二部分：总结、阐述党开展思想政治工作的情况及其重大作用。文章从做好进藏部队人员的思想政治教育、西藏上层人士的政治争取工作、藏族群众的影响工作方面全面总结党在西藏和平解放时期开展思想政治工作的情况，并论述各种思想政治工作的重大作用，提出"没有强有力的思想政治工作就没有西藏的和平解放"的观点。

第三部分：研究、论述党在西藏和平解放时期开展思想政治工作的基本经验。文章从当时思想政治工作的方法、原则、实效等方面研究并论述了思想政治工作的五条基本经验，给今天西藏开展思想政治工作以启示。

关键词 西藏和平解放时期 思想政治工作 重大作用 基本经验

前　言

中国共产党从诞生起就创立了思想政治教育。在中国革命和建设的各个阶段，中国共产党十分重视思想政治教育的功能和作用，广泛开展思想政治工作。因而，思想政治教育成为中国共产党领导中国人民夺取新民主主义革命胜利和进行社会主义建设的有力武器，是一切工作的生命线，是团结全党和全国各族人民完成各项任务的中心环节，也是中国共产党强大的政治优势。党的思想政治工作是各项工作的保证和前提，在任何时期、任何地区都十分重要。解放西藏是党的解放事业和新民主主义革命的重要组成部分。解放西藏是解放战争中一项复杂而艰巨的任务，我党我军靠思想政治工作先行，与军事上进军协同，完成了和平解放西藏的任务，从此开创了党在西藏的思想政治工作。

党在西藏开展思想政治工作具有特殊的作用和意义。党在西藏和平解放时期开展思想政治工作十分艰难。西藏和平解放后，曾承担和平解放西藏任务的十八军将士，对当时的思想政治工作情况做了大量的回忆，肯定了思想政治工作的重大作用。目前，学术界对西藏和平解放时期的思想政治工作尚无系统的研究。本人试从西藏和平解放时期党开展思想政治工作的必要性和重要性、思想政治工作的开展及其重大作用和思想政治工作的基本经验等方面进行系统地总结研究，希冀揭示在西藏开展思想政治工作的一些规律性，对今天西藏的思想政治工作有借鉴和促进作用。由于本人的学识和研究能力有限，文中难免有不妥之处，敬请各位专家、学者、导师以及学友批评指正。

西藏是祖国大陆上最后解放的一个地区。解放西藏的任务是在中华人民共和国已经宣告成立，中国人民解放战争已经取得伟大胜利的形势下实现的。1949 年 10 月 1 日，在首都天安门广场举行隆重的开国大典，毛泽东主席宣告中华人民共和国成立，朱德总司令宣布中国人民解放军总部命令，命令解放军迅速肃清国民党一切残余武装，解放一切尚未解放的国土。12 月 31 日，党中央发布《告前线将士和全国同胞书》，把解放西藏列为1950年的一项光荣战斗任务。可是，西藏地方政府中的少数当权派，却变本加厉地勾结帝国主义，明目张胆地搞所谓"西藏独立"的活动。因此，解放西藏经历着一场以驱逐帝国主义出西藏、反对"独立"、维护祖国统一、反对分裂为中心的十分尖锐复杂的斗争。西藏情况复杂特殊，地域辽远险阻，民族、宗教问题突出，经济发展非常落后。党在西藏没有地下组织，没有革命的种子，矛盾纵横交错，既要争取上层中的大多数，又要坚决反对上层中的"独立"、分裂；既要依靠下层劳动人民，又要不影响上层人士的利益。解放西藏面临一个完全陌生的环境，没有现成的经验可以借鉴。同时，进藏部队广大指战员对于进军西藏毫无思想准备，存在着各种各样的消极思想，面对这种情况，各级党组织发扬党的思想政治教育的光荣传统，首先解决了进藏部队指战员的各种思想认识问题，激发了进藏部队广大指战员的革命热情和斗志。广大进藏人民解放军和工作人员根据西藏的实际情况，在和平解放西藏的过程中创造性地开展思想政治工作，严格贯彻执行党的各项政策，正确处理宗教问题，说服藏胞，安抚人心，消除民族隔阂，争取了西藏地方政府上层人士，团结了广大藏族同胞，最终使西藏摆脱帝国主义的羁绊，回到祖国大家庭的怀抱，胜利完成了和平解放西藏这一伟大而艰巨的任务。

一　党在西藏和平解放时期开展思想政治工作的必要性和重要性

　　解放西藏是完成祖国统一大业的一个重要组成部分。由于西藏是一个特殊的少数民族地区，中央确定采取和平方式解放西藏。但因西藏的特点，和平式解放也不同于内地其他地区，因而，解放西藏是解放战争中的一场特殊任务，解放过程中可能会遇到难以预料和想象的困难，这就需要加强党的思想政治工作，做好各方人士的思想工作，战胜一切困难，争取胜利。

（一）解放西藏面临严峻的客观形势决定党必须以思想政治工作先行

　　西藏地处祖国的西南边陲，是以藏族为主体的少数民族地区，在政治、历史、民族、宗教、自然等方面具有很大的特殊性，因而解放西藏在客观上存在较大的困难。

1. 西藏当局与帝国主义相勾结，企图搞"西藏独立"

1949 年人民解放战争行将在全国取得彻底胜利，解放西藏已提到重要议事日程上。为了阻挠解放西藏，1949 年 7 月 8 日帝国主义支持西藏地方政府中的分裂分子制造了所谓的"驱汉事件"，妄图以此割断与中央政府的联系，将西藏从中国独立出去。西藏地方政府中，以摄政达扎·阿旺松饶为首的亲帝势力，顽固地坚持分裂立场，于 1949 年 9 月召开全藏官兵会议，反对人民解放军入藏，并在军事上扩军备战，把重兵部署在那曲、丁青和昌都以东金沙江一线，阻挡人民解放军前进，西藏地方政府还要求美国政府帮助其加入"联合国"，以抗议中国军队的"入侵"。11月，西藏地方政府派出四个所谓"亲善使团"，分赴美、英、印度、尼泊尔等国进行公开活动，表示独立；并另派一个使团到北京向刚刚成立的中央人民政府解释并表明"独立"。西藏当局与帝国主义相勾结，帝国主义分子挑拨离间，西藏地方政府中的亲帝分裂分子造谣中伤共产党和人民解放军。这给解放西藏在政治上造成很大的阻力。

2. 存在较深的民族隔阂

由于历代封建统治者实行民族压迫、民族歧视等政策，造成藏汉民族以及藏族与其他民族之间较深的民族隔阂。特别是晚清时期，赵尔丰军队在川藏边界大肆屠杀藏胞，撤烧寺庙，迫害宗教人士，加深了民族隔阂。民国时期，中央政府力量孱弱，虽然派代表几次入藏谈判，但最终没能彻底解决西藏问题，西藏地方政府对中央政府不信任，加上帝国主义从中煽动、挑拨，西藏地方政府有离心倾向。在帝国主义干涉下，民族隔阂更加深了。藏胞普遍有"石头不能当枕头，汉人不能交朋友"的看法。这给解放西藏在民族感情方面造成极大的难度。

3. 面临复杂的宗教问题

西藏从元代起逐渐确立了政教合一的制度，到清朝时，这一制度大大强化。西藏成为佛教影响最大最深的地方，中世纪的寺院教规和僧俗生活与千家万户有着密切的关联，群众几乎人人信仰藏传佛教。宗教对西藏社会政治、经济、思想以及哲学、文学、艺术、历算、医药、建筑乃至人们的风俗习惯、社会道德、民族心理的影响极其广泛和深刻。统治阶级利用宗教统治人民，向群众灌输"宿命论"的思想，要人们"服从""忍受"，为来世修福，以此麻痹劳动人民的意志，从精神上奴役、统治劳动者。藏传佛教推行了一套极为简便的普及佛法的方法，如念六字真言、转玛尼堆、摸顶、磕长头等，让佛事活动渗透到广大人民日常生活中。由此，宗教束缚了人们的灵魂，成为西藏农奴主阶级实行统治的最有力的思想武器，是支撑西藏封建农奴制度的精神支柱。政教合一的封建农奴制度十分腐朽、落后、黑暗，但是西藏人民对佛教信仰已根深蒂固，数百年的历史发展，广大人民已接受了政教合一的封建农奴制度。宗教统治强有力地影响到民族感情、民族意识。宗教问题和民族问题掺杂在一起，给解放西藏造成较大的障碍。

4. 缺乏人民群众的基础

解放前夕，西藏人民处在政教合一的封建农奴制度的统治下。西藏的农奴主主要是官家、贵族和寺院上层僧侣三大领主。他们不到西藏人口的5%，却占有西藏的全部耕地、牧场、森林、山川以及大部分牲畜。农奴超过旧西藏人口的90%，他们不占有土地，没有人身自由，却依附在某一领主的庄园中为生。此外，还有占人口5%的"朗生"，他们是世代家奴，没有任何生产资料，也没有丝毫人身自由。农奴主占有农奴的人身，把农奴当作自己的私有财产随意支配，可以买卖、转让、赠送、抵债和交换。农奴长年累月地辛勤劳动却连温饱也得不到保障，经常要靠高利贷勉强糊口，旧西藏政教合一的封建农奴制比欧洲中世纪的农奴制还要黑暗和残酷。然而，西藏地方统治者用宗教统治人民，抑制了人们的反抗意识，群众被农奴主牢牢地控制着，丝毫没有阶级觉悟。因而，解放西藏与内地相比，我党缺乏人民群众的基础，很难在解放西藏过程中发动群众，这就使解放西藏更加复杂和特殊。

5. 气候恶劣，交通十分困难

西藏地处祖国壮丽雄伟的青藏高原，平均海拔在4000米以上，境内群山叠起，气候高寒缺氧，交通十分困难。从青海、西康、云南或新疆方向入藏都没有公路，民国时期中央代表几次入藏都是绕道印度，历时数月。解放西藏，巩固边防，这是完成祖国统一大业的必然趋势，巩固边防，必须驻军。因而解放西藏，不仅是和平谈判问题，而且要进军驻防。要进军，气候、交通就是最大的困难，这是解放战争以来从未有过的艰难。

综上所述，解放西藏面临严峻的客观形势，因而决定，我党必须以思想政治工作先行。第一，要在政治上争取主动，揭露帝国主义和西藏地方政府相勾结搞"西藏独立"的阴谋；昭告世界，我党解放西藏是正义的事业，是任何反动力量都阻挠不了的。第二，在进军或谈判过程中，要严格执行和宣传党的民族政策，尊重藏民族的风俗习惯，以实际行动消除历史造成的民族隔阂，让藏族人信任共产党，这是解放事业的重要保证。第三，鉴于宗教在西藏的地位和影响，要严格执行和宣传党的宗教政策，尊重藏族群众的宗教信仰，分析西藏上层情况，制定团结爱国上层、争取中间上层、孤立反动上层的政策，处理好西藏的宗教问题。第四，人民群众是党的解放事业不可缺少的基础，根据西藏的复杂情况，必须创造性地开展群众工作，启蒙群众的觉悟，争取群众的支持。第五，面对进军西藏所遇到的气候、交通特大困难，要加强进藏部队人员的思想政治教育，树立吃苦耐劳、不畏困难的思想，形成强大的战胜一切艰难险阻的力量，训练出一支坚强的队伍。

根据解放西藏的客观情况，1950 年元月 15 日，邓小平政委在重庆接见十八军军师主要领导干部、下达党中央关于由其进军解放西藏的任务时，对张国华、谭冠三等十八军干部说：西南是少数民族地区，政治、经济、文化等方面都有特殊性，政策性很强。解放西藏有军事问题，需要一定数量的军事力量，但军事与政治相比，政治是主要的，要求十八军：解决西藏问题多靠政治，政策问题极为重要，主要是民族区域自治。要团结达赖、班禅两大派。军事政治问题协同解决，必须解决补给问题。他又进一步阐述了"政治重于军事，补给重于战斗"的重要原则。他认为，进军西藏，不仅粮秣要先行，更重要的是政治要先行。① 由此可见，解放西藏，思想政治工作先行非常重要。

（二）解放西藏面临复杂的主观形势决定党必须加强思想政治工作

解放西藏不仅客观上存在较大的困难，而且在主观方面也面临复杂的情况。

1. 受命进藏的部队思想状况非常复杂

1949 年岁末，成都战役的胜利标志着人民解放战争在大陆上的大规模战斗即将结束。参加这次战役的十八军将士，个个对未来充满了美好的憧憬。有人憧憬当一名正规的国防军人，有人憧憬当一名新中国的工人，有人憧憬当一名高等学府的学生。有妻室儿女者，则憧憬着尽快与家人团

---

① 郑贤斌：《发扬"老西藏精神"加强部队政治建设》，载成都军区政治部编《老西藏精神》，解放军出版社 1991 年版，第 6 页。

聚。有因战争未顾上解决个人婚姻大事者，则憧憬着早日组建幸福家庭。因东征西讨积劳成疾者，则憧憬着医病疗养。总之，十八军的官兵无人不盼望在美丽富饶的巴山蜀水驻防，军中普遍有"川南安家"的思想。在党中央、西南局和第二野战军下令让十八军驻防川南、组建川南军区、开辟地方工作时，许多人都说：十八军过去吃苦多，这次野战军首先照顾我们了。① 当时的四川省划分为川东、川南、川西、川北四个行政区，川南区的首府——泸州，以盛产美酒而闻名。十八军军长张国华任川南区党委副书记兼行署主任，军部驻泸州。各师分别驻宜宾、自贡和纳溪。这几个城市都景色秀丽，风光宜人。因而，十八军官兵的情绪格外高涨。1950年新年刚过，张国华便同少数将士匆匆赶往川南赴任。尽管当时百废待举、百业待兴，工作千头万绪，他们非常忙碌、紧张、辛苦，但一想到幸福美好的新中国将在自己手中建设起来，就觉得身上有使不完的劲。各师官兵在向指定驻地开进时，人人兴高采烈，一路欢歌笑语，走路脚底生风，急切地要把"川南安家"的梦想变为现实。

　　然而，就在十八军刚进行了战时转入和平时期的思想教育、部队即将到达川南驻地的时候，突然传来中共中央和毛泽东主席同意西南局和第二野战军拟定的以十八军为主、以张国华为统一领导核心、筹划进军和经营西藏的决定的消息。情况突变，部队反应十分强烈。由于战斗任务的转换来得太突然，太出乎全军将士的所料，无论是指挥员还是战士，都毫无思想准备，部队的思想一时出现大的波动。少数人看到革命取得基本胜利，脑子里就"刀枪入库，马放南山"，不愿再过艰苦生活；② 准备进城享乐的官兵，抵触情绪较大，他们埋怨上级把最艰苦的任务交给十八军，甚至发牢骚说：这下可把十八军从"天府之国"打入"地狱"了。③ 有些人开始闹情绪，睡大觉，小病泡医院，要求下地方工作。④ 一些对解放西藏意义理解得不够深刻、把个人利益与党和人民利益的位置未摆顺的官兵，思想上不愉快，甚至感到苦恼。他们说，过去连年征战，家庭、婚姻、治

---

　　① 吴忠：《建设进军基地》，载西藏军区政治部编《世界屋脊风云录》，解放军文艺出版社1991年版，第142页。

　　② 刘振国：《难忘的和平解放西藏大进军》，载《世界屋脊风云录》，解放军文艺出版社1991年版，第110页。

　　③ 同上。

　　④ 同上。

病问题无暇考虑，无法解决。打败了蒋介石，眼看这些问题有希望解决了，这一进西藏又全都顾不上了。去了西藏，通封家信都不容易。① 上级说的三年一换防，能五年实现就不错了。有些人还担心到了西藏，生活习惯不同，语言不通，怎样进行工作？环境那样艰苦，病了也无法医治，哪能很好地活下来？老婆问题又何年何月才能解决？② 一些老一点的官兵则认为胸前已有两三枚荣誉纪念章了，可以在光荣上面睡大觉了，不想再前进了。一些干部进了城，住上了好房子，被城市的生活所吸引，不愿意再挪窝了。师级干部对进藏同样没有思想准备，也有个人问题和个人想法。③ 军级领导受领进藏任务时，亦感到突然，有些意外，就是个人问题较少的青年干部和战士，对进藏没有太多顾虑，认为革命军人骑马挎枪走天下，去鲜为人知的神秘地方见见世面也好，他们中间的一些人听到进藏命令后，异常兴奋，欢快地跳跃，但是，他们也同所有的人一样，都认为西藏山高氧缺，人烟稀少，交通不便，物资匮乏，语言不通，民族隔阂较深，风俗习惯不同，宗教信仰特殊，生存环境恶劣而陌生，进军西藏同驻防川南相比，是个"苦差事"。总而言之，十八军官兵，在思想上都有些怕进西藏，思想非常复杂。

进军西藏在客观上面临复杂的政治环境和从未遇过的困难，需要一支政治上过硬、战斗力较强的队伍。而十八军官兵的思想状况比较消极，不解决十八军的思想问题，进军西藏就不可能实现。毛泽东曾在《论联合政府》中说："掌握思想教育，是团结全党进行政治斗争的中心环节。如果这个任务不解决，党的一切政治任务是不能完成的。"④ 因此，解放西藏，进军西藏就必须加强进藏部队的思想政治教育，转变官兵的思想。

2. 西藏没有党组织，党在西藏缺乏影响力

中国共产党是领导中国人民解放事业的核心力量，在其他地区，通过党组织的工作，在一定程度上了解了这一地区的基本情况，与人民群众建立密切的联系，为解放这一地区提供了必要的基础条件。然而，在西藏，

---

① 吴忠：《建设进军基地》，载西藏军区政治部编《世界屋脊风云录》，解放军文艺出版社1991 年版，第 144 页。

② 魏克：《记十八军接受进军西藏任务的时刻》，载西藏自治区政协文史资料研究委员会编《西藏文史资料选辑》（第 2 辑），内部发行，第 162 页。

③ 同上书，第 161 页。

④ 《毛泽东选集》第 3 卷，人民出版社 1991 年第 2 版，第 1094 页。

直到中央做出进军西藏的决定止，尚未建立党的组织。党对西藏的基本情况不了解，与西藏上层以及人民群众没有接触。藏族同胞没有见过解放军，大部分人不知道有个共产党，更谈不上了解共产党，这在全国独一无二。因而进军西藏，首先要建立党组织，边进军，边工作。工作难度比其他地区大得多。

开展思想政治工作是我党在各个历史时期领导中国人民走向胜利的重要保证。由和平解放西藏前夕的主客观形势和具体情况决定，党必须开展和加强思想政治工作。在进藏部队中开展和加强思想政治教育，在西藏上层集团中开展政治争取工作，在广大藏族群众中开展政治宣传工作，做好进藏部队人员和西藏各阶层的思想政治工作，为西藏的和平解放提供前提条件和保证。

二　西藏和平解放时期党开展的思想政治工作及其重大作用

1950 年元月，经中共中央批准，在四川乐山成立了以张国华为书记、谭冠三为副书记以及王其梅（副政委）、昌炳桂（副军长）、陈明义（军参谋长）、刘振国（军政治部主任）和天宝（全国政协委员，藏族）为委员的中国共产党西藏地区工作委员会（简称西藏工委），统一领导进军西藏和经营西藏的工作。中共西藏工委和十八军党委遵照中央领导关于解放西藏"军事政治问题协同解决"的指示精神，在进军准备和进军过程中，领导开展思想政治工作，确保了和平解放西藏任务的完成。

（一）深入细致地做好进藏部队人员的思想政治教育工作，充分保证和平解放西藏的顺利进军

1. 十八军受命进藏时的思想政治工作及其作用

和平解放西藏首先是进军，促使西藏地方和中央进行谈判，实现和平解放，完成统一祖国大业。和平式解放不会有大仗、硬仗可打，但根据西藏的政治、历史、民族、宗教、地理等情况，进军非常艰苦。这对受命进藏的部队来说是一场严峻的考验。在全国已经解放、幸福日子即将到来的时刻，十八军受领进军西藏的任务，干部战士不仅没有思想准备，而且还产生后顾之忧和顾虑，甚至是消极情绪。党中央和西藏工委、十八军党委非常重视部队的思想政治工作。

（1）党中央重视进藏部队的思想政治工作

当时，远在莫斯科访问的毛泽东主席考虑到解放西藏需吃大苦受大累，在给党中央的电报中指出："进军及经营西藏是我党光荣而艰苦的任务。"并指示要加强党的领导。刘伯承司令员向十八军主要指挥员传达毛泽东主席的指示时讲：毛主席说解放西藏是一个艰苦的任务，因而，也就是一个光荣的任务。他强调西藏地方很不平常，困难多，很艰苦，部队要做好充分的思想准备和物质准备。鼓励十八军将士勇挑重担，再立新功。并题词："精细研究藏族同胞物质的思想的具体生活情况，切实执行共同纲领、民族政策。"邓小平政委明察秋毫，预测并发现了十八军官兵中的消极情绪，及时题写了"接受与完成党所给予的最艰苦的任务，是每个共产党员、每个革命军人的无上的光荣"的词句，予以开导勉励。贺龙同志的题词是："发扬革命英雄主义，为巩固西南国防而奋斗。"首长们的这些题词鼓励，对指导部队的思想，一直起着重要的作用。①

（2）西藏工委、十八军党委认真做干部战士的思想转弯工作

十八军党委深刻领会中央和上级的指示精神，大力加强思想政治工作，针对部队中产生的消极情绪，指示军政治部和各部队的党组织认真研究部队思想状况，尽快把向往川南安家的思想转换成乐于去世界屋脊吃苦，使所有的官兵都弄通思想，高高兴兴地进军西藏。军政治部通过调查研究，认为各级干部和战士的主流是好的，多数人都能忠于革命事业，听从党的指挥，能为人民的利益勇敢地做出自我牺牲，在战争时期，他们中有家庭妻儿的不能团聚，三四十岁的人不能解决婚姻大事，积劳成疾的不能治病，这些问题胜利后希望能得到解决，无疑是合理和应该的。经过长期的战争生活后，官兵们在胜利形势下产生这样那样一些想法，是完全可以理解的。在条件许可的情况下，组织上也应当根据不同情况予以适当的照顾。然而现在，由于执行进军西藏的任务，这些事情都要暂时往后放，这不啻又是一场严峻的人生考验，需要指战员们在思想上转一个又陡又急的弯。因此，十八军党委决定，对全体指战员进行进军西藏的思想动员教育。

---

① 西藏自治区交通厅文献组编：《纪念川藏青藏公路通车三十周年文献集》第 2 卷，西藏人民出版社 1984 年版，第 139 页。

在部队正式开展动员之前，十八军党委先抓了三件事情：第一，组织部队学习党的七届二中全会决议和新华社 1949 年题为"将革命进行到底"的元旦社论，使官兵们明确解放西藏是人民解放军的神圣职责，懂得面对新任务，每一个革命战士都不应该站在个人利益的角度去考虑问题，而应当从革命任务的需要去勇敢地挑起重担。第二，总结过去一年的工作，在此基础上评选横渡长江战役中的功臣和劳模，增强部队的革命英雄主义精神和荣誉感。第三，在新战士和部分老兵中进行忆苦、诉苦教育，提高他们的阶级觉悟。抓这三件事后，部队的思想渐趋稳定，但尚未能使全体官兵的思想认识统一到中央的方针、指示的高度。为了进一步提高全军上下的思想认识，十八军于 1950 年元月开展了声势浩大的进军西藏思想动员教育运动。思想动员在方法上，坚持以正面教育为主，由上而下，先党内后党外。1950 年元月底，十八军在四川乐山召开师以上党员干部 24 人参加的军党委扩大会议，传达学习中共中央、毛泽东主席及西南局刘邓首长对进军西藏的指示，研究进军前的各项准备，特别是思想政治工作，军师领导班子成员虽然对进藏也缺乏思想准备，同样有个人问题和个人想法。但是，领导干部的高度责任感，使他们认识到，与统一祖国的大业相比，一切个人利害得失都是微不足道的。在数万官兵面前，自己必须做好表率。军师干部很快统一了认识，一致表示：决不辜负党中央、毛主席和刘邓首长对十八军的信任，坚决完成好进军西藏的历史重任。

军级领导统一思想后，各师先后都召开了排以上党员干部和党的活动分子会议。张国华、谭冠三等军领导分头到各部队作报告，并同各师负责人现场研究解决问题。在召开动员大会时，他们用深入浅出、循循善诱、有的放矢、丝丝入扣的方法讲话，以理服人。由于思想转弯任务艰巨，动员大会用大会作报告、小会讨论、再大会集中听讲话的办法进行，并号召干部、战士在讨论会上畅所欲言。西藏工委书记、军党委书记张国华在会上既坚持正面教育，又对一些不良思想倾向予以批评。针对那种埋怨上级把进军西藏任务交给十八军完成的思想情绪，他说：作为共产党员和革命战士，不能这样想问题。西藏的藏族同胞需要解放，祖国的边疆需要保卫，党中央和毛主席把这一艰苦而光荣的任务交给我们，正说明完全相信我们这支经过抗日战争和解放战争锻炼的部队是可以完成的。我们应以接受这项任务为光荣，为参加解放西藏的伟大事业而自豪。针对一些人中有进军西藏没有大仗、硬仗可打，因而"不光彩"的想法，他讲：进军西藏，把帝国主义势力赶出西藏，完成统一祖国大业，并在没有党组织的地方开创党的工作，这不值得自豪吗？针对那种认为西藏是不毛之地，进军西藏得不偿失的议论，他说：你把西藏看成是不毛之地，可英帝国主义却从不嫌它荒凉，百余年来拼命往那里钻，现在美帝国主义又积极插足。西藏是我国的神圣领土，藏族同胞是我们多民族大家庭的重要成员，难道我们对自己的国土反倒不如帝国主义热心？难道我们能任凭帝国主义侵略而漠不关心？如果西藏真被帝国主义分割出去，我们的西南边防后退到金沙江，恐怕我们在四川也坐不稳吧？针对一些官兵中存在畏惧艰苦、怕进藏的思想，他讲：进藏确实苦，可是西藏人民世世代代在农奴主的残酷压迫下生活，岂不更苦？人民解放军以解除人民痛苦为己任，我们怎能眼看他们受苦而无动于衷？我们应当勇敢地到西藏去，帮助西藏人民从灾难深重的压迫下解放出来。在对待艰苦与幸福、生与死的问题上，千万不要忘记了革命军队艰苦奋斗的光荣传统。我们不能因为怕苦或有点危险，就悲观，就动摇，甚至脱离革命。每个同志都应当爱护自己过去艰苦斗争的历史，珍惜个人为革命奋斗多年的荣誉。要放下包袱，振作精神，再立新功。在如何正确处理个人利益与党和人民利益关系问题上，他直言不讳地讲：党和上级处处都在关心和帮助每个同志，而我们个人应在不违背革命利益的原则下，去合理地解决个人的种种问题。但是，当个人利益和党的利益发生矛盾时，要自觉地使个人利益服从革命利益才行。有句老话叫作"自古美人爱英雄"，我们去完成解放西藏这一伟大的历史任务，可以说大家都是英雄。只要好好学习，努力工作，精神愉快地去完成进军西藏的任务，找个老婆是不成问题的，不管是农村或城市的姑娘都会爱你们的。至于家属、老人需要照顾等困难，上级和人民一定会积极地设法帮助我们解决的。张国华书记这些语重心长的话，讲到了十八军官兵的心坎上，打动了广大指战员的心，基本上消除了他们心中的疑虑和不安，绝大多数官兵的思想情绪有了明显好转。在讨论会上，许多人表示：个人问题暂不考虑，一切行动听从党的安排，参加革命这么多年了，千难万险都过来了，难道今天走到四川就不跟党走了？有些性急的官兵恨不得马上出发，去解救水深火热中的藏族同胞。

1950年2月15日，西南局、西南军区、第二野战军发布《解放西藏进军政治动员令》，号召进藏部队全体将士，深刻认识进军西藏的伟大意义，发扬英勇顽强、艰苦奋斗的光荣传统，把五星红旗插到喜马拉雅山上。十八军政治部乘势深化思想动员教育，召开组织、宣传等部门的工作会议，发挥文工团、队和各师、团办的油印小报的作用，继续鼓舞进军士气。宣传科组织放映大型纪录片《百万雄师渡长江》，文工团排演歌剧《钢筋铁骨》《血泪仇》等优秀剧目，文艺队则把各连队在进军准备中涌现出来的好人好事编成节目，搬上舞台演出。这一切都极大地激发了指战员们为革命献身的忠心和进军的士气。

（3）十八军思想大转变，奠定了进军西藏的思想基础

经过由上而下逐级进行深入细致的思想动员教育，十八军的面貌发生了巨大变化。全军将士的思想觉悟有了较大提高，许多思想认识问题得到较好的解决。指战员们纷纷向党请战，有的甚至写血书表达决心。部队普遍制订了主动创模计划，开展了挑战、应战活动。同时，官兵们劲头十足地学习党的民族政策、宗教政策及藏语藏文，熟悉西藏的历史、地理、气候、政治等情况和藏族同胞的风俗习惯，并以科学的态度投入以适应高原为主的军事训练。军营里人欢马叫，士气昂扬。练兵场上吼声震天，号声嘹亮。全军官兵只等上级一声令下，立即挥戈西进。

1950年3月7日，十八军在四川乐山隆重举行进军西藏誓师大会，张国华和谭冠三两位将军带头向党宣誓：为了祖国的统一和共产主义事业，我们要发扬革命英雄主义精神，不惜牺牲自己的一切，直至生命。不管进军道路上有多大艰难险阻，我们都要完成进军任务，誓把五星红旗插到喜马拉雅山上！随后，数万将士以雷鸣般的声音高呼"进军西藏，巩固国防！解放西藏，保卫边疆！"这响彻云霄的口号声标志着十八军受命进藏时，军党委开展的思想政治教育顺利完成从向往"川南安家"到乐于去"世界屋脊"吃大苦的思想转变。"它充分显示，我军政治思想工作的战斗性与巨大威力。"①

2. 进军途中的思想政治工作及其作用

和平解放西藏是一项十分艰苦的任务。西藏工委、十八军党委不但做好进藏部队受命进藏时的思想政治工作，而且在进军途中根据部队面临的各种实际情况和困难，继续进行思想动员，不断鼓舞士气，保证了部队的顺利进军。

---

① 刘振国：《难忘的和平解放西藏大进军》，载西藏军区政治部编《世界屋脊风云录》，解放军文艺出版社1991年版，第114页。

（1）加强革命英雄主义教育，保持旺盛的革命斗志，战胜各种艰难险阻

1950年2月，进军西藏的部队出发后，沿途战胜各种困难，向西藏行进。当部队向西藏昌都挺进时，困难越来越大，气候恶劣，空气稀薄，大雪封山，道路艰险，不少地方甚至无路可走，再加上部队的给养不足，有的分队没有粮食。部队遇到饥饿劳累的困难。在此情况下，部队加强思想政治工作，及时向共产党员、共青团员和青年积极分子说明摆在面前的困难，鼓励大家发扬红军爬雪山、过草地的顽强精神。在粮荒面前，十八军先遣部队团党委及时发出"勒紧裤腰带，困难面前不低头"的号召，组织部队上山挖野菜。有的草根尝着无怪味，但有毒性，战士们吃了全身发紫，有的同志脸肿得连眼睛都睁不开。除此，还上山捕麻雀，捉田鼠。由于严重的饥饿威胁着指战员的生命，他们把捉到的田鼠连皮带毛煮，之后又皮毛肠肚一起吃。尽管如此，先遣队仍坚持修机场、练兵、做群众工作，革命意志十分旺盛。① 部队就这样，在革命英雄主义精神的鼓舞下，战胜困难，渡过难关，抵达昌都，胜利地进行了昌都战役。

昌都战役后，张国华书记率领进藏主力部队，高举和平解放西藏的旗帜，向拉萨和祖国的边防挺进。从昌都到拉萨约1150公里，战士们每人负重七八十斤，翻越了连绵横亘、终年积雪的大山19座，跨过了寒冷刺骨的冰水江河数十条，穿越了一些原始森林和沼泽地带，战胜了气候严寒、空气稀薄、雨雪冰雹等各种自然障碍的困难。一路上，部队开展强有力的思想政治工作，宣传鼓动非常活跃，同志们互相鼓励，"好汉看今天，爬山来考验！""我们是天下无敌的铁腿汉，为了人民不怕山高路又远！""不怕山高天气寒，英雄好汉到山顶看！"鼓动的口号一路从未间断。进军途中，部队很重视开展革命英雄主义教育，在战士中形成了特别能吃苦、特别能忍耐、特别能战斗的"一不怕苦，二不怕死"的革命精神，战士们对各种自然困难持着革命乐观主义的态度，他们说："山再高没有我们脚板底高，困难再大没有我们决心大。"从昌都到拉萨有19座大雪山，同志们风趣地给一座接一座的雪山取名为"进军山""胜利山""考验山"……这些都表现出战士们大无畏的革命英雄主义精神。

① 吴忠：《建设进军基地》，载西藏军区政治部编《世界屋脊风云录》，解放军文艺出版社1991年版，第147页。

　　向阿里进军的先遣连更是靠思想政治工作，团结备战，立于不败的。他们以《党员课本》为教材，组织党团员一起上课，要求在艰苦斗争中充分发挥骨干带头作用。每次重大任务下达前，党支部首先对党团员进行思想动员，然后依靠他们去带动群众完成。在进军途中过冬是非常艰难的。先遣连提出了"越艰苦、越光荣，困难面前出英雄"，"越团结、越坚强，群众赛过诸葛亮"，"平地起家，藏北高原建乐园"和"革命英雄主义万万岁"等口号，并把它刷写在驻地的雪墙上，鼓舞大家克服困难。在十分艰苦的岁月里，一些同志产生怕苦畏难的情绪，先遣连深入进行艰苦奋斗的光荣传统教育，广泛开展"重订计划"活动。大家用布粘成"计划牌"（也叫"决心牌"，写上自己的决心，佩戴胸前，作为行动准则，并以此感到自豪）。当时任先遣连负责人的李秋三还谱写了《克服困难》《顽强歌》《光荣大唱》等歌曲，鼓舞战士们的斗志。

　　在进军西藏的路途中，部队从未间断革命英雄主义教育。一路上，不管哪支部队，鼓动战胜困难的口号震天响，给行军的将士带来无穷无尽的力量，使他们在极其艰苦的条件下，保持革命乐观主义态度，战胜了脚下的一切困难，谱写了有史以来进军西藏的英雄曲。

　　（2）进行"长期建藏"的思想教育，激发广大指战员的爱国热情

　　从进军起，部队就对指战员进行"长期建藏"的教育，并把其作为部队思想建设长期的任务。针对部分人因长途行军作战、自然环境艰苦而产生的"早进早出"西藏的思想，中共西藏工委在1950年《关于今冬明春六个月部队工作的指示》中指出，解放西藏只是第一步，而建设西藏则是长期的，要"树立长期建设西藏的思想"，"克服目前存在的早进早出思想"，继续发扬"吃大苦、耐大劳"的精神。部队在冬训期间，采取干部轮训、战士上课、讨论等各种方法，教育指战员认清形势和自己所担负的长期而艰巨的任务，摆正个人利益和整体利益的关系，提高长期建藏的自觉性。

　　长期建藏不单纯是一个思想问题，而是一个严肃的政治方向问题，是毛泽东主席解决西藏革命以至发展生产、进行建设的一个根本性的方针问题。因为西藏的历史和现实的错综复杂的情况，决定了西藏的革命和建设不但道路曲折迂回，而且也是一个十分艰巨而又长期的斗争过程。要彻底地解放西藏人民，从根本上巩固祖国西南边防，首要的也是最根本的一条，就是必须在西藏作长期艰苦斗争的打算。

从 1950 年的大进军到部队在西藏的战略展开，长期建藏的思想极大地激发了全体进藏人员扎根边疆、战胜困难的革命斗志。部队在筑路时，在驻地附近的山坡上，用各色石子镶嵌了"长期建藏，边疆为家""以苦为荣，以苦为乐"等大字标语，鼓舞自己战严寒、斗风雪、过冰河、破冻土，同大自然斗争，同饥饿斗争。1952 年 2 月，西藏军区成立后的第一次党委扩大会议上，与会代表充分反映全区部队的心愿，一致通过决议，上书党中央、毛主席，表示了长期建藏、保卫边疆的决心。当年冬天，一五四团八连和一五五团九连全体指挥员在军区首届党代表会议上，向全区部队发出了长期进藏、边疆为家的倡议。这个倡议立即得到了广大指挥员的热烈响应。部队在备战进军、修筑公路、营建生产等任务中，开展了"爱国建藏"立功运动，全体指战员以主人翁的姿态进军西藏并保卫边疆。从此，"长期建藏，边疆为家"成为驻藏部队的行动准则，成为思想政治工作的一条基本原则。

（3）加强纪律教育，严格执行党的民族政策和宗教政策

进藏部队在受命进藏时就加强了纪律教育，严格要求指战员遵守党的民族政策和三大纪律八项注意，尊重藏族人民的风俗习惯和宗教信仰。1951 年元月，十八军政治部下达《进军守则》三十四条，规定：不论机关、部队，一律不准派用乌拉（差役）；在康藏地区只准按工委规定的内容进行宣传，不得宣传土地改革和阶级斗争；保护喇嘛寺庙，一切宗教设施不得乱动，不得宣传反迷信和对宗教不满的言论；不住寺庙，不住经堂；如有喇嘛参军，概不收留，并劝说返寺庙；平时参观寺庙时，必须先行接洽，去参观时不得随意摸弄佛像，不得吐痰、放屁；不得在寺庙附近捕鱼、打猎、打鹰、宰杀牲畜；要切实尊重藏族风俗习惯，做到与藏民族融洽无间；藏人送哈达时，要回敬哈达；藏区旧有之行政人员继续任职，如已逃亡，则尽量争取返回。[①] 同时，还下达了《入城纪律》《外事纪律》《藏人的风俗习惯和禁忌》等项规定，要求部队严格遵守。十八军独立支队还颁发《入藏守则》，要求所有干部、战士和饲养员，必然熟练背诵和讲解，并需以政策纪律重于生命的精神，坚决彻底执行。这些纪律是针对西藏特定的，非常严格、具体。

在昌都战役之前，部队反复对指战员进行政策纪律教育，全体指战员

---

① 《中共西藏党史大事记》（1949—1966），西藏人民出版社 1990 年版，第 22 页。

进入战区后，无论是在暴风雪的寒夜，还是在雨雪湿透全身的情况下，都坚持不住寺庙，不妄进百姓民房；干部战士断粮，在极度饥饿的时候，也从不乱拿群众一粒粮食；对群众不嫌脏、不嫌臭，态度和蔼，说话和气；对俘虏不骂不打，不动其身上的信教忌物"噶乌"……十八军指战员以军政皆优的形象和藏族人民见好了第一面，被称为"天下仁义之师"。

部队走到任何地方都严格遵守纪律。饥饿难忍，沿途山上有野羊、獐子、野兔，河沟里有很多鱼，但从来没有一个人去捉。"宁肯饿断肠，不杀群众一只羊"是部队纪律的名言。部队每到一地，对藏族群众的经幡、经塔、神山、神树、玛尼堆和一切宗教建筑都加以保护。遵守群众纪律和尊重群众的风俗习惯，已成为部队严格的纪律。有一位卫生员行军时把路旁的一只秃头鹰踢死了，虽然当时荒原上没有群众看见，但是，为了严格遵守民族政策，仍给了他处分，以教育全体战士。部队到达拉萨后，反动上层煽动说什么"共产党要消灭宗教"，"先甜后苦"，"吃糌粑的和不吃糌粑的不是一家人"等，少数藏胞对我党我军不了解，听信谣言，因而做出对我军人员扛膀子、摔石头、吐唾沫、污辱女同志等举动。广大指战员胸怀民族团结大局，忍辱负重，做到打不还手、骂不还口，以极大的忍耐，取得藏胞的信任。

西藏工作有很大的特殊性，为了做好西藏工作，毛主席指示西藏"一切工作必须慎重稳进"。为了防止进藏部队带着阶级斗争的框框，看不惯农奴主对农奴的压迫剥削，犯急性病，违反政策，邓小平同志指出遇到此类问题要睁一只眼闭一只眼。当遇到头人鞭打农奴时，大家严守纪律，敢怒而不敢言。有些同志想不通，部队首长就耐心地做工作，进行教育，使其认识到解决民族问题、宗教问题的重要性，随之，阶级同情心也能服从执行政策的大局了。

由于进藏部队严守纪律，大大弘扬了军威，在广大藏族同胞中树立了党的良好形象，群众把进藏部队称为"新汉人""菩萨兵"，认为"共产党是西藏人民的大救星"。人民解放军以严明的纪律赢得了藏族人民的拥护和支持。

（4）进行艰苦创业的教育，在"世界屋脊"上创奇迹

一边进军，一边生产是解放西藏的特色。在高原上行军就很苦了，加上生产就更苦了，为此部队开展艰苦创业的教育。解放西藏"一面进军，一面修路"，十八军五十师承担了这一任务。当时部队出现一种情绪：

"向拉萨进军光荣，修筑公路艰苦"，愿扛枪当名战斗员，不愿握锹当个建筑工。一些同志由于对党中央、毛主席"一面进军，一面修路"的方针缺乏认识，把"进军"同"修路"对立起来。针对这种情况，部队进行艰苦创业教育，反复引导战士，要求深刻理解"进军西藏"与"修筑公路"的关系，认识筑路的重大意义。讲清"一面进军，一面修路"是党中央、毛主席根据西藏特殊的自然地理和社会历史条件制定的重大政策，体现了人民军队的性质、宗旨和进军西藏的根本目的。说明"进军"与"修路"是一致的，修路是进军的组成部分，公路不断向前延伸，向西藏进军才有可靠保证；把公路修到拉萨，修到边防，加强边疆与内地的联系，解放军才能在西藏、在边防牢牢站稳脚跟。认识要实现胜利进军，完成祖国大陆统一的大业，必须努力把路修好；要巩固西藏边防，必须努力把路修好；要建设好西藏，帮助兄弟民族发展政治、经济、文化事业，必须努力把路修好。毛主席为筑路题词"为了帮助各兄弟民族，不怕困难，努力筑路"。朱总司令题了"军民一致战胜天险，克服困难打通康藏交通，为完成巩固国防，繁荣经济的光荣任务而奋斗"的词句。当广大干部战士理解了筑路的重大意义后，提高了筑路的光荣感、责任感，立即以旺盛的劳动热情和高昂的战斗意志投入到紧张艰苦的筑路施工中去。广大干部战士靠着艰苦创业的精神，征服了雀儿山、二郎山、怒江等艰险路段，修通了川藏、青藏、拉萨至亚东、拉萨到山南等公路，修建了甘孜机场、当雄机场，创下了"进军"又"筑路"的纪录。

进藏部队在进驻拉萨和日喀则、江孜等边防重地不久，军区党委遵照党中央、毛主席关于"进军西藏，不吃地方"，"生产与筑路并重"的指示，发出了"向荒野进军，向土地要粮，向沙滩要菜"的号召，反复强调在西藏进行农副业生产的特殊政治意义、经济意义和战略意义，要求干部战士发扬我军既是战斗队，又是工作队、生产队的光荣传统，艰苦创业，把开荒生产作为我军在西藏站稳脚跟的第一场激烈战斗。张国华、谭冠三等领导亲自作动员，并率领机关、直属队到拉萨西郊开荒生产，顶风雪冒严寒，砍野树，清乱石，挖草皮，撬冻土，起早贪黑地忘我劳动。

由于高原严重缺氧，筑路和开荒的劳动十分艰辛。为了鼓励干部、战士艰苦创业，部队以小报、黑板报、文工团演出等形式随时歌颂和表扬先进人物、英雄事迹，许许多多的筑路开荒喜讯、生产捷报、英雄事迹广为传播，激发了干部战士筑路、开荒的热情。部队出色地完成了筑路、开荒任务，在"世界屋脊"上创造出奇迹。部队这种艰苦创业精神，感动了西藏上层人士和藏族群众，深受敬佩。

部队在进军准备和进军途中还突出爱国主义、革命传统等教育，这些教育也起到了重大作用。

解放西藏、巩固边防是全国解放战争的要求和任务，没有人民解放军的进军行动就不可能实现这一任务。在极其恶劣和艰苦的条件下，没有当时的思想政治工作，就不可能有进军的成功。对此，谭冠三将军给予了高度的肯定："当部队处于最艰苦的时候，提倡'吃大苦，出大力'，'艰苦就是光荣，顽强就是胜利'，'让高山低头，叫河水让路'的口号，培植了我军战胜一切困难的英雄气魄和革命乐观主义精神"；"在执行进军、修路艰苦任务中，政治工作的领导和保证作用是发挥了强大的威力的。"[①]当时亲自做部队思想政治工作的十八军政治部主任刘振国这样评述："人民解放军坚强的战斗力，来源于军队的强有力的革命的政治工作"，"在物质条件非常困难的情况下，政治工作是能够产生巨大的精神力量的"[②]。正是有了强有力的思想政治工作，进藏部队才出色地完成了"史无前例"[③]的大进军，实现了祖国大陆的统一。

（二）主动耐心地做好上层人士的政治争取工作，确保和平解放各项事宜的落实

中央根据西藏的特殊情况，做出和平解放的决策。和平解放最关键的是做争取西藏上层人士的工作，使他们接受和平解放的方针。为此，从中央到西南局、西北局以及十八军进藏部队大力开展政治争取工作。

1. 做达赖的政治争取工作

中央制定和平解放西藏的方针后，分析了西藏社会的特点、西藏上层中分化的情况以及和平谈判的可能性，决定首先做宗教领袖人物达赖的政治争取工作。当时的达赖还未亲政，但根据传统，他是西藏政教合一的首领，具有相当的影响力。那时，中央同西藏没有直接的往来关系，通过派人入藏劝说、书信联系和广播宣传等方式进行争取。

---

① 谭冠三：《进藏八年》，载西藏军区政治部编《世界屋脊风云录》，解放军文艺出版社1991年版，第12页。

② 刘振国：《难忘的和平解放西藏大进军》，载西藏军区政治部编《世界屋脊风云录》，解放军文艺出版社1991年版，第120页。

③ 阴法唐：《和平解放西藏完成祖国大陆的统一》，《西藏日报》2001年5月24日。

　　1950 年 2 月，中央发给西南局和西北局的电报说，同意西南局"派志清法师赴藏说服达赖集团脱离美英帝国主义回到祖国；要达赖本人或其代表赴北京协商解决西藏问题办法，或在进军中与我前线司令谈判"。"我军进驻西藏的计划是坚定不移的，但可采用一切方法与达赖集团进行谈判"。电报中还说，"西北方面如有适当之人能派到拉萨去进行说服达赖集团者，亦应即设法派去，据说达赖的长兄现在西北，望西北局调查是否可以派去"①。3 月底，志清法师离开重庆，前往西藏。行至金沙江边岗托，由于西藏当局不准通行，昌都战役后才成行。1951 年春到达拉萨，开展工作。1950 年 5 月，西北局派青海劝和代表团入藏，团长是青海省塔尔寺当才活佛（达赖长兄晋美诺布），代表团行至西藏聂荣宗境，为西藏当局所阻。同时，西南军政委员、西康省人民政府副主席格达·洛桑丹增活佛自愿申请到拉萨，劝说达赖通过和平方式解放西藏。他沿途向僧俗人民宣传中央政府的民族政策，遭帝国主义分子和亲帝势力的仇视，在昌都受阻，不幸中毒身亡。1950 年 2 月，西北有关部门派出藏族干部张竟成四人带有青海省人民政府副主席廖汉生致达赖喇嘛和达扎摄政的信件前往拉萨劝和。5 月，中央人民广播电台开通藏语广播，反复宣传党的民族政策和宗教政策，并请在西藏上层中有很大影响的喜饶嘉措大师发表广播讲话，说明中央人民政府尊重和保护宗教信仰自由，呼吁达赖喇嘛不要听信帝国主义的谣言，速派代表赴京协商解决西藏问题。除此之外，中央还指示西南局、西北局拟定谈判条件争取达赖，后来中央批准西南局的谈判十项条件中有"达赖活佛之地位及职权不予变更"的内容。昌都战役后，阿沛·阿旺晋美写信给达赖喇嘛和西藏地方政府，介绍共产党的民族政策，陈述和谈势在必行的道理。

　　经过中央、西南局、西北局的争取工作，达赖和西藏政府中的许多官员迫于压力，于 1951 年 2 月 28 日做出决定，派出西藏地方政府赴京和谈代表团。但西藏分裂分子勾结帝国主义，在协议签订之前，已挟持达赖逃到西藏边境亚东，企图以达赖出国来破坏西藏和平解放。协议能否执行，西藏能否和平解放还存在着严重斗争。在这一关键时刻，中央派张经武同志迅速绕道香港、印度，到亚东劝说达赖返回拉萨。张经武同志赶到亚东，立即递交了毛主席致达赖的信，转达了毛主席对达赖派

　　①　《中共西藏党史大事记》（1949—1966），西藏人民出版社 1990 年版，第 6 页。

遣代表团到京谈判签订协议这一爱国态度的赞扬，反复宣传了协议精神和党的民族宗教政策。经过半个多月艰苦细致的工作，终于促使达赖返回拉萨。在贯彻协议过程中，中央和西藏工委非常尊重达赖，对他做到了仁至义尽。

2. 做和谈代表的思想工作

和平解放西藏的协议能否签订，西藏和谈代表人物也很关键。为此在和谈中，中央领导人及中央代表做了大量的思想工作。

西藏代表团到达北京后，周恩来总理、朱德总司令及首都各界数千人在北京车站热烈欢迎。周总理、李济深副主席，陈云、黄炎培副总理等宴请西藏和谈代表团。周恩来、刘少奇、朱德还先后接见代表团成员，欢迎他们到北京，向他们耐心宣传、解释共产党的民族政策，强调要把团结搞好。

1951 年 4 月 29 日，周恩来总理主持和谈首次会议，介绍了中央代表团成员，并对党的民族政策及和平解放西藏的方针、政策作了说明。在以后的会议中，双方都把问题摆出来，阐述各自的看法。中央首席代表李维汉反复阐述了中国共产党的马克思主义民族观，即民族不分大小一律平等，坚决反对帝国主义对我国各民族包括对西藏的侵略和压迫，也坚决反对旧中国历代统治阶级，特别是国民党反动派的大汉族主义民族压迫政策，深刻阐明新中国实行的各民族平等、团结、互助、合作、共同繁荣富强的政策与历代反动统治者实行的以强凌弱、以大欺小的民族歧视、征服、统治、压迫、同化的反动政策之间的本质区别。根据毛主席关于"中华人民共和国各民族团结起来"的号召，强调指出，我国各族人民紧密团结，互相帮助，共同建设祖国大家庭，符合我国各族人民的根本利益。李维汉同志阐明了中国共产党是代表中国各族劳动人民根本利益的政党，这和代表大地主、大资产阶级利益的国民党反动派有着本质的区别。李维汉讲这些内容在于消除历史上遗留下来的民族隔阂，让代表们了解共产党。西藏代表团方面，对于李维汉首席代表阐述的原则，一时还缺乏了解和理解，与中央的精神和要求存在较大的距离。而且他们需按西藏当局交代的观点和要求阐述，有些内容要请示西藏当局。针对这种情况，不论会内会外，周总理等中央领导人作了多次谈话，尤其是李维汉同志作了耐心的说明。经过中央代表的多次诚恳谈话后，西藏代表改变了原先的看法，不再坚持那些不切实际的意见。[①]

在谈到一些具体条文时，还是反复争论，在解放军进驻西藏、西藏实行民族区域自治、达赖喇嘛和班禅的地位以及成立西藏军政委员会等问题上，西藏代表均有顾虑，中央代表就逐一解释说明。谈判的焦点是驻军问题。西藏首席代表阿沛·阿旺晋美提出，西藏方面承认西藏是中国的领土，但不赞成解放军进藏，如果边境有事，再叫解放军进去，还可以把藏军扩大并编成解放军的一部分，对外讲已经有解放军了。对此，中央代表还是耐心地做思想工作，对西藏代表讲：帝国主义侵略西藏是不可否认了，而印度继承了英帝国主义的特权，西藏交通不便，一旦有事，部队很难及时开进去。至于藏军改编成人民解放军，那是不成问题的。谁都知道，藏军战斗力不强，既然承认西藏是中国领土，又不欢迎强有力的人民解放军去保卫边防，这岂不是矛盾！中央代表还就人民解放军的性质、纪律、入藏后的供应等问题作了说明。经过耐心的做工作，5月7日在第三次谈判中，就进军人数、驻地、藏军改编等问题进行商讨，并达成协议。在签订协议前，西藏地方政府暗中指示代表不得许诺人民解放军进入西藏。阿沛·阿旺晋美代表"'舌敝唇焦，苦口婆心'地说服了所有代表，作出决定，同意了积极协助人民解放军进入西藏这一条"[②]。

谈判过程中，中央采用多种方法做思想工作。有时是讨论商量，有时是争论说明，有时休会一两天，安排代表参观游览，借此在笑谈游憩中进行个别交谈，消除疑虑，增强和谐团结的气氛。5月1日，毛主席在天安门城楼上接见了阿沛·阿旺晋美，并亲切地说："谢谢你，欢迎你们到北京来，我们是一家人。家里的事情，大家商量着办，就能办好。祝你们谈判顺利，取得成功。祝你们在北京生活得愉快。"毛主席和蔼亲切，使阿沛深受感动。谈判期间，毛主席、周总理等中央领导人亲切关心西藏代表，中央代表做工作推心置腹、真诚相见。经过六轮谈判，最终于1951年5月23日在中南海勤政殿举行了协议的签订仪式。协议的签订，标志着西藏和平解放成功。

---

① 平措旺杰：《回忆西藏和谈及其前后》，载《西藏文史资料选辑》（14），民族出版社1994年版，第5页。

② 乐于泓：《回忆投身西藏和平解放事业的历程》，载西藏军区政治部编《世界屋脊风云录》，解放军文艺出版社1991年版，第178页。

3. 做其他上层人士的政治争取工作

和平解放西藏是自上而下进行的，我党我军除了做好争取达赖的政治工作、说服和谈代表的思想工作外，争取其他上层人士的政治工作也非常重要。中共西藏工委和进藏部队采取一切可以采取的方法，调动一切可以调动的因素，大力开展争取工作。

中央通过广播电台向西藏上层人士广泛宣传解放西藏的方针，宣传党的民族宗教政策，产生了较大的影响。中国驻印大使馆工作人员耐心地对所谓"出国"代表团中的西藏官员做工作，向他们宣传和平解放西藏的政策，赠送《共同纲领》等材料，争取他们的理解，派代表与中央谈判。进军途中，十八军每到一处都以实际行动扩大影响，积极开展争取上层的工作。十八军主力进入西康藏区后，张国华、谭冠三、王其梅、陈明义、李觉、刘振国、吴忠、苗王一等军领导，在天宝、平措旺杰等藏族同志配合下与当地的活佛、头人、土司等密切交往，建立感情，并从形势前途到支援进军等方面，帮助他们提高认识，逐渐取得他们对解放军进军西藏的理解和支持。

昌都战役后，西南军政委员会、西南军区联合发出《进军西藏各项政策的布告》，公布了1950年6月上旬内部发出的同西藏地方政府谈判的十项条件。进藏部队组织工作组向上层人士和广大群众广泛宣传，并通过过路行商、释放的俘虏和朝佛人员将藏文布告带到拉萨等地，让更多的人了解共产党解决西藏问题的方针政策，同时开展了团结争取地方政府官员、藏军军官、寺庙活佛及各宗的土司头人等民族、宗教上层人士的工作。1950年12月召开昌都地区第一届人民代表会议，选举产生了中华人民共和国昌都地区人民解放委员会，委员有35人，其中藏族占33人。昌都地区上层人士的争取工作成效显著，大多数上层人士愿意接受中央关于和平解放西藏的方针，尤其是争取工作感化了在西藏地方政府中有一定影响力的阿沛·阿旺晋美，这对和平谈判和进军起了相当的促进作用。

从昌都到拉萨的进军中，中央人民政府与西藏地方政府签订了和平解放的协议。部队进军拉萨及各地的目的是为了执行协议，团结、争取上层人士更为重要，这关系到解放军能否在西藏立住脚的问题。部队进驻拉萨及各地区后，同地方党委负责人一道，按照"兵对兵，将对将"的原则，逐级分工包干做各统战对象的工作。军区领导主要负责西藏政府三品官以上僧俗官员的工作，师、团以下领导主要负责四品官以下及各地区、宗（县）的官员、上层喇嘛和地方头人的工作。他们通过拜访、交往、联欢、学习、宣传，广泛交友，联络感情。① 在西藏进行各项工作都要与上层人士充分协商，尊重他们的意见，争取他们的赞同和支持。为了逐步消除历史上造成的民族隔阂，消除上层人士对进藏部队的恐惧、疑虑心理，正确对待"十七条协议"，揭露少数分裂主义分子破坏协议的言行，张经武、张国华、谭冠三、范明、王其梅等军师领导几乎是挨门挨户地访问司曹、噶伦、扎萨、台吉等重要的四品以上官员和三大寺（哲蚌寺、甘丹寺、色拉寺）、四大林（功德林、策墨林、丹吉林、策觉林）的活佛及堪布，宴请送礼，赠送"十七条协议"，向他们宣传《共同纲领》和"十七条协议"精神，宣传中国共产党的民族、宗教政策，说明中央人民政府同过去搞民族歧视、民族压迫的清朝和民国中央政府是根本不同的；共产党和中央人民政府坚持民族平等和民族团结，帮助西藏发展政治、经济、文化，进藏人民解放军同过去的旧军队也有本质的区别，严格执行"三大纪律、八项注意"，是保卫国防、为西藏人民服务的。进藏部队还利用国庆、元旦等节日，召开联欢会，加强上层的联系，同他们交流思想。

进藏部队对上层人士中不管是在位的还是在野的，是在国内的还是在国外的，都通过各种渠道进行联络，就是对顽固反对解放西藏、卸任不久的摄政达扎·阿旺松饶，工作人员也专程到拉萨西郊他的住处去拜访。噶伦索康·旺清格勒随达赖到亚东，后跟达赖返回拉萨途经江孜时，借口治病跑到印度等待观望，进藏部队对索康在拉萨的亲属做工作，并通过他们向索康转达中央人民政府的民族政策，希望他回到西藏拥护"十七条协议"。1952 年 2 月中旬，索康回到拉萨，三天后，张经武代表、张国华司令员拜访了他，给他指明了前途。

张经武、张国华等领导人带头执行宗教信仰自由政策。1951—1952年，他们在拉萨先后为三大寺、大昭寺、小昭寺、上下密院的喇嘛发放布施，还向参加传召大法会的喇嘛发放布施，以实际行动揭穿了"共产党要毁灭宗教"的谎言。

进藏部队人员做争取工作既耐心细致，又有针对性。针对有思想顾虑

---

① 阴法唐：《人民解放军在西藏的特殊作用》，载民族出版社编《在祖国大家庭中胜利前进》，民族出版社 1991 年版，第 67 页。

的人，工作人员反复向他们说明：我军将忠实不渝地遵守和平协议的各项规定，对于过去亲帝国主义和国民党的官员，只要坚决与帝国主义和国民党脱离关系，不进行破坏和抵抗，仍可继续供职，不咎既往。① 工作人员耐心地等待他们觉悟。工作人员就这样一点点地做工作，使越来越多的人相信他们，靠近他们，孤立了亲帝分裂分子。

争取工作重点在从康区到拉萨的进军途中和拉萨地区。除此，进军其他地区的部队也十分重视争取工作。新疆骑兵师先遣连，在保卫股长李狄三带领下，进抵阿里地区后，被风雪围困二百余天，在缺粮缺药、缺御寒工具的极端困难情况下，仍积极开展争取、团结西藏政府官员和当地头人的工作，使他们深受感动。十八军独立支队在抵达黑河（今那曲县）后积极开展争取工作。司令部负责人走访、宴请黑河总管、代本、上层喇嘛，利用一切机会宣传中国共产党的民族、宗教政策，宣传解释"十七条协议"，宣传伟大的祖国，教育争取黑河官员等上层人士拥护执行"十七条协议"，为西藏和平解放做出贡献。经过工作，消除了上层人士的疑虑，取得了和谐与合作，黑河地区上层人士列队欢迎进藏部队，藏军举起了五星红旗。部队到达工布地区（今林芝市），通过走访和开会、个别和集体相结合的方法，尽可能同较多的僧俗官员、宗本头人相接触，注意时时、处处、事事宣传协议，还请他们吃饭，为他们放电影、散发藏文宣传品，一有机会总是讲他们最关心的问题，讲党的民族平等团结政策，同时讲当时的国际国内形势，讲祖国的强大，讲人民解放军的性质、宗旨和任务，戳穿各种反动谣言，以解除上层人士的顾虑，排除亲帝思想，增强爱国心。部队人员同上层人士广交朋友，馈赠礼品，推心置腹，真诚相见，终于使上层人士认识到共产党、人民解放军同过去赵尔丰、国民党的军队不同，是来真正帮助西藏发展的，他们表示"一定要和解放军站在一起，认真贯彻协议，赶走帝国主义狗豺狼"②。

从部队进军到进驻西藏各地以及在贯彻协议过程中，我党我军对西藏上层人士开展了卓有成效的思想政治工作。在当时中央与西藏地方没有联系、民族隔阂极深和帝国主义又挑拨破坏的情况下，在较短的时间内，能争取到上至达赖下到各地区上层人士的理解和支持，非常不易。其工作力

---

① 张国华：《西藏的新生》，载《老西藏精神》，解放军出版社 1991 年版，第 30 页。

② 阴法唐：《宣传贯彻协议亲密团结藏胞》，载《西藏革命回忆录》（第二辑），西藏人民出版社 1981 年版，第 78 页。

度和耐心程度在全国都罕见。争取上层人士的思想政治工作对和平解放、贯彻协议发挥了重大的作用。

（三）创造性地做好藏族群众的工作，奠定了解放西藏的坚实基础

广泛开展思想政治工作，促使工人、农民觉醒，积极投入革命洪流，这是我党思想政治工作的一贯做法。解放西藏，没有人民群众的觉醒就谈不到解放，百万农奴是西藏社会的主体，西藏问题的最终解决，还是要靠西藏的人民群众。因此，如何做藏族群众的工作是我党思想政治工作的又一重点。

1. 西藏群众工作的艰巨性

西藏群众不同于内地其他省区的群众。首先，藏族群众惧怕解放军，由于历史上出现较深的民族隔阂导致藏族群众对汉族产生敌视心理。当时反动分子造谣惑众，说什么"汉人没有粮食吃，到藏区来抢粮了"，"汉人要消灭宗教"，"汉兵是魔鬼，红眉毛绿眼睛，要派粮派草支乌拉（差役），抢年轻女人、打人、杀人、吃小孩"。藏族群众没有见过解放军，很容易上当。加上不管是清兵、国民党军队还是藏军，历来都欺压群众，他们恨兵，因而对解放军产生恐惧，使解放军很难接近。其次，藏族群众几乎没有阶级觉悟。他们世代受农奴主的残酷剥削和压迫，对生活极其不满，但由于西藏农奴主阶级利用宗教统治人民，禁锢了人们的思想，使广大受苦群众逆来顺受，他们认识不到受欺压的根源，没有反抗意识，只能渴望来世到天国享福。在当时，藏族群众的民族意识重于阶级意识，他们只听信农奴主，不信共产党和解放军。这种复杂情况给我党我军做工作带来极大难度，做群众工作非常艰巨。毛泽东同志说："群众有伟大的创造力。……我们应该走到群众中间去，向群众学习，把他们的经验综合起来，成为更好的有条理的道理和方法，然后再告诉群众（宣传），并号召群众实行起来，解决群众的问题，使群众得到解放和幸福。"[1] 刘少奇同志也讲："我们在群众中提出的行动口号以及斗争形式、组织形式等，都必须是中间状态与落后状态的群众能够接受的，……只有中间状态与落后状态的群众有了觉悟，有了热情，起来行动的时候，才能有群众运动。"[2] 西藏群众处于落后状态，不能使他们有所觉悟，就谈不上解放，因此，只

---

① 《毛泽东选集》第3卷，人民出版社1991年第2版，第993页。

② 刘少奇：《论党》，《刘少奇选集》（上卷），人民出版社1981年版，第356页。

有解放了群众才能真正解放西藏，群众工作再难做，我党我军必须设法去做。

2. 创造性地做群众工作

在西藏开展群众工作不能直接去启发群众的阶级觉悟，进行阶级教育。像《白毛女》一类的影片都不能去群众中播放，更不能去发动群众与农奴主阶级进行斗争。加之"十七条协议"中规定对西藏的各项改革，中央不加强迫，西藏政府自动进行，西藏人民提出改革要求时得采取与领导人协商的办法解决。因而在西藏开展群众工作比较特殊，只能做影响群众的工作。

（1）通过上层人士做群众工作

在旧西藏，农奴是社会的主体，而农奴几乎没有人身自由，他们是农奴主的私有财产。针对藏族群众没有自由的处境，我党就通过上层人士或与上层人士商量做影响群众的工作。在进军途中，部队每到一地先同上层人士接触、联系；同时，深入调查，体察民情。在开展各种活动时，如放电影、演出等，在头人的允许下让群众参加，让群众认识解放军、了解共产党。虽然群众不能或不敢接触共产党，但已逐渐扭转敌视心理，改变了看法，认为共产党和解放军不同于过去的旧政府、旧军队。

西藏上层最不愿意、最害怕部队接近下层，去发动群众。在当时的情况下，若不慎重，不但会损害争取工作，而且会严重地影响大局。因此只能在不损害上层争取工作的大前提下，尽力做好影响群众的工作，如1951年10月，中央人民政府代表张经武给拉萨贫民乞丐发放布施就是通过上层去影响群众的工作。当时，张经武代表与噶厦商量，决定给三大寺、大小昭寺、上下密院等发放布施，同时也提出给贫民乞丐发放布施。噶厦有些害怕，但又无法拒绝，只好同意。可是背后，噶厦派人四处活动，威胁贫民乞丐不准去领取布施，造谣说这是共产党的阴谋，接受了要入地狱。尽管如此，但不少贫民都来了，张经武代表中央人民政府、代表毛主席发布施的简短讲话用藏语翻译出来后，会场上立即响起了热烈的掌声，过去群众没有习惯鼓掌，这是罕有的掌声。当时发给贫民乞丐的钱比喇嘛少，但在群众中的影响却很大很深远。这种巧妙地做影响群众的工作成功了。

（2）通过藏军俘虏与筑路民工做影响群众的工作

通过上层做影响群众的工作是有限的，由于解放军与群众接触较难，还需要通过接触到的群众做影响其他群众的工作。

昌都战役中，进藏部队认真执行俘虏政策，以热情和诚恳的态度对待俘虏和投降官兵，严禁侮辱和虐待，设法搞好他们的伙食。根据谈判十项条件的内容，向他们宣传解释共产党和中央人民政府的民族政策，强调毛泽东主席、朱德总司令对西藏人民的关怀。对俘虏经过教育后，按等级发给马匹、路费释放，扩大了政治影响，这些俘虏返乡后，以自身的经历向人民群众讲自己对共产党、解放军的认识，这对群众了解和认识共产党、解放军起到了一定的作用。

在贯彻协议的过程中，部队与西藏地方政府协商，从全区各地动员8000多民工参加筑路，这些民工大都是西藏地方政府通过支"乌拉"差役形式派来的。因而，带领民工就成为一项政治任务，也是做影响群众工作的一条好途径。民工筑路期间，"医护人员跟班随诊，两年医治病伤民工近1.3万人次，有42个小生命在医生精心护理下降生工地"。[1] 施工部队为民工发放工资，这对从来无偿为领主支差的农奴来说是件破天荒的事，民工流着眼泪领到一生中第一次的劳动工资。但是由于存在民族隔阂，战士们帮民工烧菜，有些民工怕给他们下毒，不但不让烧，还把锅看起来。对此，部队从两方面做工作：一方面通过西藏地方政府派来带民工的官员向民工宣传筑路的意义、我党的民族政策和人民军队的宗旨和纪律；另一方面对部队加强民族政策的教育，号召带民工的干部战士，语言不通就用事实说话，以火热的阶级感情和实际行动去帮助、影响和团结他们。战士们把民工当成自己的兄弟姐妹，从生活上给予无微不至的关心，从筑路技术上给予耐心的指导帮助。战士们把民工的安全挂在心头，一遇险情，自己去排除，让民工移到安全的地方。施工中，部队遵守藏胞的风俗习惯和民工的宗教信仰。民工中有的要念晚经，带民工的战士就让他们早收工；转移工地搬家，民工们要先打卦，因而每逢转移，都在他们认为吉祥的日子再搬。修路中遇到"神山""神石""神树""玛尼堆"，先征求带民工官员的意见，或搬迁，或绕道。民工和带民工的官员说："解放军和我们藏族的心是相通的。"他们用歌声唱出了"天上星星多，都没有北斗明，见过的人很多，都没有解放军好"的心里话。部队用真情一点

---

① 李觉：《回忆和平解放西藏》，载西藏军区政治部编《世界屋脊风云录》，解放军文艺出版社1991年版，第46页。

一滴地感动了民工，他们回到家乡见到乡亲们就说："解放军是活菩萨"，唱出"哈达不要多，有一条洁白的就好；朋友不要多，有一个解放军就好"的歌声。民工们把对共产党、解放军的了解带到西藏的各个角落，他们成了我党我军的义务宣传员，在藏汉民族之间架起了一座心灵沟通的"金桥"。这对粉碎帝国主义、反动上层的造谣破坏和挑拨离间阴谋，逐步消除民族隔阂、增进民族团结和军民团结，提高广大群众对我党的认识起到了重要作用。

（3）宣传教育群众

在进军途中和部队进驻各地后，我党我军创造条件，争取一切可能与藏族群众接触，并逐渐对他们进行反帝爱国、党的民族宗教政策、民族团结等方面的宣传和贯彻协议的教育，向他们介绍伟大祖国、中国共产党和人民解放军的情况，以提高群众的认识。宣传教育主要是通过放电影和演文艺节目形式进行的。部队进驻各地后，组成访问团，其中电影组携带笨重的器材，平均每天行军70里以上，为群众放电影。很多群众是第一次看电影，非常高兴。影片《解放了的中国》对群众影响较大。群众从银幕上首次看到毛主席和其他中央首长，看到了英勇善战的人民解放军，看到了内地的建设成就，看到了祖国大家庭中各民族团结友爱的动人情景，看到了内地人民生活、工作的情况，还看到了祖国地大物博、江山多娇的雄伟画面，深受鼓舞，群众对祖国有了直观的感受。此外还通过文艺形式宣传协议，宣传民族政策，宣传人民解放军的性质，揭露反动谣言，群众特别喜欢，容易接受。文工队演出时，人多人少都要演，提出"不放过一个村庄，不放过一个群众"的口号，即使对一个群众演出，也把这个藏胞看作是整个西藏民族的代表，像对众多观众演出那样，严肃认真，一丝不苟。演出后，文工队的同志通过翻译给群众讲"十七条协议"，特别是讲到协议要根据西藏的实际情况，逐步发展西藏的农牧工商业，不断改善人民生活，使西藏民族和西藏人民兴旺时，得到观众的点头赞成。部队用娱乐的形式对群众开展宣传教育活动，寓教于乐，浅入深出，达到了教育目的，群众的态度发生改变，由怀疑变信任，由疏远变亲近。

新疆军区骑兵师先遣连的宣传工作更具特色。他们初到阿里时，藏族群众对我军毫无了解，加上反动头人的宣传，他们不与我军接近，有的甚至架起猎枪向部队射击。少数战士产生怨言。对此，先遣连又一次进行民族政策教育，号召人人当宣传员，把发动和团结群众作为重要任务来完成。他们的做法是政治宣传、赠送物资和帮助群众做好事。他们一方面给群众散发毛主席画像和有关党的民族宗教政策、《共同纲领》内容的藏语传单，同时召集群众，给到场群众发放茶叶、面粉、块糖、针线、布匹等物品，帮助群众放牧、打柴、背水、治病等。部队的行动感动了贫苦的农牧民，他们冲破阿里噶本政府和反动头人的封锁政策和禁令（即不准同解放军接触、不准给解放军带路、不准给解放军东西），主动为部队打柴火、撤帐篷、寻马匹、送情报、当向导，还送食物给部队。其他部队和先遣连一样把宣传工作和办实事结合起来，收到了良好效果。

（4）为群众办好事

解放军是为人民服务的，走到哪里就把好事做到哪里。为群众做好事是消除民族隔阂、解除群众顾虑的最好办法。

解放军为群众做好事，除帮助群众打水、扫地、淘粪、助民劳动外，更重要的是帮助群众解决一些较大较紧迫的问题，如免费治病，发放无息或低息农贷，社会救济、救灾、修桥铺路、办学校、供应部分民需物资等。解放军为群众做了大量的有利于生产、生活的好事。但是做好事并非是一帆风顺的。以农贷来说，也是采取一定方法才开展下去的。1952 年，部队到江孜发放农贷，背着银元，带着干粮和"十七条协议"，连续走了六七个庄园，竟无一个群众要求无息农贷。原因是庄园是贵族、寺庙的领地，他们对群众控制很严，还有个别坏人造谣，说什么"谁借了农贷，解放军到秋收时要把谁家种的青稞全部割走；要是还不起农贷，解放军还要把小孩抓去支乌拉差役；农贷要加利息，祖祖辈辈也还不清"等。对此，部队直接去西藏旧政府管辖的地区开展工作，并针对谣言进行正面宣传，揭露坏人的卑劣用心，对个别群众启发教育，让他们做其他群众的工作。这个办法很见效，有很多人前来农贷，生产问题解决了，群众得到实惠。解放军为群众做好事数不胜数，他们以实际行动影响群众，效果显著。

在不动摇西藏旧政府的前提下，部队通过上述方式创造性地开展影响群众的工作，使群众逐渐了解和认识共产党、解放军，了解党的民族、宗教政策和"十七条协议"，密切了党群、军民关系，为启发群众、进行民主改革、实现真正的解放、政治上翻身做主人奠定了坚实的基础。

综上所述，西藏和平解放时期，我党我军针对不同的对象，采用不同的方法，做好了进藏部队人员、西藏上层人士和藏族群众等全体成员的思想政治工作，保证了西藏的和平解放。没有强有力的思想政治工作，就没有西藏的和平解放。思想政治工作发挥了难以估计的重大作用，对西藏社会历史的发展产生了深刻而久远的影响。

三　西藏和平解放时期党的思想政治工作的基本经验

党在西藏和平解放时期的思想政治工作，对于西藏和平解放起到了军事无法替代的作用，成为和平解放西藏的一种无形的巨大力量。我党我军的思想政治工作者们，面对西藏的复杂情况，创造地开展工作，探索了一套适宜西藏特点的思想政治工作方法和途径，积累了丰富而成功的经验，给后人留下深刻的启示，值得总结、研究和继承弘扬。

（一）各级领导以身作则，带头做思想政治工作

在和平解放西藏过程中，从中央到西南局、西南军区，西北局、西北军区以及十八军，形成一支强大的思想政治工作队伍，几乎人人都做思想政治工作，尤其是各级领导以身作则，带头做思想政治工作。

解放西藏是解放大陆的一场重要任务。在进军、谈判、贯彻协议等问题上，中央领导人从毛泽东主席、周恩来总理、朱德总司令，到有关部级领导都亲自做进藏部队和西藏上层人士的思想工作。西南局、西南军区方面的刘伯承司令员、邓小平书记以及西北局、西北军区的彭德怀司令员、也都参与做进藏部队和上层人士的思想工作。中央代表张经武和十八军的负责人张国华军长、谭冠三政委直接做思想政治工作。张经武同志受命入藏后，通过各种形式，亲自做了许多上层人士的争取工作。他曾多次走访或约见达赖喇嘛、班禅额尔德尼及其属下许多上层僧侣官员等头面人物，同他们协商有关执行《协议》的重要事宜，向他们进行爱国主义教育，争取他们中的大多数。中央选定36岁的张国华同志执掌进军西藏使命，就是因为他是红军时期入伍的高级指挥员，有"勤奋好学，指挥作战有方，掌握原则和政策好，曾做政治工作的一些长处"，更"具有开辟新区斗争的丰富经验和卓越的组织能力"。① 无论是在进军准备中，还是在进

---

① 阴法唐：《邓小平同志与西藏和平解放》，载杨国宇、陈斐琴等主编《二十八年间——从师政委到总书记》，上海文艺出版社1992年版，第25页。

军途中和进驻拉萨后，张国华、谭冠三两位领导始终以身作则，做思想政治工作。在进军准备中，他们分头到各师部队直接参加教育，亲自讲课、作报告，并和其他负责同志一起实地解决问题。他们通过大会动员、小会讨论、个别谈心的方法，做了很多干部战士的思想转变工作，影响极大。张国华军长带着高血压和心脏病率领部队进军西藏。在高原严重缺氧的情况下，高血压和心脏病都随时可以致人死命。谭冠三政委身体不好，且已年过半百。两位领导和大家一起行军，同样饿肚子。他们有马不骑，让给生病的战士骑。① 他们不仅以言语，而且更是以实际行动给干部战士做榜样，让干部战士口服心服。十八军政治部的干部以及师以下的各级领导，在恶劣的条件下，他们自身行军都存在很大的困难，有时带病，但不管在什么情况下，他们都以身作则，做部队干部战士、上层人士和群众的思想政治工作。正是各级领导率先垂范，当时的思想政治工作才特别有效。

（二）宣传教育工作当先

解放西藏，向一个十分陌生的地区进军，宣传教育工作发挥了特殊的作用。当时我党我军与西藏上层人士、藏族群众相互不了解，我党我军要靠政策开路，既要进藏部队执行党的各项政策，又要上层人士和群众理解、支持党的各项政策。因而，首先需要思想政治工作者把党的各项政策宣传到进藏部队、上层人士和群众中去。当时的宣传任务非常艰巨，思想复杂、语言不通是最大的困难。宣传的主要内容有：和平解放西藏的方针政策，解放军的性质和宗旨，党的民族、宗教政策等。思想政治工作者们针对不同的对象采取不同的宣传方法。对部队就采用集中学习的办法，直接讲明解放西藏的目的、意义、办法，讲清党的民族、宗教政策以及如何执行，并在进军中反复宣传，从而增强进藏部队的责任感、使命感，提高了部队执行政策的自觉性和水平，保证了部队严格执行政策、完成解放西藏的任务。针对西藏上层人士和群众不了解我党我军而且又语言不通的情况，就用藏语广播、藏文传单宣传，部队同志做工作时请人翻译。当时不能召集大会组织学习，就通过放电影、演节目、联欢会等形式宣传，使上层人士和群众在娱乐中接受党的各项政策，还特别针对帝国主义和分裂分子的造谣煽动进行宣传，说明党的政策，揭穿谎言的欺骗性，让上层人士

---

① 刘振国：《难忘的和平解放西藏大进军》，载西藏军区政治部编《世界屋脊风云录》，解放军文艺出版社 1991 年版，第 122 页。

和群众澄清是非，辨明真伪，逐渐支持党的方针政策。当时宣传教育的突出特点是把宣传党的政策、讲道理与做实事结合起来，见缝插针。虽然宣传方法和手段有限又简单，但收效甚大，这是解放西藏思想政治工作非常重要的一环。

（三）从西藏的实际出发，实事求是地开展工作

党的思想政治教育自创立以来，随着历史的发展不断从不完善走向完善、从不成熟走向成熟，有"不断地自我调整和重新开始的规律"[①]。在解放西藏之前，党已形成一整套完善的思想政治工作方法，并在其他地区应用已取得成功。然而，西藏与其他地区相比，有很大的特殊性，思想政治工作的方法不宜照搬照用，必须从西藏的实际出发，实事求是地开展工作。如在部队进行动员教育时，以正面教育为主，既讲进军西藏的伟大政治意义，讲党中央、毛主席对进军西藏非常重视，讲全国人民、上级和兄弟部队对进藏部队的巨大关怀与支援，同时也实事求是地向指战员讲西藏的自然环境、气候以及进军途中将会遇到和难以预料的困难，号召干部战士紧密联系思想实际，明确自己肩负的历史责任，树立必胜的信念和准备战胜一切困难的勇气和科学态度。在针对部队中的一些消极情绪进行思想教育时，也尊重科学、实事求是，部队中有一些体弱的老兵和小兵。老的年过半百，小的才十几岁。这些同志多为炊事员、饲养员、运输员、宣传员和司号员，他们对革命忠心耿耿，做出了一定贡献。但西藏山高路远、气候恶劣、困难重重，这些同志显然很不适应。对此，军党委决定这些同志留在内地部队或下地方工作。由此可见，做部队工作并不是喊大口号，而是从部队实际出发，实实在在地解决实际问题。经这么做工作，部队高高兴兴、心甘情愿地进藏，增强了部队的战斗力。

再如做上层人士和群众的工作，也不能把内地已有的方法运用于西藏。解放时期，争取上层人士工作，在内地只做有影响的人的工作就行，而在西藏就要像抗日战争时期一样，争取一切可争取的人，孤立反动分子，扩大影响。群众工作就更不同于内地，在内地可不顾忌上层人士的利益开展工作，而在西藏必须与上层人士工作相结合，不能过急，否则全盘

---

① 许启贤主编：《中国共产党思想政治教育史》，中国人民大学出版社 1999 年版，第529 页。

工作皆输。已习惯做内地工作的部队人员在做西藏上层人士和群众工作上把握分寸非常好。从西藏实际出发，实事求是地开展工作贯穿于和平解放时期西藏整个思想政治工作中，这是在西藏开展思想政治工作的一条基本经验。

（四）坚持革命的原则性和斗争策略的灵活性相结合

在西藏这样一个复杂的地区开展思想政治工作，既要讲原则性，也要有灵活性。原则性体现在一切工作要有利于民族团结和祖国统一，灵活性就是在做具体工作时可以灵活机动，不影响大目标、大方向的事情都可做，即对工作怎样有利就怎样做。

和平谈判是解放西藏的主要途径，实现祖国统一是谈判的前提，也是原则。在这一前提和原则下，什么问题都可商量着解决。当时谈到驻军问题时，这就是个原则问题。西藏地方政府承认西藏是中国领土的一部分，人民解放军就应进驻西藏，巩固边防。解决这一问题尽管难度很大，但中央代表还是设法说服了西藏代表，西藏地方政府同意解放军进藏。其他问题，如西藏的社会制度、宗教及宗教领袖地位都是重要问题，考虑到这些问题虽然对西藏的社会发展有影响，但对当时实现祖国统一影响不大，因而保留了西藏的旧制度及达赖、班禅的宗教地位。这是原则性和灵活性相结合的典型事例。

团结达赖是中央解放西藏的方针之一，但团结达赖是有原则的，必须在祖国统一的基础上，不能允许其有"独立"梦想。"十七条协议"签订后，达赖一行人滞留亚东，中央派张经武代表到亚东说服达赖，1951 年 7 月，张经武代表一行抵达亚东。达赖侍从人员提出，张经武代表会见达赖，达赖要升座，百官旁侍。这显然是要摆出一副封建制度下国王接见外国使者的架势，顽固地继续做"独立"迷梦。我方随从人员向他们指出，会见仪式必须明确体现西藏地方政府与中央人民政府的正确关系，张经武是中央人民政府的代表，会见时达赖不能升座，应在达赖卧室进行交谈，并面交毛主席给达赖的亲笔信。7 月巧日，张经武代表到达赖卧室会见并面交了毛主席的亲笔信和《协议》抄本。8 月，张经武代表到达拉萨。随后，达赖从亚东返回拉萨。9 月，由十八军副政委王其梅同志率领的先头部队准备进入拉萨前，邓小平政委专门交代，到拉萨后，会见达赖时，如果他提出要摸顶，可以不受我军纪律的约束，让他摸顶，并代表官兵向他赠送礼品。① 王其梅率军进抵拉萨后给达赖送礼，送礼时，达赖升座，王其梅行鞠躬礼，达赖给他脖颈上挂了哈达。② 后来，张经武代表毛主席赠送礼品，送礼结束后，张经武代表到达赖卧室交谈，转达毛主席的问候，希望他早日向中央发电报对协议表示态度。张经武代表中央，约见达赖时不能升座，王其梅代表十八军，会见达赖时可以升座。座位问题是个原则问题。可见，在与达赖交谈的座位问题上，我方始终坚持了祖国统一的原则性，决不让步。通过革命的原则性和斗争策略的灵活性相结合，我党正确处理了团结与斗争、进与退、统战工作和群众工作的关系，这是在西藏做思想政治工作的根本经验。

（五）团结爱国上层人士，争取上层中间力量，孤立少数分裂分子

西藏和平解放时期，人民处在封建农奴制度的统治之下，爱国人士力量还不够强大，上层集团中的反动分子可以利用民族、宗教的旗帜欺骗群众，社会力量的优势暂时在他们那边。对此，党着眼于西藏人民的根本利益，团结一切可以团结的力量，调动一切可以调动的因素，变消极因素为积极因素。对爱国上层人士采取团结的态度，对中间上层人士采取争取的态度，最大限度地孤立反动分子，以减少阻力，逐步接近、教育、发动群众。

在进军前，一些爱国上层人士希望党中央早日解放西藏。就在中华人民共和国成立的当天，长期羁留青海的西藏佛教领袖第十世班禅额尔德尼致电毛泽东主席和朱德总司令，表示拥护中央人民政府，希望早日解放西藏。毛主席、朱总司令很快复电，指出："中央人民政府和中国人民解放军必能满足西藏人民的这个意愿。"③ 党非常尊重爱国人士的意见，调动爱国人士的积极性，团结了一批爱国人士。喜饶嘉措大师通过藏语广播宣传党的政策，格达·洛桑丹增活佛跋山涉水进藏做达赖的说服工作。在团结爱国上层人士的同时，党大力开展争取中间上层人士的工作。当时的中间人士就是不公开站到帝国主义那边、坚持独立的人，包括达赖本人在内都是可争取的对象。党经过耐心的工作，争取了大多数中间人士。在维护

---

① 阴法唐：《邓小平同志与西藏和平解放》，载杨国宇、陈斐琴等主编《二十八年间——从师政委到总书记》，上海文艺出版社 1992 年版，第 37 页。

② 乐于泓：《回忆投身西藏和平解放事业的历程》，载西藏军区政治部编《世界屋脊风云录》，解放军文艺出版社 1991 年版，第 186 页。

③ 赵慎应主编：《西藏革命史》，西藏人民出版社 1991 年版，第 29 页。

协议过程中采取的方针是：争取和团结达赖集团的大多数，孤立少数分裂分子，打击极少数为首的反动分子，并坚持有理有利有节的斗争原则。该打击的坚决打击，能忍耐与让步的就忍耐让步。这样更好地团结教育了爱国上层人士，使他们擦亮了眼睛，减少了顾虑，更有利于工作的开展。1952年在贯彻执行协议过程中，鲁康娃·次旺饶登、本珠仓·洛桑扎西二司曹顽固坚持"西藏独立"，分裂祖国；主持伪人民会议，组织反革命骚乱，擅自将国防要地日喀则驻军炮兵代本调进拉萨，阴谋搞军事叛变。经我方坚决斗争，达赖宣布撤销二人司曹职务，宣布取缔伪人民会议非法组织。但对支持和纵容伪人民会议的上层分子噶伦索康·旺清格勒等人，则采取了忍耐和让步的政策，没有追究。此后，西藏出现了执行协议较好的局面。实践证明，团结爱国上层人士、争取中间上层人士、孤立少数分裂分子的做法，对处理和稳定复杂局势，作用重大，因而成为党在西藏开展思想政治工作的一条重要经验。

结束语

　　和平解放西藏揭开了西藏历史新的一页。这一时期成为党在西藏开展思想政治工作的奠基时期。成功的思想政治工作，推进了西藏的革命进程，为后来西藏进行平叛和民主改革提供了良好的条件，并对以后的思想政治工作产生较大影响。党在西藏和平解放时期开展思想政治工作及其基本经验告诉我们，思想政治工作是西藏各项工作的首要任务，做不好思想政治工作就不可能做好其他工作。西藏和平解放后50年的发展历程说明一个深刻的道理：任何时期都不能放松思想政治工作，否则西藏社会发展就会受到挫折。曾亲身经历西藏和平解放、目睹党的思想政治工作威力的西藏自治区政协副主席金中·坚赞平措这样讲："我们任何时期都不能忽视思想政治工作，因为思想政治工作，是我们党的优良传统之一，是我们的政治优势，是使社会主义事业朝着正确轨道前进的重要保证。"① 现任西藏自治区党委书记郭金龙在2000年全区思想政治工作会议上指出，21

---

① 金中·坚赞平措：《西藏和平解放前后亲历略记》，载《西藏文史资料选辑——纪念西藏和平解放四十周年专辑》，内部发行，第179页。

世纪，西藏工作"承担着维护稳定，加快发展，服务人民，巩固边防的繁重任务"，"思想政治工作是完成各项任务的生命线，是我们的政治优势"。① 在新的历史条件下，西藏思想政治工作面临新的艰巨的任务，我们要继承党的思想政治工作的优良传统，更加发挥其政治优势，同分裂势力作斗争，保证西藏经济发展、社会稳定、人民生活幸福，开创各项工作的新局面。

　　　　　　　　　　（本文为笔者 2002 年 5 月完成的硕士学位论文）

---

① 　郭金龙：《在全区思想政治工作会议上的讲话》，载《西藏日报》2000 年 10 月 18 日。

巩固西藏各族人民团结奋斗的
共同思想基础

发展中国特色社会主义，全面建设小康社会，构建社会主义和谐社会，需要努力建设社会主义核心价值体系，凝聚全党全国各族人民团结奋斗的共同思想基础。学习贯彻十七大精神，应不断深化对社会主义核心价值体系的理解和认识，让各族人民普遍接受社会主义核心价值体系，形成全社会广泛的群体意识，成为人们行为的导向以及发展中国特色社会主义伟大事业的共同思想基础。

一 社会主义价值体系始终是社会主义革命、建设和改革的共同思想基础

一个社会必然有自身的价值体系，在这个价值体系中应有一个主流价值体系，它是社会文化和社会发展的主导方向。中国共产党在领导全国各族人民进行社会主义革命和建设过程中，历来高度重视社会主义价值体系的建设，不断用社会主义价值体系的内容武装广大党员干部，教育人民群众，为社会主义革命和建设提供了共同的思想基础。以毛泽东同志为核心的党的第一代中央领导集体，在新中国成立后，确立以马列主义、毛泽东思想为指导思想，在全国人民中提倡"爱祖国、爱人民、爱劳动、爱科学、爱公共财物"的社会公德，为建立社会主义新制度、发展社会主义事业提供了强大的思想道德基础。党的十一届三中全会后，以邓小平同志为核心的党的第二代中央领导集体，把马列主义、毛泽东思想与当代的实际相结合创立了邓小平理论，强调建设社会主义物质文明和精神文明，坚持"两手抓，两手都要硬"，把培养有理想、有道德、有文化、有纪律的

社会主义新人作为重要的战略任务来抓，形成了强大的共同的思想基础，为改革开放和社会主义现代化建设提供了保证。党的十三届四中全会后，以江泽民同志为核心的党的第三代中央领导集体，坚持马克思主义与时俱进的理论品质，不断推进马克思主义中国化进程，提出了"三个代表"重要思想，强调以为人民服务为核心，以集体主义为原则，以爱祖国、爱人民、爱劳动、爱科学、爱社会主义为基本要求，以社会公德、职业道德和家庭美德建设为着力点，加强社会主义思想道德建设，重视物质文明、精神文明和政治文明的建设，把以德治国与依法治国结合起来，保证了社会主义伟大事业的健康发展。党的十六大以来，以胡锦涛同志为总书记的党中央，针对中国特色社会主义的新形势新任务，不断总结社会主义价值体系建设的经验，科学分析思想道德建设领域的新情况新问题，第一次明确提出了"建设社会主义核心价值体系"的重大命题和战略任务，正在构建社会主义和谐社会的共同思想基础。

社会主义价值体系是社会主义文化的重要组成部分，是社会主义文化的精神支柱和本质所在，在社会主义文化建设中处于主导地位，它统领各种社会思想、社会思潮以及各种价值观，是社会主义制度建立、完善和发展的必要前提和基础。我们党在社会主义革命、建设和改革全过程中，根据我国社会主义发展的时代特点和具体情况，在社会主义价值体系方面提出系统的观点和内容，不断引领社会价值观，形成了社会主义社会的价值导向，为社会主义革命、建设和改革提供了强大的共同思想基础，保证了革命、建设和改革的顺利进行和取得成功。

二　社会主义核心价值体系是当前各族人民团结奋斗的共同思想基础

共同的思想基础是一个国家、一个民族和一个政党生存和发展的根基。没有共同的思想基础就缺少了凝聚力，人们的思想和价值取向混乱，社会就会成为一盘散沙；没有共同的思想基础，社会文化发展就迷失了方向，社会经济政治发展就失去了人心的基础。有了共同的思想基础就有了前进的方向和力量。在我国这样一个社会生产力还不发达、社会各方面还较薄弱的国家，在全社会以及全国各族人民中形成共同的思想基础至关重要，它关系着我们事业的成败。我国以及各国的发展历史告诫我们：社会需要有主见，思想统一是主见的前提；社会需要稳定，思想统一是稳定的根基；社会需要和谐，思想统一是和谐的保证。

在当前我们从事的中国特色社会主义的伟大事业中，由于经济体制的深刻变革、社会结构的深刻变动、利益格局的深刻调整和思想观念的深刻变化，也由于各种思想文化相互交织、相互激荡，迫切需要形成和巩固全党全国各族人民的共同思想基础，这个共同思想基础就是社会主义核心价值体系。党的十六届六中全会《决定》指出，马克思主义指导思想，中国特色社会主义理想，以爱国主义为核心的民族精神和以改革创新为核心的时代精神，社会主义荣辱观，构成社会主义核心价值体系的基本内容。党的十七大报告指出："社会主义核心价值体系是社会主义意识形态的本质体现。要巩固马克思主义指导地位，坚持不懈用马克思主义中国化最新成果武装全党、教育人民，用中国特色社会主义共同理想凝聚力量，用以爱国主义为核心的民族精神和以改革创新为核心的时代精神鼓舞斗志，用社会主义荣辱观引领风尚。"在我区，由于达赖集团图谋西藏独立、加紧思想渗透，马克思主义在意识形态领域中的指导地位仍然受到挑战；改革开放和经济社会发展中还面临一些困难，因此要用共同的思想统一各族人民的意志和行动，增强各族人民的凝聚力，激发各族人民最大的创造力，为伟大的事业而奋斗。

三　建设社会主义核心价值体系，打牢共同思想基础，为伟大的事业而努力奋斗

伟大的事业需要有各族人民共同的思想基础作支撑，共同的思想基础是中国特色社会主义不竭的精神力量源泉。党的十七大进一步描绘了中国特色社会主义的宏伟蓝图，自治区应着力推进社会主义核心价值体系建设，在各族群众中大力宣传社会主义核心价值体系内容，做到家喻户晓，人人皆知，使社会主义核心价值体系成为全区各族人民的自觉追求。

坚持马克思主义的指导地位，用马克思主义中国化的最新理论成果武装党员干部，教育人民，为建设和谐西藏提供坚实的思想基础。在自治区，始终坚持马克思主义在意识形态领域的指导地位，就是要用马克思主

义引领各种社会思潮和各种思想，用马克思主义中国化的理论成果指导改革与发展；要加强马克思主义学习、宣传和研究，尤其是不断推出马克思主义中国化理论成果在我区实践的成果，用发展变化的事实教育各族群众，推动当代马克思主义大众化；进一步加强马克思主义"四观""两论"教育，深入揭批达赖的反动本质，用新旧西藏的对比教育，让各族群众明白谁在造福人民，谁在祸害人民，坚定跟党走的信心和决心，夯实反分裂斗争的思想基础；促进各族人民坚信马克思主义是解决我区改革和发展问题的强大理论武器，把全区各族人民引领到为发展中国特色社会主义而奋斗的目标上来。

用中国特色社会主义共同理想最大限度地团结、动员和凝聚各族人民为建设和谐西藏而努力奋斗。中国特色社会主义道路是实现各族人民共同繁荣和中华民族伟大复兴的必由之路，是西藏各族人民追求幸福的成功之路。在自治区，要深入基层各族群众中大力宣传中国特色社会主义理论和实践，加强理想与信念教育，加强国情、区情和形势政策教育，不断增强各族群众对中国共产党领导、社会主义制度、民族区域自治制度、改革开放事业、全面建设小康社会目标的信念和信心，凝聚最大的力量，在推进中国特色社会主义伟大事业中建设和谐社会；在建设和谐社会中推进中国特色社会主义伟大事业。

弘扬以爱国主义为核心的民族精神和以改革创新为核心的时代精神，鼓舞各族人民团结奋进的斗志，为建设和谐西藏提供牢固的精神纽带和强大的精神动力。当前，大力弘扬以爱国主义为核心的民族精神，就是要最大限度地动员和凝聚各族人民的智慧和力量，激励各族人民为中国特色社会主义团结奋斗，不断增强中华民族的自信心、凝聚力和创造力。在发展中国特色社会主义过程中，弘扬以改革创新为核心的时代精神，就是要不断地提高自主创新的能力，大力实施科教兴藏和人才强区战略，不断增强创造力，为实现中华民族伟大复兴做出应有的贡献。

用社会主义荣辱观引领社会风尚，加强思想道德建设，为建设和谐西藏提供坚实的道德基础。以"八荣八耻"为主要内容的社会主义荣辱观，是发展中国特色社会主义必须遵循的价值准则和行为规范。自治区长期面临尖锐复杂的反分裂斗争，达赖集团图谋"西藏独立"，一刻也没有停止分裂破坏活动。对此，我们要把"以热爱祖国为荣、以危害祖国为耻"放在荣辱观教育的首位，引导各族群众自觉维护祖国统一，旗帜鲜明地反

对分裂。西藏经过几十年的社会主义建设，已基本形成了社会主义的道德
体系，但在改革开放中，在道德某些领域还存在失范现象。要引导各族群
众把社会主义荣辱观作为价值准则和行为规范，形成知荣辱、讲正气、促
和谐的良好社会风尚，不断加强建设和谐社会的道德基础。

（发表于《西藏日报》2007 年 11 月 17 日）

把"五次会"精神贯彻落实到宣传思想政治工作中

　　中央第五次西藏工作座谈会提出的当前和今后一个时期西藏工作的指导思想，明确了西藏宣传思想政治工作的新任务。胡锦涛同志在中央第五次西藏工作座谈会上强调，要"深入开展社会主义核心价值体系宣传教育，弘扬社会主义先进文化，普及科学知识，使各族干部群众不断增强中华民族意识、国家意识、法制意识、公民意识"。要切实把中央第五次西藏工作座谈会精神贯彻落实到宣传思想政治工作中，为推进西藏跨越式发展和长治久安营造和奠定良好的社会氛围、舆论环境、思想基础。

一　学习好宣传好中央第五次西藏工作座谈会精神

　　学习好宣传好贯彻好落实好中央第五次西藏工作座谈会精神，宣传思想政治战线要按照自治区党委的部署要求，率先学好中央第五次西藏工作座谈会精神，在深刻领会新思想、新观点、新论断，准确把握战略部署、目标任务、措施要求上下功夫。

　　要组织学习宣传活动，正确把握做好西藏工作的基本经验、西藏经济社会发展的阶段性特征、西藏社会的主要矛盾和特殊矛盾，明确中央关于西藏工作的指导思想、推进跨越式发展和长治久安的工作主题、西藏发展战略的基本定位，明确推进跨越式发展的主要目标、任务要求、政策措施，明确维护社会稳定、实现长治久安的任务要求和政策措施，明确加强党的建设、提高稳藏兴藏能力的任务要求，进一步认清达赖集团的性质，掌握对达赖集团斗争的基本方针。

　　要面向基层，以通俗的方式向各族群众宣传好中央第五次西藏工作座谈会精神，让各族群众了解和掌握中央制定的特殊优惠政策和扶持措施，了解区党委、政府贯彻落实会议精神采取的重大决策部署，深切感受到中央特殊关怀、祖国大家庭的无限温暖、社会主义制度的无比优越，不断增强各族群众对伟大祖国的自豪感、中华民族的归属感、中华文化的认同感，进一步坚定走有中国特色、西藏特点发展路子的信心和决心。

二　把握国内国际两个大局，增强宣传思想政治工作的战略性、预见性和主动性

中央第五次西藏工作座谈会根据国内大局，确定了推进跨越式发展和长治久安的西藏工作主题，部署了全面建成小康社会的任务。国内大局表明，通过全国各族人民的努力奋斗，我国将崛起于世界。然而，在国际敌对势力的支持下，达赖集团竭力利用所谓"西藏问题"分裂国家，要破坏这个大局。国际方面，世界正朝着经济全球化、政治多极化方向发展，世界总体和平，但国际形势存在诸多不确定因素，以美国为首的西方大国没有放弃遏制我国发展的目的。

自治区的宣传思想政治工作要把握国内国际两个大局，增强工作的战略性、预见性和主动性。一是要把宣传思想政治工作置于建立国家安全屏障的战略高度来认识，始终坚持国家利益至上的原则，任何时候都要以国家利益为重心开展工作。二是要研究国际敌对势力和达赖集团的变化，在反分裂方面及早谋划宣传思想政治工作的对策方案，应对未来反分裂斗争复杂局面，为自治区推进跨越式发展和长治久安创造良好的舆论思想环境。三是要紧紧围绕自治区推进跨越式发展和长治久安、全面建设小康社会的目标，积极主动地开展宣传教育活动，凝聚人心、汇聚力量，为完成中央提出的各项任务营造团结鼓劲的社会氛围。

三　深入开展民族团结教育

中央第五次西藏工作座谈会指出，做好西藏工作，要"以民族团结为保障"，毫不动摇地坚持和完善党的民族理论和民族政策，坚持和完善

民族区域自治制度，把有利于民族平等团结进步、有利于各民族共同繁荣发展、有利于民族交往交流交融、有利于国家统一和社会稳定作为衡量民族工作成效的重要标准，推动各民族和睦相处、和衷共济、和谐发展。为此，必须广泛开展民族团结宣传教育工作，开展民族团结进步创建活动，推动民族工作发展。民族团结教育要进机关单位、进社区、进学校、进农牧区、进寺庙，在全社会营造民族团结的浓厚氛围，教育各族干部群众深刻认识团结稳定是福、分裂动乱是祸的道理，牢固树立"三个离不开"的思想，建设社会主义和谐民族关系。

四　深入开展社会主义核心价值体系建设

社会主义核心价值体系是中国特色社会主义本质特征。在西藏，要坚持巩固马克思主义在意识形态的指导地位，用中国特色社会主义共同理想凝聚力量，用以爱国主义为核心的民族精神和以改革创新为核心的时代精神鼓舞斗志，用社会主义荣辱观引领社会风尚，巩固各族人民团结奋斗的共同思想基础。社会主义核心价值体系建设是长期的任务，要根据西藏实际，广泛开展各种各样的宣传教育，努力挖掘优势资源，创新活动载体，探索有效途径，增强社会主义意识形态的吸引力和凝聚力。

五　广泛宣传马克思主义"四观、两论"

中央第五次西藏工作座谈会再次明确要广泛宣传马克思主义"四观、两论"。我们要根据区党委的部署和张庆黎书记关于使马克思主义"四观、两论"通俗化的要求，推进马克思主义"四观、两论"通俗化、大众化工作，让各族干部、青少年、群众把马克思主义"四观、两论"的基本内容、观点立场入脑入心，使各族干部、青少年、群众不断增强中华民族意识、国家意识、法制意识、公民意识，有效抵制国际敌对势力和达赖集团的思想文化渗透。

六 大力弘扬社会主义先进文化

中央第五次西藏工作座谈会着重强调了大力弘扬社会主义先进文化问题。根据会议精神，我们要坚定地坚持马克思主义在意识形态领域的指导地位，牢牢把握社会主义文化的前进方向；深入开展马克思主义唯物论、无神论教育，向各族人民大力普及科学知识；实施公民道德建设工程，开展群众性精神文明创建活动，破除落后思想观念的束缚，形成追求文明进步的社会风尚；正确处理好社会主义先进文化建设和弘扬西藏优秀传统文化的关系，以社会主义先进文化为主流文化，积极传承西藏优秀传统文化，推动各民族文化交流、创新、发展；要充分发挥文艺团体和现代传媒的平台作用，创作各族群众喜闻乐见的文化产品，大力宣传社会主义新西藏形象；要调动一切积极因素，建设社会主义文化，唱响社会主义文化主旋律，抵制国际敌对势力和达赖集团的文化渗透。

（发表于《西藏日报》2010 年 7 月 10 日）

党在西藏工作中坚持正确的思想路线，
尽心竭力为民执政

摘 要 党在领导西藏革命的过程中，历史与人民予以了执政地位。党在西藏执政中，坚持正确的思想路线，从全国和西藏两个实际出发，努力探索有中国特色、西藏特点的革命道路与发展道路；把马克思主义与西藏实际结合起来，指导西藏工作实践；坚持实事求是，不断探索西藏社会发展进步的规律；围绕"为谁执政、怎样执政"，不断加强执政能力。党在西藏执政中，坚持正确的思想路线，保证了革命、建设和改革事业的顺利进行，取得了伟大的胜利。

关键词 中国共产党 思想路线 西藏

中国共产党的思想路线是科学的世界观、方法论和马克思主义认识论的理论原则的体现，其基本内容是一切从实际出发，理论联系实际，实事求是，在实践中检验真理和发展真理①；其核心是实事求是。党的思想路线从第一代中央领导核心毛泽东概括为"实事求是"，到第二代中央领导核心邓小平概括为"解放思想，实事求是"，再到第三代中央领导核心江泽民概括为"解放思想，实事求是，与时俱进"。胡锦涛同志在坚持党的思想路线的基础上，把"求真务实"作为党的思想路线的核心内容，对党的思想路线做出新的概括，赋予了党的思想路线新的活力，进一步丰富发展了党的思想路线。中央主要领导人对党的思想路线的继承、丰富和发展，表明了党的认识水平和执政能力的不断提高。党的思想路线是指导全党工作的基础，离开了正确的思想路线，就不可能有党领导的革命、建设和改革事业的成功。

---

① 《中国共产党党章》，党的十七大通过。

　　党在西藏确立执政地位以来，始终坚持了正确的思想路线。1950 年 1 月，经中央批准西南局和西北分局成立中国共产党西藏工作委员会，1952 年 1 月，根据毛泽东主席的指示两工委统一建立中国共产党西藏工作委员会①，从此开始了党领导西藏革命和建设的历史。20 世纪 50 年代，西藏人民选择了跟中国共产党走的道路，历史和人民予以中国共产党在西藏的领导地位和执政地位。从领导西藏革命开始，党在西藏各项工作中坚持正确的思想路线，以此保证党的政治路线、组织路线和群众路线的贯彻执行，在西藏为民执政，积累了丰富的民族地区工作经验，成为党的宝贵财富。

一　从全国和西藏两个实际出发，探索有中国特色、西藏特点的革命道路和发展道路

　　党的思想路线中的一切从实际出发，落实在西藏，就是从全国和西藏的两个实际出发，而不是只从全国的实际出发，也不是只从西藏的实际出发。如果只从全国的实际出发就会忽略了西藏地方的个性特点，如果只从西藏的实际出发就会忽略了全国的共性特征。只有将二者结合起来，才真正符合实际情况。党在西藏领导革命、建设和改革的过程中就坚持了从全国和西藏两个实际出发，探索了有中国特色、西藏特点的革命道路和发展道路。

　　和平解放、民主改革和成立自治区是党领导西藏革命要完成的三大任务。西藏革命是全国新民主主义革命的一部分，要从西藏的实际出发，分三步走：第一步是解放西藏，驱逐帝国主义出西藏，使西藏摆脱帝国主义的羁绊；第二步是废除落后的封建农奴制度，彻底解放西藏人民；第三步是成立自治区，进行社会主义改造，最终建立社会主义制度。为此，党借鉴了全国的经验和做法，创造性地在西藏开展工作。和平解放西藏方式是党的和平民主建国主张在西藏的具体实践，是全国性建立民主共和国过程中的一个通例②，而具体到西藏又必须与西藏实际结合起来。西藏和平解

---

　　① 《西藏自治区概况》编写组、《西藏自治区概况》修订本编写组：《西藏自治区概况》，民族出版社 2009 年版，第 135 页。

　　② 孙勇：《试论新中国建国前后地方和平解放范式的普适意义——兼议新中国建国历程中的西藏和平解放》，《中央民族大学学报》2010 年第 5 期。

放前夕，地方政府勾结帝国主义图谋"独立"，派"亲善使团"到欧美国家寻求"独立"的支持，又陈兵昌都地区企图阻挠解放西藏，所以中央决定组织昌都战役，以打促和，敦促西藏地方政府与中央人民政府进行和平解放西藏的谈判，最终签订了"十七条协议"，使西藏获得和平解放。民主改革是全国革命必经的环节，只有通过民主改革才能改变生产资料所有制形式。西藏也不例外，只有民主改革才能将生产资料由农奴主掌握的所有制形式改变为由农奴所掌握的劳动者个体所有制形式。但与全国民主改革不同的是，在西藏民主改革中，对未参加叛乱的农奴主的生产资料实行赎买政策，在农区不划分富农阶级，在牧区不改变生产资料所有形式，实行"牧主牧工"两利政策。这样，争取了革命的力量，调动了农牧民的生产积极性，符合西藏的实际。成立自治区是实现西藏人民当家做主的根本途径，进行社会主义改造、确立社会主义制度是党领导人民进行革命的目标。在党领导西藏革命的过程中，把这二者结合起来，既领导人民实现当家做主的愿望，又领导人民建立社会主义制度，使西藏人民的当家做主建立在有社会主义制度的保障上。从 1965 年自治区成立到 1975 年社会主义改造完成，适逢在全国"文化大革命"进行时期，西藏却成功地完成了社会主义革命的任务。以上事实说明，党在西藏工作既考虑全国性的实际又考虑西藏地方性的实际，把两个实际结合起来、结合好，就能把西藏的事情办好。在西藏革命过程中，就这样走出了一条有中国特色、西藏特点的革命道路。这条道路概括起来就是，以实现党确定的全国奋斗目标为目的，具体到西藏就要从实际出发，灵活运用、千方百计、创造性地实现这个目的。

在西藏的发展道路问题上也是如此。西藏具有较为突出的地方性特点，社会发育程度很低，生产力水平很低，人民群众的文化程度和思想觉悟也很低。在这样一个地区进行社会主义建设和改革，能否实现与全国同步发展的目标是对党执政的考验，不能与全国实现同步发展目标，西藏就会长期处于落后状态；要与全国实现同步发展目标，党在西藏如何开展工作是个很大的难点问题。西藏的改革开放就充分说明了这一问题。十一届三中全会后，党的工作重心转移到经济建设上，逐渐改变计划经济体制，向市场经济体制转轨。20 世纪八九十年代，西藏是一个依靠国家供给特点非常突出的地区，依赖性很强，转向市场经济是个很大的难题。为此，在邓小平同志南方谈话后，自治区党委带领全区各族干部群众解放思想、转变观念，提出了与全国体制接轨的思想，进行体制转换，放开价格，建立市场主体，向国内外广泛开放。经过几年艰苦的努力，建立了与全国一体化的市场经济体制。充分依靠自身能力加快经济社会发展，西藏有着很大的局限性，为此，中央集中调动全国的力量支援西藏建设，使西藏跟上了全国发展的步伐，保障经济社会发展不落后于全国，保障各族人民物质文化生活水平不低于全国。不仅如此，而且西藏还将要走进全国现代化的前列①。之所以实现这样一个目标，就在于把握了全国和西藏两个实际，中央关于西藏工作的一系列指示和西藏自治区党委、政府的一系列措施都在这两个实际区间找到了很好的结合点，才使西藏工作实实在在地不断向前推进。实践证明，走有中国特色、西藏特点的发展道路就是一条立足全国的奋斗目标，从西藏实际出发，努力实现与全国目标接近的一条道路。

二　把马克思主义与西藏实际结合起来，指导西藏工作的实践

西藏革命、建设和改革的过程就是中国共产党把马克思主义基本原理与中国西藏具体实践相结合的过程，用马克思主义指导西藏工作的过程。在人民解放军进军西藏中，党把马克思主义基本原理、毛泽东思想应用于西藏工作中，思考与解决西藏的具体问题。在解放西藏方式上选择了和平方式，在政权组建方面允许旧西藏地方政府和新成立的过渡性政权并存，在社会制度上"不予变更"当时的"现有制度"，但提出"西藏地方政府应自动进行改革，人民提出改革要求时，得采取与西藏领导人员协商的方法解决之"。这些主张稳妥地解决了解放西藏时期事关政权和制度等关键性问题。对于西藏革命的目的，中央是很清晰的，即必然变革西藏的社会制度，要求西藏地方政府主动变革，中央与之协商解决。但是在西藏地方政府参与叛乱后，中央宣布解散西藏地方政府，命令西藏工委和自治区筹委会直接组织开展民主改革运动，变封建领主所有制为农牧民个体所有制，改变了西藏上千年来的土地所有制形式。后又用十几年的实践，实现了社会主义改造，向社会主义社会过渡。马克思在思考俄国革命农村公社

① 《邓小平文选》第3卷，人民出版社1998年版，第247页。

发展走向时提出了制度跨越的理论。而中国共产党在西藏革命过程中成功实践了制度跨越论，即由封建农奴制社会跨越到社会主义社会。按照马克思的制度跨越论，在"五种社会形态"中可以实现跨越，但社会历史发展过程却不能跨越。为此，党领导西藏各族人民在实现社会制度跨越的基础上，十分重视经济社会的不断发展。民主改革变革了生产关系，为生产力的解放与发展铺通了道路。社会主义改造，为社会主义制度的建立奠定了坚实基础。改革开放各项政策的制定，为经济、政治、文化、社会和生态等各项建设事业发展提供了可行的途径。

西藏各个历史时期的巨大变化和发展，都是因为有了马克思主义基本原理、毛泽东思想和中国特色社会主义理论体系的正确指导。党在西藏工作的各个时期，坚持把马克思主义基本原理、毛泽东思想和中国特色社会主义理论体系与西藏革命、建设和改革实际结合起来，紧紧抓住西藏社会发展的关键性问题，不断探索解决这些问题的有效方法，成功解决了西藏的解放问题、民主革命问题、社会主义改造问题、社会主义建设问题和改革问题等。回顾西藏和平解放 60 年，可以说是马克思主义基本原理、毛泽东思想和中国特色社会主义理论体系在西藏具体应用并取得突出成效的 60 年。西藏和平解放 60 年各项事业的伟大胜利是马克思主义基本原理、毛泽东思想和中国特色社会主义理论体系在西藏实践的伟大胜利。

三　坚持实事求是，不断探索西藏社会发展进步的规律

毛泽东把"实事求是"作为我党思想路线的核心内容，就是要求党的工作从客观实际出发，找出事物发展的规律，按规律办事。邓小平提出解放思想、江泽民提出与时俱进、胡锦涛提出求真务实，进一步丰富和发展了党的思想路线的核心内容。几代中央主要领导人对党的思想路线的继承与发展集中体现出党对人类社会发展规律、社会主义建设规律、党的执政规律的进一步认识与把握。对于中国共产党在西藏执政来说，坚持党的思想路线，就是要不断探索西藏社会发展进步的规律。党在西藏执政过程中，清醒地认识到，要推进西藏社会发展，必须走超常规的发展道路，即实现社会制度的跨越和经济发展的跨越。为此，1959 年民主改革后实现了从封建农奴制社会向社会主义社会的跨越。从 1965 年自治区成立建立

社会主义制度时起，中央就动员全国的力量大规模地支援西藏社会主义建设事业。特别是 1994 年中央召开第三次西藏工作座谈会，确定了加快发展的战略；2001 年中央又召开第四次西藏工作座谈会，确定了西藏跨越式发展的战略；2010 年中央召开第五次西藏工作座谈会，确定推进西藏跨越式发展是西藏工作的主题。这一跨越式发展具有可行的条件，一是有中央的正确领导，二是有全国人民的大力支持，三是有西藏各族人民的艰苦奋斗。通过各方面的努力和合力作用，西藏经济社会发展可以实现跨越式发展。这种跨越是在生产力和经济基础实现大发展前提下的跨越，符合生产力与生产关系相适应、经济基础与上层建筑相适应的规律。这是党对西藏社会发展进步规律探索与实践的结果。这一结果说明，在社会主义国家中，只要把握和驾驭社会发展规律，就可以逐渐消除少数民族落后地区与多数民族先进地区发展程度上的差异，实现国家区域协调发展，这是社会主义建设的奇迹。

党在西藏执政中，除了有效探索社会制度与经济社会跨越式发展的规律外，还探索了在统一多民族国家中反对分裂、维护国家统一的规律。我国的社会主义建设和改革需要有一个稳定的内外环境，但事与愿违，在我国的社会主义建设和改革中一直存在着分裂国家和民族的反动势力，他们不时地进行破坏和阻挠，给我国的社会主义建设和改革带来了一定的干扰。在西藏尤其突出，为此，党在西藏执政中必须掌握和驾驭反分裂斗争的规律，既迎战国内外分裂势力对我国的破坏，又力促经济社会的发展进步，形成了在发展中维护社会稳定和长治久安、在维护稳定中实现发展的局面。党在西藏执政中，一切工作必须以把握和驾驭这两大社会发展规律为基础，没有社会制度的跨越和经济社会的跨越式发展就没有西藏与全国同步发展的可能，没有反分裂斗争的保障就没有西藏社会发展的环境基础、没有人民的幸福基础。

四　从各族人民利益出发，掌权执政为人民

中国共产党是中华民族的先锋队，在中国取得执政地位，要从各族人民的利益出发，为人民掌权执政。为谁执政是中国共产党与其他执政者的根本区别。就西藏而言，历代统治者依靠上层贵族集团执政，维护的是封

建统治者集团的利益，维护的是西藏地方统治者集团的利益。由这样的执政目的决定，西藏经济社会难以快速发展，必然落后于祖国其他地区，西藏人民的生活水平也必然低于其他地区人民的生活水平。而中国共产党在西藏取得执政地位以来，非常明确了执政的目的就是为了西藏经济社会的发展，为了西藏各族人民的幸福。为此，党在西藏执政中，坚持正确的思想路线，不断增强执政能力建设。党在西藏 60 年的工作中，不断增强发展经济的能力、推进民主政治的能力、发展先进文化的能力、构建和谐社会的能力、建设自身的能力以及应对国际国内复杂局面的能力等。从改革落后的社会制度到进行社会主义建设，从改革与全国发展不相适应的体制机制到推进跨越式发展和长治久安，党团结带领各族人民走上了一条有中国特色、西藏特点的发展路子，在革命、建设和改革中取得了一个又一个伟大的胜利。

党在西藏的执政给西藏带来了一个从未有过的新时代，彻底改变了西藏社会的面貌；让人民群众过上了从未有过的新生活，彻底告别了贫穷与落后。历史与事实证明，只有中国共产党在西藏执政才有今天繁荣昌盛的西藏，才有今天人民无比幸福美满的生活。

党在西藏的工作中，与全国一样也曾走过弯路，在坚持思想路线中也有过曲折。西藏的民主革命时期、社会主义革命和建设时期的实践证明，尤其是改革开放 30 多年的实践证明，什么时候坚持党的思想路线，什么时候革命和建设事业就顺利发展；什么时候违背了这条思想路线，从主观愿望出发，脱离了西藏实际，各项事业就必定遭到挫折甚至是失败。① 可见，坚持党的思想路线是做好西藏各项工作的前提和基础。从西藏和平解放以来至今，党在西藏执政所取得的一切成就，正是坚持正确的思想路线，解放思想、实事求是、与时俱进、求真务实的结果。

（发表于《西藏发展论坛》2011 年第 4 期，
获自治区宣传部优秀理论文章奖）

---

① 中共西藏自治区党委政策研究室、西藏自治区社会科学院：《中国共产党 1989 年以来的西藏政策》2006 年第 12 期。

思想政治工作是西藏发展的重要推动力

西藏和平解放开启了西藏社会变革与文明进步的序幕。60 年来，西藏社会的发展跨越了上千年的历史，西藏人民创造了人间奇迹。从表象看这是社会物质方面的巨变，从内层看则是社会成员思想的嬗变。一个社会的革故鼎新既要对社会制度进行变革，更要对人的思想意识进行除旧布新。60 年来，党在西藏开展的思想政治工作是西藏经济社会发展非常重要的推动力。

思想政治工作奠定了社会制度跨越的思想基础。1951 年 5 月 23 日"十七条协议"签订，西藏实现和平解放。这一结果的实现主要是因为做通了西藏上层人士的工作。随之，党在西藏开始了符合边疆少数民族特点的思想政治工作。1959 年 3 月，以第十四世达赖喇嘛为首的封建农奴主发动了武装叛乱，中央人民政府命令驻藏部队以及中共西藏工委边平息叛乱边进行民主改革。驻藏人民解放军和进藏工作人员以及参加革命工作的当地干部开展了发动群众的工作，以广泛的思想政治工作保证了民主改革在广大的农牧区、寺庙、城镇以及边境地区陆续开展和顺利完成。通过思想政治工作，广大的西藏人民从认识解放军到认识中国共产党，并选择了跟党走。在民主改革期间，西藏迅速建立起各级党团组织以及基层人民政权，建立起农牧民协会、寺庙管理委员会等新的社会组织，成为社会的新生力量，这是西藏民主改革的群众基础和社会思想基础。

思想政治工作提供了经济社会跨越的精神动力。从和平解放至今，西藏走出了一条超常规的跨越式发展道路。这种跨越式发展有中央的特殊关怀，有全国人民的无私支援，更需要有西藏各族人民的艰苦奋斗。60 年来，党从西藏的社会实际出发，通过大力发展教育文化事业，培养了大批有觉悟的社会主义建设者，他们不仅是有知识的劳动者，更是具有社会主义觉悟的新型社会成员，在西藏各行各业、各条战线上发挥了骨干的作用。60年来，通过党的思想政治工作，调动了所有社会成员参加社会主义建设的积极性。社会成员被整体组织和发动起来，成为跨越式发展的动力所在，也是创造人间奇迹的力量所依。

思想政治工作成为社会文明进步的根本保障。从和平解放起至今，西藏社会发展变化最重要的标志就是走进了现代文明。党在西藏开展的思想政治工作，极大地调动了人民群众改造世界包括改造自身的积极性。西藏各族人民用自己的双手，在改造自然环境的同时，也改造了自己的主观世界，历经和平解放、民主改革、自治区成立、社会主义改造、社会主义建设和改革开放等各个历史阶段，创建出一个崭新的西藏，使西藏社会从黑暗走向光明，从落后走向进步，从贫穷走向富裕，从奴役走向民主，从封闭走向开放。

思想政治工作是党在西藏执政的重要内容，也是治藏方略的有机组成部分。党在西藏60年来的思想政治工作积累了丰富的经验，即始终坚持以正确的思想政治工作引导社会发展方向，始终坚持与中国和西藏的实际相结合，始终坚持原则性与灵活性相结合，始终坚持维护社会稳定与促进经济社会发展相结合，始终坚持先进性与广泛性相结合。在新世纪，西藏要实现全面建成小康社会和现代化目标，必须有强有力的思想政治工作作保障，而思想政治工作也务必实现发展创新。

当今思想政治工作呈现出多样性、多元性和复杂性的特点，为了做好全体社会成员的思想政治工作，始终保持思想政治工作的正确方向，就必须以马克思主义为指导创新思想政治工作。要确保思想政治工作始终在正确的轨道上发展和创新，并根据西藏社会发展实际创新思想政治工作的内容，坚持政治性、思想性、教育性与群众性、广泛性、普及性相结合，把党和国家的要求转变为社会成员的内在思想和外在行动。还要不断拓展思想政治工作的方式方法，以人民群众喜闻乐见的多种形式开展工作，贴近群众的生活、工作、学习实际，增强效果。

要在文化大发展大繁荣中推进思想政治工作。当今时代，文化已成为社会发展的软实力和巧实力，也是思想政治工作最有效的方法之一。思想政治工作要很好地借助文化这个平台，将党的思想政治工作的目标、任务、内容融入其中，潜移默化地对社会成员进行教育，从而取得事半功倍的效益。

抓现代媒体建设以增强思想政治工作功效。当今时代，新兴媒体成为世界各国意识形态的重要工具，美国政要将之称为"治国之器"。要高度重视现代媒体的建设工作，既推动媒体的技术发展，更发挥媒体在舆论引导、公众教育、社会意识引领方面的特效功能，引导和掌控好各种媒体，使之成为党的思想政治工作重要的平台，占领意识形态的新阵地，取得思想政治工作的新成效。

（发表于《中国民族报》2011 年 7 月 15 日）

推进西藏干部教育培训改革　进一步提高教育培训统筹性针对性实效性研究

摘　要　西藏是一个边疆民族地区，自治区党委、政府非常重视各族干部的培养。近年来，各级党委、政府更加重视干部教育培训工作，目前已形成多元的教育培训格局，在教育培训的内容和形式上呈现出边疆民族地区的特点，积累了较丰富的教育培训经验。但干部教育培训中存在参训对象、培训资源等不能统筹的情况；教育培训还没有满足参训对象以及所在单位和社会发展的需求，欠缺针对性，影响干部教育培训质量；干部教育培训还没有完全达到提高各族干部素质能力的目标。目前，西藏自治区已制定《关于贯彻落实〈2010—2020 年干部教育培训改革纲要〉的实施意见》，出台涉及五个领域37 项任务的干部教育培训改革措施，并在实施中。课题组在调研的基础上，对进一步增强西藏干部教育培训统筹性针对性实效性提出一些意见和建议。

关键词　西藏　干部教育培训　改革　统筹性针对性实效性

胡锦涛同志在 2011 年"两会"期间到西藏代表团参加审议时，对西藏工作提出了四个"扎扎实实"的要求，其中强调要"扎扎实实加强干部队伍建设"，要加强干部培训工作，加强县以上党政领导干部和乡镇主要领导培训，搞好换届后新进领导班子成员培训。习近平同志在全国组织部长会议上强调指出："要进一步增强干部教育培训工作的统筹性、针对性、实效性，切实提高干部队伍素质。"这给做好干部教育培训工作指明了方法、导向和要求，统筹性强调科学方法，针对性突出需求导向，实效性明确目标要求。

西藏地处祖国的西南边疆，自和平解放起，党中央就非常重视西藏干部尤其是民族干部的培养工作，培养了一大批有共产主义觉悟的适应边疆工作的各族干部，为保证完成党在西藏各个历时期的任务发挥了重要作用。改革开放以来，自治区党委、政府始终把培养各族干部作为重要的任务，不断加强和改进干部教育培训工作，培养了一大批适应西藏经济社会发展需要的各族干部，为顺利推进西藏的改革开放事业提供了强有力的政治和组织保障。为贯彻落实好胡锦涛同志对西藏干部的要求和习近平同志关于干部教育培训工作的指示精神，课题组就进一步增强西藏干部教育培训的统筹性针对性实效性问题，分赴西藏自治区的拉萨、日喀则、山南和那曲等地，以座谈、访谈形式开展调研工作，并向有关部门收集干部教育培训资料，在此基础上形成本调研报告。

一　西藏干部教育培训的基本做法及其经验

西藏自治区各级党委、政府历来非常重视干部培训工作。在干部教育培训中，始终坚持以马列主义、毛泽东思想、邓小平理论和"三个代表"重要思想为指导，深入贯彻落实科学发展观，紧紧围绕贯彻落实党的十七大精神和中央第三、第四、第五次西藏工作座谈会精神，以提高各族干部的思想政治素质为重点，以培养和造就一支能够正确贯彻党的基本理论和基本路线，具有马克思主义祖国观、民族观、宗教观和文化观（"四观"），掌握现代科学和管理知识，适应西藏发展和稳定需要的高素质干部队伍为目标，坚持理论联系实际的原则，坚持用中国特色社会主义理论体系武装干部，用现代科学文化知识充实干部，用党的优良传统和作风教育干部。通过教育培训，各族干部的整体素质有了明显提高，贯彻党的基本理论、基本路线、基本纲领和基本经验的坚定性和自觉性进一步增强。在干部教育培训中积累了边疆民族地区的一些经验，为进一步推动干部教育培训工作的改革奠定了良好的基础。

（一）干部教育培训的多元格局初步形成

西藏干部教育培训工作立足实际，不断进行探索和实践，形成了系统的调训体系、学历教育、出国（境）培训、援藏培训和网络远程教育等多元格局。

1. 主渠道、主阵地的干部调训体系

目前，西藏干部调训的主渠道和主阵地体系已经形成，主要有三个层次。第一个层次是中央党校、国家行政学院、中国浦东干部学院、中国延安干部学院、中国井冈山干部学院、中国大连高级经理学院"一校五院"国家级干部教育培训基地。第二个层次是中央组织部委托机构。第三个层次是自治区各级党校、行政学院（校）。这些干部调训的主渠道和主阵地为西藏干部教育培训发挥了重要的作用。以 2010 年西藏干部调训为例，全年共选派 337 名干部到国家级干部教育培训基地参加了 77 个班次的学习，其中省级干部 18 人次，地厅级干部 133 人次；根据《2010 年中央组织部委托中央和国家机关有关部委抽调地方党政领导干部参加专题研究班计划》，全年共选派 197 名干部参加中央国家机关和国家各部委举办的 46 个班次的学习，其中省级 1 人，地厅级干部 30 人次；在自治区内开展大规模的培训工作，全年共举办各类培训班、研讨班、进修班 210 期，培训干部 6480 多人次，其中自治区党委党校（行政学院）共举办 22 期。培训各类干部 1200 余人次。

2. 干部学历教育持续发展

西藏干部学历教育对口单位主要包括中国人民大学等内地八所高校、中央党校和自治区党校等。八所高校和中央党校主要为西藏培养硕士研究生层次的干部，自治区党校主要培养专科、本科和硕士研究生层次的干部。每年各校都列有具体的招生计划。到目前为止，八所高校在西藏已培养各类干部数千人，中央党校培养数百人，自治区党校培养专科学历、本科学历、研究生学历已达上万人。

3. 执行出国（境）培训项目

近年来，西藏每年都进行 BFT 考试，选派部分人员参加"公务员公共行政管理培训团"赴国外学习。还组织"人力资源开发管理培训班""地方党政领导及组织部门领导干部赴欧洲考察学习班"以及农业技术、矿产开发、药品开发、企业管理等方面人员出国培训学习。为了进一步加强我区组织（编制）部门干部准确把握中央和区党委对组织编制工作提出的新要求，分析研究我区组织人事编制工作面临的新形势新任务，认真研讨人事编制工作的重点难点问题和加强组织人事编制部门自身建设的措施，经人民政府批准立项并报国家外专局统一，2010 年 11 月 25 名组织（编制）干部赴英国开展了为期 21 天的"人才队伍建设与人力资源开发管理培训团"培训。通过执行国（境）外的培训项目，开阔一些领导干部和技术人员的视野，拓宽了思路，提高了能力。

4. 利用援藏资源培训干部

一是选派干部到对口援助省区通过挂职进行岗位实践培训。近年来，拉萨市的林周县几乎把科级以上干部全部派到对口的省市挂职锻炼一遍，这些干部的能力水平大有提高。二是选送一些干部到对口援助省区党校系统学习。各地市充分利用对口支援的有利条件，与有关省市和企业签订干部教育培训协议，争取培训资金和项目。日喀则地区在5年来，由上海、山东、黑龙江、吉林四省和宝钢、中化两家企业在干部教育培训上投入资金700余万元，培训干部2914人次，内容涵盖农牧、建筑、卫生、政法、党建等方面，同时，先后邀请卫生、农牧、城建等方面的专家85人，以传、帮、带形式培训县乡专业技术人员485人次。对口援藏培训已成为西藏"走出去""请进来"培训干部的主渠道。

5. 发展远程网络培训

为了适应现代信息技术迅猛发展的形势，更好地满足干部多样化的学习要求，西藏积极与中国西部开发远程学习网协调，组织开展了干部在线学习工作。在线学习开设了"西部地区经济发展的现实问题研究""战略思维与领导力提升""基本技能的提升"等专栏。此项工作从2004年启动，2010年较大规模地实施。学员可自主报名，在规定的时段上网学习，方便了干部的自我学习。2008年，成立西藏农村（牧区）党员干部现代远程教育中心，现已覆盖村级60%以上。当前全区即将实现村村通网的目标，基层广大干部可以充分利用网络资源学习，远程教育将进一步发展。

（二）不断完善与西藏实际相结合的干部教育培训内容

西藏干部教育培训具有突出的边疆民族地区特点，在教育培训中既有全国干部教育培训的要求，也有西藏地方干部教育培训的要求，因此统筹全国和西藏地方教育培训内容很有必要。

1. 抓好全国干部教育培训的基本内容

西藏干部教育培训首先按照中央理论学习要求和中组部干部培训规定，在区内进行的各类培训中，对受训的各类干部进行与全国相同的基本内容的教育，狠抓理论武装工作，受训干部重点学习党的重要会议的基本精神，学习党的基本理论、基本路线、基本纲领和基本经验，学习马克思主义特别是中国特色社会主义理论体系，学习社会主义市场经济理论和国际国内形势等内容。理论武装工作着眼于提高党员领导干部的领导素质和执政能力，以掌握理论创新的最新成果为重点夯实学员的理论基础，以把握时代特征和国际形势为重点拓展学员的世界眼光，以强化大局意识和应对复杂局面为重点培养学员的战略思维，以坚定理想信念、增强价值观念和改进作风为重点加强学员的党性修养。

2. 突出西藏特点、贴近西藏工作实际的教育培训内容

根据西藏民族地区的工作特点，在区内举办的各类干部培训中突出了有西藏特点、贴近西藏工作实际的内容。一是坚持不懈地开展马克思主义"四观两论"教育，夯实干部的思想基础。在西藏，意识形态领域是我们同达赖集团和国际敌对势力斗争的主战场。针对这一实际，各级党组织把加强对干部特别是党员干部的马克思主义的祖国观、民族观、宗教观、文化观和唯物论、无神论作为干部教育的一项重要工作来抓。在各类干部培训中，马克思主义"四观两论"教育始终贯穿其中。通过教育培训引导各级干部树立起马克思主义"四观"和"两论"思想，坚持西藏自古以来是中国一部分的政治立场，坚持五湖四海、中华民族团结的思想，坚持宗教信仰自由政策和"划清两个界限、尽到一个责任"的原则（即划清正常宗教活动和利用宗教从事分裂破坏活动的界限，划清共产党员不能信仰宗教和群众宗教信仰自由的界限；各级党政组织、广大党员干部要积极承担起引导群众崇尚科学文明，追求社会进步的责任），坚持藏族文化是中华文化一部分的观点和正确对待民族传统文化的态度，学习和宣传唯物论和无神论知识，宣传科学知识和现代文明。二是坚持不懈地开展民族团结教育，不断增强干部队伍的整体合力。西藏干部队伍构成的最大特点是来自祖国各地、来自五湖四海，鉴于此，西藏各级党组织在干部教育中突出地强调民族团结的大局，要求各级干部站在党和人民的立场上，以西藏各族人民的利益为重，坚持"汉族离不开少数民族，少数民族离不开汉族，少数民族之间也相互离不开"的方针和"五湖四海"原则，促进各民族共同繁荣发展、共同团结奋斗。三是坚持不懈地开展"老西藏精神"教育，大力加强干部队伍的作风建设。和平解放以来，西藏各族军民在革命和建设的伟大事业中逐渐形成了"特别能吃苦、特别能战斗、特别能忍耐、特别能团结、特别能奉献"的"老西藏精神"，这是西藏人民宝贵的精神财富。西藏各级党组织在干部教育中始终强调要继承、发扬"老西藏精神"和加强作风建设，坚定马克思主义信仰和中国特色社会主义理想信念，勇于牺牲、无私奉献，服务基层、服务群众。

3. 重视干部分类培训

西藏紧紧围绕自治区党委、政府中心工作，按照"重要干部重点培训、优秀干部加强培训、年轻干部经常培训、紧缺人才加紧培训"的要求，坚持党政干部、专业技术人才和企业干部"三支队伍"一起抓，以提高干部履行岗位职责为目标，通过多种方式大力开展业务知识与技能培训。第一，在公务员和党政机关工作人员中开展了能力提升与综合知识为主要内容的各类培训，注重观念、能力、素质和战略层面的培训。一是培训边境县干部；二是培训全区地厅级干部、县处级干部和宣传理论骨干；三是培训乡镇党委书记；四是培训组织人事部门干部；五是培训社区维护稳定的干部；六是培训民营经济和旅游管理干部。第二，在农牧、卫生、教育和科研领域进行学科带头人培训，提高各类专业技术人才的能力。第三，会同国资委等有关部门，专门培训骨干企业经营管理人员，联系内地高校，开展 MBA 教育培训。第四，对基层干部开展藏汉"双语"培训，藏族干部多学习汉语，汉族及其他民族干部多学习藏语，提高"双语"表达能力。

（三）建立和完善干部教育培训工作体系

在各级组织的关怀下，西藏干部教育培训建立了由区党委组织部主管、有关部门分工负责、自治区和地市分级管理的干部教育培训管理体制。各级都建立和完善了干部脱产进修、计划调训、中心组理论学习、在职自学、理论学习考核监督检查等项制度，使干部教育培训工作逐步走上了规范化、制度化轨道。从事干部教育培训工作的部门师资队伍建设得到加强，教学水平有了提高，办学条件逐渐改善，办学渠道不断拓宽。按照分工负责的原则，各地市、县、区直部门都按照全区干部教育培训计划和自身的发展要求，制定了可行的干部培训目标，并列入本地本部门的年度目标体系中，层层分解，落实到单位和个人。区地市试行各级教育培训质量评估制度，加强对干部教育培训基地的监督和办学质量的检查；开展了以考促学活动，严格领导干部理论学习考评工作。

（四）积累具有边疆民族地区特点的干部教育培训经验

多年来，西藏非常重视干部教育培训工作，积累了具有边疆民族地区特点的教育培训经验，有益于今后干部教育培训工作的加强。

各级组织的保证是干部教育培训的前提。西藏地广人稀，基层组织很分散，基层干部的工作十分辛劳。加之因气候原因，实行干部轮流休假制度。委派干部培训学习、进行干部大规模培训与处理干部日常工作是一个矛盾问题。为了培养一支优秀的各族干部队伍，各级组织克服困难，安排适量的干部参加各类培训学习。在职工作的各族干部也克服诸多困难，承担多项工作任务，在高原缺氧的条件下，一人要做几人的工作。由于各级组织提供了充分的保证，各类干部培训教育工作才能正常开展，因此各级组织对干部教育培训工作的支持是非常重要的一环。

从边疆民族地区实际出发是干部教育培训的基础。西藏是我国的边疆民族地区，边疆的地理位置和民族的两个区域特点很突出，由此，干部教育培训工作必须从边疆民族实际出发，在内容上要统筹国际国内形势和区情的统一，在形式上要统筹各族干部基本素质能力的差异，在目标上要达到培养各族干部驾驭复杂局面的实际能力。也就是说，教育培训边疆民族地区的各族干部内容多、任务重、要求高，而边疆民族地区的干部普遍存在基础差、起点低、差异大的问题，教育培训好各族干部是件不易的事情。各级教育培训机构针对边疆民族地区干部的这些特点，从实际出发才能完成教育培训任务。

利用好全国和地方两方面教育资源是干部教育培训的途径。西藏很早就建立了区地两级干部培训机构，目前有些县也建立了党校，但承担干部培训的各级党校在师资力量、教学设施以及管理方面还存在很多不适应现今干部教育培训的问题。因此，在干部教育培训中，西藏积极利用全国和地方两方面教育资源，充分依托国家干部教育培训机构和援藏力量，重点培养一些重要干部、急需干部和人才。充分利用好全国和地方两方面教育资源，做到两种教育资源发挥互补作用，为西藏培养了一大批有较高素质的各族干部。

坚持"三个紧密联系"是干部教育培训的关键。西藏在干部教育培训中，始终坚持"三个紧密联系"，即：紧密联系反分裂斗争的形势进行教育培训，紧密联系加快经济社会发展的新进展进行教育培训，紧密联系党的建设面临的新情况、新挑战进行教育培训。近年来，西藏反分裂斗争形势更加严峻更加复杂，各族人民对经济社会的发展要求更加迫切、对党的期望更加殷切、对各族干部寄予了更多的新期待。西藏在各类干部教育培训中创新培训内容，改革培训方式，培养各族干部应对复杂局势的能力、发展经济的能力，着力提高干部的理论素养和改进干部的工作作风。如把长期培训和短期培训、应急培训相结合，举办短期的应急能力培训班、维护稳定培训班、社区管理培训班等。

提高素质能力是干部教育培训的根本。西藏干部来自祖国的"五湖四海"，有从祖国各地进藏工作的各族干部，有从各对口省区和中直机关援藏的干部，大部分是本地民族干部，干部民族成分多，受教育程度差距较大。干部培训中很重视分类培训，特别是加强基层干部的培训，着重在提高文化基本素质和能力水平方面下功夫，尤其是在各省区援藏工作中，把提高对口援助县干部能力作为一项重要工作，利用内地挂职、岗位实践培训这一平台大力带队伍、提升干部水平。有些省区还采用"请进来"的做法，把教师请到西藏来，培养各级干部和专业技术人才，包括农牧民人才。各族干部对通过培训提高各种能力要求增高，他们要求培训提高处置突发事件能力、科学决策能力、开拓创新能力、沟通能力、群众工作能力、依法办事能力、政治鉴别力、心理调适能力、应用新闻媒体能力。因此，在各类干部培训中，各有关培训机构加强了各族干部能力的培训。

二　西藏干部教育培训中影响统筹性
针对性实效性的问题

近些年来特别是在"十一五"期间，西藏干部教育培训工作取得了新进展，但对照干部培训要求还存在一些影响干部教育培训的统筹性针对性实效性问题。

（一）干部教育培训的统筹问题

一是县处级以上重点培训与县处级以下一般培训缺乏统筹。西藏因受地方干部教育培训力量的制约，大部分县处级以上干部的培训均安排到中央和国家培训机构，如"一校五院"，从西藏派出的县处级以上受训干部比例看，远远高于全国其他地区，基本做到五年内对县处级以上干部轮训一遍。而县处级以下的一般干部培训则比较欠缺，西藏干部教育处的调查显示，34.3%的科级以下干部五内没有参加过脱产培训。[①] 二是培训对象不均衡、缺乏统筹性。从近年来的培训对象看，主要集中于自治区和地市

---

① 西藏自治区党委组织部干部教育处：《从数据看我区干部队教育培训工作的评价和预期》，《西藏组工通讯》2011 年第 3 期。以下凡是引用"西藏干部教育处的调查显示"均出自本内容。

级的党政干部培训，相对地说，乡镇一级的党政干部培训较少，企业干部和专业技术干部培训较少。据调查，日喀则一个边境县的一个乡从乡党委书记、乡长到一般干部五年内无一人参加过培训学习。而有些区直单位和地市单位个别干部则多头参加培训。三是区域性干部培训不平衡。西藏共有7个地市，自然条件、交通条件差别很大，自然条件、交通条件好的地区，干部培训的成本较小；自然条件、交通条件不好的地区，干部培训的成本较大。像阿里、那曲等艰苦的地区，干部培训自然比拉萨、林芝、山南等地的干部培训情况差，影响到这些地区干部素质的提高。四是培训资源不均衡。西藏干部教育处的调查显示，西藏各级干部选择中央党校等国家及干部教育培训基地的占37.4%，选择对口支援省市培训的占25.3%，选择区党委党校、区行政学院的占12.3%，选择高校和科研院所的占9.7%，选择地势党校、行政学校、境外培训机构、网络培训的比例较小。这既是培训的需求，也是现实，说明西藏各族干部的培训期望值较高，而国家和对口援助省市又难以承担较重的培训任务。

（二）干部教育培训的针对性问题

一是对干部培训需求调研不够。干部培训部门管理人员较少，难以做到经常深入基层的调研，对各族干部的培训需求了解不够，对多头参加培训和没有参加培训的干部情况掌握不够。二是缺乏干部教育培训需求生成机制。目前，西藏干部教育部门尚未建立统一管理的干部教育培训档案，还没有起用干部教育培训管理的系统软件，缺乏干部教育培训的详细数据及其分析。三是一些地方组织重干部使用、轻干部培训的观念严重，存在给重用干部培训机会少、给不重要的干部培训机会多的现象，西藏干部教育处的调查显示，有23%和34%的被调查者认为本单位不太重视干部培训和不重视干部培训。总的来说，西藏干部资源分布不均，各单位干部素质能力差别较大，一些单位领导在培养和使用干部方面不能兼顾，有些重培养、轻使用，有些重使用、轻培养，干部培训的需求有时候不是干部本身的需求而是单位或部门领导的需求。四是专业技术干部和企业干部培训不能满足需求，因岗位工作性质要求，专业技术干部和企业干部的骨干力量往往不能参加各类培训学习，脱产学习无人顶岗，他们反映专业知识和技术跟不上时代要求但还无法参加高层次的培训学习。西藏干部教育处的调查显示，被调查者中选择培训和使用相结合的占33%，选择提高培训质量的占16%，选择体制机制创新、保证经费投入、加强培训机构建设的占31%，这说明，广大干部对增强培训针对性的愿望十分迫切，而且将培训与干部的成长进步相结合的要求也相当普遍。从调查数据看出，培训内容缺乏针对性、形式不科学、培训的效果不是很好是影响干部教育培训工作最突出的问题，有41%认为培训针对性一般，有7%认为培训针对性差。

（三）干部教育培训的实效性问题

一是培训次数和素质能力提高不成正比。在一些部门有些干部可以多次参加各类培训，但培训返岗后素质能力的提高不明显，发挥的作用不大，甚至工作能力还不如没有参加培训的人员，对一些参加培训的干部来说没有达到应有的培训效果。二是干部自我评价与群众评价有差距。西藏干部教育处的调查显示，22%的被调查者认为干部培训作用大，44%的被调查者认为培训作用比较大；认为实效性强的占15%，认为实效性比较强的占37%。据我们调查，群众从干部素质能力方面对干部培训作用和实效性评价不够高，认为培训与否干部能力素质提高不明显。三是干部对培训质量认可度较低。西藏干部教育处的调查显示，关于提高干部培训质量需要解决的问题，选择增强培训内容的针对性最多，其次是选择提高师资水平、加强需求调查、改进教学方式和方法、建立干部教育培训质量评估体系等，这说明，针对性影响了实效性。

三　推进西藏干部教育培训改革、进一步提高教育培训统筹性针对性实效性的对策建议

为进一步加强和改进干部教育培训工作，更好地服务西藏发展稳定大局和干部成长，2010年11月，西藏制定了《西藏自治区关于贯彻落实〈2010—2020年干部教育培训改革纲要〉的实施意见》（以下简称《实施意见》），已部署了涉及干部教育培训五方面的改革，即推进办学体制改革，构建更加开放、更有活力的干部教育培训新格局；抓好运行机制，进一步规范培训流程，立法培训内生动力；主动适应形势任务发展变化，不断推进培训内容和方式改革；加强师资管理改革，大幅度提高培训者队伍的能力素质；实施宏观管理改革，切实提高干部教育培训工作管理水平。年底，自治区党委部务会研究决定建立全区干部教育培训联席会议制度。

2011 年 3 月召开第一次全区干部教育培训联席会，对《实施意见》中的各项任务进行分解，形成《任务分工方案》，明确了西藏推进干部教育培训改革的 37 项重点工作任务，要求各责任单位特别是牵头部门要制定具体的实施方案，细化措施、明确时限，按照形势任务的要求和西藏实际，积极主动地探索路子，分类推进各项改革。联席会议还布置了 2011 年要完成的工作任务，重点抓好完善计划调训，开展地市党校教学质量评估，建立健全考核评价机制，启动地县两级党校（行政学校）办学体制改革调研，对干部教育培训现场教学基地和高效基地挂牌等 5 项工作。目前，西藏干部教育培训改革在稳步推进。为了通过干部教育培训改革工作进一步增强干部教育培训的统筹性针对性实效性，课题组在调研和思考的基础上，提出一些建议。

（一）加强干部教育培训工作的统筹，提高干部教育培训科学化水平

一要加强干部教育培训的内容统筹。始终把中国特色社会主义理论体系教育、党性教育和爱国主义教育摆在首要位置，把提高干部推动科学发展、跨越式发展和长治久安的能力作为突出任务，同时加强履行岗位职责所需要的专业知识和民族宗教等相关领域知识的学习，帮助干部优化知识结构。二要加强参训对象的统筹。要着力解决重复培训、多年不训的问题，及时掌握干部培训情况，防止重复选调、多头抽调。解决在一线岗位、急需培训的干部参训问题。解决培训集中于区地市党政干部的问题，加大县乡党政干部培训力度和专业技术、企业干部培训力度。平衡区域干部培训，使在艰苦地区工作的干部得到培训。三要加强对干部教育培训机构的统筹。要树立"大教育、大培训"理念，提高干部教育培训资源要素的集成化水平，逐渐形成分工明确、布局合理、优势互补、相互促进的干部教育培训格局。要发挥好各级党校、行政学校（校）主渠道主阵地作用。要统筹部门、行业和高校等培训机构的教育资源，满足干部多层次多样化的学习需求。要开辟和利用好我区革命传统教育、爱国主义教育、党风廉政教育各类实践教学基地，为加强干部能力培养和党性锻炼提供直观、生动的课堂。四要统筹突出重点和加强基层干部培训，大力推进优质教育资源向基层延伸倾斜。结合基层实际，培训对象要延伸到村（居）干部、农牧民党员以及农牧区各类技术人才。要把农牧民技能培训与"三个培养"工作结合起来，进一步加强基层组织建设。要争取援藏培训，将此列入智力援藏、人才援藏的重要组成部分，重点培训基层干部。

（二）加强干部教育培训工作的针对性，全面提高干部教育培训质量

一要开展参训对象需求调查。干部教育管理部门每年应对参训对象及其所在单位进行学习意向调查，并作情况汇总，在安排教育培训时尽可能满足参训对象的需求。二要建立培训计划生成机制。干部教育管理部门应建立干部教育培训信息管理系统，建立干部教育培训档案，对干部参加培训情况做出具体的分析。当参训单位提出干部培训要求时，干部教育管理部门应查检过去培训记录，避免重复培训、多头培训的情况出现，统筹干部培训，做到科学制订干部培训计划。三要形成教育培训竞争格局。试行并逐渐推广干部教育培训项目管理制度，对部分项目采取直接委托、招投标方式，引导各级党校、行政学院（校）、高校培训基地和经过资质认证的社会培训机构有序参与、适度竞争，择优确定培训项目承担者。有关部门要加强监督和管理，确保培训机构公平参与、规范运作、能进能出。以此来促进相关培训机构进行培训管理和教学内容、方式的改革，提高干部教育培训的质量。

（三）加强干部教育培训工作的实效性，实现干部教育培训的目标

一要建立健全干部学习培训考核评价机制。按照"谁调训、谁考核"的原则，严格执行干部学习培训情况考核制度，全面考核干部的学习态度和表现、掌握运用理论知识、党性修养和作风养成等情况。对中央党校西藏班、区地两级党校中青年干部培训班等重点班次，由自治区党委组织部和各地市委组织部委托或会同培训机构进行考核并做出鉴定，按照干部管理权限进行反馈。参加其他培训学习的干部在学习结束后由所在单位作考核。建立健全干部教育培训登记管理制度，将干部学习培训情况和考核结果如实记入干部信息库，并将重要培训情况纳入干部人事档案。二要完善干部学习培训激励机制。建立健全组织人事部门内部干部培训工作与干部管理工作之间的沟通协调机制，把理论素养、学习能力作为选拔任用领导干部的重要依据。对干部进行任职考察，要把干部学习培训情况作为重要内容。提拔担任县处级以上党政领导干部，每五年或提任前应当参加党校、行政学院、干部学院或者地厅级以上那个单位组织人事部门认可的其他培训机构累计3个月以上的培训。因特殊情况在提任之前未达到要求的，须在提任后1年内完成培训，仍未完成的要延长试用期。结合干部年度考核，开展述学评学考学活动，干部培训考核不合格的，年度考核不得评为优秀等次。将开展干部教育培训情况作为衡量各地各部门各单位党的建设和干部队伍建设工作的重要依据，列入领导班子年度考核内容。通过以上述两项机制和制度的实施，逐渐解决干部教育培训中学习培训和素质提高的问题，达到以学习培训提高干部素质能力的目标。

（四）为增强干部教育培训统筹性针对性实效性提供保障

一要加强干部教育管理部门的职能。坚持和完善在区党委领导下，由自治区党委组织部主管，区党委和政府有关工作部门分工负责，地市委、县（市、区）委和部门分级分类管理的干部教育培训体制。自治区党委组织部队干部教育培训应以宏观管理为主，在抓好重点培训项目的同时，要加强整体规划、宏观指导、协调服务、督促检查、制度规范等职能，改变做具体事务和直接办班的方法，实现由办培训向管培训转变，由抓微观向抓宏观转变，由管具体事务向管方向政策转变，在增强干部教育培训统筹性针对性实效性方面开展探索工作。二要加强培训机构教师队伍建设。采取"送出去"办法，对现有教师进行高质量的培训，建立各级培训机构教师培训信息库，统筹安排教师培训，培养一支高素质的干部教育培训师资队伍。建立符合西藏实际的师资队伍评价体系和职称评定、岗位聘任办法。逐渐推行教师竞争竞聘上岗制度，将岗位登记、工作业绩与薪酬待遇挂钩，调动教师的积极性。三要建立培训质量评估机制。区、地两级党委组织部门要会同本级党校、行政学院（校）等培训机构，研究制定干部教育培训质量评估方法和评估指标，定期（2—3年）进行评估工作，区、地两级党委组织部门为干部教育培训评估组织者，组建评估专家组，对所属干部教育培训机构进行评估，公布评估结果，并将评估结果作为培训机构承担培训任务、深化教学改革的重要依据。

（发表于《调查与研究》2012年第1期）

坚定不移地推进党的建设

党的十七大报告指出："中国特色社会主义事业是改革创新的事业。党要站在时代前列带领人民不断开创事业发展新局面，必须以改革创新精神加强自身建设，始终成为中国特色社会主义事业的坚强领导核心。"以改革创新精神全面推进党的建设新的伟大工程成为新世纪党的建设的重大任务。党的建设新的伟大工程具体地落实到民族地区有着更加重要的意义。中央召开的第五次西藏工作座谈会确定了当前和今后一段时期西藏工作的指导思想，其中，"坚持中国共产党领导，坚持社会主义制度，坚持民族区域自治制度，坚持走有中国特色、西藏特点的发展路子"的核心在于坚持中国共产党领导，这是建设团结民主富裕文明和谐的社会主义新西藏的根本保证。因此，建设一个什么样的党、怎样建设党对西藏工作至关重要，西藏党建工作任重而道远。在区党委七届九次全委（扩大）会议上，区党委书记陈全国强调要坚定不移地推进党的建设，并结合西藏实际对党建工作提出了新的要求。坚定不移地推进党的建设，是西藏党建工作不懈努力奋斗的目标。

以改革创新精神推进全区党建工作。以改革创新的精神推进党的建设，首先要坚持党要管党、从严治党，建立健全党内各种规章制度，使党组织的活动和党员个人的行为在党的规章制度的约束下有序开展。在加强党建工作中，要正视并及时解决党内存在的突出问题，始终保持党的肌体健康。在新的历史条件下，做到党要管党、从严治党，必须提高党的建设科学化水平，坚持用制度管权管事管人，健全民主集中制，不断推进党的建设制度化、规范化、程序化。以改革创新的精神推进党的建设要在制度建设上下功夫。胡锦涛同志在庆祝中国共产党成立90周年大会上指出："90年来党的发展历程告诉我们，建设好、管理好一个有几千万党员的大党，制度更带有根本性、全局性、稳定性、长期性。必须始终把制度建设贯穿党的思想建设、组织建设、作风建设和反腐倡廉建设之中，坚持突出重点、整体推进，继承传统、大胆创新，构建内容协调、程序严密、配套完备、有效管用的制度体系。"新时期西藏的党建工作要进一步完善各项制度，使全体党员都牢固树立法律面前人人平等、制度面前没有特权、制度约束没有例外的观念，认真学习制度，严格执行制度，自觉维护制度。以制度建设为先导，形成用制度管权管事管人的良好局面，才能确保以改革创新精神推动全区党的建设伟大工程取得重大进展，让各族人民群众满意。

以各级党委换届为契机，抓好领导班子建设。今年是自治区各级党委换届的重要年份，目前换届工作进展顺利。各级党委换届工作基本完成后，党的各级组织要高度重视换届后的领导班子建设，增强班子的凝聚力、战斗力。对新进班子的成员要加强教育培训，学习党的理论，学习业务知识，学习领导艺术，培养新成员大局意识、团结合作精神、创新能力和驾驭复杂局面的能力。使各级领导班子换届真正换出团结、换出干劲、换出和谐稳定发展的好局面。使每一个领导班子真正成为领导本系统工作的坚强核心，在群众中树立起崇高的威望，团结带领各族人民齐心协力地朝着实现全面建设小康社会的目标奋勇前进。

党员要带头践行社会主义核心价值观。当前，要切实加强思想宣传工作，在全社会深入开展社会主义核心价值体系宣传教育，把握正确的舆论导向，营造符合西藏发展稳定要求的良好舆论氛围。党员尤其是党的干部要带头认真学习社会主义核心价值体系的内容，按照社会主义核心价值体系的价值导向要求自己的言行，在学习、生活和工作的方方面面带头践行社会主义核心价值观，为社会成员树立榜样。为督促党员尤其是党的干部确立并实践社会主义核心价值观，党的各级组织应把对党的干部社会主义核心价值观的考核列入德的考评范围，作为选拔任用干部的一项重要指标。

建设一支适应西藏经济社会发展的高素质各族干部队伍。90年来党的发展历程告诉我们，政治路线确定之后，干部就是决定因素。在和平解放以来西藏各个发展时期，党的各族干部发挥了重大的作用。当前，党建工作要与推进干部人事制度改革结合起来，从新时期党培养干部和西藏工作的实际出发，努力建设一支政治坚定、坚决贯彻党的理论和路线方针政策、坚定维护祖国统一和民族团结、善于推动科学发展、具有处理复杂问题能力、作风优良、纪律严明、勤政为民、清正廉洁的高素质的各族干部队伍。这是对西藏各族干部政治、业务和能力的要求，培养、选拔和任用各族干部都要以这个标准为导向。要按照胡锦涛同志"七一"重要讲话中所提出的培养青年干部的要求，源源不断地培养造就适应西藏经济社会发展的各族优秀年轻干部，使党和人民的事业继往开来、薪火相传。

推动创先争优强基础惠民生活动向纵深发展。从 2010 年 4 月以来，全区以深入学习实践科学发展观为主题，以创建先进基层党组织、争当优秀共产党员为主要内容，以"一带双强三提高"为活动载体，在基层党组织和党员中开展创先争优活动。这项活动已经取得良好的效果，各族群众对创先争优活动的满意也寄托了对此项活动的殷切期望。为此，我们要继续把保障和改善民生作为创先争优强基础惠民生活动的出发点和落脚点，深入基层一线，帮助群众解决生产生活中的实际困难，寻找增收致富门路，让群众得到更多实惠。同时，要抓好党风廉政建设，深入开展反腐败斗争，坚持标本兼治、综合治理、惩防并举、注重预防的方针；要充分认识反腐败斗争的长期性、复杂性、艰巨性，把反腐倡廉建设摆在更加突出的位置，以更加坚定的信心、更加坚决的态度、更加有力的举措推进惩治和预防腐败体系建设，始终保持马克思主义政党的先进性和纯洁性，为西藏跨越式发展和长治久安提供坚强保证。

今年，我们成功地举办了纪念中国共产党成立 90 周年和西藏和平解放 60 周年的庆祝活动。和平解放 60 年来，党团结带领全区各族人民取得了重大的建设成就，党领导社会主义新西藏的建设事业进入了一个新的阶段。但是，全体党员必须清醒地看到，在世情、国情、党情和区情发生深刻变化的新形势下，提高党在西藏的领导水平和执政水平、提高拒腐防变和抵御风险能力、加强党的执政能力建设和先进性建设，面临许多前所未有的新情况新问题新挑战，党在西藏的执政考验、改革开放考验、市场经济考验、外部环境考验是长期的、复杂的、严峻的。我们一定要坚决地响应中央的号召，认真贯彻落实区党委关于推进党的建设的工作部署，着力推动党的建设各项工作扎扎实实地开展，始终保持马克思主义政党本色，使党永远成为建设社会主义新西藏的坚强领导核心，完成时代和各族人民赋予我们党的崇高使命。

（发表于《西藏日报》2011 年 10 月 15 日）

爱国主义教育研究

精神文明建设与祖国观教育

清理、清除达赖在精神领域的影响，是西藏进行精神文明建设的一项重要任务。20世纪80年代以来，十四世达赖在不同场合、不同时间多次发表洋洋数千言，向藏族群众灌输错误的祖国观念，搅乱人们的思想。他说："中国指的就是汉区，它不包括西藏三区"；"藏汉之间（的关系），从根本上讲，如同《唐蕃会盟碑》西面东侧所云：'蕃于蕃国受安，汉亦汉国受乐'"，"石碑上刻写的汉文中是'两国'，'国'即国家之意，清楚地认为是两个不同的国家，并刻上了中国是中国，西藏是西藏"；"西藏人不是中国人"；"（藏族）是藏王祖孙三法王的后裔"。

由于达赖集民族和宗教领袖人物的幌子于一身，他的这些谬论迷惑了不少干部、群众和青少年。针对这一情况，陈奎元同志多次强调，要用正确的祖国观教育干部、群众和青少年。

如何进行正确的祖国观教育呢？我认为：

第一，要讲清祖国概念的含义。让人们懂得，祖国不是指本民族的祖先在历史上建立过的、现在已经消失、早已进入历史发展进程的那个国家；祖国是指人们现今定居（以取得国籍为准）的、被国际社会承认、在联合国有合法席位的国家。我国各族人民的祖国国名叫中华人民共和国（简称中国），国旗是五星红旗，国歌是《义勇军进行曲》，国土有960万平方公里，民族有56个，人口有12亿数千万。汉族在历史上建立的"汉国"，藏族在历史上建立的"蕃国"，其他兄弟民族在历史上建立的古国政权，都是"历史的中国"的一个组成部分。汉族不能把"汉国"当祖国，藏族也不能把"蕃国"当祖国。

第二，要讲清中国是一个统一的多民族国家，是由中国大地上土生土长的民族和迁入定居的民族共同缔造的。汉族的祖先开发了中原地区，藏族的祖先开发了青藏高原，维吾尔族、彝族、蒙古族等祖先开发了祖国的西北、西南、北方地区，先后建立起并立关系的单一民族的王朝政权，逐渐结合成一个统一的多民族的国家政权。从元代起，我国各民族就生活在统一的中华民族大家庭中了，各民族的祖先在历史上建立的国家政权就演变成了地方政权。今天来说，就是故土家园。

第三，要讲清中国是 56 个民族共同的国家，不是汉族一家的，也不是除藏族之外的 55 个民族的。达赖站在单一民族角度，站在公元 7 世纪的历史高度看问题，把"汉国"当"中国"，是站不住脚的。所以，世界各国政府和联合国均不承认他在印度建立的那个"大雪国"，不支持他搞"西藏独立"，都承认西藏是中国不可分割的一部分。

因此，在加强精神文明建设中，我们应大力宣传正确的祖国观，批判达赖宣扬的错误的祖国观，使广大干部、群众以及青少年弄清西藏为什么是中国不可分割的一部分，从而坚定维护祖国统一和民族团结的立场，坚决同达赖集团分裂祖国的行为作斗争。

（发表于《西藏民族学院学报》1997 年第 1 期）

高举爱国主义旗帜，推动
西藏社会发展与进步

爱国主义是自国家产生以来全人类共同高举的一面旗帜，它具有凝聚民族和人民为国家生存和发展而奋斗的重要功能。当国家遭受外敌入侵时，爱国主义成为一种强大的力量，它鼓舞全体人民自觉地保卫自己的祖国。当国家处于和平发展时期时，爱国主义是一种巨大的力量，它把全体人民引导到国家建设和发展上来，鼓舞人们为建设自己的国家而奋斗。因而，爱国主义是一个民族和国家赖以生存和发展的精神支柱与强大动力。

中华民族具有爱国主义的优良传统

中华民族是一个具有光荣爱国主义传统的民族。在几千年的历史变迁中，爱国主义作为一块巨大的基石，牢固地支撑着中华大厦，推动着民族的振兴和祖国的发展。爱国主义经过几千年的历史积淀，成为一种传统。中华各民族对爱国主义传统的形成做出了贡献。

我国是一个统一的、多民族的国家，她的形成、确立、发展经历了一个漫长的过程，爱国主义始终伴随着这一过程。

首先，爱国主义表现为各民族共同缔造统一的多民族国家。从很早的古代起，各民族的祖先就劳动、生息和繁衍在祖国辽阔的土地上。各民族的先民是祖国疆土的最初开发者。随着历史的发展，各民族形成交错杂居和融合的局面。他们共同生活、共同劳动，在不同的时期共同开发和建设了祖国。各民族共同发展了祖国的经济，共同创造了祖国的科学文化和中华文明。各民族在开发祖国疆土、发展祖国的经济、文化过程中，加强了经济的联系和文化的交流，增进了民族团结，最终共同缔造了统一的多民族国家。

其次，爱国主义表现为各民族维护和捍卫多民族国家的统一。从各民族共同生活在一个统一的多民族国家中起，人们就把能否维护和捍卫国家统一视为爱国主义的一个重要标准。历代政权的更替都是统一多民族国家的继续，因而，消灭旧政权的残余势力是爱国主义之举，平定内乱也是爱国主义之行。

最后，爱国主义表现为各民族推动统一多民族国家的发展与进步。在漫长的历史中，我国各族人民曾不断地进行了轰轰烈烈的革命斗争，沉重打击了反动统治阶级和反动制度，推动了祖国历史的发展，当衰败腐朽的封建王朝阻碍了社会生产力发展时，各民族人民揭竿而起，要么推翻封建王朝的统治，要么沉重打击封建王朝的统治，迫使统治阶级调整其政策，促进了社会的发展。

爱国——公民最基本的道德规范

爱国主义是中华民族的优良传统，它世代传承，经久不衰，成为中华民族的共同精神支柱。爱国主义在不同的时期赋予不同的内容和要求。《中共中央关于加强社会主义精神文明建设若干重要问题的决议》指出，社会主义道德建设要以爱祖国、爱人民、爱科学、爱劳动、爱社会主义为基本要求。中共中央印发的《公民道德建设实施纲要》重申"五爱"为社会主义道德的基本要求，同时提出"爱国守法、明礼诚信、团结友善、勤俭自强、敬业奉献"为公民的基本道德规范，把"爱国"放在首位。可见，在新时期，爱国是道德之本、道德之基、道德之源。爱祖国反映着公民与祖国的关系。在当代，爱国主义与社会主义在本质上是一致的，称之为社会主义的爱国主义。社会主义的爱国主义，要求公民正确认识祖国的历史和现状，从内心深处产生对祖国深厚的热爱之情，关心祖国的前途和命运，立志振兴中华，报效祖国；要求公民把爱国之情转化为具体行动，为祖国实现社会主义现代化发奋进取、努力工作；要求公民树立民族自尊心和自信心，尊重祖国的历史与文化，尊重别国的独立自主和民族利益，同一切国家的人民平等往来、友好相处；要求公民在反对"西化""分化"斗争中，立场坚定，旗帜鲜明，维护祖国统一和民族团结，维护人民的利益。在当代，以热爱祖国、报效人民为最大光荣，以损害祖国利益、民族尊严为最大耻辱，这是公民道德的重要标准，也是公民的价值规范。说到底，爱国是公民最基本的道德规范，也是公民道德的最高境界。公民道德建设最重要的就是进行爱国主义教育，让公民认识到爱国关系到国家和民族的兴衰，关系到个人幸福与否的深刻道理，从而振奋民族精神，增强民族的凝聚力。鲁迅先生曾说："惟有民魂是最重要的，惟有它发挥出来，中国才有真进步。"新世纪是中华民族实现伟大复兴的世纪，爱国主义是实现中华民族伟大复兴的强大精神动力，每一个公民都应该自觉地热爱祖国，维护祖国的统一和安定，建设繁荣、富强的祖国，这是时代和历史赋予每个公民的光荣义务和神圣职责。

高举爱国主义伟大旗帜，推动西藏社会发展与进步

在中华民族爱国主义的优良传统中，有着西藏人民增添的鲜艳色彩，那就是缔造统一的多民族国家、维护祖国统一、推动祖国向前发展。从古代西藏与祖国其他地区结成一个统一的多民族国家，到近现代反对西方列强侵略、反对帝国主义、反对亲帝势力分裂活动以及维护祖国统一的全过程中，都无不闪烁着西藏人民爱国主义的火花，爱国主义起到了推动西藏历史前进的重大作用。在今天，爱国主义已成为改革开放的巨大力量，成为社会主义精神文明建设的重要支柱，更是西藏实现经济跨越式发展和社会长治久安的有力保证。郭金龙书记在年初自治区党委理论学习中心组学习时发表讲话强调，实现西藏社会长治久安重在治本，他指出："治本就是要加强全社会的思想政治教育，高举爱国主义旗帜，增强民族团结，不断削弱达赖分裂主义集团的思想和社会基础，在全社会营造维护祖国统一、反对分裂、加强民族团结的良好氛围，巩固中国共产党的执政地位，巩固中国特色的社会主义制度。"他还进一步指出："重在治本，就是要在继续抓好打击、防范的同时，广泛开展以爱国主义为中心内容的思想政治教育，树立马克思主义的祖国观、民族观、宗教观、文化观，增强法制观念。"学习郭书记讲话精神，就是要在全区开展的公民道德建设中，以"三个代表"重要思想为指导，围绕自治区"一加强、两促进"的根本任务，大力开展爱国主义教育。通过历史与现状的事实，教育人民认清达赖

集团图谋"西藏独立"不是为了西藏人民的利益而是为了他们的一己私利；达赖集团不是西藏人民的代言人，而是旧西藏反动农奴制度的残余势力；达赖集团不是推动西藏历史前进的力量，而是阻碍西藏社会发展和人民幸福的反动力量，从而认清达赖在宗教上的虚伪性和政治上的反动性，弘扬中华民族同反动势力斗争的爱国主义精神，同达赖集团斗争到底。教育人民认识中华民族"合则兴、分则衰"的道理，发扬爱国主义光荣传统，牢固地确立西藏是祖国不可分割的一部分的观念，维护祖国统一。教育人民坚持民族平等和"三个离不开"的方针，在生活和工作中处理好民族关系，增进民族团结。教育人民爱祖国、爱社会主义、爱共产党，在弘扬中华民族优良传统的基础上，创建和形成社会主义的思想道德规范，树立正确的理想、信念、人生观和价值观。总之，要激发广大人民群众的爱国热情，并把这种爱国热情引导和凝聚到建设有中国特色社会主义伟大事业上来，引导和凝聚到为祖国的统一、繁荣和富强做贡献上来，做有理想、有道德、有文化、有纪律的社会主义公民。

（发表于《西藏日报》2002 年 6 月 8 日）

自治区高校应建立爱国主义教育的长效机制①

　　爱国主义教育是自治区高校思想政治教育的一项重要内容。在反分裂斗争严峻的形势下，当前和今后一段时期，自治区高校爱国主义教育还将面临极其复杂的环境和困难。各高校必须增强爱国主义教育的针对性和实效性，培养社会主义事业的合格建设者和可靠接班人。爱国主义教育是学校长期的教育任务。在纪念西藏民主改革 50 周年和中华人民共和国成立 60 周年之际，我们应当深刻领会胡锦涛同志关于西藏工作"谋长久之策、行固本之举"指示的重大指导意义，在高校建立爱国主义教育的长效机制，为自治区培养"靠得住"的合格人才。

　　第一，建立领导机制。爱国主义教育是自治区高校思想政治教育的重中之重，在学校思想政治教育领导机构中应有专门的校级领导负责爱国主义教育事宜，对教育计划的制订和教育机制的建立与运作做出具体安排，使爱国主义教育实现常规运行，做到有计划、有安排、有落实、有效果。

　　第二，建立课程教育机制。在自治区，爱国主义教育寓于课程教育中，政治理论课程要发挥出应有的作用，尤其是自治区高校开设的马克思主义"四观"教育概论课程。各校要建设该课程，使其成为自治区突出的爱国主义教育课程。西藏大学已将该课程建设为自治区和国家精品课程，要在教材修订、教学改革、教学效果方面做出示范，使教学资源在全区高校共享。同时要发挥好其他课程尤其是有关藏族历史等课程重要作用。公共课程与专业课程要相互衔接，不得在课堂上出现教师相互抵触的思想与观点。各级领导要专门对爱国主义教育的重点内容进行听课，召集学生座谈，发现问题，杜绝学术观点与国家价值观的抵触现象。加强法律

　　① 本文为自治区"十一五"教育规划重点课题《我区高校爱国主义教育实效性研究》的阶段性成果。

教育，强化学生国家和公民意识。课程教育要做到结合西藏实际，少而精、讲准确、讲到位，给学生传道解惑，让学生掌握基本理论和观点，解除疑惑，形成正确的思想观点，真正树立起马克思主义"四观"，增强对祖国和中华民族的认同感。

第三，建立实践活动机制。爱国主义教育最重要的载体是实践活动。在自治区高校要投入适当经费，大力拓展这一载体。学校宣传部门和团委要拟订爱国主义教育实践计划，对每个年级学生的教育做出安排，由各院负责实施。首先，学校要组织学生参观学校和当地爱国主义教育基地，学校的展览馆要经常开放，可组织学生参观，也可让学生自愿参观，不能走马观花式的参观，确保每个学生都能参观。其次，学校要利用现代化设备组织学生收看爱国主义教育影视片和科技教育片，要充分利用好2009年纪念百万农奴翻身解放日和新中国成立60周年的各种影视资料，使每个学生在校都能够收看。收看爱国主义教育影视片重点在于激发学生的爱国热情，引导学生的爱国行为。收看科技教育片重点在于教育学生确立科学的世界观、人生观，认识和理解人生各种境遇，树立科学对待人生的思想，有效消除宗教对学生的影响作用，帮助学生抵制达赖集团利用宗教对自己的渗透。再次，要组织开展国家和自治区重大节日和事件的庆典或纪念活动，做到全员参加，转变开展这些活动是为了宣传报道、做样子的思想，切实抓好爱国主义教育的良好契机，增进学生对祖国和中华民族的感情。最后，每年要定期组织开展爱国主义教育的知识竞赛、演讲、辩论、歌咏比赛等。要把这些丰富的活动融入校园文化中，营造出浓厚的爱国主义教育氛围，在校园唱响共产党好、社会主义好、改革开放好、人民军队好、各族群众好、伟大祖国好的主旋律。

第四，建立报告机制。根据我区的特点，学校要结合形势变化举办有关国情、区情教育的形势报告，也要举行爱国主义的学术报告，邀请自治区有关领导和知名人士、安排学校领导和专家做报告。

第五，建立研究机制。学校要建立由校领导、专家、教师、学生管理者参加的研究机构，通过立项对学校爱国主义教育情况作细致的研究。在一定周期内，研究机构要针对学生的思想特点及深层次问题每年开展滚动调查，摸清学生的真实思想和问题，通过调查发现问题，通过教育解决问题，连续坚持多年，把握我区爱国主义教育的规律与特点，力争解决在自治区高校学生中存在的深层次问题。研究机构要组织力量研究针对自治区学生实际的教育内容、教育方法和手段，增强教育效果。要使研究成果转化为教育教学行为，不断提高爱国主义教育质量。

第六，建立网络教育机制。学校要在思想政治工作栏目下开辟爱国主义教育专栏，登载有关爱国主义教育的内容，包括理论、实践文章，国家重大节日、重大事件的活动，爱国主义教育问答等内容，尤其要针对学生的深层次问题组织专家、教授撰文或摘编有关资料予以解答，开辟答疑专日，解答学生的问题，形成对话机制，给学生提供接受正确观点、纠正错误认识的途径和平台。

第七，建立信息教育机制。西藏高校处于反分裂斗争的前沿阵地，境内的学校直接受环境影响较大，西藏民族学院虽然远离区内，但信息时代各种消息、信息也快速传播，对校外发生的一些事件按照党委、政府的要求应及时予以通报，进行教育，让其知情，消除猜疑，站稳立场，增进理性爱国的热情，表现为理性的爱国行为。

第八，建立爱国主义教育基地建设和使用机制。目前自治区已确立多处爱国主义教育基地，但由于种种原因建设和使用都不够。建议有关管理部门应向全国免费开放，同时政府应投入一定资金和人力将爱国主义教育基地拍成电视片，向各级各类学校提供。有条件的学校如西藏大学和西藏民族学院应充分发挥爱国主义教育基地的作用，保证一周对师生的开放时间，让师生饱览爱国主义教育影视片。各校利用好多媒体设备，通过主题班会、学生活动时间，组织学生收看爱国主义影视片，形成浓厚的爱国主义教育氛围，熏陶学生的爱国主义情感，激发他们爱国热情，激励他们为祖国而学习，为祖国而成才。

第九，建立国内外学生学习交流机制。近年来，境外"藏独"分子加紧分裂活动，其中"藏青会"组织的活动引人注目，对青年学生产生一定的影响。我们应组织青年大学生（以藏族大学生为主）到国内、国外高校开展交流活动，介绍西藏的发展和青年人的成长成才情况，让国内外社会了解西藏和青年人成长的情况，有力回击达赖集团的分裂活动。

第十，建立奖罚机制。在自治区高校，能否具有爱国思想和行为是衡量一个学生合格与否的重要标准之一，也是将来"靠得住"的基础。对于在重大事件中表现优秀的学生要予以表彰，树为典型，在就业时积极向有关部门特别是党政机关推荐；对于在重大的事件中表现较差甚至存在问题的学生，应根据学校规定给予批评教育和相应的处罚，有重大问题的学生学校应建议党政机关不予录用。2009 年全区公务员招考中，要求对考生在拉萨"3·14"事件中的政治表现进行审查，应予推行。

　　总之，爱国主义教育事关重大，对自治区高校教育具有特殊的重大意义，要长期抓，形成合力抓。各校要不断探索自己的特色，建立起爱国主义教育的长效机制，确实增强其针对性和实效性。

　　（与次央、佘毓惠合作，发表于《西藏教育》2009 年第 6 期）

论西藏开展爱国主义教育特殊的
背景、意义和任务

爱国主义是自有国家以来人类高擎的一面伟大旗帜，爱国主义教育是人类社会教育中的重要内容。爱国主义是千百年来中华民族团结奋斗的强大凝聚力，进行爱国主义教育是中华民族的优良传统。爱国主义是人们热爱祖国、忠于祖国的思想、情感和行为，是调节个人或群体与国家关系的基本道德规范，是国家和民族自立于世界民族之林的精神支柱。爱国主义教育是教育者根据自己的国情，遵循社会要求和受教育者发展的规律，在科学理论指导下，通过一定教育内容、方法和手段，有目的、有计划、有组织地对受教育者施加的爱国影响的一种社会实践活动。① 爱国主义是一个历史的范畴，爱国主义教育也是一个历史的范畴，有着广泛的社会内容、不同的时代内容、鲜明的阶级特点。在我国，爱国主义不仅是重要的政治原则，也是全体国民应具备的道德品质。新中国成立以来，国家非常重视在全体国民中开展爱国主义教育；在新中国成立 60 周年、举国同庆的时候，将爱国主义教育推向了新的阶段。在西藏，广泛开展爱国主义教育有着深刻的历史和现实背景，具有特殊的重要意义，但担负着重要的任务。

一　西藏开展爱国主义教育具有深刻的历史和现实背景

爱国主义教育既是传统教育也是现代教育，任何一个国家或地区进行爱国主义教育都要注视到自身的历史基础和现实情形，因而爱国主义教育

---

① 浦卫忠等：《爱国主义与民族精神》，社会科学文献出版社 2000 年版，第 3—4 页。

才能有其针对性和现实性，东西方国家都是如此，我国也不例外。我国幅员辽阔、民族众多，不同民族地区发展存在历史和现实的差异，爱国主义教育不能千篇一律，具有较强的地域特点，要考虑本地区的历史基础和现实要求。西藏开展爱国主义教育有着深刻的历史和现实背景，应从本地区的历史和现实实际出发。

（一）西藏在统一多民族国家发展中的历史背景

我国是一个多民族的统一国家，这是一个基本国情。但我国并不是从有历史开始就是一个多民族的统一国家。这个国家的形成与发展大致经历了几个阶段：一是各民族建立政权，完成局部地区的统一。在古代，各个民族的先民经过漫长的发展形成民族后，首先完成本民族地区的局部统一，建立本民族政权，然后与其他民族交流与汇聚。这个阶段十分复杂，各个民族政权相互并存，甚至相互交替，聚散分合了几个周期。二是建立全国统一的政权，完成全国的统一。各个民族建立政权后，在中国历史舞台上相互争极，都想成为中国的统一者，边疆民族政权都"入主中原"，经过长时期的争极，兴起于北部地区的蒙古族完成了统一全国的任务，建立了统一全国的元朝政权。此后，国家虽有局部纷争，但历代王朝都是统一全国的政权。这个统一全国的政权，管辖了今天国内民族（外来民族除外）祖先的活动区域。至此，我国统一的多民族国家进入最终确立阶段[①]，随之中华民族也自发形成。三是统一的多民族国家进一步巩固。在统一的多民族国家形成后，按照自身的规律在不断发展，但是近代以来，遭到西方殖民主义、帝国主义的侵略，他们通过资本输出、武力征服、价值观渗透等手段进行经济侵略、政治侵略和文化侵略，打破了中国统一的多民族国家发展的规律，他们离间民族关系，煽动培植的亲帝分子策动民族地区分裂，因而近代以来一直至新中国成立，各民族都进行了反对侵略、反对分裂的斗争，共同捍卫祖国的统一和民族的团结，中华民族由自发走向自觉阶段，民族意识不断加强。四是统一多民族国家主权观念进一步强化。在西方列强入侵以前，中国人普遍盛行"普天之下莫非王土，率土之滨莫非王臣"的观念，尚未有近现代国家观念。鸦片战争以来，面对西方列强的侵略，中国人逐渐意识到国家主权的重要意义，在辛亥革命后颁布的《中华民国临时约法》里明确规定了国家领土范围和主权，

---

① 顾祖成、陈崇凯主编：《西藏地方与祖国关系史》，西藏高校内部使用教材，第 14 页。

新中国成立后颁布的《中国人民政治协商会议共同纲领》和《中华人民共和国宪法》都规定了国家领土主权的内容。至此，不管国家国体、政体发生怎样变化，但中国人的国家观念由国家宪法得以规范下来。

在统一的多民族国家的形成过程中，西藏地区占据着重要的地位。在远古时期，藏族先民就生活在青藏高原上，经过漫长的发展历史，到公元7世纪，松赞干布统一青藏高原，建立了强大的吐蕃政权，藏民族随之形成。吐蕃政权瓦解后，西藏处于分裂状态。公元13世纪，西藏宗教首领萨迦·班智达代表地方宗教首领归顺蒙古，元朝建立后，西藏成为元朝政府治理下的一个行政区域，最终纳入了统一多民族国家的进程中，并对元王朝完成全国性的大统一做出了积极的贡献。经过明代至清王朝时期，西藏与中央王朝的辖属关系进一步发展。清王朝后期以及中华民国时期，当西方列强侵略我国时，西藏人民奋起反抗，两次抗英斗争及其西藏上层爱国人士倾力反对分裂的举动，谱写了西藏在全国统一进程中新的光辉篇章。这是西藏进行爱国主义教育必须面对的一个历史基础。

（二）西方反华势力把西藏作为"西化""分化"中国的突破口，支持达赖集团进行分裂祖国的活动

在西方列强侵略的过程中，古老的统一多民族中国遇到了前所未有的挑战，在反对侵略的斗争中，反对分裂、巩固多民族国家的统一成为首要任务。近代以来，各个帝国主义国家支持我国的一方地方势力，要么搞割据削弱中央政权，要么搞民族分裂，肢解国家。在我国的边疆地区几乎都策动了所谓的"独立"。所谓"西藏独立"就是20世纪帝国主义侵略我国尤其是西藏的产物。在中央政府的努力下，在全国各族人民包括藏族人民的反对下，在西藏上层爱国人士的支持下，帝国主义策动的"西藏独立"以失败而告终，西藏迎来了和平解放和社会的民主改革。

新中国成立后，西藏与祖国内地的统一空前地加强，西藏各族人民与祖国其他地区各族人民的团结空前地增强，西藏在祖国大家庭中日新月异，繁荣发展。但是，代表封建农奴主利益的达赖集团不顾西藏社会的发展与进步，不顾西藏各族人民的利益与幸福，自出逃国外以来，不断加强与西方反华势力的勾结，企图实现"西藏独立"的梦想。由西方反华势力与达赖集团的反动本质决定，他们不放弃"西藏独立"的图谋，从20世纪末至今，他们加紧分裂活动，向区内干部、群众和青少年进行思想渗透，策划和制造打砸抢烧暴力犯罪事件。这是西藏进行爱国主义教育必须面对的一个现实条件。

二　西藏开展爱国主义教育的重要意义

基于西藏开展爱国主义教育的社会基础条件，开展爱国主义教育就具有特殊的重要意义。

（一）开展爱国主义教育是维护国家统一、维护民族团结、维护社会稳定的迫切需要

西藏地处祖国西南边陲，面临着反对国际敌对势力"西化""分化"我国、反对达赖集团分裂破坏活动的艰巨任务，维护国家统一是西藏各族人民的重大职责。从近代以来，帝国主义一直企图将西藏从中国分裂出去，为维护国家统一，西藏各族人民同帝国主义、分裂主义势力展开激烈的斗争，捍卫了祖国西南边疆领土和主权的完整。西藏和平解放以来，西方反华势力和达赖集团从未停止分裂破坏活动，西藏各族人民在爱国主义精神的鼓舞下，坚持与他们进行斗争，挫败了他们分裂中国的阴谋，有力地维护了祖国的统一。进入新世纪以来，达赖集团和西方反华势力更加紧密地勾结起来，同时他们与"台独"势力、"东突"势力和"民运"分子更加紧密地勾连在一起，加紧分裂祖国，在 2008 年我国举办奥运会之际，精心组织、策划了旨在分裂祖国的拉萨"3·14"暴力犯罪事件。在党中央和自治区党委的坚强领导下，依法处置了暴力犯罪事件，西藏各族人民拥护、支持党中央和自治区党委的决策，愤怒声讨和揭批达赖集团的分裂行径，大力开展反对分裂、维护稳定、促进发展的活动，有力地维护了国家的统一。西藏各族人民始终心系国家，与祖国同呼吸、共命运。随着国家的发展，西藏社会的进步，敌对势力亡我之心不死并变本加厉，西藏在维护国家统一中承担着重要的使命，无论过去、现在还是将来，维护国家统一始终是西藏各族人民的神圣使命。在新的形势下，我们要完成维护祖国统一的光荣使命，必须大力开展爱国主义教育，弘扬爱国主义精神。

在西藏生活着藏、汉等 40 多个民族，维护中华民族大团结是义不容辞的义务。在全国开放的环境中，西藏各族人民与全国各族人民之间增强了经济、政治、文化等方面的交流与联系，加之又有境内外敌对势力和分裂势力破坏民族关系的影响，平等、团结、互助、和谐的社会主义民族关

系面临着严峻的挑战。我国是统一的多民族国家，历史证明，各民族越团结，经济发展越快，社会越繁荣，各族人民生活越幸福。民族团结是社会主义各项事业发展的基本保证。爱国主义是将各族人民的力量凝聚起来的强大精神力量，只有深入开展爱国主义教育，才能打牢各民族共同团结奋斗、共同繁荣发展思想基础。

西藏社会的稳定关系着国家的安全与稳定。爱国主义不仅表现为自觉维护国家统一、领土和主权的完整、民族尊严的神圣，更表现为拥护党的领导，从国家的长远利益出发，维护稳定局面，构建和谐社会。爱国主义不仅表现为热爱祖国大好河山、继承祖国优秀文化等，更表现为热爱社会主义制度，珍惜和维护来之不易的安定团结的政治局面，在党的领导下一心一意谋发展、聚精会神搞建设，齐心协力构建和谐社会。这是爱国主义在新的历史条件下所应具有的内涵。稳定是社会发展的基础，没有稳定的局面社会就不能发展、国家就不能强盛、人民就不能幸福。达赖集团分裂祖国的一个惯用伎俩就是精心组织策划暴力犯罪事件，企图破坏西藏的稳定，搞乱西藏，进而达到"西藏独立"。深入开展爱国主义教育，引导各族干部群众牢固树立正确的祖国观，认清团结稳定是福、分裂动乱是祸的道理，就能为社会稳定提供坚实的思想基础。

（二）开展爱国主义教育是坚持走中国特色、西藏特点的发展路子的迫切需要

在我国，马克思主义指导爱国主义，走出了一条有中国特色的革命道路、建设道路和发展道路。我国基于近代以来受欺侮、受压迫的历史，选择了社会主义制度；基于社会主义初级阶段的基本国情，选择了走中国特色社会主义道路。自治区基于旧西藏的社会制度和发展状况，选择了走社会主义道路；基于社会主义初级阶段的基本区情，选择了走中国特色、西藏特点的发展路子。中国特色社会主义道路具有无可比拟的优越性，是中国特色的发展模式，具有强大的生机活力。中国特色、西藏特点的发展路子是中国特色社会主义理论体系在西藏的具体运用和生动实践，代表了西藏各族人民的根本利益。当代爱国主义的主题是发展中国特色社会主义，走中国特色、西藏特点的发展路子就是爱国主义在西藏的具体实践。

进行爱国主义教育要把西藏各族人民组织、动员起来，在经济建设、政治建设、文化建设、社会建设和生态建设中走出一条成熟的中国特色、西藏特点的发展路子，解决经济社会发展中出现的各种问题，回答新时期怎样建设边疆、发展边疆的问题，推进西藏经济社会实现跨越式发展。

　　加强爱国主义教育是实现中华民族伟大复兴的一项系统工程，西藏开展爱国主义教育对于实现中华民族伟大复兴具有特殊的重要意义。在新中国成立60年、西藏民主改革50年的纪念年份，深刻认识开展爱国主义教育特殊的重要意义，有利于我们进一步增强责任感和使命感，有利于西藏广泛深入地开展爱国主义教育活动。提高对西藏开展爱国主义教育特殊的重要意义的认识，目的在于进一步明确西藏开展爱国主义教育的社会基础、重要任务以及对西藏经济社会发展和中华民族实现伟大复兴的重要意义，进一步厘清西藏爱国主义教育的思路，促进爱国主义教育广泛深入持久地开展。

三　西藏开展爱国主义教育的重要任务

　　新中国成立以来，尤其是西藏民主改革后，由于西藏进行爱国主义教育始终面对上述的历史、现实和国际背景，因而爱国主义教育负有重要而特殊的任务。

（一）大力开展"五个认同"的教育

　　认同就是基于感情基础对国家的一种归属感和亲和力。在多民族的国家中，尤其是在西藏这样一个多民族的边疆地区，爱国主义教育负有进行"五个认同"的教育任务。"五个认同"即对国家的认同、对中华民族的认同、对中国历史的认同、对中华文化的认同、对社会主义制度的认同。

　　对国家的认同，就是要深刻认识到各民族共同缔造、捍卫了历史上统一的多民族国家和现今的中华人民共和国，各民族的祖先是历史上统一的多民族国家的主人，各民族是中华人民共和国的主人。对中华民族的认同，就是要深刻认识到中华民族是历史上由各民族祖先在开拓祖国边疆、发展祖国经济、创造祖国文化的过程中逐渐凝结而成的人们共同体，从古代自发到近代萌发自觉的意识，各民族祖先就形成了你中有我、我中有你的血肉联系，今天各民族都是中华民族的重要成员，中华民族是各民族平等、团结、互助、和谐的兄弟大家庭，不论肤色、服饰、语言、宗教有多少差异，大家都是一家人。对中国历史的认同，就是要深刻认识到中国历史是由各民族共同创造的，中华各民族有自己单独发展的历史，有共同发展的历史，各民族都应相互认同每个民族发展的历史都是中国的历史。对中华文化的认同，就是要深刻认识到，我们伟大的祖国是世界上历史悠久的文明古国，在历史发展的长河中，智慧、勤劳、勇敢的中华民族创造了千古流芳的中华民族文化，各民族都为创造和发展中华文化做出了贡献，每个民族的文化都是中华文化的组成部分，各民族都应相互认同。对社会主义制度的认同，就是要深刻认识到只有社会主义才能救中国和发展中国，也只有社会主义才能救西藏和发展西藏，社会主义制度是各民族团结奋斗、共同繁荣发展的保证，经过改革开放中国人民走上中国特色社会主义道路，这是一条实现中华民族伟大复兴的正确道路，各族人民要为发展中国特色社会主义做出积极的贡献。

（二）大力培养"两个意识"

针对西藏开展爱国主义教育的社会基础条件，除了进行"五个认同"的教育外，还要进行"两个意识"的教育，即国家意识和公民意识的培养教育。

国家意识就是一个国民意识到自己是国家中的一分子，对这个国家的前途负有某种责任。在多民族国家，国家意识的培养与对国家的认同联系在一起。国家意识的培养首先是培养国民的国家责任感，一个国民认同了中国是自己的国家，对自己的国家有责任感，就明确自己在国家中的主人地位，就会为国家的安危而担忧，为国家的世界地位而自豪，为国家的发展而尽力。常常表现为"我是一个中国人""国家兴衰、匹夫有责""当一名中国人很自豪"等理性思维，表现为国尽责、为国出力的实践行为等。在西藏，由于西方反华势力和达赖集团加紧搞"西藏独立"，大力削弱藏民族对国家的认同感和国家意识，对每个成员造成一定的影响，因此，进行国家认同教育和培养国家意识是西藏爱国主义教育突出的任务，也是抵制西方反华势力和达赖集团分裂我国的强有力的思想武器，务必引起高度的重视。在祖国大家庭里，各族人民享受着共和国的阳光雨露，就要牢固树立国家意识，热爱伟大的社会主义祖国，牢固树立祖国利益高于一切的观念，自觉维护国家的独立、主权和领土完整，牢固树立西藏只有在中国共产党的领导下，在祖国大家庭里，坚定不移地走有中国特色、西藏特点的发展路子，才有欣欣向荣的今天和更加美好的明天的意识。

公民意识，即公民个人对自己在国家中地位的自我认识，也就是公民自觉地以宪法和法律规定的基本权利和义务为核心内容，以自己在国家政治生活和社会生活中的主体地位为思想来源，把国家主人的责任感、使命感和权利义务观融为一体的自我认识。在中国传统（相对于近代而言）的法律规定和政治观念中，并无"公民"的踪迹，公民观念是舶来品，深植于人们政治意识之中的是臣民观念。臣民与公民无论实质、内容或表现形式都是大相径庭的。① 因此，我们时代的一个重要任务是要培养各族人民的公民意识。这也是我国宪法的一个根本内容。新中国成立以来，国家高度重视公民教育，取得了显著的成效，但公民观念离法治社会的要求差距甚大。在西藏多次发生的骚乱事件中，一些寺庙僧尼、青少年学生和群众参与，说明其公民观念极其淡薄，缺乏公民应有的法律思想和基本的道德素质，不明确自己在国家中的地位和应尽的责任，做出了与公民身份不相符的行为，有些甚至不懂得自己是公民，严重缺乏公民意识。这些情形说明，西藏开展爱国主义教育和进行反分裂斗争必须抓好公民教育、培养公民观念这项最基础的工作。通过培育公民意识，引导各族人民深刻认识无论是哪个民族的公民，也无论从事什么职业，首先都是中华人民共和国的公民，都要热爱祖国，坚持共产党的领导，坚持社会主义制度，坚持民族区域自治制度，遵守国家的法律法规，坚决同一切分裂祖国的违法犯罪行为作斗争。

在庆祝新中国 60 年华诞之际，全区开展了全民性的爱国主义教育活动，这场活动群众广泛参与、内容丰富多彩、形式活泼多样，充分表达了西藏各族人民对祖国的热爱之情，正在强化着各族人民对国家、对中华民族、对中国历史、对中华文化、对社会主义的认同感，必将进一步增强各族人民的国家意识和公民意识，必将进一步增强各族人民的凝聚力和对祖国的向心力，必将激励各族人民努力建设团结、民主、富裕、文明、和谐的社会主义新西藏，为祖国的统一、繁荣和富强做出新的更大的贡献。

（发表于西藏社会科学院编《纪念新中国成立 60 周年论文集》，
西藏藏文古籍出版社 2009 年版，获自治区优秀理论文章奖）

---

① 张健：《公民意识内涵：公民现象的反思与公民特质的认同》，《人文杂志》2009 年第1 期。

论全球化条件下的国家认同建构
——兼谈"四个认同"与藏区跨越式发展

摘　要　随着全球化程度的不断增强，人类社会的国家组织由传统形式、近代形式发展为现代形式，即现代国家，世界范围内国家进入了更加激烈的竞争时代，尤其是大国的竞争更为激烈。国家是历史的产物，迄今仍有其存在的合理性。作为现代国家，各国之间加大了交流交往力度，各国都很重视国家认同建构，我国也是如此。在我国，"四个认同"是国家认同的重要内容，从全国五省区藏区的情况看，"四个认同"关系着国家统一、民族团结、社会稳定和民族地区的跨越式发展；从全国的情况看，"四个认同"是国家软实力的表征。因此，国家认同建构重在"四个认同"建构，同时还要建构公民认同，实现国族认同、公民认同、制度认同和国家认同"四位一体"认同的目标。

关键词　全球化　国家认同　"四个认同"　公民认同

2009 年 8 月 25 日，中共中央总书记、国家主席、中央军委主席胡锦涛在新疆维吾尔自治区干部大会上发表重要讲话时强调："要深入宣传新疆的历史，包括民族发展和宗教演变的历史，增强各族群众对伟大祖国的认同、对中华民族的认同、对中华文化的认同、对中国特色社会主义道路的认同"，简称"四个认同"。我国是一个多民族的统一国家，这"四个认同"不仅符合新疆的实际，而且也符合全国的实际，具有普遍意义。笔者认为，"四个认同"是国家认同（下文详细阐述）的重要内容，"四个认同"建构应当是国家认同建构的重要途径，所以，应将"四个认同"置于国家认同的命题下思考，并置于全球化语境下予以讨论。

当前，我国包括西藏和四省藏区在内的少数民族地区都进入了跨越式发展时期，跨越式发展不仅需要有经济基础，而且也需要有政治基础和国内国际社会环境。国家的统一、民族的团结、社会的和谐稳定是藏区实现跨越式发展的重要条件，为此，五省区藏区应当构建"四个认同"，为跨越式发展和建成全面小康社会提供政治思想条件和社会和谐环境。

一　全球化条件下的国家竞争趋势及国家
认同建构的重要性

"全球化"（globalization）一词，是一种概念，也是一种人类社会发展的现象过程，目前被人们广泛使用。全球化顾名思义是生活在地球上的人类及其组织普遍地联系起来，并不断加强这种联系的关系，进而使人类形成了全球意识。全球化是以经济全球化为起始，包括政治、经济、社会、文化各个领域的综合动态的过程。① 在全球化的过程中，出现了很多国际组织机构、区域合作机构，但在国际事务中发挥主要作用的依然是国家这一人类政治组织。全球化过程中，国与国之间在政治、经济贸易上互相依存，文化上互相交流。从国际法角度世界所有国家都确认了本国公民、外国公民和无国籍人，使每个人均有国家归属感，即国家认同感，这种归属感、认同感不只是一种感情，而且还是一种法律保护。因此，国家认同对一个国家和每一人都是重要的。

（一）国家竞争趋势下的国家认同面临的挑战

纵观世界历史的演变，全球化的过程也是一个国与国竞争的过程。当人类社会进入国家组织形式后，虽然在地域上相邻的人们之间发生联系是必然的，但是更多的是国家与国家之间的联系，国家之间的联系成为人类社会联系的普遍形式，因而，国家进入了竞争时期。在文明程度较高的地区，国家竞争是常态的，竞争有政治、经济形式，也有战争的形式，因而，国家这个人类社会的政治组织出现此起彼伏的情形，一些国家消失了，一些国家兴起了。在世界范围内，国家此消彼长，一个个大帝国崛起又衰落，都是国家竞争的结果。

人类社会有了国家的竞争，事实上人们就开始了国家认同。认同是对

---

① 黄岩：《试论全球化与国家认同》，《前沿》2007 年第 11 期。

"我是谁"的回答，是对自我（self）与他者（other）之间的一种关系的认定，是共同体成员对现实境遇中生存价值归属的自我确定，它一方面强调与对方的共性，另一方则突出与对方的差异。① 近代意义上的国家产生后，这种认同更加强烈。就是在古老的传统国家——中国，当西方列强入侵的时候，原本国家意识很淡薄的百姓也逐渐形成了"中国人""中华民族"的认同意识。我们观察国家发展的规律特点发现，越是国与国之间交流甚密的时期，国家认同就越强烈。国家存在，才有国家认同；国家不存在了，国家认同随之消失。发生在20世纪90年代以来的原社会主义国家的解体以及非洲一些国家的分裂就说明了这点。因此，20世纪90年代后，苏联解体，共产主义合法性受到挑战，新一轮民族主义浪潮兴起对多民族国家认同的冲击，是国家认同研究的现实背景；民族—国家构建理论尤其是族群理论的引入，使国家认同研究进入新的阶段。但国家认同常常在其与族群认同、跨境民族认同等次国家认同以及全球化的关系中予以讨论。

尽管人类社会中国家认同的观念早已有之，但国家认同的概念出现在20世纪70年代行为革命时期的政治学领域。长期以来，一直没有得到应有的重视。随着苏联解体、东欧剧变而引发的第三次民族主义浪潮席卷全球，产生了20多个新的主权国家，许多国家的稳定和完整都受此影响并出现了严重问题，需要重新选择发展方向和进行自我定位，全球化进程的进一步加快也强烈冲击着传统国家主权的概念，国家认同问题的重要性日益彰显。② 对于很多人来说，一种"狭隘"的、有分裂倾向的民族主义成为当代世界最大的政治危险源，而族裔与民族认同仍然是各地高度紧张敏感的政治话题。民族国家形成于全球化的进程中，也必然伴随着全球化的不断深入而得到不断发展。全球化不但是形成国家认同的推动力量，同时在全球化进一步推动下，也成了削弱民族国家认同的力量。

根据马克思恩格斯在《共产党宣言》中的论述，资产阶级已通过"消灭生产资料、财产和人口的分散状态"，形成了政治的集中，最终成为"一个拥有统一的政府、统一的法律、统一的民族阶级利益和统一的

---

① 贺东航、谢伟民：《中国国家认同的历程与制约因素》，《马克思主义现实研究》2012年第4期。

② 黄岩：《试论全球化与国家认同》，《前沿》2007年第11期。

关税的国家了"。资产阶级在近代完成了民族国家统一后，到 20 世纪末又主导着世界建立区域国际联盟组织，超国家认同大有取代国家认同之势，世界剧烈的整合和重组使国家认同陷入了前所未有的困境。而一些多民族国家又向原有的认同回归，即回归族群认同，国家认同受到严峻的挑战。观察 20 世纪末以来世界范围内的国家认同变化，虽然西方国家有英国的北爱尔兰独立、加拿大的魁北克自治、法国的科西嘉独立等影响国家认同的问题，但总体上说，西方国家都基本由民族国家进入现代国家，公民对国家高度认同，尤其是美国这样一个多种族、多民族的国度，公民认同与国家认同惊人地吻合。尽管如此，美国著名学者亨廷顿撰写《我们是谁》，对美国人的国家认同表示担忧。而在曾为西方国家的殖民地、半殖民地的亚非国家，各族群（民族）认同高涨，对国家认同形成较大的冲击之势。

（二）我国国家认同建构的重要意义

从上述国家竞争趋势下的国家认同面临挑战的分析中，可以看到我国建构国家认同的重要意义。

第一，我国正在走向现代国家，亟须建构相应的国家认同。人类社会的组织之一——国家，经过长期的发展与演进，已从传统形式到近代民族国家正在走向现代国家。现代国家具有很多特征[①]，严格地说，我国正在走向现代国家的过程中。中华人民共和国成立后的 60 多年，中国现代国家建设已经取得了举世瞩目的成就，不仅保障了中国政治稳定、经济发展与社会进步，极大地改善了中国人民的物质文化生活水平与人权状况，而且一种具有中国特色的构建现代国家的道路与模式也在不断探索与实践的过程中逐渐孕育和生成。这既造福中国人民，同时也为发展中国家如何实现现代化提供了一种新的发展模式。但是，构建现代国家的目标尚未完全

---

① 万海辉在《谈现代国家特征》中认为，从资源层面看，作为现代统治体系的国家是集暴力、税收和公权于一体的公共资源体系，具有暴力控制以及税收提取的垄断化和公权掌控的中央集权化的特征；从组织层面看，作为现代统治体系的国家是一套政府组织体系，具有理性化的特征；从规则层面看，作为现代统治体系的国家是一套规则体系，具有制度化的特征；从与其他社会组织的关系来看，作为现代统治体系的国家是一种与其他社会组织在结构上相互分离的体系，具有分离化的特征。见《赤子》2012 年第 8 期。

实现，政治组织化、制度化与民主化的程度和水平仍然需要不断提高。① 再就是从区域发展看，各民族地区发展不平衡，尚未达到均质化程度；从认同看，公民的族群认同和区域认同高于国家认同。这些均不符合现代国家的要求，我国建构现代国家的任务还很繁重。因此，我国建构现代国家不仅在国家政治组织化、制度化与民主化方面要有大的发展进步，而且在国家整个范围内实现均质化发展以及建构国家认同也十分重要，这些都是一个现代国家必备的政治基础、法制基础和社会基础。有了共同的国家认同感，才有巨大的国家凝聚力，所有国家公民才会为现代国家的建构而努力。

第二，国家认同是多民族国家巩固统一的整合剂。我国历史上就是一个多民族的统一国家，从近代以来直到现在，一直受到西方国家的侵略和干预，多民族国家的统一始终是一个突出的问题。中国共产党领导中国各族人民进行革命，摆脱了帝国主义侵略的命运，实现了国家独立和中华民族的解放。新中国成立后，在全国范围大规模地开展中华民族大团结教育和活动，同时也在反帝斗争中极大地增强了中国人民的国家认同。但是，从我国扩大开放以来，在与西方国家增进经济贸易以及政治交往中，西方国家对我国的分裂渗透也不断增强，尤其是利用我国民族分裂主义势力，煽动我国民族地区的民族分裂破坏活动，挑拨离间我国的民族关系，削弱我国各民族已形成的国家认同。在全球化浪潮进一步推动之下，对于像我国这样的多民族国家，国家认同对于多民族国家内部的民族团结、国家的稳定和国际层面的和睦相处、和谐发展有着十分重要的意义。② 因此，进一步增强国家认同是我国迈向现代国家过程中，巩固多民族国家统一的整合剂，在全球化条件下整合和重新建构国家认同势在必行。

二　"四个认同"是国家认同建构的重要内容

胡锦涛同志以新疆边疆民族地区的实际概括出"四个认同"，即对

---

① 周光辉、彭斌：《构建现代国家——以组织化、制度化与民主化为分析视角》，《社会科学战线》2012 年第 2 期。

② 黄岩：《试论全球化与国家认同》，《前沿》2007 年第 11 期。

伟大祖国的认同、对中华民族的认同、对中华文化的认同、对中国特色社会主义道路的认同，涵盖了国家认同的重要内容。建构"四个认同"是国家认同建构的重要途径，应当将"四个认同"置于国家认同下予以建构。

（一）国家认同与"四个认同"

近年来，学术界比较关注国家认同问题的研究。如，许纪霖认为现代国家本身就是一个文化与政治的结合，是在民族的基础上形成的国家共同体。国家认同不仅要有基于民族本身的历史宗语言的文化认同，也要有对法律和政治制度的政治认同。[①] 郭艳提出，国家认同中一种主观意识和态度，表现为个人和国家两个层面。就个人而言，国家认同指的是个体在主观上认为自己属于国家这样的政治共同体，心理上承认自己具有该国一员的身份资格。[②] 建构主义国际关系学派是从国际层面对国家认同的形成和变化进行分析的。他们认为国家认同是一种国际社会的政治构建，是一个民族国家的合法性逐步得到认同的过程，即在不断变化的国际环境和国家力量对比此消彼长的情况下确立适当的国家地位和自我身份，进而明确其利益，决定其对外政策和行为。国内层面的国家认同研究认为国家作为一种想象的共同体，是一种政治、历史、文化、族群等多种因素复合的共同体，而这些因素及其他的之间纷繁复杂的关系也影响着国家认同的构建。杨妍在《地域主义与国家认同》中认为，国家认同是个政治概念。国家认同是一个国家的公民对自己归属哪个国家的认知以及对这个国家的构成，如政治、文化、族群等要素的评价和情感，是族群认同和文化认同的升华。[③] 在全球化过程中，国家与国家关系的变化引起人们对国家认同问题的重视，国家认同成为一个热点问题。在国家认同问题上，我们不仅需要关注作为一国之内的统一象征的国家认同，并且要在国际层面或说全球化的视域下思考国家认同问题。对国家而言，如何建构起国民和他国对国家的认同，以及如何利用国家认同促进国家的整合、使国家能在国际社会中以一个整体的身份参与国

---

① 许纪霖：《现代中国的民族国家认同》，《世界经济与政治论坛》2005 年第 6 期。

② 郭艳：《全球化时代的后发展国家：国家认同遭遇"去中心化"》，《世界经济与政治》2004 年第 9 期。

③ 杨妍：《地域主义与国家认同》，天津人民出版社 2007 年版。

际事务，便成为国家的重要任务。①

笔者认为，胡锦涛同志提出的"四个认同"是对我国民族成员以及公民个人对国家认同提出的具体要求。"四个认同"亦即国家认同、整体民族认同、历史文化认同、现实制度认同。对伟大祖国的认同包含对历史国家和现实国家合法性、合理性的认同，包含对祖国历史和现状的认同，包含对各民族共同缔造多民族统一国家的认同。对中华民族的认同包含各民族自我认同、相互认同以及共同认同。对中华文化的认同也包含各民族对文化自我认同、相互认同以及共同认同。对中国特色社会主义道路的认同包含对中国特色社会主义旗帜、道路以及理论体系的认同。"四个认同"从国家、整体民族、整体民族文化以及社会制度四个层面阐释了国家认同的具体内容。

（二）"四个认同"是藏区跨越式发展的基础

五省区藏区是我国境内地跨西南西北两个片区、以藏族为多数民族的民族地区，是我国典型的多民族地区。新中国成立以来，经过60多年各民族共同建设社会主义国家的历程，各民族间建立了平等、团结、互助、和谐的社会主义民族关系。从历史发展进程看，解放前整个藏区经济社会发展相当落后，解放后国家投入巨大力量大规模地进行建设，取得了前所未有的成就。进入新世纪以来，国家明确了整个藏区要实现跨越式发展的目标。跨越式发展是整个经济社会整体发展的跨越，尤其是中央第五次西藏工作座谈会更加明确了整个藏区要与全国一道进入小康社会的目标。实现这样一个宏伟的目标需要整个藏区具有强大的凝聚力和社会团结稳定的基础。近年来，整个藏区的发展进入了快车轨道，越是在发展的关键时刻，西方反华势力和达赖集团就越是要制造麻烦阻挠这一发展趋势。从2008年拉萨发生"3·14"事件以来，他们加紧向整个藏区渗透，不断策划、制造各种分裂破坏事件，并形成各省区相互影响的态势，严重影响整个藏区的社会稳定和发展，削弱整个藏区的凝聚力和社会思想基础。从多起分裂破坏事件的表象看，他们是在制造一些扰乱社会正常秩序的事端，干扰和阻断我们正常的发展；但从这些事件的实质看，他们是在毁坏整个藏区各民族对国家的认同，即否认整个藏区在国家中的历史和现实合法性、合理性，竭力煽动回归单一民族意识和单一民族文化意识，分裂中华

---

① 黄岩：《试论全球化与国家认同》，《前沿》2007年第11期。

民族，进而否定共产党的领导、社会主义制度和民族区域自治制度，为他们图谋的"大藏区"独立建造社会思想基础。在当前内外环境条件下，维护社会稳定和民族团结遇到到空前的挑战，整个藏区的跨越式发展受到极大的影响。

基于以上分析，"四个认同"是我们在意识形态领域同西方反华势力和达赖集团斗争的焦点，也是五省区藏区实现经济社会跨越式发展的关键基础。没有这个社会基础条件，跨越式发展就没有可能，因此五省区藏区建构"四个认同"既是维护国家统一、民族团结和社会稳定的必然要求，也是推进跨越式发展的任务所迫。

（三）"四个认同"是国家软实力的表征

如上所述，"四个认同"是国家认同的重要内容。从世界范围内的国家竞争趋势看，20世纪末苏联解体、东欧剧变均是失利在国家软实力上，其中原因错综复杂，但西方大国的渗透导致这些国家的民族成员和公民质疑国家的合法性是一个重要的原因，也就是这些国家的族群认同和公民认同都发生了质变，最终导致这些国家不复存在，也改变了世界对这些国家的认同。从国家软实力理论①分析，"四个认同"属于我国公民对于国家价值认同的范畴，反映的是国家这一客观存在的事物被人们心理活动进一步加工后的情况，人们的这种心理认知表明的是国家能力和整个民族凝聚力的程度。国家软实力的内容很多，如一个国家的理想信念、思想道德、组织纪律、精神文明、战略策略、作风形象、体制制度等，而国家认同这一政治价值观是最为核心的内容。国家认同是一个公民爱国的前提，没有国家认同就不可能产生国家意志力和民族凝聚力，就谈不上国家具有软实力，进而也会影响国家的硬实力。

基于以上分析，笔者认为我国公民能否形成"四个认同"是对国家软实力的检测，公民的"四个认同"强弱程度能够说明是否已建构起国

---

① 1990年，美国著名学者约瑟夫·奈在《美国定能领导世界吗》一书和《对外政策》杂志上发表的题为"软实力"一文中，最早明确提出并阐述了"软实力"概念。后来，"软实力"这个概念越来越为各国政界和学界所接受，成为冷战后使用频率较高的一个专门术语。约瑟夫·奈在2004年出版的新著《软实力：世界政治中的成功之道》中，又对"软实力"概念进行了补充。"软实力"这个概念，从本质上看，是一种科学的抽象概括。目前，在世界学术界已被认为是一种理论。

家认同，国家是否有坚定意志力和强大的凝聚力。因此，我们应当把建构"四个认同"提升到增强国家软实力的层面去认识和对待。

三　我国走向现代国家中的国家认同建构

在全球化的今天，国家内部的团结和社会稳定依赖的是社会全体成员对它的高度认同。我国经历了从传统国家到民族国家的发展历程，正在走向现代国家。国家形态的转变是世界潮流，在全球化条件下，国家依然是国际社会的核心组织，现代国家的建构已是必然趋势，随之我国建构国家认同既是必然趋势，也是当务之急。现代国家的建构过程也是国家认同的建构过程，我国建构现代国家的路程还较远，国家认同的建构任重道远，需要我们付出艰辛的努力。

从目前关于国家认同的研究看，全国范围的专家学者很注意国家层面上的国家认同研究，局部地区的专家学者如新疆、内蒙古、云南、广东、广西以及五省区藏区等很注意本地区或区域的研究。笔者认为，应整合全国的研究成果，在学术界达成共识，建议有关决策层既在全国范围也在局部地区或区域高度重视国家认同建构。

（一）排除阻碍因素，全力建构国家认同

受国内外各种因素和环境的影响，目前我国在走向现代国家中遇到建构国家认同的诸多困难。有些学者认为，汉族与少数民族的二元区隔、全球化过程中国内民族分裂主义的扩张、伤害少数民族风俗习惯及宗教信仰的事情时有发生、民族问题与部分社会热点问题交织[1]是影响我国民族国家认同的阻碍因素。也有学者认为意识形态、民族识别、民族优惠政策、威权体制是制约国家认同的因素。[2] 从国际原因分析，西方反华势力利用各种力量"西化""分化"我国是阻碍国家认同建构的国际因素，他们的思想文化渗透抵消着我国国家认同建构的效果。从国内原因分析，除了一些专家分析的原因外，恐怕还有

---

[1]　罗大文：《民族国家认同与中华民族凝聚力问题研究》，《广西民族研究》2012年第2期。

[2]　贺东航、谢伟民：《中国国家认同的历程与制约因素》，《马克思主义现实研究》2012年第4期。

在这些现象背后的社会思潮，就是国内包括汉族在内的各民族在复兴民族文化中不断兴起民族主义思潮①。

对于我国这样一个多民族长期在历史上融合而形成的统一国家来说，各民族文化的不断复兴，越来越强调各民族的文化个性差异，势必对国家认同造成巨大的冲击力。民族文化认同趋势造成民族认同是单一民族认同而非中华民族的认同愈烈，就离建构国家认同目标愈远。因此，建构国家认同需要我国各族人民共同努力，首先要清醒地认识到在建构国家认同中出现的严重问题，各民族有识之士都要克服自身的狭隘性，站在国家和中华民族的整体利益上，为了各民族人民的福祉，引领有利于国家统一、民族团结的社会思潮，引领国民确立正确的国家民族观念，在建构国家认同中发挥先导作用。其次，国家有关部门要采取有力措施，制止不利于国家认同建构的情形发生，尤其是宣传文化部门要始终坚持正确的导向，把各族人民引导到国家认同方向上来，在引导国民对国家的认同上达到上下同欲的目的。

（二）凝聚全国力量，建构"四个认同"

全国各族人民记忆十分清楚，新中国成立后，也就是在毛泽东时代，全国范围内开展了建设国家、中华民族大团结的运动，高度整合了公民认同、民族认同与中华民族认同、国家认同，实现了"四位一体"认同。在 20 世纪五六十年代，各民族成员之间亲如兄弟姐妹，没有你我之分，国家意识和中华民族意识十分强烈。借鉴历史的经验，经过各民族人民的共同努力，当今也应当能够更好地建构高度的国家认同和中华民族认同。

现今我国经济、政治、文化一体化程度不断加强，尤其是在现代网络条件下，全国各地的联系非常密切，互相影响力很大。建构"四个认同"不只是局部区域的任务，而且也是全国范围的任务。近年来，新疆以及西藏等五省区藏区切实采取有效措施不断加强"四个认同"的建构，但在全国范围内尚未形成各地的互动。有时边疆地区"四个认同"的建构效果受到其他地区的抵消。笔者认为，"四个认同"对于各民族成员来说，既有自我认同，更有互相认同和共同认同，如果没有形成全国范围的互

---

① 姚新勇：《中国大陆"种族民族主义"观察》，《民族社会学研究通讯》第 118 期，2012 年 8 月 31 日。

动，只在局部区域互动就不可能有各民族成员的互相认同和共同认同。新中国成立初期，在全国范围内出现了批判大汉族主义和地方民族主义的互动，结果就出现了全国民族大团结的大好局面。因此，建议"四个认同"的建构应在全国范围内开展，这是我国建构现代国家任务所决定的，也是个长期的任务。五省区藏区实现跨越式发展和长治久安固然需要本区域内建构"四个认同"，当然更需要全国建构起高度的国家认同予以大环境、大氛围的支持。

（三）强化公民认同，实现"四位一体"认同目标

在我国国家认同的历程中，一直存在国族认同的高涨与公民认同的滞后的问题，也存在国族认同和各民族自我认同的矛盾，国族即中华民族认同是政治性认同，而各民族的自我认同是非政治性认同。在国家认同中，国族认同与公民认同的矛盾、国族认同与各民族认同的矛盾是建构现代国家中的一个重要问题，也是一个难解的问题。解决这一问题需要国家决策层和全体国民都能从建设公民国家的思路考虑各民族成员的利益问题。格罗斯认为，公民国家建立了一种公民纽带，其法律体现就是公民权，这是一种公民的联合，国家成员的联合，而不是族群成员的联合。① 公民认同是在一个国家中人们以"同国公民"身份而相互认同，即以公民规则处理相互关系，而不是以"同族""同地域"人（老乡）处理关系。在公民认同的前提下，不同民族的公民在不违背国家根本利益情况下，发展本民族文化。因而各民族成员间最重要的认同就是"同为公民"这一身份的认同。

我国还处在由民族传统国家向现代国家转变的过程中，各民族认同、中华民族认同、公民认同到国家认同还不能完全一致，因此，建构"四个认同"最终要形成相互认同、共同认同，确立起现代国家所应具有的公民认同，进而实现国族认同、公民认同、制度认同和国家认同"四位一体"的认同，到那时我国的国家认同才能真正建构起来。

综上，笔者在思考国家认同与"四个认同"问题时深感我国建构国家认同非一般小事，需要我们应从更宽阔的视阈，站在更高的角度，以更

---

① [美] 菲利克斯·格罗斯：《公民与国家——民族、部族和族属身份》，王建娥等译，新华出版社 2003 年版。转引自罗大文《民族国家认同与中华民族凝聚力问题研究》，《广西民族研究》2012 年第 2 期。

创新的思路进行思考与探索，对建构"四个认同"以至实现国家认同目标提出积极的建议。本文的思考还有很多欠缺，敬请专家斧正。

（参加 2012 年甘肃社会科学院举办的"四个认同"与藏区跨越式发展研讨会发表于西藏社会科学院编《要情》2012 年第 16 期）

在坚持群众路线中弘扬"老西藏精神"

"老西藏精神"是我党我军优良传统与西藏和平解放、社会主义革命、建设、改革开放实践相结合的产物。它是进藏部队在和平解放中孕育出来的，是驻藏部队与各族干部群众在西藏社会主义革命、建设、改革开放的伟大实践中发展起来的伟大精神。它从井冈山精神、长征精神、延安精神、西柏坡精神发展而来，是中国革命精神的延续，是时代精神的体现。纵观"老西藏精神"形成的脉络，它是进藏部队在和平解放时期坚持党的群众路线而形成的精神财富，也是驻藏部队和各族干部群众在西藏经济社会发展的各个时期坚持党的群众路线而聚集的精神力量。在当前全党开展的群众路线教育实践活动中，"老西藏精神"依然具有重要的作用，我们必须继续予以弘扬。

群众路线与"老西藏精神"

群众路线是中国共产党在革命时期独创的一种群众工作方法和组织方法，成为党的生命线和根本工作路线，贯穿于党的一切工作中。这条路线是革命胜利和推进建设和改革开放的保证。1981年党的十一届六中全会通过的《关于建国以来党的若干历史问题的决议》将群众路线概括为："群众路线，就是一切为了群众，一切依靠群众，从群众中来，到群众中去。"后来，党章中又加了一句"把党的正确主张变成群众的自觉行动"，形成了关于群众路线的完整表述。群众路线包含三层内容：一是马克思主义的群众观即对待群众的态度———一切为了群众，一切依靠群众。一切为了群众，是我们党的全部工作的出发点。中国共产党的性质决定，党的全部理论、纲领、路线和方针政策，党的一切努力、奋斗和牺牲，都是为了人民群众的解放和幸福，党除了人民群众的利益以外，本身决无任何特殊的私利。一切依靠群众，是党的各项事业的立足点。人民群众是历史的创造者，充分调动人民群众的力量，党的工作才能有支撑点。二是领导方法即群众工作的方法——从群众中来，到群众中去。在《关于领导方法的若干问题》一文中，毛泽东同志说，凡属正确的领导意见都是从群众中来的，将群众的意见集中起来，再到群众中坚持下去，在群众行动中考验这些意见是否正确，如此无限循环，一次比一次地更正确、更生动、更丰富。三是组织领导效力即群众路线的目的——把党的正确主张变成群众的自觉行动，这就是使群众认识到党的意见是符合他们的根本利益的，党号召群众实动起来、化作他们自觉的行动，这样群众路线就落在实处了。

　　"老西藏精神"在和平解放西藏时期孕育，随着西藏革命、建设和改革开放的时代变迁而发展。1990年7月，江泽民同志在西藏视察工作期间，将进藏部队和地方工作人员创造的"老西藏精神"概括为"特别能吃苦、特别能战斗、特别能忍耐、特别能团结、特别能奉献"。时间流逝，岁月穿梭，这"五个特别能"的精神就是"老西藏"们坚持党的基本路线在革命、建设和改革开放的实践中积淀而成的，这种精神中全部贯穿着党的群众路线的内容。"老西藏"们开展的一切工作都是为了群众，都是依靠群众。党领导西藏各族人民进行革命、建设和改革开放的正确政策都是从群众来、到群众中去，"老西藏"们做了大量的群众工作，把党的主张变成了群众的行动。和平解放60多年来经济社会的发展过程，就是"老西藏"们及其继承者通过密切联系群众的工作，把群众组织起来、动员起来、武装起来，使群众成为西藏历史进步和社会发展的创造者。没有"老西藏"们坚持党的群众路线，把社会生产力中最重要的决定因素——群众的力量组织和调动起来，就没有西藏社会的发展与进步。

弘扬"老西藏精神"坚定理想信念

　　"老西藏精神"内涵丰富，外延深广，它跨越了地域，超越了时空，已被西藏一代代人传承，人们从不同的视角认识和理解、总结和升华。我们应该做到的是，能透过特别能吃苦、战斗、忍耐、团结和奉献之表象，看到"老西藏"们坚定的马克思主义的理想信念，这种理想信念就是他们对待群众的态度和情感。

　　和平解放前的西藏是我国最落后的地区之一，当全国大陆获得解放、新中国成立之时，内地过上幸福、安宁、舒坦的日子指日可待。而在此时，进藏部队接到中央的命令，官兵们毅然踏上进藏的征程。进藏途中所遇到的艰辛、民族宗教复杂情况都是难以想象的。正是因为他们胸中有着马克思主义的理想信念，有着解放西藏各族人民的雄心壮志，无论多苦多难多累，他们都能战胜和克服；无论需做多大牺牲，他们都会选择。在革命、建设和改革开放时期，众多的驻藏官兵和各族干部正是因为胸中有着马克思主义的理想信念，有着解放西藏各族人民的雄心壮志，始终与群众在一起，全心全意地服务群众，想群众之所想，急群众之所急。和平解放初期，驻藏部队和各族干部做群众工作十分艰难，为了争取上层的支持，执行好"十七条协议"，都是通过上层才能做群众影响工作的。驻藏部队和各族干部吃苦、战斗、忍耐、团结和奉献，都是为了真正解放群众，在中央的领导下，他们在西藏创造性地开展群众影响工作，使群众实现了从不认识共产党到自觉跟党走的转变。进藏部队、驻藏部队和各族干部尤其是他们中的共产党员信仰马克思主义和共产主义，才在恶劣环境中创造出奇迹，才在和平解放的基础上开展了民主改革运动，开启了社会主义革命、建设和改革开放的征程，团结带领各族群众追赶全国发展的步伐。

　　在当前西藏实现"两个百年"的中华民族伟大复兴中，西藏与内地特别是沿海地区相比差距还十分大，困难还十分多，这就更需要各族干部弘扬"老西藏精神"。首先要有坚定的理念信念，这个理想信念就是实现中华民族的伟大复兴，就是在西藏发展中国特色社会主义，就是团结带领各族群众走中国特色社会主义道路，用中国特色社会主义理论体系武装头脑，完善中国特色社会主义制度。这是为了西藏各族人民实现富裕、民主、团结、文明、和谐的目标必须具有的胸怀，这是习近平总书记多次告诫我们不能缺少的"共产党人精神上的钙"。具有这样的理想信念，党员干部才能真正把群众装在心中，才能摈弃私心和私利，才能克服一切困难为群众做好事，把好事做好，把实事做实，让人民群众满意。

弘扬"老西藏精神" 建设优良作风

　　"老西藏精神"是我党我军优良作风的体现。延安时期，毛泽东高度概括了我党的三大优良作风，即理论联系实际、密切联系群众、开展批评与自我批评。"特别能吃苦、特别能战斗、特别能忍耐、特别能团结、特别能奉献"的"老西藏精神"正是对这三大优良作风的传承。

从和平解放一直到改革开放，我们在西藏所开展的工作中都有同全国其他地方相比更具特色的内容。进藏部队、驻藏部队和各族干部坚持了理论联系实际的作风，把党的理论与具体情况结合起来，从西藏的实际出发，解决了革命、建设和改革开放中遇到的许多问题，得出了重要的经验，当然也有过深刻的教训。凡是坚持了理论联系实际，我们的政策就是正确的，政策的执行也是效果显著的；凡是偏离了理论联系实际，我们的政策就会出现错误或误差，政策的执行也打了折扣。密切联系群众更是驻藏部队和各族干部始终坚持的作风。在西藏，每一个时期群众工作都有特点，情况不同群众工作也不同。和平解放60多年来，由于西藏社会发育程度较低并经常遇到分裂势力的干扰破坏，我们引导群众、教育群众、组织动员群众、争取群众的难度较大，可进藏部队、驻藏部队和各族干部始终坚持密切联系群众，紧紧围绕群众的利益开展工作，赢得了广大群众的信任，这是各项事业顺利发展的保证。批评与自我批评是我党不断改进作风的一种优良方法，"老西藏"们在长期的工作中始终坚持这一作风，敢于说真话、说实话，做错了就批评与自我批评，同志关系非常率真，工作作风极其朴实，驻藏部队和各族干部与群众之间形成了非常亲密的关系，各族群众信任党、跟党走，成为我们在西藏工作的力量源泉。除了三大优良作风外，"老西藏"们还始终坚持了艰苦奋斗、勤俭节约等好传统。"老西藏"们长期坚持党的优良作风和传统，在各族群众中树起了党和政府全心全意为人民服务的良好形象，形成了很强的公信力。这正是西藏各族人民跟党走的根本原因。

在当前开展的群众路线教育实践活动中，我们要把"老西藏精神"作为一面镜子，对照自己，看看差距在哪儿；要把"老西藏精神"作为一把尺子，度量自己，看看差距有多大；要把"老西藏精神"作为一面旗帜，解剖自己，看看信念坚定不坚定、作风正派不正派。回看西藏发展的历程，"老西藏"们在西藏大地上留下了奋斗的足迹。时至今日，有些"老西藏"已离我们而去，但他们的英灵依然守卫着祖国西南这块边疆要地。面对"老西藏"们，每个共产党员都应该洗涤洗涤灵魂深处的污垢，清理清理作风中的灰尘，认认真真查找"四风""两问题”“一薄弱”中的问题，坚定理想信念，建设优良作风，努力服务群众，无愧于“老西藏精神”，使我们党的执政永远根植于西藏各族群众这片沃土良田中。

（发表于《西藏日报》2014 年 6 月 8 日，
获全区党的群众路线教育实践征文一等奖）

价值观教育研究

弘扬"老西藏精神" 建设社会主义核心价值体系

　　提　要　"老西藏精神"跨越了地域与时空，融入社会主义核心价值体系中。建设社会主义核心价值体系要弘扬"老西藏精神"，始终坚持马克思主义在西藏意识形态的指导地位；牢固树立中国特色社会主义共同理想，毫不动摇地坚持走有中国特色、西藏特点的发展路子；大力弘扬和培育以爱国主义为核心的民族精神和以改革创新为核心的时代精神；不断推进社会主义荣辱观教育实践活动。
　　关键词　"老西藏精神"　核心价值体系

　　1990 年 7 月，江泽民同志到西藏视察工作时，提出"发扬老西藏精神"，将"老西藏精神"在原来的基础上概括为"特别能吃苦，特别能忍耐，特别能战斗，特别能创业"。其他中央领导同志还提出"特别能团结，特别能奉献"。[①] 这六个"特别能"精辟地概括了"老西藏精神"的深刻内涵和时代价值。从西藏革命、建设到改革开放时期，"老西藏精神"不断得到传承，已经跨越了地域和时空，与井冈山精神、长征精神、延安精神等中国革命传统一起，汇入了社会主义核心价值体系中。党的十六届六中全会鲜明的提出了建设以"马克思主义指导思想，中国特色社会主义共同理想，以爱国主义为核心的民族精神和以改革创新为核心的时代精神，社会主义荣辱观"为主要内容的社会主义核心价值体系，建设社会主义核心价值体系是我国思想道德建设的重大任务。中央第五次西藏工作座谈会上胡锦涛同志要求"深入开展社会主义核心价值体系宣传教育"，在参加十一届全国人大二次会议西藏代表团审议

---

① 阴法唐：《谈"老西藏精神"》，《党建研究》1998 年第 9 期。

时，又要求西藏各族干部发扬光大"老西藏精神"，团结带领各族群众把西藏的事情办得更好。贯彻落实中央第五次西藏工作座谈会精神需要有各族人民团结奋斗的共同思想基础作支撑，由此要大力弘扬"老西藏精神"，建设社会主义核心价值体系，为做好西藏工作提供正确的思想保证和强大的精神力量。

一 "老西藏"们在西藏革命和建设中把马克思主义基本原理运用于西藏的具体实际中，开启了马克思主义在西藏地区中国化进程。弘扬"老西藏精神"，就要始终坚持马克思主义在意识形态中的指导地位

新中国成立时期，全国大陆还剩西藏地区处在政教合一的封建农奴制度的统治下，党中央、毛泽东主席命令中国人民解放军进军西藏、解放西藏。在解放西藏的过程中，"老西藏"们借鉴内地革命的成功经验，把马克思主义与西藏实际结合起来，解决了十分棘手的与西藏地方政府和平谈判问题，完成了和平解放西藏的任务。西藏的和平解放，标志着马克思主义在西藏正式传播。从近代以来，西藏上层人士为了维护自己的统治地位，也曾经尝试过、寻觅过西方的一些改良思想；也曾试图对奉若神明的藏传佛教进行"改革"；清朝末年驻藏帮办大臣张荫棠和十三世达赖喇嘛也曾在西藏尝试过"新政"。但这些实验都不能解决当时西藏社会的问题，昙花一现，沉没于历史长河中。20世纪五六十年代，"老西藏"们以马克思主义为指导，在西藏特殊的社会条件下，在执行"十七条协议"的过程中，不断地思考与探索，成功地进行了民主改革，成立了自治区，建立了社会主义制度，实现了从封建农奴制度向社会主义制度的跨越，成功实践了马克思主义关于社会主义制度的跨越理论。从此，在意识形态领域马克思主义代替了藏传佛教的地位，成为西藏革命、建设和改革的指导思想。在这一思想指导下，西藏经济社会飞速发展，各族人民创造了人类奇迹，开创了历史发展的新纪元。民主改革前，西藏各族人民经过八年的观看与对比，终于意识到只有马克思主义而不是藏传佛教、只有社会主义制度而不是政教合一的封建农奴制、只有共产党而不是三大领主才能改变自己的命运，逐渐接受了马克思主义，马克思主义之花开遍西藏大地。随

着马克思主义逐步在西藏意识形态领域牢固地确立指导地位，西藏社会发生了根本性的变革。民主改革以来，特别是改革开放 30 多年来，西藏各族人民在党的领导下，不断弘扬"老西藏精神"，始终用马克思主义来观察西藏的问题、解决西藏的问题，始终把马克思主义基本原理同西藏实际和时代特征紧密结合起来，引领西藏社会主义革命、建设、改革并取得举世瞩目的成就。

经过近 90 年的实践，马克思主义成为我们立党立国的根本指导思想，是社会主义意识形态的旗帜和灵魂，也是社会主义核心价值体系的灵魂。在进行民主革命、社会主义革命和建设时期离不开马克思主义指导，在发展中国特色社会主义时期更离不开马克思主义指导。社会主义核心价值体系是中国特色社会主义的本质特征，马克思主义为建设社会主义核心价值体系提供了世界观和方法论指导，决定着社会主义核心价值体系的性质和方向。坚持马克思主义的指导地位，就抓住了社会主义核心价值体系的灵魂。马克思主义是随着时代、实践和科学的发展而不断丰富、发展的马克思主义。毛泽东思想、邓小平理论、"三个代表"重要思想和科学发展观都是马克思主义与中国具体实际相结合的产物，是中国化的马克思主义。在建设社会主义核心价值体系的过程中，弘扬"老西藏精神"，就要始终坚持马克思主义的指导地位，坚持中国化的马克思主义。当前，西藏社会正在发生着深刻的变化，社会思想呈现多元趋势，为此必须坚持马克思主义指导地位，高举毛泽东思想、邓小平理论和"三个代表"重要思想伟大旗帜，全面树立和落实科学发展观，统领、整合各种社会思想，使之与马克思主义相一致，不能背离马克思主义。同时，在坚持马克思主义指导地位的前提下，也要尊重差异、包容多样，努力做到在尊重差异中扩大社会认同，在包容多样中形成思想共识，在马克思主义的指导下，最大限度地形成思想共识，凝聚力量。当前，最需要用中国特色社会主义理论体系指导推进跨越式发展和长治久安的实践。我们要像"老西藏"们那样，特别能吃苦、特别能战斗、特别能创业，把中国特色社会主义理论与推进跨越式发展和长治久安的具体实际结合起来，按照中央第五次西藏座谈会精神的要求，克服艰难险阻，破解所有难题，全力推进跨越式发展和长治久安，与全国同步完成全面建设小康社会的任务。

二　"老西藏"们在西藏革命和建设中实践了中国 共产党人的崇高理想。弘扬"老西藏精神"，就要 牢固树立中国特色社会主义共同理想，毫不动摇地 坚持走有中国特色、西藏特点的发展路子

中国共产党人的崇高理想是为实现共产主义而奋斗。在中国革命史上实现共产主义首先要解放劳苦大众，废除旧的社会制度，进而建立社会主义制度。"老西藏"们在西藏革命和建设中，以实际行动投身于西藏革命中，解放百万农奴，废除政教合一的封建农奴制度，带领西藏人民逐步建立了社会主义制度，书写了几代人为实现共产主义而奋斗的人生意义。20世纪五六十年代的西藏，外有帝国主义和反动势力的侵略、破坏，内有分裂主义分子的捣乱，气候恶劣、交通落后、信息闭塞、生活条件艰苦，保卫祖国、巩固国防、建设西藏的任务极为繁重艰巨，"老西藏"们勇挑重担，在极为特殊的环境和复杂的情况中，带领西藏各族人民进行政治制度改革，开展经济文化建设，创造了举世瞩目的伟大成就。"老西藏"们情洒高原，汗流边陲，"把五星红旗插上喜马拉雅山，让幸福的花朵开遍全西藏"，让百个第一进高原，先后创造了西藏历史上第一条公路、第一个机场、第一个农场、第一个科研所、第一座电站、第一家医院、第一个修配厂、第一所完全小学、第一条输油管道、第一条兰西拉光缆工程等200多个第一，被称为不可想象的人间奇迹。① 当年进军西藏的路上，每前进一公里就有一名战士倒下。民主改革50年来，共有5000多名英烈长眠在雪域高原。"老西藏"们把个人的理想与党的奋斗目标结合起来，把青春甚至生命献给了西藏社会主义伟大事业。"老西藏"们坚定的理想信念，成为西藏革命和建设成功的关键，是"老西藏精神"的灵魂。

在当代中国，中国特色社会主义成为凝聚全党全国各族人民团结奋斗的共同理想，是实现中华民族伟大复兴的必然要求，也是建设社会主义核心价值体系的主题和目标。中国特色社会主义事业发展需要中国特色社会主义这样一个共同理想来凝聚人心、汇聚力量，动员和号召全国各族人民

---

① 杨双举：《老西藏精神永放光芒》，《西藏日报》2009年3月26日。

为之而奋斗，夺取中国特色社会主义建设的伟大胜利。当前，在建设中国特色社会主义伟大事业过程中，我们仍然面临各种严峻的困难和挑战。外部我们面对国际敌对势力的干预，内部我们面对达赖集团的分裂破坏，加之西藏经济社会发展缓慢，在全面建设小康中与全国的差距较大，发展中国特色社会主义事业面临许多艰难险阻。面对前进道路上的复杂矛盾和困难，面对种种新的考验，更加需要我们用中国特色社会主义共同理想吸引人、感染人、凝聚人、鼓舞人，把全社会的各种力量团结和凝聚起来；更加需要我们大力弘扬"老西藏精神"，像"老西藏"那样，树立崇高的理想和坚定的信念，把自己的职业理想、人生理想与中国特色社会主义共同理想有机统一起来，毫不动摇地坚持走出有中国特色、西藏特点的发展路子，在发展中国特色社会主义和建设社会主义新西藏的伟大事业中展现人生价值，彰显出新时代共产党人的生命意义。像"老西藏"那样，特别能奉献，把知识、智慧、青春乃至一生献给这片高原厚土，在推进跨越式发展和长治久安中，完成全面建设小康社会的目标任务，把西藏社会发展推进到一个新的阶段。

三 "老西藏"们在西藏革命和建设中践行了热爱祖国、艰苦创业的精神。弘扬"老西藏精神"，就要大力弘扬和培育以爱国主义为核心的民族精神和以改革创新为核心的时代精神

在进军西藏过程中，"老西藏"们以极高的爱国主义热情和坚韧不拔的革命意志，吃大苦耐大劳，以"英雄踏破千里雪"的无畏气魄，实现了"把五星红旗插上喜马拉雅山"的誓言，驱逐帝国主义出西藏，胜利完成了和平解放西藏、统一祖国大陆的伟大历史使命，为祖国统一做出了重大贡献。进军之初，将士们就喊出"吃大苦、耐大劳"，"不怕困难、不怕牺牲"等口号，战严寒、抗缺氧、住野外、吃野菜，脚底板磨出了脓肿血泡和厚实的老趼，脸颊晒出了黧黑的"高原红"，毅然舍死忘生地完成党交给的进军、筑路、打仗、发动群众等各项任务，体现出实现祖国统一的爱国主义精神。在1962年中印边境自卫反击作战中，参战部队官兵高呼"一不怕苦、二不怕死"的口号，冲锋陷阵、不怕牺牲、顽强作

战，所向披靡，沉重打击了地区霸权主义侵略者的嚣张气焰，捍卫了祖国的边疆安全。对此，毛主席曾给予高度评价和肯定，说"我赞成这样的口号，叫作—不怕苦、二不怕死"，并号召全国军民弘扬这种革命精神。以"张福林班"为代表的进军、筑路、生产大军的崇高爱国主义思想和坚韧革命精神，为"老西藏精神"奠定了坚实的精神基础，"老西藏精神"得以在革命斗争的锤炼中产生，并具有"爱国主义、自力更生、吃苦耐劳、边疆为家"等基本内涵。①

　　在革命战争年代，民族精神表现为中华儿女为保卫国家，维护民族尊严，不怕牺牲，抗击外敌，百折不挠，努力实现民族解放。在建设时期，民族精神表现为中华儿女为实现祖国的繁盛、中华民族的振兴励志图强、奋发有为，努力实现国家民族的发展。我们党领导西藏各族人民在革命和建设实践中孕育的"老西藏精神"，就是以爱国主义为核心的民族精神在特定历史时期、特定地区的体现和升华。她与井冈山精神一样，把爱国主义的传统从中华民族求生存的境界升华到了中华民族自立、自强、自信的全新高度，极大地丰富和发展了民族精神。② 在西藏革命和建设中，"老西藏"们在中国共产党的领导下，与国际敌对势力斗争，与国内反动派斗争，与恶劣的自然斗争，用汗水、鲜血乃至生命诠释了中国共产党人是最坚定、最彻底的爱国者，是爱国主义、集体主义和共产主义高度统一的革命者。在西藏，以张国华、谭冠三等同志为代表的中国共产党人，从西藏革命的实际出发，战胜恶劣气候的挑战，战胜西藏上层反动势力的阻挠，建立了革命政权和组织，开创性地建立了社会主义制度，展现出中国共产党人实事求是、敢闯新路的理论勇气和创造精神。正是依靠和弘扬这种"老西藏精神"，中国共产党人在西藏不仅开辟了有中国特色的革命道路，也开辟了中国特色社会主义的建设道路。半个多世纪的实践证明，"老西藏精神"不仅是西藏革命和建设的精神力量，也是推进改革开放和社会主义新西藏建设的不竭动力。

　　伟大的时代需要伟大的精神。今天，在推进跨越式发展和长治久安中，全面建设小康社会，实现中华民族的伟大复兴，更需要树立起广泛认同的精神旗帜。在新的历史时期，弘扬"老西藏精神"就要大力弘扬和

---

① 杨双举：《老西藏精神永放光芒》，《西藏日报》2009 年 3 月 26 日。

② 江西省邓小平理论和"三个代表"重要思想研究中心：《弘扬井冈山精神　建设社会主义核心价值体系》，《光明日报》2007 年 10 月 23 日。

培育以爱国主义为核心的民族精神和以改革创新为核心的时代精神,像"老西藏"那样,特别能团结,特别能创业,各族人民紧密团结、众志成城,以民族团结为保障,维护祖国统一,坚决地反对分裂,实现长治久安,全面推进经济社会跨越式发展。像"老西藏"那样,把以爱国主义为核心的民族精神与以及改革开放以来焕发出的新的时代风貌结合起来,进一步丰富民族精神、时代精神的内涵,不断增强国家意识、中华民族意识,不断增强中华民族的自尊心、自信心和自豪感,不断增强中华民族的凝聚力、向心力和创造力,不断焕发建设团结、民主、富裕、文明、和谐的社会主义新西藏的巨大动力。

四 "老西藏"们在西藏革命和建设中实现了忠诚于党、服务人民、报效国家、献身使命的价值目标。弘扬"老西藏精神",就要不断推进社会主义荣辱观教育实践活动

每一个时代都有社会所确立的价值目标,成为人们行为的导向。20世纪五六十年代,"老西藏"们在革命和建设过程中践行着那个时代的价值标准:"祖国的需要就是我的志愿",他们从祖国各地奔赴西藏,把青春和智慧献给西藏。进藏人员本着四海为家的思想,把西藏看成是自己的第二故乡,个人的进退去留,悉由党和人民来决定。无论在西藏工作多久,将来是否能回归故里,他们都从建设西藏的百年大计这个着眼点出发,默默地实践着这一崇高的生命承诺,与本地工作人员一样,把西藏作为自己生命和事业的归宿与寄托。[1] 以老西藏冠名的"老西藏精神",是对老西藏人诸多优秀品质的集中概括。如身负 13 处重伤仍手执弹尽的冲锋枪奋勇杀敌的驻藏某部战士田都来,"生为西藏献心血,死为西藏献生命"的谭冠三政委,疾病缠身调蜀不到 5 年就病逝的张国华司令员,牺牲在边防线上的原西藏军区司令员张贵荣,"爱民模范"洛桑单增,等等。他们身上无不闪现着"鞠躬尽瘁、死而后已"的崇高品质和革命精神。这些优秀品质都体现了"老西藏"的价值观念。

---

[1] 阴法唐:《谈"老西藏精神"》,《党建研究》1998 年第 9 期。

当前，我国正处在改革发展的关键时期，社会深刻变革，经济快速发展，人们的思想观念、生活方式和价值取向都发生了变化，中国特色社会主义伟大事业迫切需要与之相适应的社会主义核心价值体系。胡锦涛同志提出要在全社会树立以"八荣八耻"为主要内容的社会主义荣辱观，扎实推进和谐文化建设，打牢社会主义核心价值体系的基础，形成维系社会和谐的精神纽带，培养良好的道德风尚和社会风气。社会主义荣辱观是中华民族传统美德、优秀革命道德与时代精神的结合。"老西藏精神"作为中国革命精神的组成部分，既继承和发展了中华民族的传统美德，又集中体现了中国共产党人的优秀品质，是社会主义荣辱观的重要渊源。我们弘扬"老西藏精神"，就要充分挖掘它的深刻内涵，不断推进社会主义荣辱观教育实践活动，引导人们分清是非荣辱、明辨善恶美丑，确立起当代人应有的道德价值体系，凝聚各族人民的力量，团结一心、共同奋斗，开创建设社会主义新西藏伟大事业的新局面。

"老西藏精神"形成于 20 世纪五六十年代，历经岁月的锤炼，成为西藏人民乃至全国人民的一座精神丰碑，它体现着几代人的思想境界、价值观念和精神品格，折射着我国一个时代的价值导向。今天将弘扬"老西藏精神"融入社会主义核心价值体系的建设过程中，必将结出西藏社会主义精神文明建设丰硕的新果实。

（发表于《西藏发展论坛》2010 年第 3 期）

提升核心价值体系的引领力

　　党的十七届六中全会对我国深化文化体制改革、推动社会主义文化大发展大繁荣做出了战略性部署，提出了建设社会主义文化强国的奋斗目标，把推进社会主义核心价值体系建设放在推动社会主义文化大发展大繁荣的重要位置上。西藏自治区刚刚召开的第八次党代会对贯彻落实十七届六中全会精神做出了安排，陈全国书记在会议上强调，要以满足群众精神文化需求为目的，推动文化大发展大繁荣。明确提出要提升核心价值体系的引领力，提升意识形态领域的战斗力，提升主流舆论媒体的传播力，提升公共文化服务的辐射力，提升特色文化产业的竞争力，提升社会主义精神文化产品的供给力"六个提升"的任务要求。在这"六个提升"中，提升核心价值体系的引领力是其他"五个提升"的前提、基础和导向。

　　党的十七届六中全会指出："社会主义核心价值体系是兴国之魂，是社会主义先进文化的精髓，决定着中国特色社会主义发展方向。"近年来，西藏从实际出发，已广泛开展了社会主义核心价值体系建设活动，在引领社会思潮、巩固各族人民团结奋斗的共同思想道德基础方面取得了一定的成效，各族人民把社会主义核心价值体系作为行动的价值取向，积极健康的社会风尚不断得以加强。自治区第八次党代会对推进社会主义核心价值体系建设作了进一步的要求，并结合区情实际，提出了提升核心价值体系的引领力的任务目标。会议强调，在自治区提升核心价值体系的引领力要做到"四个坚持"，即：坚持马克思主义的指导地位，把社会主义核心价值体系融入国民教育、精神文明建设和党的建设的全过程，用中国特色社会主义理论体系武装头脑、指导全区文化建设，推进邓小平理论、"三个代表"重要思想、科学发展观进基层、进教材、进课堂、进头脑，转化为全区广大党员干部和各族群众的自觉行动；坚持深入开展马克思主义祖国观、民族观、宗教观、文化观，唯物论、无神论和新旧西藏对比教育，不断增强各族群众对伟大祖国的认同、对中华民族的认同、对中华文化的认同、对中国特色社会主义道路的认同；坚持大力弘扬以爱国主义为核心的民族精神、以改革创新为核心的时代精神、以艰苦奋斗为核心的"老西藏精神"，凝聚建设社会主义新西藏的强大精神力量；坚持加强对西藏重大理论、历史和现实问题的研究，推动哲学社会科学和藏学研究的繁荣发展。

坚持马克思主义的指导地位，要从马克思主义在自治区传播时间较晚、传播力量较弱，而且还面临唯心论和有神论在各族群众有较大影响力的实际出发，大力加强和推进马克思主义大众化工作，将马克思主义基本原理、毛泽东思想和中国特色社会主义理论体系以通俗的大众的方式深入地传播到广大基层干部、群众和青少年中，让马克思主义尤其是当代中国的马克思主义进基层、进教材、进课堂、进头脑，为各族干部群众和青少年所掌握，并确立起马克思主义信仰，转化为自觉行动，自觉抵制唯心论和有神论影响，增强认识世界和改造世界的自觉性和创造力。坚持马克思主义"四观两论"教育，要从自治区实际出发，大力强化"四个认同"。对祖国的认同就是对祖国历史的认同和对各族人民共同创建社会主义新中国即中华人民共和国的认同，确立西藏自古就是祖国的一部分、各民族共同缔造统一多民族国家的观念，进而维护祖国统一，坚决反分裂；对中华民族的认同就是对各民族都是中华民族成员的认同，确立各民族共同创建统一的中华民族共同体的观念，维护和增强民族团结；对中华文化的认同就是对各民族共同创造中华文化的认同，确立各民族文化都是中华文化的组成部分的观念，进而增强中华民族自豪感和对中华民族的归属感，正确理解"中华民族特色文化保护地"的内涵，即在认同中华文化的基础上，传承西藏各民族历史文化和发展西藏地方的特色文化；对中国特色社会主义的道路的认同就是对各族人民选择马克思主义、选择中国共产党、选择社会主义道路的认同，确立只有社会主义才能救西藏、只有社会主义才能发展西藏的观念，进而坚持社会主义制度，走有中国特色、西藏特点的发展路子。坚持弘扬"三种精神"，就是要继承近代以来西藏各族人民反帝爱国的优良传统，传承包括藏民族在内的中华民族捍卫国家统一、建设祖国的民族精神，以"老西藏"为榜样，继承和弘扬革命传统，以改革创新的时代精神深化经济社会发展的各项改革事宜，以巨大的中华民族凝聚力推进新西藏社会主义建设的伟大事业。坚持加强对西藏重大理论、历史和现实问题的研究，就是要求哲学社会科学和藏学研究要着眼于中央第五次西藏工作座谈会提出的"六大战略目标"和实现全面建设小康社会的奋斗目标以及西藏实现社会主义现代化宏伟目标等重大理论，着眼于西藏经济社会发展、维护社会稳定、推动社会主义文化大发展大繁荣等现实问题，着眼于西藏是中国不可分割一部分、西藏各族人民与全国各族人民共同缔造统一多民族国家和共同创造中国历史与中华文化等历史问题，开展深入的研究，为构建国家边疆战略献计献策，为自治区党委和政府的中心工作服务，发挥好"思想库""服务部"的作用，使所创作的各类作品具有核心价值体系的引领力。

总之，提升核心价值体系的引领力，就是要使社会主义核心价值体系成为西藏经济社会发展的价值导向，成为各族干部、群众和青少年自觉行为行动应遵从的价值准则，成为全体社会成员的精神支柱。自治区意识形态领域、主流舆论媒体、公共文化服务、特色文化产业、社会主义精神文化产品都必须以核心价值体系为引领，将社会主义核心价值体系贯穿于其中，为全社会形成社会主义核心价值观念、提高各族人民综合素质、提升各族人民精神境界营造良好的氛围，提供丰富的营养，保证文化建设的正确方向，开创社会主义文化走向大发展大繁荣的新局面。

（发表于《西藏日报》2011 年 11 月 19 日）

对西藏培育和践行社会主义
核心价值观的几点认识

摘　要　当前西藏自治区和全国一样，正在广泛深入地开展培育和践行社会主义核心价值观活动，但因西藏的社会基础和现实状况等条件，西藏开展这样的活动有着更加明确的目的，需要有更加适宜的途径和载体，同时也需要把握和处理好几个问题。

关键词　西藏　培育　践行　核心价值观

2013 年 12 月，中共中央办公厅印发《关于培育和践行社会主义核心价值观的意见》（以下简称《意见》）①。2014 年 2 月，中共中央政治局进行第十三次集体学习时，习近平总书记就培育和弘扬社会主义核心价值观、弘扬中华传统美德发表重要讲话，他强调，核心价值观是文化软实力的灵魂、文化软实力建设的重点。这是决定文化性质和方向的最深层次要素。一个国家的文化软实力，从根本上说，取决于其核心价值观的生命力、凝聚力、感召力。培育和弘扬核心价值观，有效整合社会意识，是社会系统得以正常运转、社会秩序得以有效维护的重要途径，也是国家治理体系和治理能力的重要方面。历史和现实都表明，构建具有强大感召力的核心价值观，关系社会和谐稳定，关系国家长治久安。② 习近平总书记深刻阐述了培育和践行社会主义核心价值观重大而深远的现实意义和历史意义。2014 年 5 月，西藏自治区党委审议并原则通过了《组织推动全区培育和践行社会主义核心价值观工作方案》（以下简称《方案》）③，对西

---

①　中共中央办公厅：《关于培育和践行社会主义核心价值观的意见》。

②　《把培育和弘扬社会主义核心价值观作为凝魂聚气强基固本的基础工程》，《人民日报》2014 年 2 月 26 日第 1 版。

③　《西藏通过培育和践行社会主义核心价值观工作方案》，《西藏日报》2014 年 4 月 21 日。

藏培育和践行社会主义核心价值观做出部署和安排。本文就西藏培育和践行社会主义核心价值观谈几点认识。

一　明确培育和践行社会主义核心价值观的重要目的

对于培育和践行社会主义核心价值观的重要目的，中央的《意见》和西藏的《方案》阐述得非常清楚。为了有助于我们进一步理解，结合西藏实际作一点通俗地理解与阐释。

1. 为实现中国梦奠定强大的精神基础

《意见》指出："培育和践行社会主义核心价值观，是推进中国特色社会主义伟大事业、实现中华民族伟大复兴中国梦的战略任务。""面对世界范围思想文化交流交融交锋形势下价值观较量的新态势，面对改革开放和发展社会主义市场经济条件下思想意识多元多样多变的新特点，积极培育和践行社会主义核心价值观，对于巩固马克思主义在意识形态领域的指导地位、巩固全党全国人民团结奋斗的共同思想基础，对于促进人的全面发展、引领社会全面进步，对于集聚全面建成小康社会、实现中华民族伟大复兴中国梦的强大正能量，具有重要现实意义和深远历史意义。"当习近平总书记把中国人民的伟大追求精辟地概括为"中国梦"的时候，全国人民逐渐形成了一种共识，就是要为实现这个伟大的追求凝聚起一种伟大的精神力量，这就是在党的十八大报告中凝练的 24 字的社会主义核心价值观，即：富强、民主、文明、和谐，自由、平等、公正、法治，爱国、敬业、诚信、友善。作为国家层面的价值目标、社会层面的价值取向和公民个人层面的价值准则的要求，目的在于形成 21 世纪中国和中华民族的价值导向，进而构建人们的信仰信念，重塑人们的价值观，这是中国人民当下最需要的无形的力量，也是实现中国梦的精神基础。西藏是一个宗教影响极其深刻的地区，对于很多普通人来说，尤其是宗教信徒，都有一定的宗教信仰和精神支撑，从科学意义上看，这种信仰和支撑虽然有益于社会道德和秩序，但它总是一种唯心的力量，用于改造现实世界时力量十分有限。正如西方国家，虽有基督教信仰的精神力量，但进入资本主义社会以来，他们一直倡导自由、平等、博爱的价值导向，这是现代国家所依托的价值支撑。西藏在实现中国梦奋斗中担负了重要的任务，所以非常需要现代价值导向的正确引领，而非宗教价值导向的引领，进而为实现中国梦奠定强大的精神基础。

2. 推进边疆民族地区与全国文化一体化程度

在现代国家发展过程中，理应在经济、政治、文化等方面实现高度的一体化，这是消除地区差异的保障。西方国家在走向现代化道路上基本保持高度的一体化程度，进而为消除民族差异、种族差异提供了保障。美国作为一个后起的大国，在其拓疆的过程中，由边疆形成它的国家价值导向，弗雷得里克·J. 特纳认为美国"边疆是产生个人主义的场所"，"美国思想的显著特性是依靠边疆形成的"①。可见，作为国家最重要的精神支撑的价值导向，对于美国来说，在其"边疆运动"的过程中就已经形成。当美国在拓疆时期文化最重要的内核——价值观已经实现了边疆和其他地区的高度一体化，进而奠定了它快速发展的精神基础。然而，我国作为一个传统的国家，在"边疆运动"中却在边疆地区保持着当地的价值取向，如西藏的宗教价值取向等，国家的统一价值导向未能全部地影响边疆的价值观。新中国成立后，在建设社会主义初期，国家价值导向向边疆地区普及，边疆地区与全国其他地区在价值取向方面几乎接近，带来了边疆地区对国家、对中华民族、对社会主义制度的高度认同的结果，在文化方面一体化程度逐渐提高。但是，随着多元文化的不断发展，尤其是在边疆地区大力倡导民族文化的个性或特殊性，忽略中华民族文化的共性时，导致作为国家价值导向的核心价值观的影响力受到削弱，进而影响到边疆地区对国家、对中华民族、对社会主义制度的认同，边疆与其他地区文化一体化程度有所降低。因此，当前培育和践行社会主义核心价值观活动给推进边疆与全国文化一体化程度又一次带来契机，西藏应当抓好这个契机，在边疆民族地区再次普及国家价值导向，力争取得显著成效，不断提高文化一体化程度，为维护国家统一奠定价值观基础。

3. 高扬社会主义文化旗帜占领文化意识主阵地

习近平总书记讲，核心价值观是决定文化性质和方向的最深层次要素。我们定名为"社会主义核心价值观"充分现显示了这种核心价值观的社会主义性质，因而它决定着社会主义文化性质和方向。在世界范围思想文化交流交融交锋形势下价值观较量的新态势下，在改革开放和发展社

---

① 丁则民:《"边疆学说"与美国对外扩张政策（上）》,《世界历史》1980 年第 3 期。

会主义市场经济条件下思想意识多元多样多变新特点趋势下，西藏也不例外地出现了价值观和思想意识多元多样多变情形，尤其是在意识形态领域，作为达赖集团分裂活动支撑的分裂国家的价值导向一直在冲击着文化意识的主阵地。既然社会主义核心价值观是社会主义文化的内核，我们就应高扬起这面旗帜，通过有效开展培育和践行活动，占领文化意识形态主阵地，使核心价值观成为全区各族人民坚持的价值观导向。

4. 构建边疆治理中的社会意识治理体系

《关于培育和践行社会主义核心价值观的意见》表达了执政党对社会意识的治理体系、治理能力，彰显了国家对公民的价值引导，也蕴含着公民对国家认同和心灵归属的价值实现。① 中国的核心价值观必须由中国人自己书写。以前我们没有意识到这个问题的重要性，导致在意识形态领域难以掌控国际话语权，难以占领道德文化阵地和价值观的制高点。一直以来，西方总是喜欢用"专制""不尊重人权""没有自由"等恶毒的字眼描绘中国；国内也总有人打着与"国际惯例接轨"的旗号，对西方推销的所谓"普世价值"照单全收，期望以西方的价值为我们的选择，以西方人的智慧来解决我们的问题。② 近三十多年，西方反华势力和达赖集团对我国建设西藏取得的成就从不承认，大肆攻击中国共产党在西藏的政策，颠倒是非，造成西藏意识形态领域的诸多困难与问题。习近平总书记要求："治国必治边，治边先稳藏"，我们应以培育和践行社会主义核心价值观为抓手，在构建治边治藏体系中构建社会意识治理体系，塑造西藏地区公民的价值观。

二 探索培育和践行社会主义核心价值观的路径

《意见》和《方案》都指明了培育和践行社会主义核心价值观的路径，我们要从区情出发积极探索适合的路径。

1. 宣传引领将社会主义核心价值观"大众化"

由于历史和现实的多种原因，西藏公民的基本素质偏低，因此在培

---

① 李兰芬：《"家风家规"：社会主义核心价值观的"知行场"》，《中国社会科学报》2014年5月14日。

② 陈曙光：《中国的核心价值观要自己书写》，《中国社会科学报》2014年5月14日。

育社会主义核心价值观过程中，首先要由各类媒体和有关专家用国家通用语言和民族语言，将社会主义核心价值观的具体内容进行通俗的内涵解读，让所有社会成员不仅记住 24 字，更要理解其具体含义，做到社会主义核心价值观"大众化"①，而后才能"具体化"，并深入人心。其次是通过各类媒体对践行社会主义核心价值观的普通事例进行宣传报道，树立"大众化"的榜样，让人们感受到榜样就在身边，只要力行，人人可达。

2. 具体践行使社会成员内在认同外化行为

实践活动是培育和践行社会主义核心价值观最重要的路径。《意见》和《方案》列举了很多实践活动的载体。在实践中，西藏要更加突出地把握好在社会生活的方方面面开展实践活动，如，以人们的实际生活、工作为平台开展活动，让人们在实际生活、工作中践行核心价值观的内容，形成一种内心体验，将核心价值观的要求内在地认同起来。再如，社会应以科技手段建立起诚信约束机制，帮助人们崇敬诚信、自觉诚信等。正如习近平总书记所说的那样："要利用各种时机和场合，形成有利于培育和弘扬社会主义核心价值观的生活情景和社会氛围，使核心价值观的影响像空气一样无所不在、无时不有。"总之要结合西藏实际，积极探索可以践行的具有可操作性的适合途径，才能使社会成员将核心价值观内在认同外化行为。

3. 国民教育夯实确立核心价值观的基础

社会主义核心价值观是我国发展中国特色社会主义持久坚持的价值导向，培育和践行社会主义核心价值观是一个长期的过程，必然应当融入国民教育全过程。国民教育过程是公民培养和确立社会主义核心价值观的关键和基础。因此，西藏在培育和践行社会主义核心价值观的国民教育中，应做出具体设计，分层次的列出目标、方法、途径等，形成渐进层级，不能一哄而上，不能大、中、小学和幼儿园同讲同教同一个内容。制定分层的教育目标，才有利于从娃娃、学生时代开始逐渐确立起社会主义核心价值观，为他们进入社会工作奠定价值观基础。

---

① 刘峥、刘新庚：《社会主义核心价值观路径探索》，《求索》2011 年第 9 期。

三　培育和践行社会主义核心价值观应把握几个问题

培育和践行社会主义核心价值观是西藏经济社会发展中的一件大事，要达到目标，收到良好成效，我们应当把握和处理好几个相关问题。

1. 与全国同步没有区域特殊性

社会主义核心价值观是国家和中华民族的价值导向，是国家精神的重要构成。我国在实现中国梦这样一个共同奋斗的国家目标之际，大力培育和践行社会主义核心价值观，就是要实现国家奋斗目标和国家价值导向的一致性，通过国家价值导向凝聚起全国各族人民的力量，朝着实现中国梦这个奋斗目标前进。从这个意义上说，社会主义核心价值观从国家层面、社会层面、个人层面看都是国家价值要求，它如同国家法制一样，应当实现国家统一的目标，即国家价值体系应当统一，不应当有地方或者区域特殊性，不然就会影响到国家价值目标的统一和国家文化一体化进程。所以，在培育和践行社会主义核心价值观活动中，不宜提出西藏的核心价值观标准，这样会导致国家核心价值观的混乱。

2. "三位一体"整体推进重在培育信仰和信念

《意见》指出：富强、民主、文明、和谐是国家层面的价值目标，自由、平等、公正、法治是社会层面的价值取向，爱国、敬业、诚信、友善是公民个人层面的价值准则，这 24 个字是社会主义核心价值观的基本内容，为培育和践行社会主义核心价值观提供了基本遵循。这个基本遵循要求我们在培育和践行社会主义核心价值观活动中，坚持将国家层面的价值目标、社会层面的价值取向和公民个人的价值准则"三位一体"地整体推进，而不能忽略某一个方面，不然就会影响整体效果。24 字的社会主义核心价值观的凝练表达，通俗易懂、易记，但我们要深刻理解这 24 字内涵背后的用意，即它蕴藏着国家信仰和信念，也就是要通过培育和践行活动的开展，在所有社会成员中确立起这样的信仰和信念，由此可见，培育和践行社会主义核心价值观是凝魂聚气、强基固本的基础工程。西藏开展培育和践行社会主义核心价值观活动重点应当放在培育信仰和信念方面，达到习近平总书记要求的"使社会主义核心价值观内化为人们的精神追求，外化为人们的自觉行动"。

3. 避免偏向政治价值取向和政治道德要求

由于西藏分裂与反分裂、渗透与反渗透斗争十分激烈，往往导致我们在进行各项各种教育活动时朝政治方面倾向，这是形势所逼，也是必要的。但通过对《意见》的深刻领会和对习近平总书记关于培育和践行社会主义核心价值观讲话精神的学习，我们应认识到培育和践行社会主义核心价值观有全面的要求，包括国家、社会、个人三个层面，个人是基础，社会是保障，国家是目标；还包括政治价值和政治道德、社会价值和社会道德、个人价值和个人道德等内容。国家一切机构、社会团体或组织、公民个人都是践行者，要全面践行。如果西藏仅仅偏向政治价值取向和政治道德要求，既偏离了培育和践行核心价值观的全面性，也可能引起人们一定的逆反心理，影响培育和践行效果。相反，我们应在全面培育和践行社会主义核心价值观活动中达到培育和践行政治价值取向和政治道德的目的。

（发表于《西藏研究》2014 年第 4 期，获自治区党校研讨会二等奖）

民族理论与实践研究

中国民族学当前亟须研究中国的国家形成问题

在新旧世纪交替之际，中国民族学界开会讨论何为中国民族学研究的当务之急等问题，笔者对此颇感兴趣，也想参与。笔者认为，中国民族学研究的当务之急，是解决中国的国家形成理论问题。

17年前，著名史学家白寿彝先生就指出："我们要求青年人爱国，可是他们不知道这个国是怎么回事，让他们爱什么国、又怎么去爱呢？"[①]意即青年人只有弄清楚今天的统一多民族中国是如何形成的，才能树立正确的祖国观，自觉地去爱国。可是直到今天，我国的民族学家还没能说清这个问题。我国史学界、民族理论界和民族学界现在流行的统一多民族中国的形成理论，是范文澜先生从斯大林那里搬来的。斯大林关于俄罗斯人的国家形成理论与我国的国情和民族实际不仅不相符合，而且对我国的国家安全利益有危害。1994年第10期《新华文摘》摘登的龙西江先生的《中国亟待建立自己的民族学理论》一文就指出："西方的民族学和民族理论（也包括原苏联的民族学）是产生于西方资本主义上升时期的某一横断面上，即产生于近现代欧洲殖民者向美洲、非洲和亚洲残酷殖民和扩张的这一时期和过程"，"在许多方面均不符合中国的历史文化背景及中国的民族实际和中国国情"，"按照西方的某些史学观和民族学观，汉族等同于中国。只有汉族是中国人，中国的少数民族都是外国人；只有中原这一小块地方是中国，其他地方都不是中国；中国的历史是一部汉族向外征服扩张的历史"，"西方人用西方地域上产生的国家理论和民族理论来解释中国的国家起源，中国的文明起源和中华各民族的关系。这些重大的

---

① 见翁独健主编《中国民族关系史研究》，中国社会科学出版社1984年版，第21页。

理论问题直接危及中国的国家总体安全利益和中华民族赖以生存的凝聚力……"① 龙西江先生的呼吁，民族学界应该高度重视，因为达赖集团闹分裂使用的"武器"就是新老殖民主义者炮制的反动的中国形成理论，李登辉搞"两个中国"引用的理论依据也是西方殖民主义者发明的管辖权。西藏自治区党委书记陈奎元发现达赖在用反动的国家理论蛊惑人心，针锋相对地提出要用"正确的祖国观念"教育人民，并要求宣传战线的思想理论工作者收缴达赖的"武器"，可是收缴达赖的"武器"没有民族学家参与是不行的。因为世界上第一个研究国家起源即国家形成问题的人是无产阶级革命导师恩格斯，他在《家庭、私有制和国家的起源》一书中详细论述了从氏族制度的废墟上兴起国家的三种形式：雅典式、罗马式和德意志式。周恩来同志把恩格斯的《起源》一书誉为"马克思主义的第一部民族学著作"②，民族学界也认为"《家庭、私有制和国家的起源》的问世，标志着马克思主义民族学创立起来了"③。可见，国家的形成理论是民族学理论的组成部分。中国的国家形成理论应由民族学家研究创立。只有创立出正确的中国形成理论，才能驳倒达赖集团散布的"西藏独立"谬论，也才能驳倒李登辉散布的"两个中国"谬论。

世人皆知，一部人类发展史就是一部人群共同体和社会组织由分散走向统一的历史。国家和民族自与部落联盟揖别后，即由多元分布的格局不断合并，由多变少，由低级到高级，一步步迈向全球性的统一。在这一历史发展过程中，西半球的国家和东半球的国家形成发展方式不是千篇一律的。今日中国是世界上唯一的历史未被割断的文明古国，它的形成方式与恩格斯所论述的西方古代国家的形成方式不同，既不是"直接地和主要地从氏族社会本身内部发展起来的阶级对立中产生的"雅典式，也不是"平民的胜利炸毁了旧的氏族制度，并在它的废墟上面建立了国家"的罗马式，更不是"作为征服外国广大领土的直接结果而产生的"德意志式。它与西方近代国家包括俄罗斯帝国的形成方式也不同，既不是美利坚合众国那种外来民族征服原住民族在他乡异地建立国家的移民入主式，也不是大英帝国那种海外殖民扩张式，更不是俄罗斯帝国那种陆地殖民扩

---

① 《新华文摘》1994 年第 10 期，第 12 页。

② 参见林耀华主编《民族学通论》，中央民族学院出版社 1990 年版，第 110 页。

③ 同上。

张式。中国是由在中华民族大家园地理单元内土生土长的众多民族建立的政权组织（包括部落、部落联盟和国家组织）陆续结合，逐步完成政治一体化，从而建立中央集权的统一的多民族的国家的。毛泽东同志把这种形式简单概括为"中国是……由多数民族结合而成的"即"结合而成式"。①

　　而这个"结合而成式"不是哪个国家都可随便套用的。沙皇俄国是在俄罗斯人建立于欧洲的单一民族国家的基础上向周边国家和地区扩张形成的。在 16 世纪中叶以后的 300 年间，沙俄"先后将 130 多个非俄罗斯民族、近百个国家纳入了自己的统治之内"②。在俄罗斯人越过乌拉尔山脉向亚洲扩张之前，它"与中亚、西伯利亚和远东的少数民族（指后来的原苏联境内）没有任何种族、文化、宗教和历史上的联系或关系"③，完全是单方面的武力征服。所以在 20 世纪 20 年代，苏联史学界把帝俄的殖民政策等同于法、英帝国主义的殖民政策，把俄国对边疆地区的征服称为"绝对的坏事"④。列宁也认为："英国人、德国人、法国人、大俄罗斯人径直地和变相地，直接地和间接地压迫世界上的大部分居民，他们……进行第一次……帝国主义战争，为的是扩大、加强这种压迫，为的是重新划分列强的权利、优势和特权……"⑤ 俄国十月革命胜利后，列宁主张让被压迫民族自决，中亚等地的被压迫民族才建立起自己的苏维埃自治共和国。可是到了 50 年代，苏联史学界为了迎合苏共的政治宣传，改用"结合"一词来形容过去沙俄对边区的吞并。于是，武力征服就被说成是"自愿归并"⑥。但是，中亚等地的非俄罗斯民族并未相信这种宣传，苏联解体时被沙皇用武力吞并的国家大都宣布独立了。这说明，国家形成理论虽事关国家的安全、稳定，但创立国家形成理论，不能随意编造，仍须实事求是。

　　那么，沙皇俄国的形成方式为何不能用"结合"一词形容而中国的形成方式就可以呢？这是因为，国家虽然都是在刀光剑影中诞生的，若无

---

① 《毛泽东选集》合订本，第 585 页。

② 见《北京工作》1991 年第 12 期。

③ 《新华文摘》1994 年第 10 期。

④ 转引自中央民族学院编印的《民族问题资料摘译》第 1 期。

⑤ 中国社会科学院民研所编：《列宁论民族问题》，民族出版社 1987 年版，第 486 页。

⑥ 转引自中央民族学院编印的《民族问题资料摘译》第 1 期。

战争火焰就烧不断国家和部落联盟之间的脐带。但是，当今世界现存国家的创建方式还是可以分为两大类型：自然合并与殖民扩张。沙俄和中国的形成方式迥然相异，沙俄是以殖民扩张的方式滚雪球般地由小变大，中国是由自然合并的方式拼积木般地结合而成。俄罗斯人为扩大本国版图而发动的战争是由内向外打，是单向的扩张征服。中国的边疆少数民族和汉族之间为了经济互补所发生的争战，大多是由周边向内打，是双向的扩张兼并。沙俄由莫斯科公国为起点刚形成时是个内陆国家，没有出海口。为了攫取出海口和获得新的土地，它疯狂地侵吞别国领土。西面，它并吞了乌克兰，抢占了波罗的海沿岸三国，三次瓜分波兰窃取了整个白俄罗斯。东面，它占领了西伯利亚汗国，屠杀了许多土著居民，还侵吞了中国大片领土。南面，它侵占了格鲁吉亚、阿塞拜疆、亚美尼亚，还统治了哈萨克斯坦等国家。沙俄这种单向的扩张征服，性质与英、法等帝国主义的殖民扩张相同，不是编造"某某某国自愿归并"与沙俄"结合"为一体的理论就能解释得通的。所以说沙俄的国家形成方式是"殖民扩张式"。中国则不同。中国的地形像簸箕，西南、西北和北部的边疆地区多高山、丘陵和大漠，游牧民族世居其间。中原腹地多平原、盆地，农业民族久居其地。游牧经济和农业经济都是不完全经济，需要互补。游牧民族非常需要农业民族的棉、布、丝、绸和粮食，经常凭借先进的军事力量——骑兵，到农业民族地区掠夺骚扰。农业民族为了保卫自己的家园和财产便进行自卫或反击。诸多历史事实说明，在中国古代以放牧为生的边疆少数民族和以种植为业的汉族之间发生的长达千余年的争战中，游牧少数民族时常处于攻势，汉族大多处于守势，汉族修万里长城是为了防御，汉族皇帝远嫁公主是为了求和。秦汉时期，匈奴在北面向中原打了二三百年。隋唐时期，突厥在西、北两面向中原打了百余年；吐蕃和南诏在西南冲下青藏和云贵高原向内地少说也打了一二百年。匈奴、突厥、吐蕃的军队都打到了关中平原，南诏的军队打到了四川盆地。吐蕃军队不仅到中原争雄，还打进长安"问鼎"，拥立了一个小皇帝。蒙古族的铁骑快如闪电，由北向南横扫神州，把汉族和各少数民族的历史活动区域连成一片，并打倒了"老朽"汉族，首次当了全中国各民族的大管家。汉族的军队虽打到了塞北，打出了西域，但想攻打吐蕃都城却没能越过昆仑山。这说明，中国不是由汉族单方面向外扩张征服形成的，而是由边疆少数民族和汉族双方争雄问鼎打成一家的。正是由于边疆游牧民族和中原农业民族长期相互争战，互相合并，少数民族和汉族的生存空间才彼消此长、彼长此消，逐渐合并成一块与欧洲面积差不多相等的各民族共同拥有的辽阔的国土；少数民族和汉族的国家组织才依次消亡、陆续递减，逐渐结合成一个强大的、统一的、多民族的国家政权；少数民族和汉族的血缘关系才变得我中有你、你中有我，逐渐联结成一个纵横交错、不可分割的血缘网络。统一多民族中国在刀光剑影中诞生时，多元统一体结构的中华民族也脱胎降生。可见，中国是汉族和各少数民族共同缔造的，汉族和少数民族的世居领地都是中国不可分割的组成部分；中华民族是汉族和各个少数民族共同聚合凝成的，汉族和少数民族都是中国人。诚然，在统一多民族中国形成过程中，古代汉族和吐蕃、突厥、南诏等民族建立的国家都合并过"别国"，但这不能说成是"殖民扩张"，因为那是相互"兼并"，是自然而然的、符合人类社会发展规律的事情。而且匈奴、突厥、吐蕃等少数民族政权是分别在汉代、唐代、元代先后认识到统一比分散有利有益，自愿归附中原王朝的。中国的汉族和少数民族共同建立起统一多民族中国时，西方近代资本主义民族国家还远未产生。因此，中国这种在独特的地理单元内，由土生土长的、血缘关系密切的众多民族建立的国家组织，在长期的争雄问鼎争战中自然而然地逐渐合并成更高层次的国家的方式，就可称为"结合而成式"。

可是，西方国家的、苏联的、日本的一些史学家和民族学家，为什么都把古代汉族建立的国家等同中国，都把古代汉族等同中国人；都把尚未与汉族政权实现政治统一的中国少数民族政权视为外国，都把中国古代的少数民族视为外国人呢？都认为中国是由汉族向外扩张征服形成的呢？笔者认为，主要有以下三方面的原因：

第一，因为西方传教士卫匡国在 17 世纪中叶解释中国的名称时，错把"丝之国"（梵文 Cina）① 说成是"秦帝国"，"把秦与中国等同起来"②。美国宾夕法尼亚大学荣誉教授卜德在《剑桥中国秦汉史》一书中阐述卫匡国之说时说："秦（Ch'in）这一名称很可能是英语'中国'（China）及各种非汉语中其他同源名称的原型。……但是，中国人由于秦帝国统治的暴政，对它始终非常憎恨，因而反而很少用这个名称来指代自

---

① 李志敏：《"支那"名号起源时代考》，《新疆大学学报》1988 年第 1 期。

② ［英］崔瑞德、鲁惟一编：《剑桥中国秦汉史》，中国社会科学出版社 1992 年版，第 33 页。

己；他们在过去和现在都用‘中国’这一常见的名称来称呼自己。”①　卜德先生还在他根据大庭修的《秦汉帝国的威容》绘制的“帝国前的中国”地图上标了8个醒目的大字：“秦前221年统一中国。”②　问题就出在这里。众所周知，秦、汉帝国出现后，汉族才由众多少数民族“混血”形成③，秦帝国只能算是汉族建立的国家。中国是由许多民族建立的国家结合而成的，汉族建立的国家仅是历史中国的并立政权之一，秦始皇统一中原六国仅仅拉开了中国统一的帷幕，或者说完成了奠基任务。中国著名的民族学家费孝通先生在《中华民族多元一体格局》一书中指出“秦所统一的只是中原地区”④，“囊括中国全部版图成为统一的政权是从蒙古人建立的元朝开始”⑤。可见西方传教士发明的“秦帝国等同中国说”和西方史学家创造的“秦始皇统一中国说”是不符合历史事实的。早在秦始皇统一六国之前——公元前300年前后，著名的政治理论专著《考提利耶政事论》第2册中就出现了“Cina”，该词是指“丝织品的故乡”即“丝之国”⑥。中国清代以前的所有中原王朝政权和边地少数民族政权，都有自己的国号，没有一个政权用“中国”作国名的。西周至清代的史籍文献中虽有“中国”一词出现，那只是方位概念，是“中土”、“中原”的意思，不是国家名称。由于中国的史学家和民族学家没有及时发现和纠正这一错误，西方人发明的“秦等同中国说”即“秦始皇统一中国说”300多年来一直在世界各国流传，苏联和日本等国的一些学者采用了这一说法，因而认为中国是由汉族向外扩张形成的。

　　第二，因为西方人确立了“秦帝国等同中国说”，解释今日中国版图比秦帝国版图多出的部分是怎么来的只能说成是扩张侵略。如何确定历史上的中国疆域，那就只有把帝国主义列强争夺瓜分殖民地势力范围发明的管辖权引入中国的国家理论，用汉族政权管辖与否作标尺：被汉族政权征

---

① ［英］崔瑞德、鲁惟一编：《剑桥中国秦汉史》，中国社会科学出版社1992年版，第34页。

② 同上书，第33页。

③ 《毛泽东选集》第5卷，第96页。

④ 费孝通等著：《中华民族多元一体格局》，中央民族学院出版社1989年版，第9页。

⑤ 同上书，第15页。

⑥ ［英］崔瑞德、鲁惟一编：《剑桥中国秦汉史》，中国社会科学出版社1992年版，第54页。

服管辖了的地方就是"中国"的，尚未管辖的就是"外国"的；汉族政权被少数民族政权管辖了呢，"中国"就"亡国"了。长期以来，一批外国学者采用这套理论编造了许多危害我国安全、稳定的谬论。如某西方学者用管辖权理论研究中国的彝族历史，说什么凉山"未曾受中国人征服过"①。英国人巴伯在《中国的地理和社会概况》一书中公开称凉山彝族为"独立罗罗"②。吕真达在《华西的土著民族——罗罗人的人种学和人类学研究》一书中说什么中国历代王朝对凉山的管辖是"地地道道的外国统治"③。苏联学者用管辖权理论研究中国少数民族的历史，认为"西夏自始至终是独立的国家"，甚至说"贵州苗族只是在 15 世纪即明朝才加入中国的"④。美国学者查尔斯·巴克斯在《南诏国与唐代的西南边疆》一书中"把汉族以外的少数民族统统看成是'外族'，把少数民族建立的地方政权看成是'外国'，把唐王朝与边疆少数民族之间的关系看成是国与国之间的'外交'关系"，认为"直到 1253 年由于蒙古军队的入侵，'云南的独立才第一次结束了'"⑤。荷兰人范普拉赫在《西藏的地位》一书中说："1279 年，忽必烈战胜宋代中国，标志着中国失去独立，""中国人于 1638 年推翻了异族建立的元朝，重新获得独立，""西藏……也比中国更早获得真正的独立。"⑥ 英国人贝尔在《十三世达赖喇嘛传》一书中亦说："中国根据她自己的记载，宣称自公元 1720 年以来就断断续续对西藏行使着某种程度的管辖。很清楚，在此以前西藏是独立的"⑦，"在十三世达赖喇嘛统治期间，外藏全部和内藏一部分都从中国那里获得了独立。"⑧ 更有甚者，美国学者威利还以八思巴的弟弟恰那朵儿只受封的第二个封号"可译解为'各方的管辖权'，即'统治整个西藏的权力'"，为由，把恰那称为"忽必烈可汗的第一任西藏总督"⑨，显而易见，威利

①　转引自何耀华《中国西南历史民族学论集》，云南人民出版社 1988 年版，第 181 页。

②　同上书，第 198 页。

③　同上书，第 199 页。

④　转引自侯哲安《马克思主义民族学》，贵州民族出版社 1987 年版，第 10 页。

⑤　［美］查尔斯·巴克斯：《南诏国与唐代的西南边疆》，林超元译，云南人民出版社 1988年版，译者序第 8—9 页。

⑥　转引自《中国藏学》1994 年第 3 期。

⑦　［英］查尔斯·贝尔：《十三世达赖喇嘛传》，冯其友等译，第 350 页。

⑧　同上书，第 358 页。

⑨　《国外藏学动态》第 1 辑，第 98 页。

是想把西藏说成是中国的殖民地。英国剑桥大学的鲁惟一走得更远，竟把"殖民地"这一现代概念套搬到中国古代史中。他在《剑桥中国秦汉史》一书中说："（汉）昭帝时（公元前86—前74年）朝廷已能在布古尔建立殖民地"，"赵充国……提出巩固中国人势力的上策……是长期建立自给自足的农业殖民地"①。日本大阪大学教授森安孝夫的想法最为离奇，因为唐帝国没有管辖了吐蕃国，就想"将西藏史置于中亚史范畴中"，认为把西藏"与中亚联系起来更为合适"②。上述学者为何喜欢用殖民主义者发明的管辖权作标尺确定中国的历史疆域呢？因为他们的国家在帝国主义瓜分全世界的殖民扩张狂潮中，都是参与者。因此，西方国家的、苏联的、日本的一些学者总想用他们国家的国家理论解释中国的国家形成问题，自然就把中国的形成方式说成是"征服扩张式"。

第三，因为"中国是由汉族向外扩张形成的"说法是分裂肢解中国的有力武器，西方国家、苏联和日本的一些史学家和民族学家从事学术研究的目的就是为本国政府推行的帝国主义、殖民主义和霸权主义服务，当然要用这一"武器"。苏联一些史学家和民族学家为了否认沙俄侵吞大片中国领土的历史事实和破坏中国西北边疆地区的稳定，硬说"历史上中国北部的国界是长城，长城以外不是中国；中国的西部边界从来没有超出过甘肃和四川"，"还把我国东北地区说成独立的满洲国"，"把新疆地区叫做维吾尔人的国家"③。英国老牌殖民主义者柏尔在20世纪初叶策动"西藏独立"时，深感"西藏人所著之历史"，"缺乏欧洲人……之历史意识"，"大半仅述宗教掌故、神话奇迹幻梦以及宗教辩论"④，不能为其鼓吹"西藏独立"，服务，就自作主张给西藏撰写"历史"。他在《西藏之过去与现在》一书中向西藏人大肆灌输"欧洲人的历史意识"，把汉族建立的唐王朝等同中国，把吐蕃王朝说成是外国。他声称松赞干布"在位多年，征服上缅甸与中国西部，中国皇帝（唐太宗）不得不以文成公主嫁之"，吐蕃的"得胜军曾蹂躏中国西部。中国人惧，乃纳款西藏以保长

---

① ［英］崔瑞德、鲁惟一编：《剑桥中国秦汉史》，中国社会科学出版社1992年版，第209—210页。

② 《西藏研究》1987年第4期。

③ 国家民委政研室编：《中国民族关系史论文集》，民族出版社1982年版，第262—263页。

④ 柏尔：《西藏之过去与现在》，宫廷璋译，北平商务印书馆1930年版，第16—17页。

安城。但新帝即位，未能付款，西藏人遂于 763 年左右进据中国都城"①。另一位英国殖民主义者黎吉生在听了联合国第 14 届大会关于西藏问题的辩论后，深为世人因对西藏特别是西藏的历史知道得太少，以致联合国大会未能做出有利于达赖集团的决议和行动而不平，自告奋勇地为达赖集团著书宣传。他在《西藏简史》一书中继续推销欧洲人的中国史观，说什么吐蕃在 7 世纪"突然以一个巨大的军事强国出现，打进了中国境内，向唐朝皇帝要求为他们的国王要一位公主"，"吐蕃和唐朝当时是两个平等的强国"②，"西藏人不能被称为'中国人'"③。日本反华史学家和民族学家在日本帝国主义侵华时，曾为日寇占领我国东北制造满洲国和蒙疆自治效过力。苏联解体后，日本又有反华学者不怀好意，发表谬论，扬言中国可能分裂成十多个国家。部分旅居北美地区的"台独"分子在美国马里兰州大学集会，鼓吹台湾人"自决"时，日本有学者到场发言，认为"台湾要独立，首先必须破除中国人的所谓'大一统思想'"④。美国政府经常利用所谓"西藏问题"给中国制造麻烦，美国一些学者就公开支持达赖集团闹独立。东欧剧变、苏联解体后，美国一些民族学家和史学家以为中国很快也会分裂，便蠢蠢欲动准备将西藏史划入中亚史、把西藏文化划入中亚文化圈。可见，只要国际敌对势力不放弃分裂肢解中国的图谋，外国反华学者就不会放弃"中国是汉族向外扩张征服形成说"这一得力武器。

　　既然西方学者发明的中国形成理论严重危害我国的国家安全和稳定，那它为何至今还会在我国流行并在我国史学界和民族学界占据主导地位呢？笔者认为，一是因为我国的民族学家和历史学家至今对中国的国情和民族实际还没吃透，对民族和国家的形成发展规律尚未弄清，正确的中国形成理论迟迟创立不出，导致大多数学者认不清"中国是汉族扩张形成说"的荒谬和危害，少数学者也误把"China"一词之由来当作"秦"⑤。二是因为我国的第一代马克思主义史学家范文澜先生创立的中国形成理论与西方人发明的中国形成理论极其相似，致使宣扬"秦等同中国"和

① 柏尔：《西藏之过去与现在》，宫廷璋译，北平商务印书馆 1930 年版，第 20 页。
② 黎吉生：《西藏简史》，李有义译，第 22 页。
③ 同上书，第 24 页。
④ 《国际内参》1989 年第 59 期。
⑤ 王贵等：《西藏历史地位辨》，民族出版社 1995 年版，第 15 页。

"汉族向外扩张征服说"的《剑桥中国秦汉史》在中国畅销无阻。虽然中国民族史专家竿一之先生早就指出："外国史学家把秦（英文 China）、契丹（俄文 KuTau）当作中国，这只能是一种不惬意的历史产物"，把"秦的政区或契丹的政区"等同中国，我们"当然不能同意"，① "传统的封建史学家从大汉族主义出发，'独占'了中国称号，视古代兄弟民族为异族异国，甚至对元朝、清朝也视作'异族入主中国'。当今觊觎我国领土的霸权主义者（指苏联——引者注）也是这样说的，他们只把中国古代汉族称作'中国人'，只把汉族所建政权叫作'中国'，以至叫嚷中国的边界北边只到长城，西边不出甘肃云云。果真这样，中国约有一半的国土，将从理论上'拱手让人'了。一中一外，出发点不同，结果近似，异曲同工，不值得重视吗？"② 虽然与范文澜先生齐名的中国第一代马克思主义史学家翦伯赞先生在 1960 年就质问过："有人主张，决定一个历史上的民族是不是中国人，应当以当时的，主要以汉族为首的王朝政治统治所及的范围为准。……按照这种说法，中国史上的民族是不是中国人，岂不要以这个民族曾否被汉族王朝征服为准？被征服过的，才算中国人，否则不算。……这些民族和汉族王朝发生从属关系，有先有后，但他们的祖先自古以来就生活在中国这块土地上，怎么能说它们和汉族王朝发生从属关系以前不算中国人呢？"③ 虽然著名的中国第一代马克思主义史学家白寿彝先生早在 20 年前就疾呼："我们讲中国历史，不能用过去的概念套，开始，局限于春秋战国的历史活动，后来，慢慢的，活动的领域扩大了，一代一代扩大了。那样讲历史，'中国史'就变成汉族不断扩张侵略的历史，压迫别人的历史了。"④ 可是，范文澜先生在 1954 年为反驳苏联学者的"汉民族为部族"⑤ 的观点而发表的《试论中国自秦汉时成为统一国家的原因》一文中套搬斯大林关于俄国形成的理论，误把汉族建立的"秦帝国"与中国画了等号，把统一多民族中国的形成时代定在秦汉，把尚未与汉族政权结合为一体的少数民族政权当作"外国"，从而把《中国通史》写成了汉族向外"扩张侵略"史。而时至今日，范老确定的"秦

① 翁独健主编：《中国民族关系史研究》，中国社会科学出版社 1984 年版，第 98 页。

② 同上书，第 96 页。

③ 国家民委政研室编：《中国民族关系史论文集》，民族出版社 1982 年版，第 12 页。

④ 《白寿彝民族宗教论集》，北京师范大学出版社 1992 年版，第 38 页。

⑤ 徐杰舜：《汉民族发展史》，四川民族出版社 1992 年版，第 92 页。

始皇统一中国说"①　仍被各类大学、中专和中学的历史课教材、政治课教材和民族学教材所采用，传播的范围超出中国、遍及世界，导致熟悉中国历史的外国人和中国人几乎都认为是秦始皇统一了全中国。难怪十四世达赖和李登辉操持的西方人发明的"汉人等同中国人，汉国等同中国说"和"管辖权标尺"两样武器至今还具有强大的威力。

十四世达赖为了恢复他失去的"天堂"，图谋西藏独立。他对西方人发明的中国形成理论心领神会，运用自如。他四处宣扬说："在这个世界上，国家形成的情况不一。国家形成以后，藏汉始终各是一个国家，西藏根本就不是汉区的一部分。……中国指的就是汉区"②；"藏汉之间，从根本上讲，如同《唐蕃会盟碑》西面东侧所云：'蕃于蕃国受安，汉亦汉国受乐'③；"'支那'这个词在藏语里叫'嘉纳'。因为藏语的'嘉纳'是指一个外国，那么西藏就是独立于中国之外的"④；"（汉人）在'中国'和'支那'两个同义词之间作文章，胡说什么'支那'指的是祖国内地，而中国就包含着西藏三区。虽然在藏语里也使用这两个同义词，但是英文里却只有支那（China）一词"⑤；"汉民族最初发源于黄河流域，……后凭借民族的发展和智慧，……慢慢地很顺利地扩大了。……他们在跨进别国的土地之后，把大脚一伸就扩张新的地盘"⑥；"西藏的悲剧是：强烈反对外来统治的整个民族和人民被中国征服、压迫和兼并了"⑦；"在这个世界上的所谓殖民主义，归根结底就是一个民族对另外一个民族的统治"⑧；"中国领导人需要认识到，对被占领土实行殖民统治今天已经过时了"⑨，

---

① 《历史研究》1954 年第 3 期。

② 西藏区党委国外藏胞工作领导小组办公室等编：《达赖喇嘛丹增嘉措言论对比》，第237 页。

③ 同上书，第 303 页。

④ 达赖：《中国与西藏之未来》，《西藏问题真伪辨》，载香港《亚洲华尔街杂志》1979 年11 月 8 日。

⑤ 西藏区党委国外藏胞工作领导小组办公室等编：《达赖喇嘛丹增嘉措言论对比》，第239 页。

⑥ 同上书，253 页。

⑦ 达赖：《中国与西藏之未来》，《西藏问题真伪辨》，载香港《亚洲华尔街杂志》1977 年8 月 25 日。

⑧ 西藏区党委国外藏胞工作领导小组办公室等编：《达赖喇嘛丹增嘉措言论对比》，第240 页。

⑨ 同上书，第 261 页。

所以，应该"在全国公民投票中确定西藏人民的意愿"。拉萨三大寺参加过骚乱闹事的喇嘛说得更"绝"："说西藏是中国的话，汉人没有成立国家的时候，就有了西藏国；不会是先有儿子后有老子的吧？"① 这些鼓吹"西藏独立"有理的谬论，不是我们用"十三世纪中叶，西藏正式归入中国元朝版图后，西藏一直处于中国中央政权的管辖之下，是中国领土不可分割的一部分"这句话所能驳倒的。如果说元朝管辖了西藏，西藏就是中国的，那中华人民共和国在未收回香港、澳门的主权之前，香港和澳门就不是中国的了？李登辉宣扬"两个中国"谬论的主要论点"中华人民共和国迄今没有管辖中华民国世界上就存在两个中国"不就能够成立了吗？云南大理政权在宋代 300 年不与中原王朝发生联系，大理政权不就独立了 300 年吗？如果说西藏在元代才归入中国版图，那藏族在元代以前的历史该写到哪里去？各民族共同缔造统一多民族中国又如何解释？问题明摆着，是"秦始皇统一中国说"引出了"汉族向外扩张征服形成说"。不把"秦始皇统一中国说"改成"秦始皇统一中原说"，西方学者发明的中国形成理论就驳不倒。而更改"中国"为"中原"，需要民族学家和历史学家深入探讨民族和国家的形成发展规律，正确阐明民族与国家的关系，还要纠正"只注重从政治学角度研究国家的形态和形式"的倾向，认真"从民族学角度探求国家的类型和结构"② 以及多个并立民族国家为何会结合成一个统一的多民族国家等问题。

　　总而言之，无论从中国民族学学科理论建设的角度还是从为中国社会主义现代化服务的角度来说，中国民族学研究的当务之急，应是解决中国的国家形成理论问题。

　　　　（与贾英波合作，发表于《西藏民族学院学报》1998 年第 1 期）

---

① 西藏区党委国外藏胞工作领导小组办公室等编：《达赖喇嘛丹增嘉措言论对比》，第 260 页。

② 刘泓：《中国世界民族学会第六届年会暨学术研讨会理论观点述要》，《世界民族》1997 年第 4 期。

立足西藏实际　增强做好民族工作的能力

——学习中央第五次西藏工作座谈会精神体会

摘　要　中央第五次西藏工作座谈会对新时期西藏做好民族工作提出了新的要求，贯彻落实会议精神必须增强做好民族工作的能力，进而做好民族工作。从国际国内以及西藏的民族工作实际看，增强做好民族工作的能力十分必要、非常紧迫。增强做好民族工作能力需要抓好以马克思主义民族观指导工作、以"四个有利于"民族工作标准检验工作、以实现民族关系"三和"为工作落脚点等三个关键环节。同时，需要从加强党对民族工作的领导能力、培训提高各级干部的民族工作能力、创新民族工作机制和建立健全责任机制等方面拓展增强做好民族工作能力的途径。

关键词　西藏　民族问题　民族工作　增强　能力

中央第五次西藏工作座谈会上，胡锦涛同志发表重要讲话，对西藏做好民族工作提出了新的要求。总书记关于民族工作的讲话内容既是对中国社会主义民族理论的丰富和发展，也是对当前我国民族工作的现实指导，更是对西藏当前做好民族工作的具体指导。新形势下我国的民族工作出现了许多新情况、新特点，在发展中国特色社会主义中做好民族工作需要进行新的探索和实践。民族工作是西藏工作的重要内容，学习贯彻落实好中央第五次西藏工作座谈会精神，做好西藏工作要在做好民族工作上下功夫，尤其是要增强做好民族工作的能力，把增强做好民族工作能力作为提高党的执政能力的重要内容建设，为推进跨越式发展和长治久安打牢扎实的基础。

一　增强做好民族工作能力的必要性和紧迫性

民族是一个历史的范畴，有民族存在就会有民族问题存在，有民族问题存在就需要解决民族问题。而解决民族问题涉及民族理论的掌握与运用、民族政策的制定与执行、民族关系的调解与协调等，并非是一件简单的事情，解决民族问题的过程就是做民族工作的过程。做好民族工作、解决民族问题需要有相当的能力。当前，由于多种原因，我国尤其是民族地区的民族问题更为复杂，对做好民族工作提出了更高的要求，迫切需要增强做好民族工作的能力。

（一）世界民族问题的影响要求增强做好民族工作的能力

20 世纪世界民族问题的消长，尤其是世纪之交国际形势的变化，使世界民族问题出现了一系列新情况，同时也形成了新特点。除了民族问题的长期性、复杂性和重要性，民族问题的普遍性和国际性特点更加显现。以多民族国家为主流的世界国家格局，普遍存在着国内和国际两个层面的民族问题。因跨界民族而引发的民族问题导致国际性特点明显。一些国家利用民族问题的国际性特点企图将民族问题"国际化"。[1] 民族问题表现为民族与民族关系中存在的矛盾和问题。[2] 民族问题直接影响一个国家的民族关系，进而影响到社会的稳定与国家的安全，甚至造成一些国家和地区的动荡，影响国际和平。20 世纪，苏联解体、东欧剧变，一些社会主义国家随之解体、民族分裂。世界民族问题凸显导致民族主义泛滥，在世界范围兴起第三次民族主义浪潮。西方一些势力出于对中国的敌视，完全抛开国际法准则所规定的行为主体、无视中国政府向国际社会刊布的西藏人权白皮书等事实，别有用心地鼓动和听信流亡在外的达赖集团宣扬所谓中国政府在西藏"践踏人权""没有宗教自由""人口锐减"之类的谣言，制造"西藏问题"的"国际化"，图谋利用所谓"西藏问题"分裂

---

[1]　郝时远：《当代世界民族问题的新特点：民族问题的普遍性和国际性》，BBS 水木清华站。

[2]　千里原主编：《民族工作大全》，中国经济出版社 1994 年版，第 1 页。

中国,① 企图将"达赖问题"作为"民族问题""国际化"。

我国现阶段依然存在民族问题,世界民族问题效应波及我国尤其是民族地区,民族主义思想暗流涌动,冲击着我国的民族关系,影响着我国平等团结互助和谐的社会主义民族关系的构建。国际敌对势力利用达赖集团分裂我国,将西藏地区的民族问题复杂化,使分裂问题与民族问题交织在一起,给西藏的反分裂斗争和民族工作带来了较大的难度。面对世界民族问题的影响,面对国际敌对势力插手我国民族事务,面对达赖集团利用民族问题分裂国家,我们迫切需要提高应对复杂局面、驾驭复杂局势的能力,增强做好民族工作的能力,吸取苏、东以及世界一些国家的教训,努力解决西藏的民族问题,处理好西藏的民族关系,确保国家安全和长治久安。

(二)　国内民族问题的解决要求增强做好民族工作的能力

胡锦涛同志在 2005 年中央民族工作会议上的讲话中指出:"我国是统一的多民族国家,有 56 个民族,少数民族有一亿多人口,分布在全国各地,民族自治地方占国土面积的 64%,西部和边疆绝大部分地区都是少数民族聚居区。这一基本国情,决定了民族问题始终是我们建设中国特色社会主义必须处理好的一个重大问题。"同时还指出:"进入新世纪新阶段,实现全面建设小康社会的宏伟目标,对做好民族工作提出了新的课题和更高的要求。正确认识和把握新形势下的民族问题,切实做好民族工作,加快少数民族和民族地区经济社会发展,促进各民族共同繁荣发展,是全面建设小康社会、加快推进社会主义现代化的必然要求,是巩固和发展全国各族人民的大团结、确保党和国家长治久安的必然要求,也是开创中国特色社会主义事业新局面、实现中华民族伟大复兴的必然要求。"②我们党和国家历来非常重视民族问题的解决,民族问题是社会总问题的组成部分,而且随着经济社会的发展而变化,能否成功地解决民族问题决定着我们事业的成败。

当前我国正处在全面建设小康社会、实现中华民族的伟大复兴时期,全面建设小康社会是全国各地各民族同时进入小康社会阶段,中华民族的

① 郝时远:《当代世界民族问题的新特点:民族问题的普遍性和国际性》,BBS 水木清华站。

② 胡锦涛:《在中央民族工作会议暨国务院第四次全国民族团结进步表彰大会上的讲话》,《人民日报》2005 年 5 月 28 日。

伟大复兴是中华 56 个民族整体实现复兴，完成这一历史性任务必须解决当今的民族问题。我国民族地区的发展有自身的特点，从历史和现实看，汉族地区较发达，少数民族地区尤其是边疆少数民族地区还基本属于欠发达，民族发展的差距比较明显。加之国际敌对势力和国内分裂分子往往利用现阶段我国还存在的民族问题进行"西化""分化"和分裂破坏。这就要求从事民族工作的同志更要增强民族工作的能力，在当前这种国际国内环境下，从我国民族发展的实际出发，围绕我们要实现的目标，力排阻力和困难，创造性地开展民族工作，解决当前社会发展阶段上的民族问题，完成 21 世纪头 20 年我国社会发展的任务，实现全面建设小康社会、中华民族的伟大复兴的目标。

（三）西藏的民族工作发展要求增强做好民族工作的能力

西藏是一个以藏族为主的多民族边疆自治区，居于国家发展的重要战略地位和国家安全的前沿，做好民族工作，"是深入贯彻落实科学发展观、全面建设小康社会的迫切需要，是构建国家生态安全屏障、实现可持续发展的迫切需要，是维护民族团结、维护社会稳定、维护国家安全的迫切需要，是营造良好国际环境的迫切需要"①。中央三代领导集体对西藏民族工作倾注了特殊关怀，指示西藏各族领导干部和群众发展西藏、建设西藏，着力解决各个社会发展阶段的民族问题，民族工作取得了显著成绩。以胡锦涛同志为总书记的党中央继承中央三代领导集体关于西藏发展的思想，深刻阐释"共同团结奋斗，共同繁荣发展"的民族工作主题，对西藏民族工作多次做出重要指示指导西藏做好民族工作。在中央第五次西藏工作座谈会上，胡锦涛同志强调：做好西藏工作，必须凝聚人心、汇聚力量，切实做好民族工作，以民族团结为保障，"要毫不动摇地坚持和完善党的民族理论和民族政策，坚持和完善民族区域自治制度，把有利于民族平等团结进步、有利于各民族共同繁荣发展、有利于民族交往交流交融、有利于国家统一和社会稳定作为衡量民族工作成效的重要标准，推动各民族和睦相处、和衷共济、和谐发展"②。对新时期西藏民族工作提出了更高的要求和期望。

做好西藏民族工作关系到全国各民族共同繁荣进步，关系到民族团结

---

① 《中共中央国务院在北京召开第五次西藏工作座谈会》，《人民日报》2010 年 1 月 23 日。
② 同上。

事业的进步，关系到边疆的长治久安和国家的安全，关系到全面建设小康社会和实现中华民族伟大复兴，关系到党在西藏执政地位的巩固。中央第五次西藏工作座谈会对民族工作提出的新要求，迫切需要增强民族工作的能力，从西藏当前和今后一段时间内民族工作的实际出发，总结经验，探索规律，开拓创新，切实做好民族工作，为推进跨越式发展和长治久安奠定扎实的民族基础、群众基础和思想基础。

二　增强做好民族工作能力应把握几个关键环节

民族工作是群众工作，是具体而细致的工作，根据中央第五次西藏工作座谈会精神，从西藏民族工作实际出发，增强做好民族工作的能力应把握以下几个关键环节。

（一）以马克思主义民族观指导工作

马克思主义民族观是我们正确认识和妥善处理民族问题、不断开创民族工作新局面的根本指导思想。各级领导班子和领导干部增强做好民族工作的能力必须以马克思主义民族观指导工作，把马克思主义民族观贯彻到民族工作的各个方面、各个环节中去。

要深刻认识马克思主义民族观中国化过程，在民族工作中不断推进马克思主义民族观中国化、大众化和时代化。马克思、恩格斯、列宁、斯大林对民族、民族发展规律及其民族问题的解决等提出了一系列基本观点和理论，为无产阶级政党制定了民族纲领和政策，形成了马克思主义民族观，指导无产阶级政党解决了革命和建设时期的民族问题。但民族在发展演进、民族问题也在不断变化，马克思主义经典作家的民族理论不能一劳永逸。针对原苏联、东欧社会主义国家在处理民族问题上的失误和教训，从我国的民族实际出发，中国共产党经过新中国成立60年的艰辛探索，逐步走出了一条具有中国特色的处理民族问题的正确道路，形成了中国特色社会主义民族理论，极大地丰富和发展了马克思主义民族观。在当代中国，以马克思主义民族观指导民族工作，就是要以中国特色社会主义民族理论指导民族工作，这就坚持了马克思主义民族观。

增强做好民族工作的能力，要把握准马克思主义民族观的主要内容。学习和运用马克思主义民族观主要把握三个要点：一是把握民族问题是一个发展问题，江泽民同志在 1992 年中央民族工作会议的讲话中提出："民族问题既包括民族自身的发展，也包括民族之间，民族与阶级、国家之间等方面的关系。"① 深刻理解民族问题的内涵，把加快少数民族和民族地区的发展，作为现阶段民族工作的主要任务和解决民族问题的根本途径，在发展中解决民族问题，这是解决民族问题的关键。二是"要毫不动摇地坚持和完善党的民族理论和民族政策，坚持和完善民族区域自治制度"，这是解决民族问题的保证。三是努力促进民族关系和谐，调动各族人民的积极性和主动性，在发展中国特色社会主义事业中共同团结奋斗。

要在民族工作的实践中不断丰富和发展马克思主义民族观。在当前，要以科学发展观统领民族工作，必须把加快西藏少数民族和民族地区发展作为民族工作的第一要务；必须坚持民族平等、民族团结，为实现科学发展营造良好的社会环境；必须把培养选拔少数民族干部作为管根本、管长远的大事，为实现科学发展提供组织和人才保障；必须坚持以人为本，促进和谐民族关系与解决民族问题协调发展，用发展着的马克思主义民族观指导民族工作的新实践。

（二）以"四个有利于"民族工作标准检验工作

中央第五次西藏工作座谈会上胡锦涛同志强调，要把有利于民族平等团结进步、有利于各民族共同繁荣发展、有利于民族交往交流交融、有利于国家统一和社会稳定作为衡量民族工作成效的重要标准。这"四个有利于"既是衡量民族工作成效的重要标准，也是今后民族工作的方向和目标。增强做好民族工作的能力，要使民族工作做到"四个有利于"。

我国民族团结进步事业，是中国特色社会主义事业的重要组成部分。我国各民族团结进步是中华民族的生命所在、力量所在、希望所在。② 把有利于民族平等团结进步作为衡量民族工作成效的一个重要标准，要求民族工作要紧紧围绕推进民族平等团结进步事业目标展开，无论是在处理事关经济社会发展的重大问题上还是在处理与人民群众利益相关的具体问题上，都要考虑到是否推进民族团结进步，凡是有利于民族团结进步的事宜就要积极开展，凡是不利于民族团结进步的事宜就要制止，不能造成不良

---

① 江泽民：《论民族工作》，《江泽民文选》第 1 卷，人民出版社 2006 年版，第 181 页。

② 胡锦涛：《在国务院第五次全国民族团结进步表彰大会上的讲话》，《人民日报》2009 年 9 月 30 日。

后果再进行修整，这势必损害民族团结大业。增强民族工作能力应该有此鉴别力。把有利于各民族共同繁荣发展作为衡量民族工作成效的一个重要标准，要求民族工作要促进各民族共同繁荣发展，社会主义时期是各民族共同繁荣发展时期，在执行党的民族政策时要考虑促进各民族的发展，而不是大民族发展、小民族不发展或大民族快发展、小民族慢发展，造成民族之间新的差距。把有利于民族交往交流交融作为衡量民族工作成效的一个重要标准，要求民族工作能够促进民族交往交流交融，改革开放和全国援藏为西藏各民族与全国各民族的交往交流交融创造了良好的平台，我们在做民族工作时要注意引导各民族之间交往交流交融，通过增多交往交流，加大民族间文化交融的力度，引导各族人民共同建设社会主义文化，进一步促进中华民族的发展，促进各民间共同因素的增多，努力为缩小民族差别和解决民族问题创造条件。把有利于国家统一和社会稳定作为衡量民族工作成效的一个重要标准，要求民族工作以维护国家统一和社会稳定为目标，民族地区各项工作都关系着国家的统一和本地区乃至全国的社会稳定，民族工作做好了国家才能统一、社会才能稳定，民族工作做不好或做得不够就会影响到国家的统一、社会的稳定。在民族工作中，我们应对照"四个有利于"，对民族工作经验进行总结，吸取教训，按照"四个有利于"标准开展民族工作，同时也把"四个有利于"标准作为衡量民族工作能力的标准。

（三）以实现民族关系"三和"为工作落脚点

胡锦涛同志在全国第五次民族团结表彰大会上强调，要大力增强我国各民族对中华民族的归属感、对中华文化的认同感、对伟大祖国的自豪感，大力促进我国各民族在社会主义大家庭中和衷共济、和睦相处、和谐发展，不断形成实现国家兴旺发达、人民幸福安康的强大力量，不断形成实现社会和谐稳定、国家长治久安的强大力量，不断形成实现中华民族伟大复兴、为人类做出更大贡献的强大力量。[①] 在中央第五次西藏工作会议上强调，民族工作要"推动各民族和睦相处、和衷共济、和谐发展"。说到底，新时期社会主义民族工作就是要促进各民族共同发展，巩固平等团结互助和谐的社会主义新型民族关系，解决当代的民族问题。在多民族统

---

① 胡锦涛：《在国务院第五次全国民族团结进步表彰大会上的讲话》，《人民日报》2009 年 9 月 30 日。

一国家，民族关系是一个重要环节，既影响各民族共同发展也影响民族问题的解决，既影响社会和谐稳定也影响国家长治久安。民族工作应把民族关系的发展作为落脚点。

改革开放以来，各民族人口流动幅度加大，打破了原有民族固定居住和生产生活的格局，每个民族成员都要与不同的民族成员进行接触甚至是交流交往，民族关系在市场经济发展中发生较大的变化。由于各民族之间存在文化、习俗的差异，同时也由于市场经济带来的竞争，导致各民族文化多元化、利益多元化，各民族之间难免出现文化误会、利益争执、矛盾纠纷等现象。国际敌对势力、达赖集团利用我们发展中出现的民族关系问题进行挑拨离间，民族关系受到影响。因此，民族工作要大力推进各民族和睦相处、和衷共济、和谐发展。在当前民族人口流动、各民族交流交往增多的情况下，处理民族关系增加了难度。增强做好民族工作能力，要研究民族关系中的难点问题，探索民族管理规律和特点，尤其是加强城市、城镇民族工作，有效协调民族关系，引导各民族成员相互尊重，妥善化解民族间的矛盾纠纷，促进各民族和睦相处。当前，中华各民族共同发展中国特色社会主义，在前进的道路上面临共同的困难，各民族和衷共济才能战胜各种困难。近年来，各民族针对发生的自然灾害、人为灾害，共同抗旱、抗震、抗风雪以及抗击分裂祖国的暴力行为等，形成了风雨同舟、万众一心、众志成城、和衷共济的民族精神。增强做好民族工作能力，要向社会大力倡导这种和衷共济的民族精神，增进各民族人民的感情，促进民族关系和谐发展。

三　积极拓展增强做好民族工作能力的有效途径

新形势下，做好民族工作需要具备较强的民族工作能力，要按照中央第五次西藏工作座谈会精神，积极探索与拓展增强做好民族工作能力的有效途径。

（一）加强党对民族工作的领导能力

党的领导是民族工作的根本保证。胡锦涛同志指出："能否正确处理民族问题、切实做好民族工作，是衡量党的执政能力和各级党政组织领导水平的重要标志。"① 新形势下，面对民族工作的复杂情形，增强做好民族工作能力，首先要加强党对民族工作的领导能力。民族工作不等同民族地区的所有工作，但是民族地区工作的重要方面，鉴于民族工作在民族地区的重要性，党对民族工作的领导能力如何直接关系着党在民族地区执政地位的巩固。

加强党对民族工作的领导能力要走出一个误区，即把对一般工作或普通工作的领导视为对民族工作的领导，认为加强对一般工作领导就加强了对民族工作领导是错误的。在民族地区，民族工作与一般工作交织在一起，几乎所有工作都涉及民族工作，但是民族工作有其自身内容、方法、途径和规律、特点。党的各级领导干部肩负着对很多工作的领导任务，特别是发展经济工作的任务非常艰巨，往往就会忽略对非经济工作的重视，认为抓好经济工作，其他工作就自然上去了。在西藏，非经济工作尤其是民族宗教工作在促进社会发展和维护社会稳定中占据着重要地位，做不好这些工作社会难以稳定，长治久安难以实现。所以，要切实加强党对民族工作的领导，做各项工作都要兼顾到民族工作，把民族工作做到位，取得良好的成效，达到"四个有利于"的民族工作标准。

加强党对民族工作的领导能力，最主要的是要不断提高驾驭民族问题等的能力。民族问题是涉及范围广、处理难度大的社会问题。当今中国的民族问题主要表现在少数民族和民族地区经济社会发展滞后的问题，此外也表现在民族之间因文化习俗相异而发生的纠纷，经济开发过程中利益分配上的矛盾，市场经济条件下民族政策的滞后和不完善，现代化的急速推进对民族传统文化的冲击，民族分裂主义对国家统一和民族团结的危害，等等。② 胡锦涛同志要求"各级领导干部特别是中高级领导干部"要"不断提高驾驭民族问题、民族工作的能力"③。2009 年 9 月，在国务院第五次全国民族团结进步表彰大会上又进一步强调："各级领导干部特别是中高级干部，要认真学习贯彻党的民族理论和民族政策，认真学习和遵守国家民族法律法规，坚持从全局和战略高度研究和做好民族工作，切实加强

---

① 胡锦涛：《在国务院第五次全国民族团结进步表彰大会上的讲话》，《人民日报》2009 年 9 月 30 日。

② 王希恩：《不断提高驾驭民族问题和民族工作的能力》，《民族研究》2005 年第 4 期。

③ 胡锦涛：《在中央民族工作会议暨国务院第四次全国民族团结进步表彰大会上的讲话》，《人民日报》2005 年 5 月 28 日。

调查研究，正确把握规律，认真总结经验，创新思路方法，不断提高驾驭和解决新形势下民族问题能力。"① 这是中央提出在民族工作领域加强党的执政能力建设的具体要求。提高驾驭民族问题的能力就要在处理复杂的民族问题时从国际国内两个大局出发，增强民族工作的战略性、预见性和主动性，及时掌握民族问题的发展动态，掌握民族问题的时代特点和规律，依法妥善处理民族问题，让各族人民满意民族工作结果，做到服人心，增强民族工作的公信力。

（二）培训提高各级干部的民族工作能力

在西藏这样一个民族地区工作，各级干部都必须提高民族工作的能力，加强学习和培训是增强领导干部做好民族工作能力重要的方法。目前，在贯彻党的十七届四中全会精神和中央第五次西藏工作座谈会精神中，要把增强领导干部做好民族工作能力的培训作为建设学习型党组织的重要内容，结合本地、本部门的实际，组织学习党的民族政策、有关民族知识和民族理论等内容。着重提高各级干部的"三种"能力，增强做好民族工作的本领。一是提高学习能力。做民族工作不能只埋头拉车，不抬头看路。民族工作政策性、敏感性强，不懂得民族政策和法律法规，不懂得民族工作办事程序和流程，就不可能做好民族工作。这就需要从事民族工作干部不断提高学习的自觉性和紧迫感，不断获取时代发展的新知识、新政策、新法律，不断了解世界民族问题的发展趋势和各国处理民族问题的方法，深刻了解中外历史上处理民族问题的经验和教训，切实掌握当代我国民族的现状和政策。要从时代发展、世界格局、历史经验、国情国策、科学规律出发对民族问题进行理论思维，不断厘清工作思路，制定切合实际的工作措施，力求工作的前瞻性和主动性。做到把方向、抓大事、谋全局，该管的事要管好，不该管的事要引导好。二是提高引领能力。这是民族干部必备的素质和能力。民族工作干部要学会做好思想工作，思想工作要平时做、经常做、反复做，对可预见的思想认识问题，要早预防、早引导、早解决，否则，就会积小成大、积少成多、积重难返。只有把各族群众的思想工作做好了，认识提高了，就会为依法管理民族事务创造良好的社会环境。要坚持科学发展，不断创新体制，创新载体，创新内容，

---

① 胡锦涛：《在国务院第五次全国民族团结进步表彰大会上的讲话》，《人民日报》2009 年9 月 30 日。

提升引导水平。做各族群众的思想工作不能靠强行硬灌，要和风细雨地做工作，如开展精神文明、民族团结、贯彻落实中央第五次西藏工作座谈会精神进社区、进学校活动等，与各族群众、青少年学生"结对子"，组建民族政策、民族团结宣讲团，引导各族群众加深对党的民族政策的理解，促进各族群众在生产生活中和睦相处、和谐发展，使民族和谐稳定工作真正落到实处，取得实实在在的效果。三是提高解决问题的能力。这是检验民族干部是否具备科学执政能力的重要标准。民族工作中有许多难点热点问题，需要我们要善于发现矛盾问题的苗头，在萌芽状态就彻底予以解决，绝不能把矛盾问题扩散；对长期存在的矛盾问题，要千方百计寻找最佳时机灵活果断解决，绝不能久拖不决。作为民族工作干部，为了国家利益和人民利益，对民族问题一定要耳听八面，眼观四方，态度积极果断，真正做到愿管、会管、敢管、善管，通过自己的积极作为，确保民族团结、民族和睦和谐，不断巩固民族工作的大好局面，为西藏经济社会跨越式发展创造一个良好的社会环境。

（三）创新民族工作机制，建立健全责任机制

民族工作做得好必须有一个健全的工作机制和责任机制。增强做好民族工作的能力要在这两个机制建设上见成效。机制是一种有机联系的整体或体系，民族工作机制是一种有效的工作体系。① 从西藏民族工作需要看，要从两方面创新民族工作机制。一方面是，各级党组织应由书记或副书记负责抓民族工作，主要包括民族政策的宣传、思想政治教育特别是民族团结的教育、民族利益的协调、民族纠纷的解决等，尤其城市、城镇更要加强社区民族工作，负责民族工作的领导一定要掌握本社区的民族状况，深入各族群众中经常细致地做工作，建设和谐民族社区，确实做好基层民族工作。另一方面是，各级民宗、统战部门要对本地民族工作予以指导和支持，经常开展调研工作，摸清民族工作的具体情形，对民族工作出思路、出路子、出模式，为自治区党委政府在民族工作方面起到参谋助手的作用。

胡锦涛同志在国务院第五次全国民族团结进步表彰大会讲话中指出："各级党委和政府要增强政治意识、大局意识、责任意识，把民族工作摆

---

① 罗廷华：《党的执政能力建设与民族宗教工作的机制创新》，《贵州民族报》2004 年 11 月 22 日。

上重要议事日程，建立健全民族工作责任制，及时研究解决民族团结进步事业发展中出现的新情况新问题。"① 增强做好民族工作的能力，自治区各级党委和政府在民族工作的机制上要建立责任制，由党政一把手协调负责本部门民族工作，对重大事宜处理要采取集体研究，切实解决好突出的民族问题，要把民族工作情况作为衡量各级领导班子和领导干部工作政绩的一项重要标准，对工作中失职渎职、造成严重后果的领导干部要予以追究责任。

　　在学习贯彻落实中央第五次西藏工作座谈会精神中，只要我们能充分认识增强做好民族工作能力的必要性和重要性，以马克思主义民族观指导工作，以"四个有利于"民族工作标准检验工作、把实现民族"三和"作为工作的落脚点，把握好做好民族工作的关键环节，同时，从实际出发，不断拓展民族工作的途径，就一定能增强做好民族工作的能力，不断开创西藏民族工作的新局面。

（发表于《西藏研究》2010 年第 3 期，
获社会科学院论文类二等奖）

---

　　① 胡锦涛：《在国务院第五次全国民族团结进步表彰大会上的讲话》，《人民日报》2009 年 9 月 30 日。

民族团结是实现中国梦的前提条件之一

习近平总书记在参加十二届全国人大一次会议西藏代表团审议时发表的重要讲话，对做好西藏工作指明了方向。讲话强调的坚定不移巩固和发展民族团结，给当前西藏民族团结事业提出了新要求，也为共筑中国梦提供了必要的前提条件。

一 充分肯定西藏民族团结事业成绩

习近平总书记重要讲话中巩固民族团结的指示，是对西藏和平解放以来民族团结事业的充分肯定。西藏自古以来就是中国的一个重要组成部分，西藏各民族是中华民族中的重要成员，在漫长的历史发展进程中，西藏成为中国一个以藏民族为主体的少数民族行政辖区。自古以来，藏民族就持续地参与了统一多民族国家的缔造过程，与中华各民族结成了你中有我、我中有你的血肉相连的关系。西藏和平解放以来，国家组织力量开展了大规模的建设西藏行动，各族干部、技术人员从祖国的四面八方来参与社会主义新西藏的建设，各民族在共同建设新西藏的奋斗过程中结下了深情厚谊，平等、团结、互助、和谐的社会主义新型民族关系建立起来。

和平解放以来，民族关系成为西藏社会发展的重要关系之一。进藏人民解放军在进军中认真执行党的民族政策，注重协调各民族关系，西藏各级党政组织也十分重视民族工作。长期以来，自治区党委、政府以马克思主义民族理论为指导，坚决贯彻党的民族政策，坚持和完善民族区域自治制度，领导各族人民建设社会主义新西藏。在自治区党委、政府的正确领导下，历经民主改革、自治区成立和改革开放，西藏各族人民之间的友好情谊更加巩固，大家共同战胜各种困难，共同建设西藏；共同团结奋斗，共同繁荣发展。改革开放以来，自治区认真执行国家宪法和民族区域自治法，保障各族人民的基本权利和各项利益。1990 年确立每年 9 月为民族团结月，每年表彰民族团结先进集体和个人，西藏更加巩固了各族人民大团结的良好局面。民族团结成为西藏经济社会发展进步的重要基础。60 多年来，西藏各族人民在共同的生产生活中，用实际行动谱写了民族团结之歌，坚定维护国家统一和社会稳定，在社会主义建设事业中创造出短短几十年跨越上千年的人间奇迹。

二　对西藏民族团结事业寄予希望提出新要求

习近平总书记重要讲话中发展民族团结的指示，是对当前西藏民族团结事业寄予的希望、提出的要求。他讲道，民族团结是西藏各族人民的生命线，再次阐明了民族团结的重要性。他指示，要全面贯彻党的民族政策，坚持和完善民族区域自治制度，牢牢把握各民族共同团结奋斗、共同繁荣发展的主题，推动各民族和睦相处、和衷共济、和谐发展。他还要求，打牢民族团结的思想基础，各族人民要牢牢树立"三个离不开"思想；全社会要广泛开展民族团结宣传教育和民族团结进步创建活动，推进爱国主义教育和民族团结教育进社区、进农村、进学校、进寺庙。讲话中把做好境外藏胞工作作为民族团结事业的一项重要任务，要求加强境外藏胞工作，最大限度壮大境外藏胞中的爱国力量。

习近平总书记重要讲话从做好西藏整体民族工作出发，对西藏境内各族人民和境外藏胞的民族团结工作做出了明确的指示。讲话既体现了中华民族家和万事兴的传统伦理思想，又反映出我国民族团结是国家统一重要基础的现代国家理念。总书记讲话把民族团结放置于推进跨越式发展、保障和改善民生与做好长治久安基础工作之间的位置上，说明民族团结是做好这三项工作的重要环节。讲话强调了境内各族人民是做好西藏各项工作、推动西藏经济社会发展的重要力量，境外藏胞尤其是他们中的爱国人士是实现西藏长治久安和维护国家统一的重要力量。两方面的力量团结起来既是西藏内部的团结，更是中华民族的大团结。正如毛泽东同志指出的那样："国家统一，人民的团结，国内各民族的团结，这是我们的事业必定要胜利的基本保证。"西藏各民族的团结是西藏坚持和发展中国特色社会主义事业必定要胜利的基本保证。

三　接力开创西藏民族团结事业新局面

习近平总书记对西藏民族团结事业的重要指示既是对西藏各族人民的巨大鼓舞，也是对西藏各族人民促进民族团结的有力鞭策。纵观西藏60多年的发展历程，无论是经济的发展、政治制度的变革、文化的建设、社会的全面进步，还是各族人民生活水平的提高、综合素质的提升以及整个社会面貌的巨变，都是因为有了民族团结这个坚实的基础。西藏的发展与进步彰显出民族团结的伟大力量，实证着民族团结是西藏各族人民生命线的时代命题。西藏各族人民在经历社会的变迁、生产生活的变化和各民族友好相处中体悟出团结稳定是福、分裂动乱是祸的深刻道理，倍加珍惜在共同团结奋斗、共同繁荣发展中结成的平等、团结、互助、和谐的社会主义民族关系。过去，西藏各族人民共同开创了民族团结的大好局面；今天，西藏各族人民在以习近平同志为总书记的党中央领导下，也将开创民族团结的更好局面。

党的十八大更加明确了中华民族的两个百年奋斗目标，在十二届全国人大一次会议闭幕时，习近平总书记将这个伟大的奋斗目标阐发为中国梦。当下，中国梦成为全国各族人民建设中国特色社会主义伟大事业的强大凝聚力。习近平总书记指出："实现中国梦必须凝聚中国力量。这就是中国各族人民大团结的力量。中国梦是民族的梦，也是每个中国人的梦。只要我们紧密团结，万众一心，为实现共同梦想而奋斗，实现梦想的力量就无比强大，我们每个人为实现自己梦想的努力就拥有广阔的空间。生活在我们伟大祖国和伟大时代的中国人民，共同享有人生出彩的机会，共同享有梦想成真的机会，共同享有同祖国和时代一起成长与进步的机会。有梦想，有机会，有奋斗，一切美好的东西都能够创造出来。全国各族人民一定要牢记使命，心往一处想，劲往一处使，用13亿人的智慧和力量汇集起不可战胜的磅礴力量。"在实现中国梦的奋斗中，西藏各族人民的团结是重要的力量。中国梦鼓舞西藏各族人民一定要紧密地团结起来，中国梦鞭策西藏各族人民一定要以学习贯彻党的十八大精神为动力，认真落实中央关于西藏工作的一系列方针政策，抓住国家实施西部大开发战略、加大支持西藏发展力度等历史机遇，发愤图强，乘势而上，扎实有力推进跨越式发展，毫不动摇做好长治久安的基础工作，到 2020 年同全国人民一道实现全面建成小康社会的宏伟目标。

　　伟大的目标指引着西藏各族人民努力奋斗，西藏各族人民将更加憧憬美好的未来。我们坚信，团结就是力量，团结就是胜利！

（发表于《西藏日报》2013 年 6 月 1 日）

文化建设研究

论藏族传统道德文化中的和谐文化价值

摘　要　藏族传统道德文化中蕴藏着涵盖协调人与人之间、人与社会之间、人与自然之间等关系的和谐文化价值，对于构建社会主义和谐社会、建设和谐西藏具有重要意义，应充分发挥其功能和作用，为构建社会主义和谐文化服务。

关键词　藏族传统道德文化　和谐文化　价值

传统道德文化是人类在历史上形成的内容丰富、形式多样，且具有浓厚民族特色或地区特色的道德文化。在漫长的社会历史发展进程中，藏族人民创造了丰富多彩的民族文化，传统道德文化在其民族文化中占据重要的地位，它包含了协调人与人、人与社会以及人与自然之间关系的各种规范，对西藏社会的发展产生过重要的作用，尤其是在协调社会各种关系中具有突出的作用，体现了和谐文化的内在价值，对于构建社会主义和谐社会、建设和谐西藏具有重要意义和作用。《中共西藏自治区委员会关于建设和谐西藏若干问题的决定》中提出："建设和谐文化，巩固建设和谐西藏的道德基础。""要围绕和谐文化建设，巩固社会和谐的思想道德基础。""加强公民思想道德建设，积极倡导社会公德，职业道德和家庭美德。"在建设和谐西藏中，我们应挖掘藏族传统道德文化中的和谐文化因素，为建设和谐西藏服务。

一　人与人之间和谐相处的文化价值

和谐是中国传统文化的核心内容，也是藏族传统道德文化的核心内容。藏族传统道德文化中的和谐因素首先体现在处理人与人之间的关系中。处理好家庭关系是处理人与人之间其他关系的基础。在藏族传统道德文化中，处理好夫妻关系是家庭关系和谐的最基本的条件。在解放前，西藏各地的婚姻方式不尽相同，曾有一夫多妻或一妻多夫现象，但大多数藏族家庭实行的是一夫一妻制。在藏族家庭中，由于地区和社会阶层的不同，妇女的地位也有所不同。一般来说，在农区和贵族家庭中，妻子的地位相对低些；而在牧区和贫穷家庭中，妻子的地位却要相对高些；在游牧部落的家庭中，妻子的地位还要高些。在牧区家庭、贫穷家庭、游牧家庭中，夫妻地位基本平等。在西藏地区，牧区家庭、贫穷家庭、游牧家庭占的比例较大，因而其婚姻家庭道德就构成西藏社会婚姻家庭道德主流。这种婚姻家庭道德主要强调婚姻自主、夫妻平等、互敬互爱，是夫妻和睦、家庭团结的基础，是藏族传统道德中的积极因素。

父母子女关系是家庭关系和谐的重要组成部分。几千年来，在中国各民族家庭中都有孝敬父母、抚养教育子女的普遍要求，藏族也是其中之一。在《格萨尔》和藏族谚语中，有很多反映藏族传统社会对孝敬父母的倡导和对歧视、虐待老人行为谴责的内容。藏族传统道德中强调"以孝为先"，要求子女不忘父母的养育之恩，孝敬父母，如果不孝，最终只会去地狱承受罪果，遭到报应。松赞干布时期制定十六条"正净的做人法规"，其中两条是孝敬父母、尊高敬老，这充分反映了藏族传统社会孝敬父母的人伦道德关系。被人们视为藏族《论语》的《礼仪问答写卷》中，阐述了许多孝敬父母的道理，它把"公正、孝敬、和蔼、温顺、怜悯、不怒、报恩、知耻、谨慎而勤奋"作为做人最基本、最起码的道德标准；把"眷属和睦……子与父同心……妻与夫同心……大家皆得安宁"作为家庭道德境界。《礼仪问答写卷》中把"儿辈能使父母、师长不遗憾抱恨"作为对父母的"最上之孝敬"，还把不孝敬父母的人视同禽兽，认为徒有"人"名而已。

藏族对父母老人尊孝的道德传统，既来自于藏族传统社会良好道德风尚的影响，也来自于父母对子女的抚养与教育。在藏族家庭中除了对子女的抚养和生活的关心外，更强调教育子女做人。藏族家庭主要教育子女做到正直、孝敬、和蔼和勤劳。《礼仪问答写卷》中说，"将正直无误之正道作为财富交给他们（子女）是最大馈赠"，因为"生命和政事皆具其中矣"。藏族家庭道德认为，晚辈的正直是从父母处学来的，父母应做好表率，以身作则。在藏族伦理道德中孝敬包括"四敬"，即敬父母、敬师长、敬高、敬老，这是一条重要的道德规范。藏族家庭中，父母对子女的教育要求他们对人和蔼，尊重别人，即使是遇到令人生气的事或行为时，也要克制和忍让。《萨迦格言》中写道："知道取舍，平等待人；和蔼可亲，尊重别人；无所畏惧，受恩不忘，这种人能得到一切。"勤劳也是藏族家庭教育子女的重要内容。藏族传统社会历来不主张给子女留下过多的财富。《礼仪问答写卷》中提到，父母教育子女要取财有道：一是公开地给别人面子（别人就会帮助自己）；二是公开发展牲畜；三是公开地去当臣仆；四是公开地去做买卖；五是公开地种地。总之，藏族家庭把教育作为"善待"子女的重要内容，是藏族家庭伦理道德的独到之处，也是家庭和睦的基础。

藏族传统道德不但注重处理利益相同的家庭关系，而且也非常重视处理利益不同的其他人际关系。《礼仪问答写卷》中较为详细地论述了处理人际关系的方法，认为"同心协力，不仅眷属和睦，行至何方亦相安于事"。"居高位而不欺凌部下，役使下人，行为正直。""上面之人高尚而爱惜下人。对任何事均虔敬而有礼度，即可和睦相处。""子与父同心，弟与兄同心，奴与主同心，妻与夫同心，仆与官同心，如此，则公正无误，齐心协力，大家皆得安宁……"藏族是一个重礼节、善于处理人际关系的民族。和谐融于日常生活礼仪中，敬献哈达是人与人交往的一个必备内容，无论是婚丧嫁娶、走亲访友、拜访师长、书函往来、节日庆祝、乔迁新居，哈达是必不可少的礼品，也是沟通人际关系的"纽带"，其寓意非常广泛，既有祝福、敬仰、欢聚、庆祝之意，也有哀悼、同情之情，一条洁白的哈达将人间的深情厚谊都融化其中。礼仪文明是藏族交往的又一特点，藏族特别注重语言美，在接人待物、处理人与人之间的各种利益时，强调"施以真言""不言妄语"，强调语言表达中的优雅、文明是做人之道的重要内容。真诚、不说谎是藏族处理人际关系的重要道德标准。团结、平等与和睦也是藏族道德信条中的重要内容，强调为人正直、善良，以诚信取信于人，团结互助，彼此尊重、理解乃至彼此信任。藏族传统道德文化中，在处理人际关系方面形成一整套规则，要求人们重德、修身、健全人格、讲信用、真诚、宽容、平等、与人和睦等，因而藏民族是一个极其好客而又礼貌待人的民族，至今保持着很淳朴的风格。藏族这些人伦道德思想已浸渗在整个民族肌体中，体现出一种民族的精神，使藏民族文化呈现出独特的价值，即以家庭和谐为基础、以人际和睦为纽带，构成了一个祥和、安定的社会环境。

现代社会中，人们的生活方式、居住方式影响着人与人之间的交流。在现代化的城市里，人们的人际交往日趋淡化，让人感觉到"冷漠"。而在西藏地区却保持着浓浓的"深情厚谊"，这与藏族传统道德文化中人际道德的影响分不开。在西藏地区，人们在生产、生活、重大节日、各类庆典中加强交往与联系，并结下深厚的情谊，各民族人民团结和睦、友好相处，这是生产发展和社会稳定的前提与基础，也是藏族传统道德和谐文化价值之所在。

二　人与社会之间和谐相处的文化价值

人与社会和谐相处主要是通过一系列的社会规范来实现的。在藏族传统社会中，形成了比较系统的道德规范、法律规范、理想信念与价值取向等一系列社会规范，在人与社会和谐相处中起了重要的作用。

公正是人与社会之间建立和谐关系的基础。藏民族在数千年的历史发展中形成了传统的公正道德观念，它既维护了统治阶级的利益，也体现着对人民群众利益的维护。藏族人民从古到今都恪守公正这一观念，历代统治者也都重视公正这一准则，提倡公正，以德安邦治国。《礼仪问答写卷》中讲："要记住中心之公正之理，则枝节即可无误而事成矣。"藏族格言中说："聪明而正直的大臣执政，举国的愿望都能满足；端直的箭在善射的人手中，想射哪里就能射中哪里。"所以统治者主张"居高位而不欺凌、役使下人，行为正直"，要用公正之法解决各种社会关系的问题。《国王修身论》中也强调国王要公正。历代赞普都把公正作为治邦之本，行公正之法作为安邦之法。在藏族传统社会里，公正这一道德规范是维持社会正常秩序的保证，只有公正，人们才能有长幼之序、官仆之分、主奴之别；也只有行公正之法，才能使主奴之间、官仆之间以及老壮兄弟之间达到同心协力，社会才能安定团结，稳步发展。

藏传佛教主张众善奉行、诸恶莫作，受此影响扬善弃恶成为藏族传统伦理道德中最基本的思想。在吐蕃王朝时期，历代赞普遵从藏族道德中的善良和仁义，采取仁政和护佑的政策，巩固他们的统治地位。松赞干布时期制定"三十六制"，其中有关施政规定的六大决议就有抑制豪强、护助弱小，外惩敌人、内护臣民百姓，奉行十善法、舍弃非十善法等仁政。在藏族传统社会中，以仁义安抚民心，为民排忧解难，以德治理国家等，都被统治阶级采纳为治邦之策。《萨迦格言》中一个基本的思想是主张以"公正、仁义"的法律来治理社会，萨迦班智达倡施仁政，力主德治，反对暴虐。在藏族群众中扬善弃恶也是行为的重要标准之一，格萨尔之所以成为藏族人民理想人格的典范，就是因为他是一个爱护百姓、英勇智慧的贤明国王，他在人间"降伏妖魔，抑强扶弱，救护生灵"，使百姓过上太平的日子。《礼仪问答写卷》向人们提出做人的标准，即"做人之道为公正、孝敬、和蔼、温顺、怜悯、不怒、报恩、知耻、谨慎而勤奋"；同时也提出"非做人之道，是偏袒、暴戾、轻浮、无耻、忘恩、无同情心、易怒、骄傲、懒惰"①。这些道理告诫人们，在生活中应正直善良，禁止邪恶凶狠。人们行善止恶，才能营造和谐的社会。

藏民族是一个讲诚信的民族，他们崇尚忠诚和正直，讲求信誉。藏族格言中讲："想用谎言欺骗人，实际是欺骗自己；说一次谎话，再说真话也不信。"格言中主张"对正直的学者要亲近，对诡诈的学者要当心；对老实者要仁慈，对狡猾者要抛弃"。松赞干布时期制定的法律有禁止说谎法。《礼仪问答写卷》中要求人们"勿说假话"，要"施以真言"，"不说谎言"，才能取得别人的"信任"。在藏族很多民间故事中也讴歌了诚信的品德，如《诚实的牧人》《骗亲被虎吃》等。诚信既是做人之道理，也是社会和谐的道德基石。

受藏传佛教的影响，藏民族形成了佛教道德的完整体系，称藏传佛教道德。行善戒恶是藏传佛教道德的基本原则和基本规范，进入涅槃境界是藏传佛教道德的道德理想。它主张"普度众生"，帮助众生都进入涅槃境界，自己最后才进入涅槃。它追求的是破除自私自利之心，消灭人与人之间的钩心斗角、尔虞我诈、争强好胜、弱肉强食、损人利己等种种社会丑恶现象，造成人人平等、人人相爱、我为人人的良好社会氛围。在进入涅槃的过程中，人的价值追求和价值标准很重要。藏传佛教认为，人生的目的和意义在于加强佛性修行和道德修养，进而断除人生种种烦恼和苦难，消除苦因，远离因争名逐利而带来的苦难，永远脱离

---

① 本文引用《礼仪问答写卷》中的内容，参见王尧、陈践《敦煌古藏文〈礼仪问答写卷〉译解》，《西北史地》1983 年第 2 期。

生死轮回之苦，进入涅槃佛性的极乐世界，摆脱人世间的苦难，获得精神上的幸福和快乐，是人应追求的人生价值。这种人生价值要求人在思想上自利利他、济世救人。藏传佛教所追求的涅槃境界是虚拟的，不现实的，因而是一种回避现实的消极的人生态度，但主张在进入涅槃境界的过程中必须舍己利众，又是一种积极的人生态度。藏传佛教所追求的道德价值标准是脱离人世间物质和精神追求而进入涅槃佛性的究竟大乐，超越了人间现实，具有不可实现性，但作为一种目标让人不断地执着追求能够提升人的精神境界，仍有一定的意义。舍己为人、利益众生是藏传佛教道德的情感和追求的价值。这种道德情感就是指向众生，即是对世间一切众生的大慈大悲之情，不是对自身之情，实际上是有情无我、利他主义的道德情感。这种道德情感的基础是虚空自我、普度众生的伦理道德，体现着一种高尚的人生境界，也是一种对社会做贡献的道德境界。藏传佛教这种虚空自我，目的就是要让道德主体追求觉悟和完善，消除欲望，无私利众，彻底消除为了名利而在人与人之间、民族与民族之间、国家与国家之间的相互争斗，实现人类和谐的理想。藏传佛教道德受佛教影响甚深，其理论基础是唯心的，但它倡导人与人之间友善相处、人与社会之间和睦与协调，具有一定的和谐文化价值，是藏族传统道德中的理想信念和价值取向的体现。

藏传佛教道德中"一切众生皆平等"的平等观，虽然平等无差的思想有些超越现实，甚至不可能实现，但其万物平等观念推及人类社会的一切人与宇宙的其他生物一律平等的思想，对于社会发展的公平性具有价值与作用。把这种平等观赋予现代的意义，首先应是人与人之间的平等，而后由人构成的社会也应是平等的，再表现为国家与国家之间、地区与地区之间要平等。利益众生的思想也赋予现代的意义，那就要考虑所有人、国家、地区的发展要平衡起来，要平衡就要相互帮助，先进者帮助后进者，实现协调发展。藏传传统道德体现了平等性和平衡性，平等性是和谐的基础，平衡性的目的是协调好各种利益关系，维护社会的公正。

受传统道德文化的影响，藏民族在处理人与社会关系时体现出较强的和谐精神。处理与其他民族、与国家关系是处理好社会关系最重要的内容。在历史上，藏民族与其他民族之间也曾发生过战争，但最终结果是以"和"为结局。如唐蕃之间力经多年争战后，最终进行盟誓，"和同为一家"，大昭寺前广场的会盟碑上刻着"今社稷叶同如一，为此大和"就是民族之间和谐的见证。13 世纪中叶，萨迦政教首领萨班·贡噶坚赞千里跋涉，到甘肃凉州与蒙古王子阔端会谈，归顺蒙古，结束了西藏地区的战乱，这一举动得到西藏其他宗教首领的赞同，为人民所拥护。清朝初期，五世达赖和五世班禅等西藏上层积极顺应统一的多民族国家的发展要求，主动加强与内地各兄弟民族的联系，争取王朝的支持和帮助，驱走准噶尔势力，稳定了社会秩序。中华人民共和国成立之际，西藏上层爱国人士致电中央，要求和平解放西藏，他们的行动得到人民的支持，1951 年 5 月 23 日，西藏地方政府与中央政府签订和平解放西藏办法的协议，西藏获得和平解放。这些事实说明，受藏族传统道德文化影响，藏民族在处理民族与国家关系时，都以"和"为出发点和归宿。当然，和谐中包含着协调关系，甚至是以比较激烈的斗争方式协调关系，但最终是以和谐为结局。在传统道德文化的长期熏陶下，藏族人民形成了对国家的初步态度。在藏族民间流行的诗歌里写道："对父母心里孝敬，对祖国一定忠诚"，"如果山上无雪，川里怎能下雪；没有祖国的强大，人民怎能安康?"① 这种朴素的对祖国的感情是藏族传统道德文化的和谐文化价值在处理个人与祖国关系上的反映。长期以来，人们把对祖国的态度和行为作为"善业"，成为道德评价的最高标准。

　　道德是人类社会中上层建筑的重要部分，是协调社会关系、维护社会秩序的重要基石，它以"实践精神的"方式掌握着世界。② 人类社会发展中，道德的内容随着时代的发展而不断地与时俱进，在调整非对抗性的矛盾中发挥着重要作用，消除一定的纠纷，为社会秩序的稳定提供精神力量，为社会的良性发展奠定基础，进而对国家的发展起到了不可低估的作用。在历史上，藏民族的传统道德从原始集体主义道德发展到苯教道德、世俗道德、藏传佛教道德，其中贯彻着道德不断与西藏社会相适应的线索，道德内容的不断更新，是统治阶级利益的需要，也是当时社会发展的需要。客观地说，这些传统道德有利于西藏社会秩序的稳定，对西藏社会的发展也起了一定的积极作用。西藏地区进入社会主义社会以来，藏族传统道德在很大程度上依然发挥着作用，它协调着人与人之间、人与社会之间的关系，也是西藏社会稳定的条件之一。社会稳定是国家发展的重要前

---

① 转引自刘俊哲等《藏族道德》，民族出版社 2003 年版，第 304 页。

② 罗国杰等：《伦理学教程》，中国人民大学出版社 2000 年版，第 75 页。

提，从这个意义上讲，藏族传统道德文化对国家的发展起到了促进的作用。这是和谐文化价值的最终体现。

三　人与自然之间和谐相处的文化价值

藏族传统道德受佛教影响很大。藏传佛教不认为人类是生物的中心，而认为一切生命是平等的，主张生命至上，要以至善的慈悲之心关爱生命。藏传佛教认为，人与自然界中的其他一切有情生物之间不是管理与被管理、奴役与被奴役、支配与被支配的关系，人类没有支配、奴役自然的权利，人与自然的一切有情众生是完全平等的，人类仅仅是宇宙间具有相同地位的众生中的一员，要以平等而无差别的眼光看待其他一切众生。这是一种生物平等主义。① 在藏传佛教这种思想影响下，藏族在朴素的生态观念基础上逐渐形成了保护生态环境的道德观，规范人与自然和谐相处。

藏族道德规范中有一系列保护动物的行为规范，如规定参加宗教传召法会期间僧众不准损伤鸟类和禽兽，还有不杀生、要放生的要求，规定路行中不伤害森林中的动物。藏族传统道德文化中的禁忌道德规范在一定程度上蕴含着人类渴望的一面。也就是说，这种自觉的行为禁忌，从某种角度讲，对人类与自然的和谐发展有着积极而深远的意义。流传下来的一些基本禁忌习俗，至今仍然被传承着、遵守着，人们仍以自觉的行为方式限制着个人的私欲，以平等与仁爱之心保护着能保护的所有生命。虽然许多禁忌与宗教有着千丝万缕的关系，但辩证地看，禁忌的另一面透视出藏族人对待生命的观念，体现了一种与自然和平共处的基本思想，这在一定程度上也维护了其他生命与人类共生存的权利。

在藏传佛教利益一切众生的道德价值观指导下，藏族民众自觉形成了保护水、草原和森林资源的规范。藏族民众认为水是生命之泉，是给人类带来恩德、具有无量功德而神圣的东西，因此禁止在泉水中洗头、洗脚、洗澡和洗衣服的行为，以保持泉水的纯洁性和神圣性。即便是水葬也要择地，不能污染河水。藏传佛教认为，生命有的源于水里，有的源于陆地，

---

① 刘俊哲等：《藏族道德》，民族出版社 2003 年版，第 74 页。

爱护生命不仅要保护水也要保护陆地。

藏族传统道德文化中保护自然生态环境的思想含孕着中国传统道德文化中敬天、重地、仁人、善物的"天人合一"以及人与自然关系和谐的可持续发展观念的萌芽。人们选择天葬方式，不占用耕地，既体现了舍己利他思想，又反映出合理使用土地资源的愿望，惠及子孙后代。这种处理人与自然资源关系的原始思想，为人们提供一种思维，就是行事要考虑结果，要利他，利今人，利后代。这种思想也提醒今天的人们要有节约自然资源的意识，合理开发自然资源。

藏传佛教中禁欲观念是建立在唯心基础上的，但它在一定程度上规范着人与自然的关系，要求人们有节制地使用自然界的物质。开发自然资源为人类服务，人类利用自然资源改善生存条件，无可非议，但是自然资源满足人们需求是有限的，人类过分的贪欲会导致自然资源枯竭，这不仅不利于后代子孙，甚至也危及当代人的利益。人与自然和谐就是要有度地利用自然资源。

藏族传统道德文化中，关于人与自然关系的一系列规范，蕴含有一定的环保意识，透视着和谐发展的深远思想。众所周知，大批的森林砍伐、草场沙化等，这种对植被的破坏已导致严重的水土流失、物种减少，并已威胁着地球生态的平衡。21世纪全球环保意识的增强，意味着人类所面临的生存危机，旨在寻求更加有效而长远的持续发展的战略措施。我们不仅要采用现代高新技术，同时还应从传统文化中吸收有益的民族文化的精神，以调节现代人过度追求物质享受、摒弃传统文化的人文危机，以及随之而来的环境危机，调整"唯我"的心态，善待自然、尊重自然，从而使人类与大自然和谐相处。今天，当我们面对恶化的生存环境，再思考人类的未来时，相信藏族传统道德文化中的积极因素将会带给新世纪的人们新的触动和新的思索。

藏族传统道德文化中包含了极其丰富的和谐理念和追求，是中华文化的瑰宝。藏族传统道德文化中的和谐文化价值就在于为后人积累了丰富的协调人与人之间、人与社会之间、人与自然之间关系的各种规范，这些规范受佛教道德的影响较大，与现代社会的规范有很大的差距，不可能直接应用，但应看到其内涵价值对社会道德的发展有着重要的影响。构建和谐社会需要"培育和建设有利于人与人之间、人与社会之间、人与自然之间和谐相处的社会主义和谐文化"。① 在建设和谐西藏过程中，要建设和谐文化，巩固建设和谐西藏的思想道德基础。建设和谐文化，必须建立社会主义核心价值体系，即坚持马克思主义指导思想，牢固树立中国特色社会主义共同理想，弘扬以爱国主义为核心的民族精神和以改革创新为核心的时代精神，践行社会主义荣辱观。要将社会主义核心价值体系融入国民教育、精神文明建设、和谐创建的全过程，贯穿到建设和谐西藏的各方面。同时也要用中华民族精神和时代精神凝聚力量、激发活力。因此，在建设和谐西藏过程中，我们应从藏族传统道德文化中挖掘有益于建设和谐西藏的积极因素，为建立以社会主义核心价值体系为主的和谐文化服务，努力创建和谐村镇、和谐机关、和谐社区、和谐校园、和谐家庭、和谐单位、和谐寺庙等，使西藏成为一个人与人之间、人与社会之间、人与自然之间相协调的社会，形成各族人民各尽其能、各得其所而又和谐相处的局面。②

（发表于《青海民族学院学报》2008 年第 1 期）

---

① 中央党校邓小平理论和"三个代表"重要思想研究中心：《构建和谐社会需要培育和谐文化》，《光明日报》2006 年 7 月 12 日。

② 《中共西藏自治区委员会关于建设和谐西藏若干问题的决定》，2007 年 3 月 25 日中国共产党西藏自治区第七届委员会第二次全体会议通过。

边疆民族地区文化大发展大繁荣
有关理论与现实问题的思考①

摘　要　党的十七届六中全会后，全国各地大力推进文化大发展大繁荣工作，兴起了文化建设的新高潮。边疆民族地区文化建设有自身的特点，在推动社会主义文化大发展大繁荣过程中，应深刻领会十七届六中全会精神，结合本地实际，把握好一些重大理论和现实问题，牢牢把握发展社会主义文化方向，坚持社会主义核心价值体系指导，正确处理民族传统文化与现代文化、公益文化与文化产业、中华文化与本民族文化的关系，促进中华文化的发展，形成社会主义文化大发展大繁荣的新局面。

关键词　民族地区　文化　发展繁荣　理论　现实

2011 年年底，党的十七届六中全会召开并通过《关于深化文化体制改革推动社会主义文化大发展大繁荣若干重大问题的决定》（以下简称《决定》），标志着我国文化建设事业进入一个新的阶段。全国兴起推动社会主义文化大发展大繁荣的建设高潮，民族地区迎来了促进文化大发展大繁荣的大好机遇。《决定》就文化大发展大繁荣的一些重大问题做出了明确的指示，为我国文化建设指明了方向。十七届六中全会召开之后，我们对西藏林芝地区的文化建设情况进行了调研。林芝地区作为西藏唯一的国家公共文化服务体系示范区，在近年来的文化建设中，结合边疆地区的实际，在一些重大理论和现实问题上进行了积极的探索，给边疆民族地区推动文化大发展大繁荣工作一定的启示。

---

①　本文为国家文化部课题《西藏林芝地区创建国家公共文化服务体系示范区制度设计研究》阶段性成果。

一　把握社会主义文化方向

《决定》在指导思想部分提出，要"发展面向现代化、面向世界、面向未来的，民族的科学的大众的社会主义文化"，深刻阐明了当前我国文化发展的性质和方向，这是我国坚持中国特色社会主义文化发展道路的根本保证，也是培养高度的文化自觉和文化自信、提高全民族文明素质、增强国家文化软实力、弘扬中华文化、努力建设社会主义文化强国的前提基础。

社会主义文化应是人类文化中的先进文化，我国提出建设社会主义文化强国的战略目标是基于社会主义先进文化基础上的。作为当代中国的先进文化，社会主义先进文化应当是体现时代精神、与先进生产力相适应、能够促进生产力的解放和发展的文化，是能够提升人的精神生活、提高人的伦理道德、促进人的自我完善和发展的文化，是能够满足最大多数人的最大利益的文化。社会主义文化先进性有着科学的内涵：一是坚持马克思主义的指导地位，具有高度的文化自觉和文化自信。社会主义文化体现了当代中国的社会性质和政治理念，即不断推进中国特色社会主义，实现社会主义现代化和中华民族的伟大复兴，因而必然是坚持马克思主义指导地位，具有高度自觉性的文化类型。二是面向现代化、面向世界、面向未来，具有科学前瞻性和历史包容性。社会主义文化体现了当代历史和人类文明的发展趋势，即引领由现代化所推动的世界潮流，促进世界多种文化的交融发展，因而必然是开放包容的先导性文化。三是以民族的、科学的、大众的为基本属性，具有深厚的生活基础和创新活力。社会主义文化的生命力就在于其能够忠实传承和弘扬民族优秀文化，不断揭露愚昧迷信、鞭挞腐朽丑恶、革除陈规陋习，努力表现人民群众生气勃勃、健康向上的火热生活，因而必然是承前启后的创新性文化。

我国是一个典型的从传统走向现代的国家，旧有的社会意识作为文化的重要表现形式依然存在，并对构建现代国家产生着影响。因此，在建设社会主义先进文化过程中，中央主要领导人十分重视文化发展的方向。毛泽东指出："至于新文化，则是在观念形态上反映新政治和新经济的东西，是替新政治新经济服务的。"邓小平指出："社会主义制度的优越性表现在它的文化、科学技术水平应该比资本主义发展得更快、更先进，这才称得起社会主义，称得起先进的社会制度。"江泽民说："坚持什么样的文化方向，推动建设什么样的文化，是一个政党在思想上精神上的一面旗帜。"胡锦涛说："社会主义先进文化是马克思主义政党思想精神上的旗帜。"这些论断十分清晰地阐述了我国文化发展的方向，指导着文化事业的建设。随着改革开放的发展，我国文化与世界文化的交融更是频繁，各种文化思潮的激荡影响着文化发展的方向。在党的重要会议和重要文献中，都强调文化发展的方向问题，十七届六中全会对发展社会主义先进文化提出了更加明确的要求。

新中国成立以来，边疆民族地区逐渐走上了社会主义文化的发展轨道，但与内地省区比较，由于受历史上社会形态发展和社会发育程度的制约，在文化发展方面存在较大的差距。原来社会形态的意识影响依然影响着文化的发展，例如西藏民主改革已经 50 多年，社会主义社会的经济制度、政治制度和文化制度都已建立起来，但是政教合一的封建农奴制文化在社会意识中并未绝迹，尤其是在流亡国外的达赖集团的煽动下，一些在民主改革中被涤荡的文化思想又有所抬头，同时达赖集团直接渗透的文化内容与社会主义文化相对立，影响社会主义文化的健康发展。这些文化多以民族的传统文化的形式面世，让人难以鉴别，不知不觉地侵蚀社会主义文化的肌体，务必引起文化部门的高度警觉，不能允许这些文化内容凭借文化大发展大繁荣的平台获得发展机会。因此，边疆民族地区推进文化大发展大繁荣必须以马克思主义为指导，坚持用马克思主义中国化最新成果武装全党、教育人民，引导广大干部群众深刻领会党的理论创新成果，坚定理想信念。发展"面向现代化"的文化，既要求文化要同边疆民族地区走向现代化的历程同步，文化的发展能够为现代化建设事业提供智力支撑、人才支持、道德支持，也要适应现代化的历史潮流，不断实现自身的现代化。发展"面向世界"的文化，要求边疆民族地区文化建设不仅传承本民族文化、与中华各民族文化相互交融，而且文化建设也必须在与世界其他民族文化的交流、交锋、交融中学习、借鉴、扬弃，吸收世界文化的精华。发展"面向未来"的文化，要求边疆民族地区文化建设要深刻把握历史发展规律，深刻把握社会主义建设规律，深刻把握社会主义初级阶段文化发展规律，着眼于中华文化的长远发展，在时代前进的潮流中发展中华文化。边疆民族地区文化建设要以"民族的、科学的、大众的"为发展方向。所谓民族的，就是带有中华民族的特色，是以中华民族共同的文化形式表现出来的。但它不排斥世界其他民族的先进文化，并努力吸收世界文化的先进成分为自己所用。中国是一个统一的多民族国家，应当尊重、保护、发展各民族文化，共同形成丰富、完整的中华民族文化。所谓科学的，就是以科学的精神和态度对待一切事物，将科学性贯穿于文化建设的过程中，反对一切封建迷信思想和僵化思想。对于中华民族的传统文化，要剔除其糟粕，吸取其精华，科学地扬弃。所谓大众的，是指文化要面向人民群众、依靠人民群众、服务人民群众，植根于人民群众的生活实践，并逐渐成为人民大众的文化。

社会主义文化内涵中的三方面要素是一个统一的整体，马克思主义居于指导的地位不可动摇，否则就会改变社会主义文化的性质；"面向现代化、面向世界、面向未来"是社会主义文化的特点，"民族的、科学的、大众的"是社会主义文化的发展方向，它们之间是必然联系的，面向现代化就应面向世界、面向未来，民族的就要符合科学的大众的要求。现代化与世界、与未来是一致的，文化不现代化就不能走向世界、走向未来；但是民族的文化并不一定是科学的大众的文化，民族的文化也有糟粕的东西。这对于边疆民族地区文化建设来说，必须认真对待，实现本民族的文化发展符合社会主义先进文化的基本要求，保证文化发展的社会主义方向。林芝地区的实践表明，文化建设要牢牢把握社会主义方向，才能发展面向现代化、面向世界、面向未来的，民族的、科学的、大众的文化，否则就会成为只重视民族的和传统的文化，而达不到发展社会主义文化的要求。

二 坚持社会主义核心价值体系指导

社会主义核心价值体系是兴国之魂，是社会主义先进文化的精髓，决定着中国特色社会主义发展方向。在《决定》中，关于社会主义核心价值体系建设问题居于核心地位。使我国全体公民确立起社会主义核心价值观并构建国家精神，是深化文化体制改革推动社会主义文化大发展大繁荣最终实现的目的。《决定》指明推动社会主义文化大发展大繁荣必须围绕社会主义核心价值体系的建设，巩固全党全国各族人民团结奋斗的共同思想道德基础。

边疆民族地区在文化建设中既具有边疆的特点也具有民族的特点，在文化体制改革中既受历史文化发展的影响，也受社会发育程度的影响，二元结构特征十分明显。一方面，历史的传统文化和民族的传统文化对人们的价值观念依然在发挥着重要的影响作用，如民俗文化、宗教文化的许多观念在人们的思想中还根深蒂固，成为普通人生产生活的价值导向和标准。另一方面，新中国成立以来，社会主义文化逐渐在边疆民族地区建立起来，通过半个多世纪以来国家在边疆民族区进行的学校、社会普及性教育，使国家的价值导向和倡导的价值观强力注入了人们的思想观念中，对人们的生产生活行为也发挥了重要的影响作用。在边疆民族地区，国家倡导的价值观与历史的区域的民族的传统价值观并行存在。但两种价值观并不是统一和一致的，有时是对抗的，呈现二律悖反特点。这一情形说明，边疆民族地区价值观建设任务非常艰巨。

从《决定》内容看，社会主义核心价值体系建设本身就是社会主义文化大发展大繁荣的重要内容，这是一个关键性问题。在边疆民族地区推动文化大发展大繁荣工作，必须把社会主义核心价值体系建设放在首位。就是说，无论是发展公益性文化还是发展文化产业；无论是进行文化体制的改革、构建有利于文化繁荣发展的体制机制，还是培养文化人才队伍，都不能偏离社会主义核心价值体系的目标。这就要求文化管理部门要十分清醒地坚持社会主义核心价值体系的指导。文化繁荣发展体现在社会所创造的各类文化作品和文化所形成的氛围，文化作品和文化氛围必然能反映出一定的价值观和价值导向，进而形成文化场，影响整个社会。文化氛围亦即文化环境是通过文化作品而产生作用形成的，文化作品是一次性产品，一旦生产之后走向市场或社会就不可能再回笼重新加工，造成的影响已经不可挽回。我们在改革开放过程中一些低档文化产品的创作与问世在一定程度起到了扭曲人们价值观的作用，造成不良的影响，教训应当记取。文化大发展大繁荣为文化作品的创作提供了广阔的平台，有关文化管理部门必须严把文化产品关，包括文艺、文学、戏剧、影视作品、网络作品、新闻作品等。这个关就是文化产品是否符合社会主义核心价值体系，即是否坚持马克思主义指导地位，坚定中国特色社会主义共同理想，弘扬以爱国主义为核心的民族精神和以改革创新为核心的时代精神，树立和践行社会主义荣辱观。要谨防一些大肆渲染与社会主义核心价值观对抗的作品问世，并借推动文化大发展大繁荣的平台、披上堂而皇之的外衣名正言顺地进入社会，甚至渲染分裂思想的作品也能乘机溜进文化舞台，造成恶劣影响。有关文化部门应清醒地看到，文化大发展大繁荣不仅有数量而且更要注重质量，建立文化产品准入机制，把好文化领域的关口。林芝地区在公共文化服务体系建设中重视社会主义核心价值体系的建设，将其贯穿于其中，通过公共文化服务的内容引领人们的思想道德和社会风尚，引领人们树立与社会主义社会相适应的文化观念。

三　正确处理文化发展繁荣的几个关系

《决定》提出了我国建设社会主义文化强国这一宏伟的文化战略目标。在实现这个目标中，边疆民族地区应跟上全国的文化建设步伐，实现文化均质化发展，加速边疆地区与内陆地区文化一体化进程，进而巩固文化边疆①的安全。边疆民族地区文化大发展大繁荣意义重大，关系到社会主义文化强国的建成，为此，应处理好三方面关系。

第一，正确处理民族传统文化与现代文化的关系。我国每个民族在历史上都形成了自己的文化，称为民族文化。民族文化的表现形式多种多样，有以物质形态存在的有形文化和以口头等非物质形态存在的无形文化；有精英文化和民间文化抑或主体文化和从属文化；有强势文化和弱势文化；有传统文化和现代文化；等等。民族传统文化是相对于现代文化而言，从时间角度来划分的。文化发展有其自身的规律，任何一个民族的文化总是要从传统走向现代，这是必然规律。在当前我国深化文化体制改革、推动文化大发展大繁荣时期，民族文化发展进入了大好时期，民族文化走向现代化也进入了大好时期。在民族传统文化走向现代化过程中存在两种倾向：一种是各民族担心本民族文化被同化，固守传统，深挖民族文

---

① "文化边疆是指一个主权国家在历史发展过程中使其文化的性质得以保持、文化的功能能够得以发挥、文化利益能够不受威胁和侵犯的防御界限。" 见颜旭《文化边疆：全球化时代国家安全维护的发展性取向》，《信阳师范学院学报》（哲学社会科学版）2007 年第 5 期。

化的个性特点，忽略各民族文化的共性特点，造成中华文化客观上被分离，阻碍了民族文化走向现代化的进程；另一种是国际敌对势力和国内分裂势力利用民族传统文化的独特性证明少数民族文化不属于中华文化，进而达到政治上分裂中国的目的。两种倾向异曲同工，都在分离中华文化，不利于民族传统文化走向现代化。

《决定》指出："优秀传统文化凝聚着中华民族自强不息的精神追求和历久弥新的精神财富，是发展社会主义先进文化的深厚基础，是建设中华民族共有精神家园的重要支撑。"《决定》对构建传统文化传承体系作了具体的要求，对少数民族传统文化的传承做了强调，要求大力推广和规范使用国家通用语言文字，科学保护各民族语言文字；繁荣发展少数民族文化事业，开展少数民族特色文化保护工作，加强少数民族语言文字党报党刊、广播影视节目、出版物等译制播出出版。这表明，国家专门对少数民族语言文字和特色文化保护工作做出了明确的要求。对于民族传统文化的内容一方面是保护，另一方面是传承，该保护的保护，该传承的传承，除此之外还要发展。发展就是在传统的基础向现代文化发展，这必然要突破民族的特色，走向各民族更加趋同的共同文化。因此，对于民族传统文化我们要传承而不是固守，要在传承中发展而不是停留。西藏林芝地区作为国家公共文化服务体系建设示范区，在建设公共文化服务体系时较好地处理了民族传统文化和现代文化的关系。林芝地区是一个以藏族为主体，汉、门巴、珞巴等民族和睦相处的多民族聚居区，在历史上就形成了多元民族文化。在创建公共文化服务体系过程中，林芝地区把各个民族保留至今的一些物质和精神的文化内容集中在博物馆中予以保护，在地区、县乡、村组建了各民族文艺队，既传承各民族的歌舞，又利用这种载体歌颂今天各民族的生产生活和社会变化，将传统的民族文化载体与现代各族人民的新生活紧密结合，使民族传统文化得到了传承和发展，展现出民族传统文化的现代价值。

第二，正确处理公益文化与文化产业的关系。发展公益文化事业和文化产业是推动文化大发展大繁荣、建设社会主义文化强国的重要内容，前者保障各族人民的文化基本权益，后者促进国民经济的发展。公益文化与文化产业有着区分，公益文化具有公益性、公共性，而文化产业则具有经营性、市场性；公益文化满足人民群众的文化基本要求，文化产业满足人民群众多元化的需求。公益文化和文化产业又相互联系，两者都必须坚持把社会效益放在首位，都应当融入社会主义核心价值体系，而且可以相互促进。因此，两者应协调发展。

当前在全国各地的文化发展繁荣中普遍存在公益文化和文化产业发展不平衡现象，在一些地方重文化产业发展、轻公益文化发展，甚至盲目追求文化产业发展 GDP 的效果。一些部门领导热衷抓文化产业，冷淡抓公益文化事业。在边疆民族地区，公益文化事业具有重要的意义，它不仅能满足各族人民的基本文化权益，而且是意识形态安全的重要保障。党和国家的很多文化政策都要靠公益文化事业的形式贯彻下去。对于边疆民族地区来说，公益文化事业与文化产业应当协同发展，但事实上根据其经济社会发展状况和文化在意识形态领域的作用，应当优先保证发展公益文化事业，扎实文化边疆安全的基础。近年来，西藏林芝地区在文化建设中就做到了优先发展公共文化服务，满足各族人民的文化需求，增强了民族凝聚力和对祖国的向心力。

第三，正确处理中华文化与本民族文化的关系。我国由 56 个民族构成了"多元一体"的中华民族，形成了"多元一体"的中华文化，既有共性特征又有个性特征。民族是一个历史的范畴。一般来说，民族在历史渊源、生产方式、语言、文化、风俗习惯以及心理认同等方面具有共同的特征。① 这说明文化是民族的重要特征，有了文化的认同才有民族的认同。中华民族在现阶段包括 56 个民族，是一个多元的统一体，中华文化在现阶段也是一种多元的统一体，是有机的统一，而非 56 个民族相加机械地形成。可以说，中华民族、中华文化在发展的阶段上，各民族及其文化的特色还相当浓厚。为此，国际敌对势力和国内分裂势力一直在利用各民族的个性特征大打"民族文化"牌，运用现代手段渲染和打造我国每一个民族的特色文化，鼓励和强化每个民族的意识，意在肢解中华文化和中华民族，务必引起我们的高度警惕，不能盲目跟从。

在边疆民族地区深化文化体制改革、推动文化大发展大繁荣中，有关文化部门应把握促进各民族文化发展与中华文化发展的有机统一

① 2005 年第三次中央民族工作会议对民族定义的丰富和发展。

关系，避免一味地强调民族文化的特性而忽略中华文化的整体性，使民族亚文化成为主流文化而取代中华文化的主流性。文化大发展大繁荣是中华文化发展的大平台，应形成各民族优秀文化百花齐放、中华文化共同灿烂的格局，应创建社会主义的制度文化、精神文化和民族文化"三位一体"的中华文化繁盛情景。基于社会主义文化大发展大繁荣的基础，中华文化的发展将进入一个新的阶段，中华文化的凝聚力将空前增强，为中华民族的伟大复兴提供强大的精神支柱。林芝地区是一个多民族共同生活的区域，在文化建设中非常重视多元文化的建设与发展，以文化意识培养各民族的中华民族意识，努力处理好中华民族文化与本民族文化的关系，既促进本民族文化的发展又促进整个中华民族文化的发展。

总之，正确处理民族传统文化与现代文化、公益文化与文化产业、中华文化与本民族文化的关系，就是要保证边疆民族地区文化发展的性质和方向，建设社会主义先进文化，发展中华民族文化，主导人们的价值观念，林芝地区的经验具有推广的价值。

参考文献

［1］宁先圣：《社会主义先进文化的内涵解析》，《理论导报》2012 年第 2 期。

［2］毛泽东：《新民主主义论》（1940 年 1 月），《毛泽东选集》第 2 卷，人民出版社 1991 年版，第 695 页。

［3］邓小平：1977 年 9 月 14 日会见日本新自由俱乐部访华团时的谈话，《邓小平年谱（1975—1997）》（上），中央文献出版社 2004 年版，第 200 页。

［4］江泽民：《在庆祝中国共产党成立八十周年大会上的讲话》（2001 年 7 月 1 日），《江泽民文选》第 3 卷，人民出版社 2006 年版，第 277 页。

［5］胡锦涛：《在庆祝中国共产党成立 90 周年大会上的讲话》（2011 年 7 月 1 日），《人民日报》2011 年 7 月 2 日。

［6］孙勇：《西藏：非典型二元结构下的发展改革》，中国藏学出版社 1991 年版。

［7］杨沛艳：《论少数民族传统文化的现代化》，《贵州工业大学学报》（社会科学版）2007 年第 3 期。

［8］辛向阳：《准确把握文化事业与文化产业的辩证关系》，《中国青年报》2012

年1月4日。

［9］赵代君：《试论西藏的传统文化与现代化》，《西藏大学学报》（社会科学版）1993年第2期。

［10］常凌翀：《全球化视域下西藏文化产业的现实境遇与发展路径》，《西藏大学学报》（社会科学版）2009年第9期。

（发表于《西藏发展论坛》2012年第4期）

把握方向　繁荣文化

　　党的十七大对推动社会主义文化大发展大繁荣做出了重大部署。胡锦涛总书记在十七大报告中提出，要坚持社会主义先进文化前进方向，兴起社会主义文化建设新高潮，激发全民族文化创造活力，提高国家文化软实力，使人民基本文化权益得到更好保障，使社会文化生活更加丰富多彩，使人民精神风貌更加昂扬向上。党的十七大以来，西藏自治区党委、政府贯彻中央关于推动社会主义文化大发展大繁荣的重大部署，结合本地区实际，大力加强文化建设，取得了显著成就，为跨越式发展和长治久安提供了强大的精神支撑。

一　把握方向，加强党对文化建设的 领导，为繁荣文化创造条件

　　自治区党委、政府按照中央要求，在文化建设中坚持社会主义先进文化建设方向，把社会主义核心价值体系建设摆在首要位置上，从边疆民族地区实际出发，开展"爱国、团结、和谐、发展、文明"核心价值观主题实践活动，将核心价值体系建设贯穿于国民教育、文化建设和党的建设全过程，进一步增强了各族人民对伟大祖国、中华民族、中华文化、中国特色社会主义道路的认同，努力建设中华民族的共同精神家园。自治区党委、政府多次专题研究文化工作，自治区领导多次就繁荣创作、打造精品、加快产业发展、文物的保护和利用、文化市场管理等做出了一系列重要指示。2010年年初自治区召开了全区文化发展大会，制定出台了《关于推动西藏文化大发展大繁荣的决定》，为文化实现跨越式发展、科学发展提供了制度保障。近年来，自治区先后出台了《关于进一步加强农牧

区文化建设的实施意见》《关于加强非物质文化遗产保护的意见》等一系列指导性文件，为文化加快发展创造了有力的政策环境。同时，还制定出台了《西藏自治区文化市场管理条例》《西藏自治区文物保护条例》《西藏自治区县级综合文化活动中心、乡镇综合文化站管理办法》《西藏自治区民间艺术团管理办法》《专业艺术团体下乡演出奖励办法》《重点剧节目扶持和奖励办法》等一系列重要文化行政法规，为文化建设提供了法规保障。党的十七届六中全会后，自治区党委制定《贯彻落实〈中共中央关于深化文化体制改革推动社会主义文化大发展大繁荣若干重大问题的决定〉的实施意见》，对文化建设做出全面部署，确定走有中国特色、西藏特点的文化发展路子，由文化资源大区向文化发展强区转变的文化发展思路。坚持正确的方向，加强党对文化建设的领导，保证了文化大发展大繁荣的顺利推进。

二　拓展路径，调动社会各种力量，文化大发展大繁荣成就显著

党的十七大以来，自治区党委、政府高度重视文化建设，积极调动社会各种力量，不断提升文化发展水平。第一，增加文化经费。自治区人均文化事业费 70.12 元，在全国排第 4 位，据统计，2011 年国家和自治区下达的全区重点文化工作经费达到 4.7 亿元、文物保护经费达到 7 亿元。全区各地（市）财政对文化建设的资金配套政策进一步健全，投入数额显著提升，文化繁荣发展的资金保障极大加强。第二，壮大文化艺术队伍。西藏拥有各类文化艺术工作者 4000 余人。全区共有 10 个专业艺术表演团体。"十一五"以来，全区各级专业艺术团体新创作剧（节）目 650 余部，演出近 5000 场次，观众约 800 万人次。第三，加强文化服务体系建设。截至 2011 年，全区共建设群众艺术馆 8 座、公共图书馆 4 座、博物馆 2 座，剧场、影剧院 13 座、县级综合文化活动中心 74 座、乡镇综合文化站 149 个、村文化室 300 余个，县县有综合文化活动中心的目标基本实现，初步形成了区、市、县、乡、村五级文化设施网络。第四，创作文化精品。西藏歌舞团、藏剧团、话剧团等艺术院团先后创作了京剧藏戏《文成公主》《朵雄的春天》，歌舞《珠穆朗玛》《魅力西藏》，话剧《扎

西岗》《宗山魂》等一大批文艺精品。大型歌舞《多彩的哈达》荣获第三届全国少数民族文艺汇演大奖。话剧《穿越巅峰》荣获纪念中国话剧诞生 100 周年暨全国优秀剧目展演二等奖。新编历史剧京剧与藏戏《文成公主》入选 2006—2007 年度国家舞台艺术十大精品剧目。现实题材话剧《扎西岗》荣获第九届中国文化艺术节"文华奖"特别奖。《幸福在路上》入选首批《国家文化旅游重点项目名录——旅游演出类》。编排选送的舞蹈《欢歌起舞》荣获"2011 年央视春晚观众最喜爱特别奖"。第五，大力保护文物。全区有各类文物点 4277 处，各级文物保护单位 743 处，其中全国重点文物保护单位 35 处，自治区级文物保护单位 224 处，市县级文物保护单位 484 处，国家历史文化名城 3 座，馆藏文物数十万件。布达拉宫、大昭寺、罗布林卡被列入世界文化遗产名录。"十一五"确定的 22 处重点文物维修保护工程全面开工，目前已经完成 9 处。投资 3.8 亿元、持续 7 年的布达拉宫、罗布林卡、萨迦寺三大重点文物维修工程于 2009 年 8 月胜利竣工。第六，积极保护非物质文化遗产。西藏传统手工艺、民间艺术、藏戏等 76 个项目列入国家级非物质文化遗产名录，53 位传承人被评为国家级非物质文化遗产代表性传承人。自治区还拥有 222 项自治区级非物质文化遗产保护项目，227 个自治区级非物质文化遗产代表性传承人。藏戏和格萨尔 2 项成功入选世界非物质文化遗产名录。西藏共有 5 个国家级民间艺术之乡和特色艺术之乡，21 个自治区民间艺术之乡和特色艺术之乡。第七，发展文化产业。自治区共有 2 个国家级文化产业示范基地，8 家自治区级文化产业示范基地。2010 年，西藏自治区艺术表演团体国内观众达 380.3 万人次，演出收入 322.6 万元；文化市场经营机构数有 1731 个，利润总额达 8151.2 万元。西藏先后派出文化团（组）200 余个，访问了罗马尼亚、匈牙利、斯洛文尼亚、奥地利、尼泊尔、泰国、日本以及我国台湾等 50 多个国家和地区，在 110 多个城市进行文化交流演出和展览，累计演出 120 多场，观众达 500 多万人次，有效地弘扬了西藏民族优秀文化。

三　营造氛围，提供精神支撑，夯实跨越式发展和长治久安的思想文化基础

党的十七大以来，西藏推进跨越式发展和长治久安进入一个新的阶

段。2010 年中央召开第五次西藏工作座谈会，把推进跨越式发展和长治久安作为西藏工作的主题，对西藏工作再次做出全面部署，西藏迎来了千载难逢的大好机遇。发展需要有稳定的社会环境，发展稳定需要有思想和精神的强大支撑力。文化发展既是跨越式发展的内容，也是跨越式发展和长治久安的支撑。西藏文化发展始终坚持社会主义方向，在全社会大力唱响了共产党好、社会主义好、改革开放好、人民军队好、各族群众好、伟大祖国好的时代主旋律，营造了良好的文化氛围，增强了党的感召力、祖国的向心力、中华民族的凝聚力，巩固和发展了平等、团结、互助、和谐的社会主义民族关系，为推进跨越式发展和长治久安提供了坚实的思想文化基础，成为促进西藏经济社会发展的强大精神力量。

（发表于《西藏日报》2012 年 11 月 6 日）

论当代藏族传统文化的教育传承①

摘　要　藏族传统文化具有丰富的优秀内容，党的十七届六中全会提出要建立传统文化的传承体系，教育传承是其中的一种方式。对于西藏学校来说，教育者应选择适应社会发展的传承内容，拓展传承的途径，通过课堂、教育基地、校园文化和文化作品等方式传承藏族传统文化，增进各民族学生对民族传统文化相互尊重，相互学习，进而增强中华文化和中华民族的认同感，促进民族团结。

关键词　藏族传统文化　教育传承　路径

藏族是中华民族中一个古老的民族，在历史发展中形成了丰富的文化，这些文化经过世代传承至今，已成为传统文化。在当代文化大发展大繁荣中，每一个民族的传统文化都显现出它的功能和价值。党的十七届六中全会通过的决定提出建设优秀传统文化传承体系，要求全面认识祖国传统文化，取其精华、去其糟粕，古为今用、推陈出新，坚持保护利用、普及弘扬并重，加强对优秀传统文化思想价值的挖掘和阐发，维护民族文化基本元素，使优秀传统文化成为新时代鼓舞人民前进的精神力量。由此，作为中华文化重要组成部分的藏族传统文化的教育传承具有重要的意义，藏族传统文化的教育传承是建设优秀传统文化传承体系的重要内容。

文化的教育传承方式多种多样，主要有家庭、社会和学校的教育传承等方式。本文关于藏族传统文化的教育传承是指学校的教育传承。学校在建设优秀传统文化传承体系中具有重要的地位，应当发挥其作用。

①　本项目为丁玲辉主持的西藏自治区教育科学研究"十二五"规划课题重点项目"藏族传统文化的传承与青少年教育机制研究"（项目编号：2011002）阶段性成果。

一　藏族传统文化教育传承的主要内容

　　每个民族在历史的发展中都形成了自身的文化。藏民族世代生活在青藏高原，在对自然、社会和自身的认知、适应、改造、发展的漫长历史进程中，在与汉族等中国其他民族以及南亚、西亚一些民族的文化交流、融合和借鉴过程中，创造了内容丰富、特色鲜明、形态多样的文化，其中包括语言文字、哲学宗教、藏医藏药、天文历算、音乐舞蹈、戏剧曲艺、建筑美学、雕塑绘画、工艺美术等。藏族文化成为藏民族世代繁衍、生生不息的精神支柱，也是在同其他文化特别是汉文化的相互影响和不断交融中得到发展的。①

（一）以马克思主义为指导选择教育传承内容

　　每个民族的文化是在历史中形成和发展的，但要在现实中得以传承才能源远流长。学校是文化传承的重要阵地，藏族传统文化的教育传承应是学校文化传承的一个组成部分。藏族传统文化典籍浩瀚、内容丰富，包括传统宗教文化、风俗文化、道德文化、法律文化、文学文化、艺术文化、教育文化、体育文化、政治制度文化、历史古迹文化、天文历算文化、医药学文化、人口观念文化、资源和环境意识文化等多方面。② 学校对传统文化的教育传承首先要选择确定其内容。

　　对于传统文化教育传承的内容选择，我们应当遵循马克思主义对待传统文化的态度，即"决裂"、继承和发展③，"决裂"是指与现今社会发展"截然相反"的维护旧制度、旧观念的内容，继承和发展是指对现今社会有促进作用的内容。毛泽东主张对待传统文化要"取其精华，去其糟粕"。这是我们对待任何一个民族传统文化应坚持的态度。但具体到学校教育传承中，需要教育者以正确的态度对待传统文化精心选择其内容，

---

　　① 国务院新闻办：《西藏文化的保护和发展》2008 年第 9 期，www.news.xinhuanet.com/photo/2008-09-25/.content。

　　② 许广智主编：《西藏传统文化与可持续发展》，中国藏学出版社 2009 年版。本内容为全书基本观点。

　　③ 钱逊：《"决裂"、继承、发展——马克思主义对待传统文化的态度》，《清华大学学报》（哲学社会科学版）1996 年第 4 期。

并非凡是民族的文化都要传承。

（二）选择适应社会发展的传统文化内容传承

教育传承有自身的规律和特点，要按照有利于促进社会发展进步的原则选择其传承内容。对于藏族传统文化传承内容的选择，笔者认为主要有历史、道德、文学艺术、科技以及生态观等方面的内容。

一个民族的发展历史构成了其重要的文化内容。藏民族是一个历史悠久的民族，在漫长的历史过程中实现了自身的发展，创造了灿烂的文化，为中华文化做出了重要的贡献；同时，藏民族也持续不断地参加了缔造统一多民族中国，共同创造了统一国家和中华民族的历史，在经济、政治、文化等方面对国家和中华民族做出了重要的贡献。这样的历史文化有教育传承的重要意义和必要性。

传统道德是藏族传统文化中的重要内容。藏民族是一个很注重伦理道德的民族，在悠久的历史中积淀而形成丰富的道德内容，有原始道德、世俗道德和宗教道德，久经传承，时至今日，对人们的道德影响非常之大。传统道德的内容很丰富，有关道德起源、道德原则、道德规范、道德评价以及道德生活和道德观念的各方面内容，有关劝善戒恶的行为规范、为人之道与修养的规范、处理人际关系的规范、人的义务和义利的规范、家庭婚姻的规范、人与自然的规范、社会秩序的规范等，宗教道德的内容也很广泛。这些道德内容集中在藏族谚语、民间故事和《萨迦格言》《礼仪问答写卷》等著作中。① 这些都是教育传承可选择的优秀内容。

藏民族的文学源远流长，浩如烟海。藏族文学是指以藏语言文字为手段来塑造艺术形象，反映藏民族社会生活和高原风貌，表现广大农牧民及作家思想情感的一门语言艺术。② 分民间文学和作家文学两类，有诗歌文学、神话文学、史传文学、宗教文学和民间谚语等多种形式。根据学生的判断能力和学校教育的政治性、思想性、教育性要求，教育者应对文学内容进行筛选，选择赞颂藏族人民真善美的文学内容予以教育传承。藏族艺术包括绘画、雕塑、建筑、工艺、音乐、舞蹈、戏剧等，具有独特的魅力和风格，反映出藏民族的气质、审美习俗以及文化思想。教育者精选其内容，教育传承藏族的传统艺术（艺术类学生）和美学意识（普通学生）。

---

① 许广智主编：《西藏传统文化与可持续发展》，中国藏学出版社 2009 年版，第 232—255 页。

② 同上书，第 319 页。

　　藏族劳动人民根据区域地理特点和自然资源状况，创造了天文历算和藏医药等方面的科学技术，体现了藏族人民的科技思想。除了对专业学生传承技术和操作方法外，教育者还应选择适合普通学生的内容，传承藏族天文历算和藏医药的基本原理，教育学生了解藏族人民的科技水平和科技思想。除此，藏民族在很早时候已形成朴素的人口观念和资源环境意识、生态保护意识，教育者亦可在批判宗教影响色彩的前提下选择适合当今社会发展的有积极意义的内容进行教育传承。

二　藏族传统文化教育传承的载体和路径

　　从当前藏族传统文化教育传承的现状看，其载体与路径很欠缺。笔者认为当从几个方面拓展。

（一）发挥课堂教育传承的作用

　　课堂教学是文化传承的重要载体和途径。对于传承藏族传统文化早有课堂方式，主要是通过藏语言教学以及专业教育的方式进行。由于教育传承的对象不够广泛，因而教育传承的范围也很有限，不够普及。党的十七届六中全会要求，发挥国民教育在文化传承创新中的基础性作用，增加优秀传统文化课程内容。为此，发挥课堂教育传承的作用，要扩展教育对象的范围，使在西藏学校学习的各族学生都能够接受到藏族传统文化的教育和熏陶。为此，建议西藏中小学学校进行试点，在一些条件好的学校普遍开设藏语文课程，使各族学生通过学习藏语文传承藏族传统文化。同时改革地方考试制度，在小学、初中、高中和大学升学考试中采取优惠措施，在同等条件下（除藏族以外的各族学生）优先录取具备双语（国家通用语言、藏族语言）能力的学生，鼓励学习双语积极性，达到藏族传统文化传承的目的。高校课堂的教育传承除了通过开设公共藏文课程的途径外，还应开设藏族历史、藏族文学艺术欣赏、藏族伦理、藏族科技等选修课程进行教育传承。

（二）利用传统文化教育基地

　　近年来，西藏逐渐建立了许多藏族传统文化保护基地，尤其是非物质文化遗产的传承与发展。截至目前，西藏自治区共投入普查力量 3000 余人次，由此发现 14 类近 500 个非物质文化遗产项目和 83 个传统戏剧演出机构，发现传承人 1177 名，收集民间文学、民间音乐、传统舞艺、传统手工艺作品记录稿 10 万余篇，录音带、录像带 1500 余盒，照片 4 万余张。① 西藏的博物馆除自治区博物馆以外，各地市也正在建设。根据党的十七届六中全会提出的加强优秀传统文化教学研究基地建设的要求，西藏高校尤其是进入"211"工程的西藏大学应建立文科试验基地，其中应建设西藏优秀传统文化教学研究基地，并制作教学影视片，辅之以课堂教学。

（三）拓展校园文化

校园文化是学生喜爱的活动，传承传统文化更易被学生接受。目前，各学校都通过校园文化活动传承民族传统文化中的歌舞等内容。除此，还应根据学生的兴趣拓展活动范围，如进行藏文书法比赛、诗歌、谚语文学朗诵比赛，历史知识竞赛等，传承藏族优秀传统文化的内容，丰富校园文化活动。

（四）依托文化作品

在文化大发展大繁荣中，政府采取积极措施，鼓励发展文化产业，创作优秀文化作品，其中有不少是反映传统文化的内容，有著作、有影视、也有动漫等，内容和形式都将越来越丰富。学校团委和学生思想政治工作部门应选择适应本校学生情况的文化作品，组织学生开展读书活动或影视活动等。

三 藏族传统文化教育传承中应把握的问题

我国是一个多民族的国家，随着国家建设的发展，全国各地的干部、技术人员源源不断地来到西藏参加边疆建设，目前，生活在西藏的民族已有 40 多个。② 县城以及城市的学校都是各民族师生混合的学校，因此，学校教育传承藏民族的传统文化应把握好几个问题。

（一）把握好教育传承的范围

每一个民族传统文化是本民族的祖先创造并经后代传承至今的，藏民

① 何见远：《西藏非遗保护工作成绩显著》，《中国艺术报》2011 年 8 月 24 日。

② 修订本编写组：《西藏自治区概况》，民族出版社 2009 年版，第 22 页。

族传统文化是藏民族的祖先创造并经后代传承至今的。中国的每个民族共同缔造了伟大的祖国，在数千年的历史过程中结成了统一的国家，各民族都是中华民族的成员。在一个统一的国度，在各民族共同归属一个中华民族的前提下，各民族是兄弟关系，各民族的祖先是相互的祖先。因此，在西藏学校传承藏民族传统文化应是对各民族学生的教育传承，而不是只对藏族学生的教育传承。通过学校的教育传承不仅教育藏族学生了解本民族的传统文化并世代传承，也要教育各族学生了解藏民族祖先的传统文化，并世代弘扬。通过这样的民族传统文化的教育，达到各民族学生对藏民族的认同以及相互认同的目的，进而在学校形成各民族学生相互认同、相互尊重、相互学习的和谐民族关系，增进各民族一家人的意识。

（二）处理好几种关系

按照马克思主义对待民族传统文化的观点，传承民族传统文化是一个扬弃的过程，重在于继承和弘扬。因此，西藏学校教育传承藏民族的优秀传统文化应处理好几种关系。

第一是处理好民族传统文化与现代文化的关系。现代文化源自于传统文化，在一个多民族国家中，现代文化还源自于多个民族的传统文化，但是任何一个民族的传统文化必然走向现代文化，民族的传统的文化已是历史的记忆，而现代文化才是现实的表现。因此在弘扬任何一个民族传统文化时，都要在继承的基础上迈向现代，使民族的文化发扬光大，而不只是依仗老祖宗留下的文化遗产在世人面前炫耀。民族传统文化一部分会永久地留在博物馆中证明着一个民族文化的发展历程，而另一部分是会被后人弘扬、继承、创新而融入现代文化。我们教育传承藏族传统文化也应持这样的态度，才是对藏族祖先创造文化的尊重。

第二是处理好民族传统文化与社会主义先进文化的关系。社会主义社会制度是人类社会制度中最先进的社会制度，因而支撑这一制度的文化应该也是最先进的。社会主义社会从旧社会脱胎而来，社会主义文化也不能完全在废弃旧社会文化的基础上全新创造，民族的优秀的传统文化应当被吸收到社会主义先进文化中，亦即社会主义先进文化根植于民族的优秀传统文化中。但是在处理民族传统文化与社会主义先进文化的关系时，笔者认为民族的优秀传统文化应是社会主义社会的亚文化，而非主文化，不可颠倒位次。社会主义先进文化是与社会主义政治制度、经济制度以及生产力发展相适应的文化上层建筑，是社会主义社会的主流文化，它决定着社

会主义社会制度的方向。因此，我们说民族的优秀的传统文化是社会主义
文化的重要组成部分，但不能成为文化主导。我们教育传承任何一个民族
的优秀传统文化都应该是为发展社会主义先进文化服务。

第三是培养学生的中华民族认同意识。文化是一个民族赖以生存的精
神支柱。我国在历史上各民族早已形成你中有我、我中有你的关系，文化
既有民族个性的内容，也有民族共性的内容。从历史和现实发展看，各民
族的文化事实上已是中华民族的共同文化。所以，教育传承各民族文化既
是每个民族的自我认同，也是各民族相互认同，还是中华民族共同认同的
过程，而不是每个民族都自立文化的门户，只强化本民族的认同。如果通
过民族传统文化的教育传承途径，为的是增强各民族单一的意识，那就会
走到民族传统文化教育传承的反面。这一点是很容易被忽略的，务必引起
教育者的注意。

（三）树立正确的观念

从教育效果设计教育传承的目标，教育传承藏族传统文化就是要树立
正确的观念，否则就会陷入"文化毁灭论"的圈套中。

第一要创新地传承民族传统文化中的物质文化部分。任何一个民族的
传统文化中既有物质的部分，也有精神的部分。虽然经历数千年的发展，
但是一些民族的物质文化仍然存在，如建筑、医药学、雕塑、手工制造业
等，藏民族在物质文化方面也是有很多遗传下来的内容。对物质文化的教
育传承，应该持创新的态度，因为在现代化为人们提供了方便的技术支撑
后，物质文化的传承就更加具备了条件，民族传统的物质文化依靠现代技
术条件才能更好地传承下去，在现代化进程中传承，这就是民族传统的物
质文化的创新。

第二要适应社会主义社会的发展传承民族传统文化中的精神文化部
分。在民族传统文化中，往往精神文化的内容所占的比例较大，藏族传统
文化也是如此，精神文化十分丰富。我们知道，精神文化的时代烙印很
深。在浩瀚的民族传统精神文化中，教育传承应适应社会主义社会发展的
需要，选择传承的内容，服务于社会主义社会，服务于广大人民群众。亦
即精神文化的传承必须是健康的、现代社会发展所需的内容。

第三要抵制关于传承民族传统文化不良意识的影响。近年来，在对待
民族传统文化的传承问题上，出现了民族传统文化热的势头，对民族传统
文化不加区别，有人认为凡是民族传统的都是优秀的，有人甚至主张到民

族传统文化中寻找解决现今社会问题的答案，无限夸大民族传统文化的功能。在对待少数民族传统文化方面也有一些怪现象，如不传承少数民族传统文化就会被视为是"毁灭文化"。因此，在教育传承藏民族传统文化过程中，一定要坚持马克思主义的态度，本着对历史和后人负责的态度，抵制不良意识的影响，科学地扬弃和传承，使藏族传统文化发扬光大，对中华文化的发展做出新的贡献。

（发表于《民族教育研究》2013 年第 1 期）

西藏哲学社会科学发展现状
与创新建设研究

西藏哲学社会科学研究是文化建设的重要组成部分。近年来，自治区高度重视哲学社会科学研究工作。自 2004 年 1 月中央下发《关于进一步繁荣发展哲学社会科学的意见》以后，自治区党委在 2005 年 1 月提出了《关于进一步繁荣发展西藏自治区哲学社会科学的意见》，自治区主要领导多次就西藏哲学社会科学事业的发展做出重要批示和指示，提出指导性意见。目前，哲学社会科学研究事业不断发展，取得了显著成就，为西藏经济社会的发展提供了决策参考与依据，发挥了重要作用。同时，随着西藏经济社会的快速发展，也给哲学社会科学研究提出了一定的挑战，哲学社会科学研究工作还存在一定程度的不适应。因此，根据党的十七届六中全会和十八大精神，西藏哲学社会科学研究一定要进行创新。按照自治区宣传部的安排，西藏社会科学院课题组对西藏哲学社会科学的研究发展现状尤其是党的十七大以来的发展情况作分析，并对西藏哲学社会科学研究创新建设提出一些建议。

一　西藏哲学社会科学发展现状

西藏和平解放 60 多年来，特别是改革开放以来，经济社会发展取得的巨大成就和成功经验，为西藏哲学社会科学研究发展提供了丰富的物质基础和思想源泉。党的十七大以来，自治区哲学社会科学规划领导小组得到充实调整，自治区哲学社会科学联合会和自治区哲学社会科学规划办公室相继成立，自治区哲学社会科学基金项目正式启动，西藏哲学社会科学研究快速发展。西藏哲学社会科学界承担 99 项国家哲学社会科学基金项目和 39 项自治区哲学社会科学基金项目，获得 1500 万元的资助经费，推出了一批代表西藏水平、又有一定影响力的研究成果。

（一）理论建设成果颇丰

全区广大社会科学工作者坚持用马克思主义中国化最新成果统领研究工作，用邓小平理论、"三个代表"重要思想和科学发展观指导西藏工作实践，把西藏社会主义革命和建设的丰富经验进一步转化为系统的理性认识，不断开辟出研究的新境界和新思路。

近年来，西藏社科界把研究重大理论和现实问题作为主攻方向，加强当代西藏发展和现代藏学研究，不断推出有价值的研究成果和理论。西藏社科理论部门积极组织申报国家哲学社会科学基金项目，紧紧围绕自治区党委、政府的中心工作，紧扣西藏经济社会跨越式发展和长治久安中的重大现实问题，不断加大哲学社会科学研究为现实服务的力度。从自治区到各地市围绕学习贯彻"三个代表"重要思想、科学发展观、纪念邓小平同志诞辰 100 周年、纪念江孜抗英斗争 100 周年、西藏百万农奴解放纪念日、保持共产党员先进性教育活动等理论学习和重大纪念活动，举办了不同规模、类型和层次的理论研讨会、理论座谈会，促进理论学习和理论宣传深入发展，推动党的理论创新成果的研究，探讨西藏发展稳定中的重大现实问题。西藏社科界还积极组织参加中央有关部门举办的全国性理论研讨会，组织推荐的《西藏的成功实践是我们党始终坚持"三个代表"重要思想的生动体现》《学习"三个代表"，全面贯彻党的宗教政策》《试论西藏历史与现实中的机遇把握》《邓小平"两个怎样"的思想是做好西藏工作的根本标准》《论邓小平西藏工作的领导艺术》《陈云同志党风建设思想与西藏加强党风建设的思考》《党的先进性在西藏的伟大实践》等论文先后入选全国理论研讨会。发表于各类刊物的理论文章有 300 多篇，获得自治区年度优秀理论文章表彰的有 50 余篇。

（二）研究重大问题发挥重要作用

近年来，西藏哲学社科界围绕中央和自治区党委、政府的重要会议做出的重大决策，研究宣传党的十七大、中央第五次西藏工作座谈会以及自治区第八次党代会的重要内容、重大举措以及西藏工作的指导思想；围绕推动科学发展、跨越式发展，研究宣传西藏经济发展战略和特色优势产业的对策举措；围绕社会稳定，研究宣传中央和自治区关于反分裂斗争的仿真政策、工作要求，研究反分裂斗争的规律与特点、形式与任务以及维护社会稳定的长效机制；围绕改善民生，研究宣传经济社会科学发展和跨越式发展的辉煌成就、自治区党委、政府惠民生的重大举措和成就。形成《西藏跨越式发展中产业结构调整问题研究》《维护西藏地区社会稳定对策研究》《构建和谐西藏与政府社会管理职能创新研究》《西藏藏药产业发展对策研究》《青藏铁路那曲段经济带建设研究》等一批社会反响较大的研究成果。《维护西藏地区社会稳定对策研究》和《依法管理西藏宗教活动场所及其相关政策研究》等研究成果被党和政府有关部门纳入决策参考。

（三）研究平台不断提升

研究基地和研究刊物是哲学社会科学研究的重要平台。近年来，西藏建立起一些部属重点研究基地，一些研究刊物在全国占有一定地位，为哲学社会科学研究提供了较好的平台和条件。目前，西藏大学与四川大学联建的藏学研究所，成为教育部人文社会科学百所重点研究基地。西藏民族学院成立的"西藏经济社会与文化发展重点研究基地"，成为国家民委第一批重点人文社科基地。自治区社会科学院门户网站成为西藏首家哲学社会科学与藏学研究的专门性网站。《西藏研究》（汉文版）、《西藏大学学报》（社会科学版）列为中文社会科学引文索引来源期刊和中文核心期刊。《西藏大学学报》（社会科学版）入选第二批国家社科基金学术期刊资助，同时期"藏学研究"栏目入选教育部高校哲学社会科学学报第二批名栏。

（四）社科队伍不断壮大

社科理论的重要研究和大力宣传，离不开广大社科工作者脚踏实地的工作。多年来，西藏社科界着眼于坚持马克思主义在意识形态领域的指导地位，不断加强哲学社会科学队伍建设。

从2005年6月开始，全自治区高校社科系统和社科研究系统广泛深入开展了以"三个代表"重要思想、马克思主义立场观点方法和职业精神、职业道德为主要内容的"三项学习教育"活动，举办了"三项学习教育"活动骨干培训班，从各高校和自治区党校、自治区社会科学院抽调教学科研骨干，进行了集中培训教育。

为适应新形势、新任务的要求，自治区社科部门还积极开展了哲学社会科学教学科研骨干研修工作，推进哲学社会科学队伍建设。为做好研修工作，自治区党委宣传部、自治区教育厅制订了《关于举办区直高等院校哲学社会科学教学科研骨干研修班的实施方案》，共安排"新世纪教育发展改革的形势与任务""树立马克思主义祖国观""深入开展反分裂斗争"等近 20 个专题讲座。哲学社会科学教学科研骨干研修班已成功举办了 6 届，总体做到科研人员轮训一遍的工作要求。现有全国哲学社会科学民族问题和宗教学学科评审专家 2 名，全国哲学社会科学鉴定专家 20 名，入选国家文化名家暨"四个一批人才"1 人，自治区宣传文化系统"五个一批人才"8 人，培养了一批具有一定研究能力和研究水平的学科带头人，初步形成了门类齐全、布局较为合理、地方特色较为鲜明的哲学社会科学体系和哲学社会科学研究队伍。

二　西藏哲学社会科学发展中存在的问题

在广大科研工作者的努力下，西藏哲学社会科学取得了显著的成绩，但与国家、自治区的要求还有一定的差距，与西藏经济社会发展的要求还存在不适应的地方。

第一，对于重大理论和现实问题研究不足。尽管自治区党委宣传部多次要求研究关系西藏经济社会发展的重大理论和现实问题，并已取得相关成果，但社科界对此研究依然不足，缺少项目攻关，展开深度研究。如对胡锦涛同志提出的"谋长久之策、行固本之举"和习近平总书记提出的"治国必治边，治边先稳藏"，没有进行有针对性的研究，形成重要成果，为决策层提供理论和实践的支撑和依据。再如对中央第五次西藏工作会议提出的"六个战略目标"，即"要使西藏成为重要的国家安全屏障、重要的生态安全屏障、重要的战略资源储备基地、重要的高原特色农产品基地、重要的中华民族特色文化保护地、重要的世界旅游目的地"，欠缺研究等。

第二，研究成果转化不够。近年来，哲学社会科学研究形成了不少的研究成果，成果结项形式是专家评审通过，所形成的成果大多是厚本子存放于管理部门，很少直接为研究对象和所解决的问题服务，转化为实践操作和应用，缺少成果转化的渠道。研究管理部门、课题研究者与研究服务对象之间没有建立成果转化通道。

第三，研究成果质量有待于提高。近些年来，哲学社会科学研究立项数量增多，文章发表数量也增多，由于课题承担者和论文撰写者不少人出于申报职称的需要，数量增多但质量不够高，有待于提高。

第四，藏学研究尚未能主导国际话语。藏学是 20 世纪末形成的已被学术界认可的一门学科，涉及哲学社会科学的内容。近年来，西藏藏学研究也取得了不少成果，中央有关部门和西藏有关部门定期组织西藏或全国的藏学家或学者走出去，到西方国家进行交流，产生了积极的影响。但总体上说，由于我们研究能力不够，研究成果不足，缺乏传播途径，出于种种顾虑，很难召开国际学术研究会，未能与国外主要是西方学术界形成交锋，藏学话语主导权依然由西方学界掌握，我方处于被动状态。

三　西藏哲学社会科学创新建设建议

哲学社会科学是国家综合实力的重要组成部分，与国家发展和民族兴旺同频共振，发挥着认识世界、传承文明、创新理论、资政育人、服务社会等方面的重要作用。党的十七届六中全会提出：实施哲学社会科学创新工程，发挥国家哲学社会科学基金示范引导作用，推进学科体系、学术观点、科研方法创新，重点扶持立足中国特色社会主义实践的研究项目，着力推出代表国家水准、具有世界影响、经得起实践和历史检验的优秀成果。整合哲学社会科学研究力量，建设一批社会科学研究基地和国家重点实验室，建设一批具有专业优势的思想库，加强哲学社会科学信息化建设。"十二五"规划《纲要》指出，要推进学科体系、学术观点、科研方法创新，大力推进哲学社会科学创新体系建设，实施哲学社会科学创新工程，繁荣发展哲学社会科学。推进哲学社会科学创新体系建设、繁荣发展哲学社会科学。十八大报告在理论上、实践上和发展目标上等多个方面提出了一系列新论断、新命题等，迫切需要哲学社会科学加以进一步丰富和发展。中共西藏自治区党委八届三次会议提出要推进哲学社会科学创新。

近年来，西藏哲学社会科学界启动了创新工程。2012 年 8 月 9 日，北京大学、武汉大学、西南交通大学、中国农业大学等各支援西藏大学高校团队与西藏大学共同签署了《新一轮高校团队与西藏大学关于建立西藏"7+1"研究生培养基地合作协议》《新一轮高校团队支持和参与组建"西藏大学西藏信息化协同创新中心"协议》，并为"西藏'7+1'研究生培养基地"和"西藏大学西藏信息化协同创新中心"揭牌。西藏"'7+1'研究生培养基地"将以博士、硕士学位授予的学科为依托，以支援高校的著名专家、学者为支撑，面向全区特别是本校培养高层次人才。2012年12月1—3日，"西藏文化传承发展协同创新中心培育建设专家咨询会"在西藏民院召开。"西藏文化传承发展协同创新中心"是西藏民族学院根据教育部、财政部关于高等学校创新能力提升计划的部署，联合中国人民大学、中山大学、中国藏学研究中心和西藏自治区社会科学院等单位申报建立的联合创新教育培育机构，目的是全面贯彻十八大关于推进社会主义文化强国建设的战略部署，通过科学研究、咨询决策、人才培养、咨政育人、产品研发形成西藏文化的产学研一体新机制，探索构建社会主义西藏新文化的理论与实践之路，培养具有坚定的政治立场、扎实的学术基础、较高的学术水平和实践能力、具备国际学术交流能力的高层次人才，以全面推进社会主义西藏新文化的大发展大繁荣。目前，"西藏文化传承发展协同创新中心"已在紧锣密鼓的筹建申报之中。2012年12月28日，西藏大学参加由四川大学牵头联合国家民委、云南大学、新疆大学共同组建的"中国西部边疆安全与发展战略协同创新中心"揭牌仪式。西藏社会科学院制定了《西藏社科院探索进行哲学社会科学学科体系、学术观点、科研方法创新实施方案》。西藏哲学社会科学研究有关机构开始了创新工作，并取得一定成效。为进一步推动西藏哲学社会科学创新，提出如下建议：

（一）建立区级哲学社会科学研究基地

哲学社会科学研究基地是哲学社会科学创新的重要载体。建立区级哲学社会科学研究基地，能使哲学社会科学研究从单兵分散向集群整体发展，对于找准研究方向、明确研究思路、会集研究人才、增强研究能力、提高研究质量等具有重要作用。目前，自治区一些高校由教育部面向各重点高校探索建立了人文社会科学重点研究基地，如藏学研究基地等，但缺乏自治区层面的哲学社会科学研究基地。因此，应建立自治区哲学社会科学研究基地，并建立健全基地管理体制、确保基地研究经费、完善基地激励约束机制、引进基地需要人才、建立基地合作机制。如西藏社会科学院提出建立马克思主义理论研究基地、经济社会发展研究基地和当代藏学研究基地，社科研究管理部门应予以大力支持。

（二）实施哲学社会科学创新工程

实践证明，哲学社会科学研究成果要对实践产生巨大的推动力，就必须解放思想、更新观念，对重大理论问题和实际问题做出深入思考和研究，大力推进理论创新，从而引领时代进步和经济社会发展。立足实践推进哲学社会科学创新，实施哲学社会科学创新工程是一个有效载体。目前，中央已确定中国社会科学院作为全国哲学社会科学创新工程的承担单位。建议自治区宣传部成立西藏哲学社会科学创新工程领导小组，统筹创新工作。建议确定西藏社会科学院为实施创新工程的试点，然后推广；大力支持西藏大学和西藏民族学院已开始的创新工程，确保取得创新实效。

（三）整合哲学社会科学研究机构

西藏从事哲学社会科学研究的专门机构有高校、社会科学院、社科联、讲师团、地方志办、党史研究室等。这些机构性质各异、自成体系，横向联系不足，在一定程度上存在着职能重叠、工作重复、资源浪费等问题，影响了哲学社会科学研究总体功能的发挥。推进哲学社会科学创新，应进一步理清上述机构的职能，使其分别承担起学术研究、决策咨询、国情调研、课题研究、职称评审等职能，同时对其进行科学整合，形成既明确分工又有效合作的良好格局。其中，社科联应发挥其整合各研究机构的职能作用，使西藏的哲学社会科学研究发挥好整体作用。

（四）健全哲学社会科学评价体系

推进哲学社会科学创新，一个重要目的是进一步解放科研生产力，推出更多经得起实践检验、经得起理论推敲的研究成果，更好地推进经济社会科学发展。为此，需要建立健全科学合理的哲学社会科学评价体系，以充分调动广大哲学社会科学工作者的积极性、主动性、创造性。因此，推进哲学社会科学创新，应创新哲学社会科学评价机制，既重视数量评价，又重视质量评价；既注重建立整体评价体系，又注重建立分类评价体系；既注重形式评价，又注重内容评价。同时，应加快建立优秀哲学社会科学研究成果的科学甄别机制，针对学术研究与非学术研究、基础研究与应用研究等建立不同的评价机制。

（五）建设主导国际研究的藏学学科

十七届六中全会要求，要巩固发展马克思主义理论学科，坚持基础研究和应用研究并重，传统学科和新兴学科、交叉学科并重，结合我国实际和时代特点，建设具有中国特色、中国风格、中国气派的哲学社会科学。在西藏哲学社会科学发展中，要为建设具有中国特色、中国风格、中国气派的哲学社会科学做出积极的努力。除此，在藏学研究方面，应按照

"建设具有中国特色、中国风格、中国气派的哲学社会科学"要求，建设具有中国特色、中国风格、中国气派的藏学，将其转化为国际优势，掌握主导权，引领国际藏学研究，为国家整体战略服务。进一步解放思想，排除各种顾虑，召开国际藏学研讨会，组织力量迎战国际藏学界，争取研究成果的话语主导权。加大投入，出版外文刊物，向国际传播藏学研究成果，占领国际藏学研究制高点。

（六）发挥自治区哲学社会科学基金示范引导作用

自治区哲学社会科学基金项目要以重大现实问题为主攻方向，加强对全局性、战略性、前瞻性问题研究的立项，可以采取重点项目招标、委托等多种形式立项，确保研究方向和研究质量。切实推出水准高、在国内外有影响、经得起实践和历史检验的优秀成果。组织力量编写成果要报，将有价值的研究成果送达自治区决策层和有关部门，提供决策和实践的参考和依据。

（本文为 2013 年自治区党委宣传部课题成果，与王文令合作执笔。

本课题组牵头人：丁勇；课题组负责人：王春焕、何钢、措姆）

推进西藏公共文化服务标准化
均等化的对策研究[*]

近年来，加强公共文化服务成为我国文化建设的重要内容。2012 年 7 月 20 日，国务院《国家基本公共服务体系"十二五"规划》正式公布，这是我国首部基本公共服务规划。规划明确提出，国家要建立公共文化服务制度，保障人民群众看电视、听广播、读书看报、进行公共文化鉴赏、参加大众文化活动等权益。党的十八大报告要求："加强重大公共文化工程和文化项目建设，完善公共文化服务体系，提高服务效能。"党的十八届三中会通过的《中共中央关于全面深化改革若干重大问题的决定》指出："构建现代公共文化服务体系。建立公共文化服务体系建设协调机制，统筹服务设施网络建设，促进基本公共文化服务标准化、均等化。建立群众评价和反馈机制，推动文化惠民项目与群众文化需求有效对接。整合基层宣传文化、党员教育、科学普及、体育健身等设施，建设综合性文化服务中心。"十二届全国人大二次会议上，国务院总理李克强在政府工作报告中把促进基本公共文化服务标准化均等化，发展文化艺术、新闻出版、广播电影电视、档案等事业，繁荣发展哲学社会科学，倡导全民阅读作为 2014 年的重点工作。2014 年 3 月 19 日，由文化部牵头成立的国家公共文化服务体系建设协调组，19 日在京举行第一次全体会议，这标志着国家层面的公共文化服务协调机制正式运转，中央 20 个部门将合力"啃"十八届三中全会提出的促进基本公共文化服务标准化均等化这块"硬骨头"。目前，全国各地把推进公共文化服务标准化均等化作为贯彻党的十八大、十八届三中全会精神的重要抓手，为实现文化小康而努力。

---

* 本研究报告参考了自治区文化厅 2014 年为西藏蓝皮书《中国西藏发展报告》供稿《锐意改革，积极创新，努力开创西藏文化工作新局面》及自治区文化厅编写的《文化工作文件汇编》等资料。

西藏作为边疆民族地区，在公共文化服务方面也迈开了新步伐，采取措施，加大力度，取得良好的成效。但面对文化建设新的要求，西藏应大力推进公共文化服务标准化均等化。为此，本课题组在调研的基础上作如下分析，并提出一些对策建议。

一　西藏推进公共文化服务体系建设取得的成效

西藏把公共文化服务作为加强政府公共服务建设的重要内容，狠抓文化惠民工程，加快推进公共文化设施建设、免费开放公共文化场所，大力开展群众文化活动，为人民群众提供了有效的设施条件、丰富的服务内容和广阔的展示舞台，努力提高公共文化服务的水平。

（一）公共文化基础设施建设不断完善

2013 年，全区 543 个乡镇综合文化站和 39 个县民间艺术团排练场所建设项目投资超额下达，总额达 5.5 亿元。382 个乡镇综合文化站和 7 个县民间艺术团排练场建设项目竣工。下达城市公共文化设施建设项目投资 4525 万元，那曲、山南地区图书馆完成主体工程，区地市图书馆、群艺馆改扩建前期工作基本完成，区地市博物馆建设前期工作进展顺利。新安排了 384 个乡镇文化站、33 个县民间艺术团和 6 个地区专业文艺团体设备采购和维修改造项目。全区各地市县通过各种途径，建成文化广场 1616 个。近年来，西藏还启动了文化信息资源共享工程数字资源库建设。据了解，西藏已全面完成了《西藏民间舞蹈资源库》和《传统民间舞蹈》等特色资源建设工作以及大批优秀文化资源的翻译工作。

（二）公共文化场所免费开放

根据《西藏自治区公共文化服务设施免费开放工作准则》，开展了全区免费开放督导，表彰奖励和宣传推广了一批先进经验和典型。西藏全区共建成农家书屋 5451 家、寺庙书屋 1700 多家，这标志着覆盖全区农牧区、寺庙的新闻出版公共文化服务体系已基本建立，并全部免费开放。萨嘎县综合文化活动中心、当雄县民间艺术团、拉萨市俄杰塘社区文化中心、山南雅砻民族文艺有限责任公司演出队 4 个单位被中宣部、文化部等授予全国服务农民、服务基层先进单位。全年各级公共文化设施开展免费开放活动近 1 万场次，受益人数达到 310 万人次。

（三）向基层倾斜公共文化服务下乡

全区向基层捐赠各类图书 3 万余册、优秀剧（节）目光盘 20 多万张。配合新旧西藏对比教育活动，举办了《新旧西藏对比展》，同时制作413 个展板和 1200 张光盘，赠送到全区各级各类学校。全区专业文艺团体和县民间艺术团下乡演出近 3000 场次，新创作节目突破 1000 个，创历史新高。自治区积极争取国家资金 1700 余万元，为各级文化部门配备了15 辆"流动舞台车"、12 辆"流动文化服务车"、39 辆"流动图书车"以及音响、书架、图书等设施设备，为流动文化服务的开展提供了有效保障。自治区群艺馆开设的"流动课堂"将文化培训送到基层，"汽车图书馆""流动书架""便民书窗"将图书送到家门口，解决了基层群众想看书、看好书的需求；"流动舞台""流动广场""流动电影院""流动展厅"把节目和活动送到田间地头，极大丰富了群众文化生活。仅 2013 年全区县级民间艺术团和乡村文艺演出队演出场次达 1.2 万余场，观众人数达 200 万人次左右。西藏自治区图书馆长期开展"四进活动"（即送书进乡、进学校、进军营、进寺庙），同时，在拉萨市看守所、拉萨市外语学校、盲龟浮木书吧建立分馆，在德洛咖啡吧、爵士岛咖啡吧、卓玛峡谷、拉萨市一中等地建立流动服务点和漂流书站，共投入经费 150 多万元。公共文化服务下基层提升了公共文化服务体系在基层的辐射力和影响力。

（四）拓展公共文化新载体

自治区非常重视群众文化活动，举办了"移动杯"全区民歌大赛、"甘露杯"全区曲艺大赛和"畅想中国梦喜迎国庆节"全区干部职工书法美术摄影大赛等活动。各地（市）和县开展的群众性、常态化品牌文化活动达到 90 个，全区乡村文艺演出队全年开展自娱性文艺演出 8400 余场。拉萨市开展"幸福拉萨规范舞"学跳活动 3000 余场次，参与人数达到 300 余万人次。全区已经形成了拉萨雪顿节等 90 个地域性群众文化品牌活动。在第十六届"群星奖"决赛中，自治区群艺馆、拉萨市、日喀则地区选送的舞蹈《舞动雅江》《大地之舞》《酥油情》《查琼拉》和藏戏片段《卓瓦桑姆》5 个节目获作品类"群星奖"。自治区图书馆拉萨便民警务站"便民书窗"服务网点，林芝地区民族特色群众广场文化活动，自治区群艺馆全区性示范性群众文艺会演机制，日喀则地区珠峰文化旅游节等 4 个项目获项目类"群星奖"，两名同志获"群文之星"荣誉称号，创造了历史上最好成绩。拉萨市群众文艺作品《阿谐》荣获全国电视舞蹈大赛金奖。

（五）示范创建取得初步成果

林芝地区示范区创建工作通过国家验收，成为区内首个国家级公共文化服务体系示范区，为西藏公共文化服务体系建设提供了有益思路和经验。山南地区获得第二批示范区创建资格，江孜县"基层群众自办文艺团队建设机制"、昌都地区"公共图书馆服务拓展与创新机制"获得示范项目创建资格。山南地区制定出台了创建规划，全面启动了创建工作。

（六）加强公共文化服务人才队伍建设

目前，全区共有 2200 余支相对固定的基层文艺演出队（其中县民间艺术团 67 个、乡村农牧民业余演出队 2100 余个），100 余支民间藏戏队。2011 年 4 月，自治区党委宣传部、组织部等 6 部门联合出台了《关于加强全区县级和城乡宣传文化队伍建设的实施意见》，明确规定县综合文化活动中心 3—5 个编制，县民间艺术团的 2—4 个事业编制；2012 年自治区编办《关于印发〈西藏自治区关于开展乡镇机构改革进一步加强乡镇组织和政权建设的意见〉的通知》明确了乡镇综合文化站的 5 个编制，为发展基层文化队伍提供了有力的政策保障。自治区文化厅组织开展了有针对性的培养和培训工作，如"全区民间艺术团创编骨干培训班""全区乡镇文化站长培训班""信息资源共享基层服务点培训班""西藏自治区公共文化设施免费开放培训班"、组织基层干部赴内地培训及举办"春雨工程"文化大讲堂等培训工作，在一定程度上提高了基层公共文化服务人才的基本素质。

2014 年 6 月 15 日，《西藏自治区基层公共文化设施和管理服务标准化建设指标》正式施行，对全区县级综合文化活动中心、乡镇综合文化站的"基础设施、职能、布局、设备、制度、活动、经费、队伍、管理、宣传等"十个方面 50 个内容提出了明确标准和要求，将全区公共文化服务标准化推向一个新阶段。

二　西藏推进公共文化服务标准化均等化面临的问题

近年来，西藏公共文化服务体系建设取得了显著的成效，但是按照党的十八届三中全会的要求，推进公共文化服务标准化均等化还面临一些困难和问题。

第一，地方各级政府在公共文化服务中的主体责任急需强化，主导作用亟待进一步发挥；党政部门共同参与的公共文化服务协调推进机制还未建立，统筹推进公共文化服务体系的力量十分有限；公共文化管理体制和机制改革急需加快。

第二，公共文化服务保障体系尚未建立，推动公共文化服务体系的政策、项目、资金、人才等保障机制相对薄弱，政策法规体系亟待健全；特别是稳步增长的投入长效机制还未建立，公共文化服务建设和服务保障工作面临的资金困难十分突出。"十一五"期间，国家和自治区先后投入3.4亿元，专项用于基层文化设施建设、设备配置、队伍建设和活动建设，是"十五"期间的6.9倍。进入"十二五"以来，国家和自治区进一步加大了对公共文化服务体系建设的投入力度，对公共文化设施建设投入13亿余元，且每年安排的免费开放、设施维修、设备配备等专项资金总量超过1亿元。但是，由于西藏各级财政能力有限，对公共文化建设的投入力度仍比较有限，仍未建立长效的公共文化建设投入机制，近3年公共文化经费占财政转移支付比例不足0.5%。

第三，构建现代公共文化服务体系的基础薄弱，以行政村文化室建设为重点的公共文化设施"填平补齐"任务繁重；基层公共文化设施网络不完善，所有行政村没有独立的文化活动室和相应的文化娱乐设备，各县综合文化活动中心面积小、功能不足；开展流动文化活动工作的设施设备配置还需加强，活动开展的内容和形式还需不断完善；"十二五"时期，西藏列入城市公共文化设施建设规划的地市级"三馆"项目共有17个，但截至目前，国家只下达了4个项目建设资金5025万元，还有13个项目投资24975万元待落实。因投资不能及时到位，制约了项目的建设进度，影响了"十二五"文化工作目标的有效推进。由于国家投资下达数量不限，地市"三馆"建设进度较慢，还未实现地市图书馆、博物馆全覆盖；由于本级财政投入能力有限，已建的县综合文化活动中心急需改扩建等；基层数字文化工程进展缓慢，滞后于全国。

第四，基层文化队伍总量不足，素质不高，还需进一步巩固和发展；县乡文化工作机构和编制还未得到有效落实，基层文化设施普遍缺乏专业人才，管理使用状况堪忧。基层文化队伍十分薄弱；公共文化设施和队伍的管理、服务水平不高，作用发挥不足，供需矛盾突出；公共文化产品生产供给和公共文化服务队伍量少质弱，城乡、区域文化发展不平衡，公共文化服务社会化程度低等。

第五，文化惠民工程缺乏有效保障，送书、送戏、送培训等惠民项目缺乏有效的资金支持，群众迫切需要的文艺队伍发展、文化设备配备、文化产品生产等工作无法取得更加显著的成效，"看书难、看戏难、开展活动难"等问题在很大程度上仍比较普遍。

三 西藏推进公共文化服务标准化均等化的对策建议

当前，全国各族人民正在为全面建成小康社会、实现中国梦而奋斗，文化建设在其中居于非常重要的地位，文化体制改革不断深入，推进公共文化服务标准化均等化已是十分迫切的任务。根据西藏公共文化服务建设的现状和存在的问题，课题组提出如下建议。

第一，将公共文化管理体制和机制改革纳入全区深化改革的重要内容中，理顺公共文化管理中的各种关系，健全各种机制，明确各级政府的职责。

第二，在体制上与国家层面相对接，尽快由自治区文化厅牵头组织相关单位和部门成立自治区公共文化服务体系建设协调组，制定公共文化服务体系建设协调机制工作方案。重点抓好六项工作：协调推进重大公共文化服务法规、政策、标准的制定、实施和考核；建立稳定的公共文化服务保障机制；推动基层公共文化资源共建共享；统筹实施公共文化服务重大工程；加强各级各类公共文化队伍建设；以基层和较贫困地区为突破口促进公共文化服务均等化发展。

第三，建议文化厅联合科研机构研究《西藏基本公共文化服务标准化均等化目标及实施路径》，研究制订《西藏自治区基本公共文化服务标准化均等化五年行动计划》，并为出台《西藏自治区基本公共文化服务保障条例》提供依据。将《西藏自治区基层公共文化设施和管理服务标准化建设指标》逐一落实，争取在3—5年内逐步建立起较为完善的基本公共文化服务标准体系框架，实现各级政府保障责任和义务的标准化，公共文化设施建设、管理和服务的标准化，工作评价的标准化。同时，按照国家总体要求，从西藏实际出发，找到适合区情实际的均等化路径。

第四，以实施《西藏自治区基层公共文化设施和管理服务标准化建设指标》为契机，以消除盲点和薄弱点为突破口，打通公共文化服务"最后一公里"，并在全区推开基层公共文化服务的标准化、均等化。待文化部颁发《关于加强贫困地区公共文化服务体系建设的实施意见》后，抓住机遇，用好国家对边疆民族地区公共文化服务的扶持政策，加强流动文化服务和数字文化服务，打破地理和时空限制，将公共文化服务延伸到基层，尤其是解决农牧区通网络和地区、县电视台收视全覆盖的问题。努力消除西藏城乡二元结构在公共文化服务上的影响，缩小城乡差距、地区差距，为各族人民提供公共文化服务的机会均等、过程均等、结果均等，真正实现公共文化服务均等化。

第五，建立一整套健全的公共文化服务监督体系和评价机制。在监督体系方面，建立外部民主监督和内部自我监督相结合的监督体系，即建立由各级政协参与公共文化服务考察的外部民主监督，同时建立内部上级文化行政部门监督下级的内部行政监督，二者结合起来，使公共文化服务进入监督程序。在监督过程中不仅提出改进的意见，而且发现有些执行不力的情况，根据相关规定应予以处理。在评价体系方面，要建立群众评价体系，由文化行政部门牵头建立公共文化标准化均等化评价指标，一年一度组织由基层群众、基层干部参与的评价指标打分，并评出等级，文化行政部门应予以奖罚。

第六，制定《西藏自治区基本公共文化服务保障条例》，依法推进公共文化服务标准化均等化。自治区立法机构应根据国家即将颁布的《公共文化服务保障法》，结合西藏实际，制定《西藏自治区基本公共文化服务保障条例》，把公共文化服务标准化均等化纳入法律保障范围，确保公共文化服务标准化均等化的实现。

第七，加强党的领导，提供组织保障。文化建设是提升国家文化软实力的重要途径，公共文化是培育和践行社会主义核心价值观、提高各民族人民文化素质的重要平台，做好公共文化服务意义重大，各级党的部门要高度重视文化建设和公共文化服务工作，加强对这项工作的组织领导，建立书记主抓制度（由书记或副书记负责），每年应做公共文化标准化均等化工作述职，以确保公共文化服务标准化均等化要求落在实处，得到很好的执行。

（与连成国合作，本文为 2014 年自治区党委宣传部课题成果）

法制建设研究

论民族区域自治法对西藏社会发展
与进步的重要作用

摘　要　《中华人民共和国民族区域自治法》自颁布实施以来，为西藏的社会发展与进步提供了强有力的法律保障。民族区域自治法在西藏自治区得到认真的贯彻和执行，保障西藏人民充分行使了各种自治权利，极大地推动了西藏经济社会的快速发展，使西藏在政治、经济、文化以及法制建设等方面取得了巨大成就，社会发展进入了历史上最好的时期，从而进一步完善了我国的民族区域自治制度。

关键词　民族区域自治法　西藏　社会重要作用

《中华人民共和国民族区域自治法》的颁布与实施是我国民族立法的里程碑，有力地推动了民族区域自治制度的发展和完善，极大地促进了少数民族地区的快速发展。特别是在西藏地区，民族区域自治法为政治、经济、文化等各项事业的全面发展提供了强有力的法律保障，维护了改革、发展、稳定、团结的大好局而，对西藏社会的发展与进步产生了巨大的重大作用。

一　民族区域自治法的实施标志着我国民族区域
自治制度进入新阶段，民族区域自治的工作
全面走上了法制化轨道

民族区域自治是中国共产党运用马克思列宁主义解决我国民族问题的基本政策，是国家的一项基本政治制度。为了落实这一制度，1952 年 8 月中央人民委员会批准实施《民族区域自治实施纲要》，这是新中国成立

后，在民族自治方面的一项重大立法，对于民族区域自治的普遍推行和健康发展，起了重要的历史作用。1984 年 5 月，全国人民代表大会通过《中华人民共和国民族区域自治法》，并于同年 10 月 1 日施行，这标志着我国民族区域自治工作走上了法制化轨道。2001 年 2 月，全国人大又通过了《中华人民共和国民族区域自治法》修正案，这对于继续坚持和完善民族区域自治制度，加快民族自治地为经济和社会的发展，进一步巩固和发展平等、团结、互助的社会主义民族关系，具有十分重要的意义。新中国成立以来，经几次颁布和修订，我国逐渐构成了一个完整的、独立的民族区域自治法律体系。

民族区域自治法是实施宪法规定的民族区域自治制度的基本法律。民族区域自治制度作为我国彻底解决民族问题的一项政治制度，是在《中国人民政治协商会议共同纲领》中以"立法"的形式最终确定下来的，从新中国成立起，这一制度就开始有步骤、有计划地推行。从 1952 年公布《民族区域自治实施纲要》到 1954 年 9 月《中华人民共和国宪法》颁布，全国建立的民族自治区域达 53 个。1954 年宪法对民族区域的自治作了全面的规定，使民族区域自治比较规范地进入健康发展时期，民族区域自治地方分为"自治区"、"自治州"和"自治县"三级。到 1958 年，我国先后建立了内蒙古、新疆、广西和宁夏四个自治区，29 个自治州，54 个自治县（旗），已经建立的自治地方遍及 17 个省和自治区。除西藏和个别省以外，凡是有少数民族的地方，只要具备条件的，大都建立了不同级别的自治地方。从 1958 年到 1966 年，我国的民族区域自治制度在曲折中发展。到 1966 年全国新建包括西藏自治区在内的 15 个自治地方，其中 14 个是自治县。"文化大革命"时期，民族工作遭到全面破坏。党的十一届三中全会后，一方面，在民族工作的指导思想上拨乱反正，在理论上正本清源；另一方面在实际工作中解决历史遗留的问题，进一步落实党的民族政策、宗教政策和统战政策。在民族工作新发展的基础上，总结新中国成立以来我国民族区域自治制度实施的经验教训，根据我国民族地区的特殊性，1984 年 5 月 31 日，全国人大颁布了《中华人民共和国民族区域自治法》，这是根据 1982 年宪法关于民族区域自治的规定制定的。它成为我国的一部基本法，将经过几十年实践发展起来的民族区域自治制度确立为国家的一项基本政治制度，为民族立法提供了法律依据，进而从政治上保证了民族区域自治制度的实施。它标志着我国民族区域自治制度进入了蓬勃发展的新阶段，民族区域自治的工作全面走上法制化的轨道。2001 年 2 月，全国人大又根据我国改革开放的新形势和民族地区发展的新情况，对《中华人民共和国民族区域自治法》进行修订，使之更加适应新时期民族地区经济社会发展的需要。到目前为止，全国已有 44 个少数民族实现了民族区域自治，建立民族自治地方共 154 个，其中自治区 5 个，自治州 30 个，自治县（旗）119 个；在杂、散居地区建立了 1200 多个民族乡①。

　　民族区域自治法赋予各自治机关在立法、民族语言文字使用、人事管理、经济贸易、财政税收管理、资源开发利用和环境保护管理以及各项社会事业方面的自治权力，对正确处理中央和自治地方的关系做了明确的规定，为各民族自治地方行使自治权力提供了有力的法律保障，充分调动了自治地方的工作积极性，促进了民族地区政治、经济和文化等各项事业的发展，推动了社会主义新型民族关系的进一步巩固和发展，使我国民族工作全面走上了法制化轨道，从而保障了社会主义时期民族区域自治工作有法可依、有章可循，为我国民族区域自治制度沿着健康的方向快速地发展奠定了扎实的根基。

二　民族区域自治法促进了西藏地方的立法工作，为西藏社会的发展与进步提供了重要的法律保证

　　西藏立法工作开始于 1956 年 4 月西藏自治区筹备委员会成立大会通过的《西藏自治区筹备委员会组织细则》。1963 年 3 月，全国人大常委会批准《西藏自治区各级人民代表大会选举条例》，1965 年 9 月 1 日，西藏自治区第一届人民代表大会第一次会议通过了《西藏自治区各级人民代表大会和各级人民委员会组织条例》，使西藏地方立法工作有了进一步的发展。但"文化大革命"时期社会主义民主法制建设遭到破坏，西藏地方立法工作也陷入瘫痪状态。1979 年西藏自治区人大常委会建立后，加快了地方立法的步伐，制定了一批具有民族特色、符合西藏实际的自治法规和地方性法规，如《西藏自治区实施〈中华人民共和国婚姻法〉的变通条例》《西藏自治区关于实施〈中华人民共和国刑事诉讼法〉的若干变

---

① 宋才发主编：《民族区域自治法通论》，民族出版社 2003 年版，第 45 页。

通办法》等①。这些法规的制定与实施，使西藏地方立法工作逐渐规范化、制度化。

1984年5月《中华人民共和国民族区域自治法》颁布后，有力地推动了西藏地方立法工作的开展。《中华人民共和国民族区域自治法》规定，民族自治地方的人民代表大会有权依照当地民族的政治、经济和文化特点，制定自治条例和单行条例，西藏自治区人大及其常委会从1980年开始起草、修改《西藏自治区自治条例》。为适应改革开放的新形势，加强了经济立法工作，先后制定了一批适应建立社会主义市场经济体制和依法治藏的地方性法规，如《西藏自治区实施〈中华人民共和国药品管理办法〉办法》《西藏自治区商品交易市场管理条例》《西藏自治区文化市场管理条例》等。此外还制定了涉及西藏政治、文化和教育等方面的地方性法规和单行条例，如《西藏自治区文物保护管理条例》《西藏自治区环境保护条例》《西藏自治区学习、使用和发展藏语文的决定》《关于维护祖国统一、加强民族团结、反对分裂活动的决议》等。这些地方性法规和单行条例的制定和实施，使西藏工作和社会生活等方面有章可循、有法可依，加快了依法治藏和民主法制的进程，为西藏人民各项民主权利的实现和地方社会经济的发展提供了重要的法律保障。《中华人民共和国民族区域自治法》规定，上级国家机关的决议、决定、命令和指示，如有不适合民族区域自治地方实际情况的自治机关可以报经该上级国家机关批准，变通执行或停止执行。如西藏自治机关在执行全国性法定节假日基础上，还将"藏历新年""雪顿节"等藏民族的传统节日列入自治区的节假日；将职工的周工作时间规定为30小时（比全国少5小时）。对国家法律政策依法进行变通执行，有效地保障了西藏人民的特殊利益。

截至现在，西藏自治区人民代表大会及其常务委员会共制定了220件地方性法规和单行条例②，其中大部分是《中华人民民族区域自治法》颁布实施后制定的。民族立法是民族地区享有和行使自治权的集中表现，这些法规和条例的制定，保障了西藏人民最根本的权利，对西藏社会主义民主法制建没、社会政治局势的稳定、经济社会的发展以及市场经济体制的

---

① 巴桑罗布、柏振明：《我区立法工作的成就和启示》，《西藏研究》1999年第3期。

② 《西藏的民族区域自治》，2004年5月23日国务院新闻办公室发布。

建立与完善起到了规范、引导、保障和促进的作用，使国家和西藏地方的各项方针、政策都依据民族法律制定形成，使西藏各项工作都在法制轨道上进行，实现了依法治藏，进而推动了新时期整个西藏工作的全面发展。

我国的宪法、民族区域自治法和自治地方的各项立法已形成完整的民族法律体系，有力地保障着民族区域自治制度的完善与发展。西藏自治区贯彻民族区域自治法的各项配套立法及其实施，为西藏社会的发展与进步提供了良好的法制环境，保证了西藏经济、政治和文化等各项事业健康、快速的发展。

三　民族区域自治法保证了西藏人民自治权的行使，促进了西藏社会的发展与进步

以法律的形式确立民族区域自治制度的目的在于，要从法律上确保我国少数民族各项权利的实现。

自民族区域自治制度实施特别是《中华人民共和国民族区域自治法》颁布以来，西藏人民不仅在政治、经济、文化和社会生活的各个领域享有了与全国各族人民完全平等的权利，而且依法享有自主管理本地区、本民族各方面事务的自治权利，依法享有受国家特殊扶持和帮助的权利。

首先，民族区域自治法保障了西藏人民在政治上享有充分的自治权。西藏自治区成立以来，西藏人民积极行使宪法和法律赋予的选举权和被选举权，参加选举全国和自治区各级人民代表大会的代表，并通过人大代表参与管理国家和地方事务。2002年，在西藏的自治区、地（市）、县、乡（镇）四级换届选举中，全区有93.03%的选民参加了县级直接选举，在选举出的人大代表中，藏族和其他少数民族代表所占的比例，在自治区和地市两级达80%以上，在县、乡（镇）两级达90%以上。目前，藏族和其他少数民族在自治区人大常委会主任、副主任中占87.5%，在自治区人大常委会委员中占69.23%；在自治区主席、副主席中占57%；在自治区政协常委和委员中分别占90.42%和89.4%。藏族和其他少数民族公民占自治区、地（市）、县三级国家机关组成人员的77.97%，分别占三级

人民法院和人民检察院干部总数的 69.82% 和 82.25%①。如前所述，西藏自治区还享有地方立法权，通过立法来行使自治的权利。这些事实说明西藏人民在政治上充分行使了自治权。

其次，民族区域自治法保障了西藏人民在经济和社会发展上享有充分的自主权和享受国家特殊扶持帮助的权利。民族区域自治的关键是加快民族自治地方社会经济的发展，确保少数民族人民享有平等的发展权。自《中华人民共和国民族区域自治法》颁布实施以来，更加保证了西藏人民在经济和社会发展上依法充分行使自治的权利和受国家特殊扶持帮助的权利。西藏根据自身的实际情况，把实现跨越式发展作为社会和经济发展的目标，把改善基础设施条件、提高人民生活水平作为重点，自主安排经济和社会发展项目，确保了西藏现代化建设的快速健康地发展，确保了西藏社会经济的发展符合西藏人民的根本利益。根据宪法和民族区域自治法的规定，国家尽一切力量帮助西藏加快经济和社会的发展，国家在财政、金融、税收和物质、技术、人才等方面给予了特殊的支持和帮助。中央政府根据西藏社会发展的需求，连续四次召开西藏工作座谈会，就西藏经济和社会发展面临的突出问题制定了一系列特殊的优惠政策和措施。西藏享有这些自主权和特殊扶持帮助权，使普通群众真正得到了实惠。

最后，民族区域自治法保障了西藏人民享有继承发展传统文化和宗教信仰自由的权利。几十年来，西藏人民广泛行使了自主管理和发展本地区文化事业的自治权，保护和整理民族文化遗产，发展和繁荣民族文化。自《中华人民共和国民族区域自治法》颁布实施以来，更加保证了西藏人民在发展传统文化和宗教信仰方面的自由权利。目前，藏语文得到广泛的学习、使用和发展。西藏自治区于 1987 年和 1988 年颁布实施了《西藏自治区学习、使用和发展藏语文的若干规定（试行）》（2002 年修订为《西藏自治区学习、使用和发展藏语文的规定》）和《西藏自治区学习、使用和发展藏语文的若干规定（试行）的实施细则》，明确规定在西藏自治区，藏、汉语文并重，以藏语文为主，将学习、使用和发展藏民族语言文字的工作纳入法制化轨道。现在，西藏自治区对各种决议、决定、公文，一些场所标牌、交通路标等都使用藏、汉文两种文字；从小学到高中都有藏文教材和教学参考资料；广播、电视专门开设藏语频道；有多种藏文杂

---

① 《西藏的民族区域自治》，2004 年 5 月 23 日国务院新闻办公室发布。

志和报纸；藏文编码已通过国家标准和国际标准，使藏文成为中国第一个具有国际标准的少数民族文字；高校设立本科、研究生专业培养藏语文高级专门人才。西藏自治区成立专门机构抢救了大量的民族文化遗产；保护了一系列文物；使许多传统的风俗和节日保留和继承下来。目前，西藏各种宗教活动正常进行，信教群众的信仰得到充分满足，信教自由得到充分尊重，等等。这充分说明西藏人民享有文化的自治权。

正是因为西藏人民充分地行使了各种自治权利，真正当家做了主人，才极大地激发出建设社会主义新西藏的积极性。自和平解放以来特别是改革开放以来，西藏人民实现了历史上最伟大、最深刻的社会变革，取得了经济社会发展空前的历史性飞跃。

综上所述，从民族区域自治制度实施到以民族区域自治法的形式将这一制度确定下来，标志着我国对民族地区的管理进人法制化时期。中央政府和民族自治地方政府都遵循宪法和民族区域自治法的规定，各尽其责，大力发展民族地区的政治、经济和文化等各项事业，使各民族地区进入良性发展时期。《中华人民共和国民族区域自治法》颁布实施 20 年来，保障西藏人民充分行使了各种自治权利，从而使西藏各项事业取得了巨大的成就，民族团结进步事业得到不断巩固与增强，民族区域自治制度得到进一步完善与发展，这是民族区域自治法在西藏的伟大实践与成功。

（与刘彦合作，发表于《西藏大学学报》2004 年第 4 期）

西藏社会矛盾分析及其解决机制研究

摘 要 随着改革的深化与发展，西藏进入了社会矛盾凸显期，并呈现出鲜明的地区性特点，具有复杂性和尖锐性。在建设和谐西藏过程中，应正视社会矛盾，建立健全解决社会矛盾的机制，加大社会矛盾排查调处的力度，为建设和谐西藏提供矛盾化解机制保障。

关键词 西藏 社会矛盾 解决机制

改革开放以来，西藏经济社会快速发展，经济建设、政治建设、文化建设和社会建设取得显著成就，为建设和谐社会奠定了良好基础。但是，随着改革的深化与发展，西藏进入社会矛盾凸显期，并呈现地区特点，具有复杂性和尖锐性。近年来，各级党委和政府认真贯彻落实《西藏自治区矛盾纠纷排查调处工作机制》，进一步完善领导责任制，落实属地管理措施，加大排查调处力度，使矛盾纠纷排查调处工作逐步走上制度化、规范化轨道。在建设和谐西藏过程中，各种社会矛盾还比较突出，新情况、新问题还在增多，各种因人民内部矛盾引发的群体性事件时有发生。因此，我们应认真研究社会各种矛盾及其特点，积极探索化解各种矛盾的机制，形成矛盾解决的长效机制，及时有效地解决各种社会矛盾。

一 当前西藏社会矛盾的基本状况

运用毛泽东的矛盾分析法进行分析，当前西藏社会存在人民内部矛盾和敌我矛盾两类不同性质的矛盾。人民内部矛盾主要是在人民利益一致的基础上出现的内部矛盾，敌我矛盾是阶级矛盾在新的历史条件下的继续。人民内部矛盾的存在影响着社会的和谐，敌我矛盾的存在破坏着社会的稳定，是建设和谐西藏的最大阻力。我们应认真分析研究，妥善解决不同性质的矛盾。

（一）人民内部矛盾的主要情况

在当前西藏地区，人民内部矛盾呈现出多样性，包括随着经济社会发展而产生的人民利益之间的矛盾、民族矛盾与地区矛盾以及宗教矛盾等。西藏现阶段，随着经济社会发展而产生的人民利益之间的矛盾主要表现在土地征用、工程建设、资源纠纷、劳动关系、就业分配等方面的利益分配协调问题逐渐增多。主要包括：一是因城镇建设征地费用、搬迁费用引发群体性事件。二是拖欠农民工工资，引起农民工集体静坐、上访事件。三是农牧区草场、虫草资源纠纷引发群体性事件。四是个体商户对摊位调整、税费管理不满，集体上访请愿。五是军人养老、医疗等待遇和安置问题。六是高校毕业生就业问题，这个问题关系到千家万户的切身利益，关系到整个社会的和谐与稳定，处置不当，就可能演化成社会问题，甚至政治问题。七是在协调各方面利益过程中，一些领导干部的素质、能力和作风与新形势新任务的要求还不相适应，易引发干部和群众之间的矛盾。这些具体矛盾的共同特点是，它们都是人民内部利益矛盾，即人民内部不同社会成员个体利益与群体利益之间，个人利益、集体利益与国家利益，眼前利益与长远利益，局部利益与整体利益，暂时利益与根本利益之间的矛盾。民族矛盾与地区矛盾主要表现在民族利益、地区利益的协调上存在不平衡问题。主要包括：一是我区是西部少数民族地区，与东部发达地区经济社会发展差距较大，导致干部群众心理困惑，从而影响到民族关系。二是自治区各区域之间也存在较大的差异，发展不平衡；城市和农牧区发展差距较大，发展不平衡。三是社会主义市场条件下民族间的经济权益矛盾增加，由于自治区商品经济发育程度较低，在资金、技术、人才等方面欠缺，导致在竞争中处于劣势地位，造成群众排斥情绪，影响到民族关系的和谐。四是流动人口增多，易产生不同民族成员之间的误会和纠纷，导致社会不稳定。五是不同民族成员之间因宗教信仰、风俗习惯不同易引发一定的冲突。在社会主义市场经济条件下，民族关系发生了重大变化，正在形成一种新型的民族关系，但因民族交往频繁，出现一定的矛盾是必然的，属于人民内部矛盾。

宗教矛盾在西藏包括人民内部的矛盾和敌我矛盾。人民内部的矛盾主要是信教群众和不信教群众之间以及信教群众内部基于根本利益一致基础上出现的矛盾。主要包括：一是对待宗教信仰认识不同造成的矛盾。如信教者和不信教者之间的矛盾；信仰不同宗教的人们之间的矛盾；同一宗教内信仰不同教派的人们之间的矛盾。二是围绕对宗教事务管理问题上的矛盾，即宗教界一些人士对依法管理宗教事务与宗教信仰自由认识的矛盾，政府部门对宗教事务如何界定、如何实施正确的依法管理，反映了实施管理者和接受管理者对"管理"都不大适应的矛盾。三是宗教与社会主义社会不相适应的矛盾，宗教的积极功能没有充分发挥出来，消极因素对社会还在产生着作用。这些矛盾是人民内部的矛盾，但往往与民族矛盾和政治问题交织在一起，呈现出复杂性，有时还表现为对抗性质。宗教矛盾表现为敌我矛盾在自治区主要是各种力量利用宗教进行分裂破坏活动和犯罪活动等。

（二）敌我矛盾的主要情况

在当前西藏地区，敌我矛盾也具有复杂性。

首先是分裂与反分裂的矛盾，这是由于达赖集团长期进行"西藏独立"的分裂活动而形成的敌我矛盾的主要方面。主要包括：一是进行破坏性的暴力活动；二是进行思想、宗教、文化等方面的渗透活动；三是利用经济社会发展与改革中的问题，煽动群众闹事、导致不明真相的群众与政府对峙的矛盾。这种敌我矛盾非常明显，但有时也具隐蔽性，尤其是近年来达赖集团不断玩弄新的手法，还具有迷惑性，往往与人民内部矛盾交织在一起，又具有欺骗性。

其次是民族矛盾中的敌我矛盾，主要是敌对势力和分裂势力挑拨民族关系，破坏民族间的团结，造成一些群众上当受骗，做一些违纪违法的事情，影响到维护国家的统一。

最后是宗教矛盾中的敌我矛盾，一是境外敌对势力利用宗教对我国进行的政治渗透与我们进行反渗透的矛盾；二是民族分裂主义分子利用宗教进行的破坏民族团结和祖国统一的罪恶活动与我们反分裂之间的矛盾；三是利用宗教进行的犯罪活动与保持社会稳定之间的矛盾。

二　西藏社会矛盾产生的主要原因及其特点

（一）西藏社会矛盾产生的主要原因

1. 人民内部矛盾产生的原因

西藏人民内部利益矛盾产生的根本原因，仍然是受人民群众日益增长的物质文化生活需要同落后的社会生产之间矛盾的制约。西藏是欠发达地区，甚至可以说仍然是全国最落后的省区。相对滞后的社会生产和社会发展还不能完全适应西藏各族人民群众不断增长的物质文化生活的需要。在社会主义初级阶段，由于西藏地区生产力不发达，导致造成经济文化落后，不仅使自治区内出现各种利益的不平衡问题，也是当前民族问题、宗教问题依然存在的主要原因。

改革发展与各种体制不够完善是产生人民内部矛盾的一个最基本原因。自改革开放以来，自治区逐步加大改革力度，尤其是加大经济体制改革的力度，完成了从计划经济向市场经济的改革，市场发育基本良好，社会主义市场经济体制逐步建立起来，实现了与全国接轨。但是经济体制与其他体制的改革都较全国滞后，不够完善。改革发展与各种体制不够完善的问题突出，各种体制还不能完全适应改革与发展的需要。由于新旧体制并存、交叉以及相互碰撞，也由于改革措施不配套与政策法规不够完善，必然导致改革发展中产生较多的新问题、新矛盾，如土地征集、资源纠纷、就业安置等问题与矛盾。

2. 敌我矛盾产生的原因

达赖集团的分裂破坏活动是敌我矛盾产生的根本原因。达赖集团是封建农奴主势力的代表，自出逃国外以来，一刻也没有放弃过"西藏独立"的主张，没有停止过分裂祖国的活动。自自治区改革开放以来，达赖集团变本加厉地加紧搞分裂活动，企图破坏社会主义建设事业和自治区的社会稳定，进而否定民族区域自治制度，推翻中国共产党的领导，颠覆社会主义制度。越是我们改革发展，达赖集团就越是加紧分裂活动。达赖集团除了明目张胆地搞分裂活动外，还常常利用我们在改革开放中的困难挑动部分群众闹事，利用民族问题和宗教活动进行分裂活动，把一些人民内部的矛盾转化成对抗性矛盾，给我们排查和解决人民内部矛盾造成困难，影响着社会稳定。

（二）西藏社会矛盾的主要特点

在新时期，西藏社会矛盾复杂多样多变，我们必须把握其特点，这是探索解决矛盾机制的基础。

1. 人民内部矛盾是西藏社会的主要矛盾

从根本上说，人民内部矛盾是西藏社会的主要矛盾，这是由经济建设这个根本任务决定的。改革开放以来，西藏经济建设走上了快速发展的道路。随着经济的快速发展，过去没有的矛盾现在产生了，过去已有的矛盾现在发展了，这些都是人民内部矛盾的变化。如农牧区的资源纠纷、征地纠纷，城镇的劳务纠纷、就业问题等。西藏社会人民内部矛盾涉及经济、政治、文化、民族、宗教等各个方面，表现为区内与区外、民族与民族之间以及不同的社会团体、社会群体之间。本地区经济社会发展中新产生的矛盾与已有的民族矛盾、宗教矛盾一起构成了西藏社会矛盾中人民内部矛盾，它是影响西藏经济发展的主要问题，也是影响西藏社会和谐的主要因素，是西藏社会发展中的主要矛盾。

2. 敌我矛盾是阶级斗争在西藏社会的继续

从实质上讲，敌我矛盾是西藏社会发展中阶级斗争的继续，这是因达赖集团不肯退出历史舞台而造成的。自西藏民主改革后，达赖集团出于封建农奴主阶级的反动本性和从维护他们的阶级利益出发，企图卷土重来，恢复他们失去的地位，因而分裂与反分裂斗争随着西藏社会的发展变化而不断变化，时而低沉，时而激烈，达赖集团始终与人民当家做主的民主制度进行较量，与人民为敌，但却打着"民族""宗教""人权"的旗号，蛊惑人心，使阶级斗争在新时期尖锐复杂起来，成为西藏社会不稳定的最主要的因素。敌我矛盾存在甚至有时激烈，是自治区社会矛盾不同于其他省区的一个明显的特点。

3. 人民内部矛盾和敌我矛盾交织在一起，呈现出复杂性、尖锐性和长期性

西藏社会矛盾与内地省区的社会矛盾相比，最大的特点是人民内部矛盾和敌我矛盾交织在一起，呈现出复杂性、尖锐性和长期性。复杂性是指人民内部矛盾中一些问题被敌对势力和分裂势力所利用，由非对抗性转变为对抗性，有时由人民内部矛盾转化为敌我矛盾，增加了解决矛盾的难度和复杂性。尖锐性是指敌我矛盾有时尖锐甚至是激烈的，又与人民内部矛盾相互交织，采取打击措施，若不谨慎就会影响人民群众的感情。长期性是指西藏社会各种矛盾的存在将是长期的，不是短时间就能解决和消除的，这是因为西藏发展生产力的任务是长期的，达赖集团也不可能在短期内销声匿迹。很显然，西藏社会矛盾是社会主义社会矛盾的集中体现，具有突出的区域性特点。与内地省区相比较，由于西藏社会生产力水平低下、不少群众生活贫困、基础设施薄弱、社会事业落后、生态环境脆弱、自我发展能力不足，长期以来又一直处于反分裂斗争的前沿，落后的生产

生活方式影响广泛，解决上述社会矛盾的任务十分艰巨。因此，我们必须认真研究，积极探索，寻找适合的解决机制，在建设和谐西藏过程中，正视矛盾、化解矛盾，最大限度地增加和谐因素，最大限度地减少不和谐因素，不断促进社会和谐。

三　建立健全西藏社会矛盾解决机制

党的十六届六中全会《中共中央关于构建社会主义和谐社会若干重大问题的决定》（简称《决定》）中明确指出："任何社会都不可能没有矛盾，人类社会总是在矛盾运动中发展进步的。构建社会主义和谐社会是一个不断化解社会矛盾的持续过程。"这把社会和谐的构建置于整个人类社会发展的过程中、置于社会发展的共同特性来认识。这说明在社会主义社会存在各种矛盾，解决矛盾的过程也是社会发展进步的过程。因此，建设社会主义和谐社会要形成解决社会各种矛盾的有效机制，不断解决各种矛盾，增加社会和谐的因素，促进社会和谐的程度。针对新时期西藏社会矛盾的基本情况和特点，我们认为应建立健全解决社会矛盾的各种机制，形成解决矛盾的合力，不断化解矛盾，促进社会发展与进步。

（一）建立健全人民内部矛盾解决机制，有效化解人民内部矛盾

人民内部矛盾是人民利益的矛盾，处理人民内部矛盾的关键是处理人民利益的矛盾。我们要坚持用经济的、民主的、综合的和深化改革的方法解决矛盾。同时要根据《决定》的要求，结合西藏实际，建立健全人民内部矛盾解决机制，有效解决人民内部矛盾。

1. 建立利益协调机制，从根本上缓解人民利益矛盾

在西藏建立利益协调机制要按照中央《决定》的要求，运用好中央财政的支持政策，通过完善收入分配制度、规范收入分配秩序、逐步建立社会保障、社会救助、社会福利、慈善事业相衔接的覆盖城乡居民的社会保障体系，科学有效地调整社会成员的各种利益，努力缩小不同阶层、不同群体之间的利益差距，减少由此产生的矛盾。

建立利益协调机制，要执行好中央和全国的援藏政策，加快发展速度，提高发展效率，推进经济增长，增强自身实力，缩小民族之间、地区

之间的差距，消解民族矛盾和地区矛盾。

建立利益协调机制，要依法建立社会公平保障体系，从制度、政策和法律上营造公平的社会环境，保障权利公平、机会公平、规则公平、分配公平，以公平促进利益的协调，消除矛盾产生的因素。

2. 建立诉求表达机制，合理化解人民利益矛盾

不同的社会阶层、群体和成员，都有各自的利益诉求。随着西藏社会主义民主的建设与发展，人民群众诉求的愿望逐渐强烈，建立一种良好的诉求表达机制是防止因诉求不能表达而导致的群体性事件发生的保障。

建立诉求表达机制要进一步建设透明的各级政府，实行政务公开，在一些重要问题上建立听证制度；完善区域立法要扩大社会参与范围；要进一步完善各级信访制度。教育和引导群众有序表达利益诉求。

建立诉求表达机制要畅通诉求途径，司法诉讼要依法满足人民的需求，做到按时结案不拖延；要建立和完善非诉讼机制，将人民调解、行政调解、劳动仲裁等有机结合起来，让群众有多种诉求表达方式，及时解决遇到的问题。

3. 建立矛盾调处机制，及时处理人民利益矛盾

在建设和谐社会过程中，始终要有矛盾调处机制。和谐的过程就是调处矛盾的过程。在西藏建立矛盾调处机制，首先要建立领导和群众矛盾调处机制。人民内部矛盾演化发展到一定程度，领导便成了矛盾的中心。因此，各级党委和政府要在本系统、本部门建立领导和群众对话、沟通的制度，在工作中做出重大决策时首先征求群众意见，对群众进行宣传；对于群众疑惑的问题要耐心解释，让群众明白所要做的事情，让群众知情，让群众理解，让群众参与，最后获得群众的支持。把群众工作做好了，既可以从源头上防止矛盾发生，又可以解决发生了的矛盾。人民内部矛盾是多方面的，因此，矛盾调处机制也应是多方面的。各基层组织、各单位、各社会团体应发挥工会的作用，建立调解机构，对内部发生的矛盾及时进行调解，缓解矛盾的升级，引导职工按程序解决问题，不引发事端，激化矛盾。全社会应重视非诉讼机制的建立和完善，对于各种矛盾，各级政府应引导群众寻找适合的解决途径，该通过司法调解的进行司法调解，该走仲裁的途径的到仲裁机构，该行政复议的走行政复议途径，等等。有些涉及政策性的问题，有关职能部门应有专人负责答疑，讲明政策，帮助群众找到正确处理问题的途径，对群众不能推诿，更不能拒之门外，导致引发事

端。各种矛盾调处机制建立起来，相关矛盾才能有解决的办法和途径，就可减少群体性事件的发生，减缓上访的压力。一个健全的法治社会应有健全的矛盾调处机制，自治区在这方面要进行积极的探索。

4. 建立利益保障机制，积极预防人民利益矛盾的产生

经济利益矛盾是当前自治区人民内部矛盾的主要方面，从近年来引发的群体性事件的具体原因看，绝大多数是经济利益问题。当前，自治区要重点要解决土地征用、城镇拆迁、高校毕业生就业等涉及人民群众利益的问题。对于国家给予土地征用、城镇拆迁的款项要及时如数的到位，要设立监督机构对此项进行督促和检查，保证补偿金到达群众手中。高校毕业生就业是一件涉及千家万户利益的大事，政府要引导，学校要配合，家长和学生要支持。目前，自治区全面开始实施毕业生自主择业工作，要借鉴内地高校的经验，发挥好政府促进就业的作用，提供就业保障。建立了利益保障机制，才可能从源头上防止利益矛盾的发生。

5. 建立思想教育机制，妥善地解决人民内部矛盾

在西藏，解决人民内部矛盾还必须建立思想教育机制。进入"十一五"以来，西藏的发展更是呈现出乘风破浪的强劲势头。科学发展观、构建社会主义和谐社会的重大战略思想和中央关于进一步做好西藏发展稳定工作意见的落实，全面建设小康社会步伐的加快，西部大开发战略的深入实施，特别是中央支持、全国支援的力度不断加大，青藏铁路的建成通车，使西藏开始步入跨越式发展的"快车道"。人民群众与快速发展的社会还不相适应，同时也由于达赖集团利用社会发展中的问题进行干扰和破坏，因而建立思想教育机制也是解决人民内部矛盾的有效途径。首先要加强形势与政策的教育，让人民群众了解党中央和自治区党委的各项方针政策；其次是继续加强马克思主义"四观""两论"教育，让人民群众掌握反分裂斗争的武器，辨别是非，抵制达赖集团的影响；再次进行法律教育，让人民群众形成正确的权利义务观念，懂得维权及其途径，运用正确的方法解决问题和纠纷。最后进行民族政策的教育，让人民群众懂得党的民族政策，认识民族关系的变化和民族发展规律，加强民族交往，不断增加民族的共同因素，缩小民族间的差距，增进民族团结。

在西藏建立思想教育机制特别要加强寺庙教育，让宪法和法律进入寺庙，各级政府要依法管理宗教事务，不断探索积极引导宗教与社会主义社会相适应的方法，使寺庙成为宗教正常活动的场所，有力抵制达赖集团的

渗透；使宗教为社会主义社会服务，在建设和谐西藏中起到教化人心、化解矛盾的作用。

（二）健全对敌斗争机制，进一步巩固人民民主专政制度，坚决打击分裂活动

在西藏，人民内部矛盾与敌我矛盾往往交织在一起，特别是近年来达赖集团的分裂活动更具隐蔽性和欺骗性。因此，处理敌我矛盾要不断健全对敌斗争机制，各级党委、政府和政法部门要认真研究对敌斗争的形势、特点和方法，区分两类不同性质的矛盾，采取果断措施，解决问题。在健全对敌斗争机制中，要始终坚持人民民主专政的制度，做到对人民实行民主，对敌人实行专政。对人民实行民主，要拓宽社情民意表达渠道，推行领导干部接待群众制度，完善党政领导干部和党代表、人大代表、政协委员联系群众制度，健全信访工作责任制；健全社会舆情汇集和分析机制，完善矛盾纠纷排查调处工作制度，建立党和政府主导的维护群众权益机制，综合运用法律、政策、经济、行政等手段和教育、协商、疏导等办法，把矛盾化解在基层、解决在萌芽状态。着力解决群众反映强烈的问题，坚决纠正损害群众利益的行为。大力加强人民调解工作，坚持依法办事、按政策办事，发挥思想政治工作优势，积极预防和妥善处置人民内部矛盾引发的群体性事件，维护群众利益和社会稳定。对敌人专政，要严密防范和严厉打击一切分裂破坏活动。坚决抵御境外敌对势力特别是达赖集团利用宗教进行的渗透破坏活动，绝不允许宗教干预司法、行政、教育和经济建设。健全反恐工作协调机制，建立快速高效的应急指挥体系。进一步完善军警民联防机制，加强边境管控，依法严厉打击非法出入境活动。对于凡是利用宗教、利用自治区改革中的问题进行的分裂活动，在教育人民的同时，要选择合适的时间对敌人严厉打击，决不允许敌人的阴谋得逞。

（三）建立和完善综合机制，及时调处各种社会矛盾

在社会主义社会初级阶段，各种社会矛盾还会长期存在，尤其在自治区各种矛盾复杂多样，并在一定条件下会发生转变，呈现复杂性、尖锐性。因此在建立矛盾调处机制中必须建立和完善综合机制，解决矛盾形成合力，解决矛盾灵活多样，使各种矛盾及时地得到有效调处。

建立和完善矛盾调处综合机制要建立"党委政府统一领导、综治政法组织协调、司法行政牵头实施、职能部门各司其职、全社会共同参与"的工作格局。一是建立相应机构、配备相关人员，各级党委政府应成立矛盾纠纷解决指导中心，承担全区各地社会矛盾纠纷的协调和处理工作，由各地综治办牵头，吸纳公安、法院、检察院、司法、信访等部门的有关人员，具体承担接待、调处、综合协调等工作；建立健全"案件分配指派调度""承办案件督办督查""专项考核有一票否决建议权"等各项工作协调制度；完善"排查疏解及时、调处责任明确、预警处理灵敏、应急处置快速、协调督办有力"等矛盾纠纷调处工作机制。二是层层明确责任，各级着力实施，把重点放在影响社会稳定，影响党群关系、干群关系，容易引起群众性上访或者酿成群体性事件的重大疑难纠纷和社会热点、难点矛盾纠纷上；把握事件发生的时间、地点、形式、规模、影响、后果等方面的规律和提点，做到提前调查分类，提前掌握预警，提前介入教育，提前防范控制，提前进行调处；从基层抓起，做到积极预防，妥善处置，不让矛盾扩大化，把矛盾控制在较小的范围。三是在矛盾调处过程中，要通过调解工作大力宣传法律、法规、规章和政策，教育公民遵纪守法，遵守社会公德，建立一条更为便捷、更为高效、更能满足群众需求的化解深层矛盾纠纷的路子，为各种矛盾的解决建立良好的思想法律基础和群众根基。四是各级党委政府建立健全矛盾纠纷排查制度、调处工作信息制度、调处工作协调会议制度、调处工作监督制度、调处工作责任追究制度，使矛盾纠纷从排查到解决建立起一套完整的运作机制。五是充分发挥基层组织就地化解矛盾纠纷的作用，对矛盾纠纷实行统一受理，集中梳理，归口管理，限期办理，巩固治理，使每项工作和每个环节都有人抓，有人管，有人负责到底，使矛盾化解在基层，化解在萌芽状态。六是对于复杂的矛盾和容易演化的矛盾，要积极研究，形成有力的对策，努力将人民内部矛盾和敌我矛盾相分离，采取相应的措施，化解和消除引发矛盾的源头因素，减小矛盾解决的难度，该内部处理的内部处理，该严厉打击的要严厉打击，妥善解决各种矛盾。七是要各级党委政府建立健全人民利益协调机制、诉求表达机制、矛盾调处机制、利益保障机制和思想教育机制等，使调处矛盾有保障，民众解决矛盾有途径，进而纠正民众遇事"不闹不解决，大闹大解决"的心态，形成矛盾纠纷综合解决机制。

目前，自治区处在矛盾多发期、复杂期，建立和完善矛盾调处综合机制具有十分重要的意义，在建立各种矛盾解决机制中尤其要重视这一机制的建立和完善。

建立矛盾解决机制是建设和谐西藏的重要内容之一，也是当前西藏工作的重要任务之一，自治党委和政府部门要高度重视这项工作，从自治区实际出发，统一部署和协调，尽快建立和完善矛盾纠纷解决机制，为建设和谐西藏提供扎实的矛盾化解机制保障。

参考文献

［1］《中共中央关于构建社会主义和谐社会若干重大问题的决定》。

［2］西藏自治区政府：《政府工作报告》，2007 年。

［3］《区政法委副书记张文生解读政府工作报告》，新华网西藏频道，2007 年 1 月 16 日。

［4］龚学增：《妥善处理民族矛盾，促进社会和谐发展》，《民族理论与政策》2006 年第 2 期。

［5］董瑞丰：《四大机制化解内部矛盾》，《瞭望新闻周刊》2006 年 11 月 30 日。

［6］马奔：《正确处理人民内部矛盾与和谐社会的构建》，《理论学习》2006 年第 10 期。

（与刘彦、黄昌军合作，发表于《西藏大学学报》2007 年第 3 期）

西藏构建"三位一体"矛盾
调处工作体系的思考

《中共中央关于构建社会主义和谐社会若干重大问题的决定》指出："健全社会舆情汇集和分析机制，完善矛盾纠纷排查调处工作制度，建立党和政府主导的维护群众权益机制，实现人民调解、行政调解、司法调解有机结合，更多采用调解方法，综合运用法律、政策、经济、行政等手段和教育、协商、疏导等办法，把矛盾化解在基层、解决在萌芽状态。"其中人民调解、行政调解、司法调解等调解方法是解决社会矛盾的重要方法，是建立矛盾调处机制的必要途径。当前，西藏经济社会正处在快速发展的时期，在发展中各种矛盾也在逐渐增多，构建矛盾解决机制势在必行。

一 人民调解、行政调解和司法调解对
社会矛盾调处的作用

调解是一种传统的非诉讼纠纷解决方式，在我国通常把它定义为：在第三方的主持下，以国家法律、法规、规章和政策以及社会公德为依据，对纠纷双方进行斡旋、劝说，促使他们互相谅解，进行协商，自愿达成协议，消除纷争的活动。从 20 世纪 50 年代起，我国人民调解制度建立，70 年代后期人民调解的活动全面恢复。通过 1980 年《人民调解委员会暂行组织通则》，1982 年 3 月《中华人民共和国民事诉讼法（试行）》，以及同年 12 月制定的《中华人民共和国宪法》，人民调解确立为我国的一项被宪法保障的基本制度。人民调解一直受到重视，在社会纠纷解决中发挥了重要作用。

近年来，行政调解和司法调解也逐渐受到重视，三大调解综合作用日

益显现。

1. 三大调解优势互补在社会矛盾调处中发挥着协调社会复杂关系的作用

人民调解是指在人民调解委员会的主持下，以国家法律、法规、规章、政策和社会公德为依据，对民间纠纷当事人进行说服教育，规劝疏导，促使纠纷各方互谅互让、平等协商，自愿达成协议、消除纷争的一种群众性司法活动。行政调解是指具有调解纠纷职能的国家行政机关主持的，根据国家政策、法律，以自愿为原则，在分清责任、明辨是非的基础上，通过说服教育，促使双方当事人互谅互让，从而达成协议解决纠纷的活动。司法调解又称法院调解、诉讼调解，是指法院在审理各类案件时，由法院主持，当事人平等协商，达成协议，从而解决纠纷所进行的活动。三大调解从不同的渠道对不同的社会矛盾进行着调解。人民调解长期以来，以简便、快捷的手段，承担了家庭、邻里纠纷等社会矛盾的预防、化解工作，被称为维护社会稳定的"第一道防线"；行政调解所具有的专业性、综合性和高效性的独特的优势，在预防和化解社会矛盾中也发挥着不可或缺的作用；司法调解是解决社会矛盾纠纷的最后一道保障和救济手段，而且法律效力最高。三大调解把各类社会矛盾纳入调解的范围，运用不同的调解方式调处着复杂的社会矛盾。人民调解有利于矛盾纠纷及时解决，防止矛盾纠纷的激化和升级，从而能有效预防"民转刑"案件的发生，其调解方式具有简捷、及时和经济的特点，着重在调解委员会的主持下，就近、及时地化解民间纠纷，以最短的时间完成对矛盾纠纷的处理，降低了纠纷解决的成本，减轻了人民群众和国家财政的负担。行政调解符合我国国情与传统习惯，具有专业性和综合性，可调处复杂的社会纠纷，时间迅速，手续简便。司法调解程序规范，法律效力高，当事人对司法调解的认同度高，便于促进当事人自觉履行义务，弥补判决功能的局限。三大调解优势互补，在维护社会稳定中发挥着重要的作用。

2. 三大调解追求的公平、正义价值取向，有利于和谐社会关系的建立

三大调解追求的公平、正义价值取向，适合于特殊社会关系、特定主体和特定纠纷的解决。用人民调解方式解决纠纷与用诉讼的方式来解决纠纷相比较，人民调解方式解决纠纷要温和得多、平缓得多，会使双方当事人心理负担减轻许多，不会形成精神上的某些压力。人民调解的过程是协

商的过程，调解达成的协议也是双方情愿的，所以，自始至终都不伤和气，进而达到维护团结和稳定的目的，有利于当事人之间和睦相处。人民调解能实现情与法的融合，解决合法不合情、合情不合法的矛盾，将法与情在调解过程中实现统一，使法的实施更易于被广大人民群众所接受。行政调解可调解与行政管理有关的具有行政、民事和技术等综合特色的纠纷，在调解过程中涉及政府的一些政策，通过矛盾纠纷的解决可以让当事人学习和掌握政府的政策，有利于社会各种矛盾的化解。司法调解在诉讼开始前进行调解，可将干戈化玉帛，当事人之间达成协议，实现了"和"的目的，有利于纠纷的化解，且法律效力高，当事人对司法调解的认同度高，可以促进当事人自觉履行义务，弥补判决功能的局限，扭转判决所造成的上诉多、申诉多、涉讼信访多、执行难的局面。从三大调解中可以看到，都以对话的方式协调纠纷，崇尚对话协商和解的价值，有利于和谐社会关系的形成和巩固，起到了维护社会关系稳定的作用。

3. 三大调解综合发挥作用，进一步强化我国的调解制度

我国的调解制度被世界誉为"东方经验"，有许多国家借鉴。我们在推进法治社会的进程中，强调借鉴西方法治的经验，对三大调解的开发和利用不够。三大调解手段上存在单兵作战、各自为政的调处格局，相互之间缺乏有效的衔接机制，没有形成合力。在全社会大力构建和谐社会的背景下，崇尚并综合运用三大调解手段化解矛盾，促进人际关系的和谐，将有力地强化我国的调解制度，使基层调解资源得到整合，三大调解有机衔接机制逐步建立和完善，各自的功能优势得到充分的发挥。三大调解实现功能互补，会大大增强社会矛盾的调处力度。

二 西藏构建人民调解、司法调解和行政调解相衔接的矛盾调处工作体系的重要意义

随着西藏经济社会发展和改革的进一步深化，社会发展进入矛盾凸显期，构建人民调解、行政调解和司法调解相衔接的矛盾调处工作体系对于解决社会矛盾具有重要的意义。

1. 与传统法律文化相衔接，有利于调解矛盾，促进社会稳定

在西藏传统社会中，人们习惯于用调解方式解决各种社会矛盾，调解

的方式主要有民间调解、宗族调解、族长调解、亲邻长老调解、官府调解、宗教调解等。除此,在西藏社会还有用谚语进行调解的习惯。涉及调解的藏族谚语生动丰富。一个人善于运用丰富的谚语进行交际,他就会受到大家的尊重。当群众中发生纠纷时,便请他来调解,遇有买卖交易或订立婚约时,便请他来做中间人,甚至出现部落或地区之间的争斗时,他们会被推选出来,代表本部落或本地与对方进行说理辩论。由此可见,调解是藏民族的一种传统,也是西藏法律文化的一种底蕴。调解在西藏有着较深的群众基础和文化基础。现代调解或三大调解不同于传统的调解,但在一个地区有调解的传统历史,调解才更为人们所接受。我们在建构三大调解工作体系中应看到这些因素,大力加强调解工作,把很多矛盾通过调解予以解决,不断促进社会的稳定。

2. 全面协调社会关系,有利于实现社会长治久安

西藏和平解放后,根据"十七条协议",逐渐建立人民调解制度,人民调解在调处西藏社会各种矛盾中发挥了重大的作用。但目前,西藏社会矛盾呈现出复杂性,表现在经济、政治、文化、宗教、教育等各个方面,涉及的社会关系越来越复杂。因而仅注重以人民调解的方式解决社会矛盾已不能适应新的形势,必须整合调解的资源,构建新的调解模式,即构建人民调解、行政调解和司法调解"三位一体"的矛盾调处工作体系,才能有效解决各种社会矛盾,全面协调各种社会关系。在改革发展中,社会矛盾的出现和增多是不可避免的。在西藏,随着经济社会的发展,经济的、政治的、民族的、宗教的矛盾还会更加复杂甚至尖锐,人民内部矛盾和敌我矛盾交织在一起,给矛盾解决带来一定的难度,从不同的渠道,用不同的手段调处相应的矛盾就显得非常重要。不管哪类矛盾,只要运用适合的方法促使矛盾转化或化解都是有益的。各种矛盾得到及时的化解,社会关系才可以得到协调,社会才能稳定,进而才能实现长治久安。

三　西藏构建人民调解、司法调解和行政调解矛盾调处工作体系的设想和建议

1. 建立健全工作机构

为适应新形势的需要,各地、市党委应成立由分管领导任组长的构建

"三位一体"调解工作体系协调工作领导小组，设立办公室，承担"三位一体"调解工作体系建设工作的组织、协调和推动任务，具有矛盾纠纷的分流指派权、调处调度权、督导督办权、"一票否决"建议权，发挥对各种调解领导、指挥和协调的作用，整合各种调解资源，促使调解形成合力。

各级基层单位要建立社会矛盾纠纷排调中心，整合基层综治办、司法所、派出所、法庭、民政所、工商所、土地所、电管所、计生办、财经办和农业办及文化宣传等服务中心的力量，对矛盾纠纷实行统一接待、归口调处、限期办理。同时健全和落实矛盾纠纷联席会议制度、情况通报制度、复杂疑难纠纷联调制度，及时排查掌握本单位社会矛盾纠纷情况，分解矛盾纠纷调解任务，督导有关部门充分发挥各自职责，妥善调解矛盾纠纷。

2. 建立和完善工作机制

首先，建立和完善矛盾纠纷处理衔接机制。各级各部门在接到群众的矛盾纠纷申告时，要认真做好咨询、登记、分析、处理工作，对依法应由其他地方或部门受理的，要耐心细致的告知群众解决矛盾的渠道，满足群众的诉求愿望。对一个职能部门能够解决的矛盾纠纷，应由该职能部门负责解决；对比较复杂、涉及多个部门的复杂矛盾纠纷，由最初受理的部门邀请相关部门参与协调解决，协调不成的，可提请各级相关"三位一体"调解工作机构协调有关部门共同解决；对基层"三位一体"调解工作机构协调解决有困难的重大疑难矛盾纠纷，由上级"三位一体"调解工作机构指导解决，或督促有关地方党委、政府协调解决，确保矛盾纠纷得到彻底化解。对民事案件和依法可以调解的刑事自诉案件，人民法院及其人民法庭在立案前要积极劝导当事人选择人民调解组织进行调解。对行政案件，法律、法规规定行政相对人应当先行申请行政复议而没有申请的，应当劝其先行申请行政复议解决。

其次，各级法院、司法部门要建立指导人民调解联席会议制度。法院成立指导人民调解办公室，法庭建立人民调解工作室。人民法院和司法行政机关要积极履行指导人民调解的法定职责，司法行政机关要把指导、管理人民调解工作作为基层司法行政工作的重点，进一步加强对人民调解组织的业务指导和管理。法院要选派法官担任民调指导员，同时法院也可聘任人民调解员担任司法联络员和陪审员工作，形成预防和化解社会矛盾纠纷的合力。

最后，建立和完善调解效力机制。人民调解组织和行政调解机构解决的矛盾纠纷，应当制作调解协议书，及时送达双方当事人签收。调解协议书必须符合相关的文书规范，不得违反法律法规、方针政策，不得违反社会公共利益，不得违反社会主义道德和公序良俗。人民法院及其基层人民法庭，在受理涉及人民调解协议的民事案件时，要按照最高人民法院《关于审理涉及人民调解协议的民事案件的若干规定》，准确确认人民调解协议的性质和效力。人民法院在案件审理中要对行政调解协议依法予以支持。

3. 形成良好的运行机制

建立主动排查矛盾工作运行机制。在社会矛盾高发期，不能守株待兔，等待矛盾的出现、爆发和发展，采取应对措施，而是应进行主动排查，积极预防，及时处置。各级"三位一体"调解工作机构应每月组织开展一次排查，特别重视重大节日、重要活动及特殊敏感期矛盾纠纷的发生，将各类矛盾纠纷隐患苗头及时纳入视野，做好矛盾纠纷的信息报告、统计、情报会商、信访接待、形势分析等工作。对于已发生的矛盾纠纷要分流指派给具体调解的部门或机构进行调处，对疑难复杂的纠纷要进行调度，综合调解机构和人员进行有效调解，对于有些部门对矛盾纠纷不予重视要督导督办，使矛盾尚未发生时能够有预测，矛盾发生能够有对策而不至激化，把矛盾纠纷控制在较小的范围，以调解的方式解决矛盾纠纷，进而建立起矛盾化解机制并良好地运行。

健全和完善调解工作考核评价制度。每年年底，由"三位一体"调解工作机构对各地、各有关部门的排调工作开展情况，进行专项检查考核，检查考核结果列入年度社会治安综合治理考核内容。要认真贯彻落实中央"五部委"《关于对发生严重危害社会稳定重大问题的地方实施领导责任查究的通知》的有关规定，对领导重视、调解工作做出突出贡献的集体和人员要大力进行表彰奖励。对由于组织领导不力，调解工作不落实，导致矛盾纠纷突出的地方、部门和单位，要严肃通报批评；对发生严重影响社会稳定重大案件和事件的，要坚决查究有关领导的责任；对发生恶性民转刑案件的地方和单位，要进行责任倒查，严肃追究。

整合三大调解资源，建立新的调解机制，及时有效地调解各类社会矛盾，是建设和谐社会的必然要求，也是和谐社会应有的矛盾纠纷调解机制。目前自治区"三位一体"矛盾调处工作体系尚未建立起来,针对自治区社会矛盾发生的情形,应加强对构建"三位一体"矛盾调处工作体系进行研究和实践,开展试点工作,逐步推开,使三大调解在建设和谐西藏中发挥出应有的作用。

参考文献

[1] 范愉:《非诉讼纠纷解决机制研究》,中国人民大学出版社 2000 年版。

[2] 石先广:《人民调解、行政调解和司法调解三大调解手段综合运用研究——以杨浦区整合调解资源的实践探索为视点》,网上石先广工作室。

[3] 徐晓兴:《藏族法制史研究》,法律出版社 2001 年版。

(与次仁潘多合作,发表于《西藏发展论坛》2007 年第 6 期)

论民主改革以来西藏社会主义法制的建设

——纪念西藏民主改革50周年

摘　要　在民主改革特殊的历史条件下，西藏社会的法律制度发生了巨大的变迁，即由封建农奴制法律制度变为社会主义法律制度，这是西藏民主改革的重要成果之一。西藏经过民主改革建立了社会主义法制，经过改革开放进一步完善了社会主义法制。民主改革以来，西藏社会主义法制从建立到完善，建设力度不断增强，取得了显著成就。社会主义法制保障着社会主义制度、民族区域制度在西藏的确立，捍卫和巩固着西藏民主改革的成果，促进和推动着西藏社会主义建设。50年来，西藏社会主义法制建设取得的成就以及积累的经验对今后维护西藏社会的稳定与发展有着深刻的启示，总结与探讨这一问题将有利于促进西藏法制建设，促进西藏社会的稳定与发展。

关键词　民主改革　西藏　社会主义法制建设

发生在 20 世纪 50 年代末西藏的民主改革是西藏社会一次全方位、综合性的革命，最终的结果是以社会主义制度代替了封建农奴制度。伴随着这种社会变革，社会主义法制在西藏建立起来，实现了社会主义国家法制的统一，荡涤了旧西藏千百年来的法律制度，是一个历史阶段和法律阶段的巨大跳跃①。民主改革以来，社会主义法制从建立到完善，保障了社会主义制度、民族区域自治制度在西藏的确立与发展，捍卫了西藏民主改革的成果，为西藏进行伟大的社会主义建设与改革开放创造了良好的法制环境。

---

① 娄云生：《雪域高原的法律变迁》，西藏人民出版社 2000 年版，第 224、249 页。

一 民主改革后，西藏社会主义法制从建立到进一步完善，成就显著

西藏社会主义法制的建立经历了比较艰难的历程。从 1951 年西藏和平解放到 1959 年平叛改革的八年，是西藏两种政权并存的时期。中华人民共和国宪法和法律开始逐渐适用于西藏，封建农奴制法律制度依然在运行，出现了两种法律制度并存的局面。在两种政权并存时期，西藏地方的人民政法机关——西藏工委社会部（西藏公安的前身）、最高人民法院西藏分院和西藏分院直属人民法院等逐步成立，艰难地开展工作。当时由于两种政权并存，两种司法制度也并存，社会上大量刑事、民事案件由西藏地方政府处理，拉萨的各类案件由"朗孜厦""雪列空"（旧西藏噶厦建立的规模较大的监狱）承办。西藏地方虽然旧的政权及其包括法律在内的各项制度没有发生变化，但中华人民共和国宪法和部分法律已开始适用于这一地区，又相继建立起人民政法机关，为社会主义法制在西藏的建立奠定了一定的基础。

1959 年 3 月至 1962 年 3 月是西藏平叛、进行民主改革的时期，这一时期，西藏开始了围绕评判进行地方性立法的新时期，为自治区的正式成立奠定了法制基础。1959 年 3 月 28 日，周恩来总理发布命令，解散西藏地方政府，由西藏自治区筹备委员会行使西藏地方政府职权，两种政权并存的局面结束，西藏自治区筹备委员会经过改组成为全区统一的人民民主政权，行使自治地方政府的权力，依法开展了民主改革和人民政权的建设工作。最高人民法院西藏分院和最高人民检察院西藏分院接管了西藏地方政府的司法机关朗孜厦、雪列空，直接受理各种案件，结束了两种司法制度并存的局面，新西藏的司法制度建立起来。中央人民政府依法解散西藏地方政府、平息反动上层发动的武装叛乱、组建西藏各级人民政权机构，为民主改革奠定了坚实的政治基础；西藏自治区筹委会行使地方政府职权、颁发民主改革的各种法规，使民主改革依法行进；西藏人民政法机关取代噶厦政府的司法机关，开始向社会主义司法制度过渡。

经过和平解放至民主改革时期的西藏民主革命阶段，西藏两种政权、两种司法制度结束，中华人民共和国法律取代了维护旧西藏封建农奴制度的所

有法律，人民政法机关代替了噶厦政府的司法机关，社会主义法制在西藏逐渐建立起来，旧西藏最野蛮、最原始、最残暴的法律制度与旧西藏的政权及其制度一起被埋葬。在西藏社会主义法制建设过程中，各族政法工作者对广大人民群众进行积极引导，进行社会主义法制教育，教育人们转变法律观念，革除陈规陋习，逐渐消除宗教、传统习俗和习惯法的影响，同时坚持国家法制的严肃性和统一性，坚持"教育为主、惩办为辅"的方针，认真贯彻对少数民族犯罪的"两少一宽"政策（"少捕少杀"和"处理上一般从宽"），从实际出发谨慎处理各种刑事、民事案件，既适用国家的宪法和法律，又兼顾少数民族地区的特点，使社会主义法制在西藏得以贯彻执行。

"文化大革命"时期，刚刚建立起来的西藏社会主义法制也遭到严重的破坏。党的十一届三中全会后，西藏社会主义法制走上了正规的发展道路，并不断加强和完善。第一，人民代表大会制度和民族区域自治制度日益完善。从 1961 年起，西藏各地开始实行普选，翻身农奴第一次获得了当家做主的民主权利；1965 年 9 月 1 日，西藏自治区第一届人民代表大会在拉萨召开，标志着人民代表大会制度在西藏全面确立，西藏人民进入了当家做主的新时代，享有了充分的民族区域自治权利；1979 年 8 月，自治区第三届人民代表大会第二次会议召开，选举成立了西藏自治区人民代表大会常务委员会，随后各地、市、县成立人大常委会，人民代表大会制度完善起来。人民代表大会制度保障西藏人民行使当家做主的权利。目前在西藏经选举产生的自治区、市、县、乡四级的 3.4 万多名人大代表中，藏族和其他少数民族占 94%以上。西藏实行民族区域自治制度以来，特别是改革开放 30 年来，藏族和其他少数民族群众积极参与管理国家和地方事务，为西藏发展出谋划策。2007 年自治区、市、县、乡四级人大换届选举中，藏族和其他少数民族参选率达到 96.4%。与此同时，西藏还大力选拔使用和培养少数民族干部与人才，自治区现职省级领导干部中，藏族和其他少数民族干部占到 70.42%，其中自治区人大常委会主任、自治区主席、自治区政协主席、自治区高级人民法院院长均由藏族干部担任。在全区 74 个县（市、区）四大班子主要领导以及 682 个乡镇党委书记、乡长中，藏族和其他少数民族干部均占 82%以上。① 第二，立法工作成就斐然。社会主义新西藏的立法工作始于 1956 年。从 1965 年至

---

① 《西藏四级人大代表藏族和其他少数民族超九成》，人民网，2008 年 12 月 18 日。

今，自治区人民代表大会根据宪法和民族区域自治法所赋予的权力，制定了 200 多项符合自治区实际情况、维护自治区人民利益的地方性法规、条例、决定和决议，内容涉及政权建设、社会经济发展、司法、森林和自然资源保护、传统文化保护等方面。在"依法治藏"工作思路的指引下，自治区已初步形成了自己的立法特色和机制。自治区七届人大四次会议审议通过的《西藏自治区立法条例》，对地方立法的基本原则、立法权限、立法程序等作了比较具体的规定，使自治区地方立法工作进一步走上制度化、规范化轨道。第三，司法、执法机构不断健全，队伍不断发展壮大。改革开放以来，自治区司法系统、执法系统努力进行改革，建立健全机构，不断加强队伍建设，目前已建立起基本与社会发展相适应的司法、执法机构和队伍，保证了宪法和法律的执行。第四，人民法制观念不断增加。国家和自治区在人民群众中进行了较为深入和全面的普法教育。据不完全统计，在"四五"普法期间，各级财政投入普法专项经费为 240 余万元。从 2002 年开始，开展了"法律进社区"活动，人民法律意识空前提高。过去，群众之间发生纠纷后，或是私了，或是找喇嘛解决。如今，他们知法懂法，有了纠纷习惯于找乡里的法律调解中心、找律师解决。①人民法制观念的不断增强为社会主义法制建设奠定了良好的社会基础。

二　社会主义法制保障着社会主义制度、民族区域自治制度在西藏的确立，捍卫和巩固着西藏民主改革的成果，促进和推动着西藏社会主义的建设

马克思主义法学认为，法是上升为国家意志的统治阶级意志的体现，必然维护统治阶级的利益，保护统治阶级的社会秩序。旧西藏的法体现着封建农奴主阶级的意志，维护着封建农奴制度。新西藏社会主义的法体现着以工人阶级为领导的广大人民的意志，在社会主义制度取代封建农奴制度过程中，必然要保障社会主义制度的确立和发展，维护广大人民的根本利益。

社会主义法制保障了社会主义制度、民族区域自治制度在西藏的确

---

① 《西藏加强社会主义法制建设综述》，中国人大网，2006 年 5 月 22 日。

立。根据《中国人民政治协商会议共同纲领》，1951 年 5 月 23 日，中央人民政府和西藏地方政府签订"十七条协议"，这是进藏部队、进藏工作人员和西藏地方政府及全区各阶层人民都必须执行的共同纲领，带有这一地区基本法的性质，① 协议的最终目的是为西藏实现民主区域自治创造条件。根据中华人民共和国宪法，1955 年 3 月 9 日，国务院第七次全体会议通过了《国务院关于成立西藏自治区筹备委员会的决定》。《决定》指出：西藏自治区筹备委员会……受国务院领导，其主要任务是依据我国宪法规定以及关于和平解放西藏办法的协议和西藏的具体情况，筹备在西藏实行区域自治。1956 年 4 月 22 日，西藏自治区筹备委员会在拉萨宣告成立。1959 年 3 月 28 日，周恩来总理发布命令，解散西藏地方政府，由西藏自治区筹备委员会行使西藏地方政府职权。4 月 8 日，西藏自治区筹备委员会召开第一次全体会议，通过《关于贯彻执行国务院 3 月 28 日命令的决议》，还通过了《关于健全和加强西藏自治区筹备委员会各部门组织机构的决议》《关于增补西藏自治区筹备委员会委员的决议》《关于撤销赤江·洛桑益西全国人民代表大会资格和推举帕巴拉·格列朗杰为全国人民代表大会代表的决议》《关于撤销土登泽仁（多绕堪苏）西藏自治区筹备委员会和增补甲·多吉坚赞、泽仁旺西为本委委员的决议》。这些决议、决定均为地方政府的法律法规。4 月 28 日，第二届全国人民代表大会第一次会议通过了《关于西藏问题的决议》，决议完全同意国务院对原西藏地方政府和上层反动集团发动叛乱后所采取的各项措施。《关于西藏问题的决议》是国家立法机关正式通过和颁布的法律性文件，是平息西藏叛乱的重要法律依据。此后，自治区筹备委员会领导全区人民进行平叛改革。6 月和 9 月，西藏自治区筹备委员会召开第二次、第三次全体委员会，会议通过了《关于进行民主改革的决议》《关于废除封建农奴制土地所有制，实行农民的土地所有制的决议》《关于西藏地区土地制度改革的实施办法》《关于农村阶级划分的决定》。1960 年 4 月，自治区筹备委员会召开第四次全体会议，对继续深入发动群众完成民主改革进行部署与安排。经过三年艰苦的斗争，西藏取得了平叛与民主改革的胜利。1965 年 8 月 23 日，国务院全体会议举行 158 次会议，形成同意于 1965 年 9 月 1 日召开西藏自治区第一届人民代表大会第一次会议、正式成立西藏自治区的

---

① 娄云生：《雪域高原的法律变迁》，西藏人民出版社 2000 年版，第 224 页。

议案。8 月 25 日全国人大常委会举行第 15 次会议，批准国务院提出的议案，成立西藏自治区。1965 年 9 月 1 日，西藏自治区第一届人民代表大会在拉萨召开，西藏自治区正式成立，标志着人民代表大会制度、民族区域自治制度在西藏的确立，标志着西藏从封建农奴社会跨入社会主义社会新的发展阶段①。在民主改革后，西藏逐渐依法建立了社会主义生产资料公有制和人民当家做主的政治制度，社会主义制度和民族区域自治制度不断完善。

社会主义法制捍卫和巩固了西藏民主改革的成果。在平息叛乱中，西藏各地、各社会领域进行了民主改革，逐步建立起社会主义制度和民族区域自治制度，这是民主改革最重要的社会成果，也是 50 年来我们同达赖集团斗争的关键点。达赖集团逃往国外以后，一直不放弃恢复他们统治西藏社会的妄想，在国际敌对势力的支持下，不停地进行反攻倒算，多次在区内策动和制造骚乱，企图搞"西藏独立"，推翻共产党的领导，颠覆社会主义制度和民族区域自治制度，改变百万农奴翻身当家做主的现实。为此，社会主义法制始终担负着捍卫民主改革成果的使命。1989 年 3 月 5 日至 7 日，分裂分子在拉萨持续制造骚乱；7 日，李鹏总理发布拉萨戒严令，自治区人民政府发布第一、二、三号命令，领导全区各族人民平息骚乱。2008 年 3 月 14 日，在达赖集团精心策划下，拉萨发生严重的打砸抢暴力犯罪事件，自治区人民政府根据宪法、刑法、治安管理处罚法等法律规定，依法予以处置。为了捍卫民主改革的成果，自治区人大先后颁发了一系列维护祖国统一、打击分裂犯罪行为的法律法规，其中有《关于维护祖国统一、加强民族团结、反对分裂活动的决议》《西藏自治区实施〈中华人民共和国集会游行示威法〉办法》《拉萨市实施〈中华人民共和国集会游行示威法〉办法》《关于反对达赖擅自宣布班禅转世灵童的不法行为的决议》《关于强烈谴责达赖集团策划煽动极少数分裂主义分子打砸抢烧的罪恶行径，坚决维护祖国统一，反对分裂破坏活动，促进社会和谐稳定的决议》等，这些决议、办法既是打击分裂活动的法律依据，也是教育人民履行维护祖国统一、反对分裂义务的地方性法律，在维护祖国统一、维护西藏社会稳定与反对分裂方面发挥了重要的作用，保障社会主义

---

① 许广智主编：《西藏民族地区近（现）代化发展历程》，西藏人民出版社 2008 年版，第 213 页。

制度、民族区域自治制度坚不可摧。社会主义制度在西藏是百万农奴翻身当家做主的社会制度，民族区域自治制度是西藏各族人民获得解放后管理自己各项事务的根本制度，为了巩固这一制度，保障百万翻身农奴当家做主，2009 年 1 月 19 日，西藏自治区人大通过《西藏自治区人民代表大会关于设立西藏百万农奴解放纪念日的决定》，将 3 月 28 日设为西藏百万农奴解放纪念日。这一举措有力地捍卫着民主改革的重要成果，意义深远。

　　社会主义法制促进和推动了西藏社会主义的建设。改革开放以来，西藏进入了大规模的社会主义建设时期，社会主义法制建设也进入了一个快速发展时期。在改革开放中，西藏各级人大及其常委会高举中国特色社会主义伟大旗帜，坚持以邓小平理论和"三个代表"重要思想为指导，深入贯彻落实科学发展观，坚持党的领导、人民当家做主和依法治国有机统一，紧紧围绕改革发展稳定大局，代表西藏各族人民充分行使宪法和民族区域自治法赋予的当家做主权利，以主人翁姿态参与管理国家和地方事务；坚持把立法工作与改革发展稳定的伟大实践紧密结合起来，认真行使地方立法权，为西藏社会主义建设事业提供坚强的法制保障，为完善中国特色社会主义法律体系做出了积极的贡献。30 年来，自治区人大及其常委会制定和批准地方性法规 254 件，其中，现行有效的有 91 件；批准拉萨市人大常委会制定的地方性法规 17 件；做出涵盖了经济、政治、文化、社会等各个方面的决议、决定 140 项；特别是近年来，自治区人大及其常委会，深入贯彻落实科学发展观，紧紧围绕区党委的重大战略部署和西藏工作大局，坚持立法与经济社会发展相适应，以改善民生为重点，在加强社会领域立法、完善社会主义市场经济体制、推进民主政治建设、建设资源节约型和环境友好型社会立法等方面取得了很大成绩，立法质量逐步提高，立法的地方特色明显，既保持了与国家法制体系的统一和衔接，也符合西藏实际，使各项工作有法可依，为促进西藏各项事业的发展，提供了重要的法制保障。① 各级行政部门、执法部门、司法部门，依法行政、依法执法、依法司法，推动西藏改革开放和现代化建设取得了举世瞩目的巨大成就，经济社会快速发展，基础设施条件明显改善，人民生活水平不断提高，各族人民安居乐业，西藏面貌发生了翻天覆地的深刻变化。

---

　　① 《列确在西藏人大常委会纪念改革开放 30 周年座谈会上的讲话》，《西藏日报》2008 年 12 月 12 日。

三 西藏社会主义法制建设对维护西藏
社会的稳定与发展有着深刻的启示

50 年来，西藏社会主义法制建设始终坚持了维护国家法制的统一和尊严，维护国家利益，维护人民利益，维护祖国统一和民族团结，坚决打击一切分裂国家和破坏民族团结的行为，对于今后维护西藏社会的稳定与发展有着深刻的启示。

第一，行使国家主权，保证国家法制统一，维护国家安全和边疆稳定。自民主改革以来，西藏地方严格执行国家的宪法和法律，保证国家的政令畅通，按照建设社会主义法治国家的要求，实施依法治藏，确保了西藏社会的稳定与发展，保卫了国家的安全。这是西藏社会主义法制建设的重要经验之一，在任何时候都必须坚持，只有加强社会主义法制建设，才能保持西藏社会的长期稳定与长治久安。

第二，坚强有力地巩固人民民主专政的制度。在我国实行人民民主专政，就是对人民给予充分的民主，对敌人实行严厉的专政，这是我国的国家性质。民主改革后，西藏的阶级对比发生深刻的变化，广大农奴成为国家的主人，少数农奴主的各种特权被剥夺。达赖集团作为封建农奴主残余势力一直垂死挣扎，不断煽动、策划、制造各种骚乱事件，千方百计地破坏西藏经济、政治、文化和社会的建设，颠覆社会主义制度和民族区域自治制度，妄图恢复旧制度、实现所谓"西藏独立"，社会主义法制有力地打击达赖集团的破坏和分裂活动，保障了社会主义各项事业的发展。只有加强社会主义法制建设，才能保证人民的民主，保证社会主义制度、民族区域自治制度不动摇。

第三，坚定不移地保障人民当家做主的人民代表大会制度。西藏社会主义法制的一个最大特点就是在民主改革后建立和保障了人民当家作主的人民代表大会制度，在这一制度下，西藏人民充分享有和行使宪法赋予的各项权利，这是达赖集团最不愿看到的，农奴翻身当家做主，达赖反动集团就得退出统治西藏的地位和历史舞台，他们永远不会甘心，一直挑战这一制度，社会主义法制坚强地捍卫了这一制度。只有不断加强社会主义法制，才能保证人民当家做主的制度永不改变，一切权力才能属于西藏人民。

　　总之，在我们隆重纪念西藏民主改革 50 周年之际，回顾和总结西藏社会主义法制建设的历程，就是要坚持一个道理：社会主义法制是西藏社会主义制度和民族区域自治制度确立、发展的重要保障，任何挑衅社会主义制度、民族区域自治制度的行为都应依照社会主义法制予以坚决打击；社会主义法制保障和促进了西藏各项事业的发展，只有不断加强社会主义法制建设，才能保证西藏在社会主义航船上顺利前行。

　　　　　　　　　（发表于西藏社会科学院编《纪念西藏民主改革 50 周年论文集》，

　　　　　　　　　　　　　　　　　　　西藏藏文古籍出版社 2009 年版）

全面推进依法治国战略布局与
坚持人民民主专政

全面推进依法治国是党的十八届四中全会做出的战略布局。习近平指出：依法治国，首先是依宪治国；依法执政，关键是依宪执政。他又强调，我们党要履行好执政兴国的重大职责，必须依据宪法治国理政。人民民主专政是我国宪法确定的国体。宪法是全面推进依法治国的最高遵从，那么就必须理直气壮地坚持人民民主专政。

一　马克思主义国家学说与人民民主专政

恩格斯在《家庭、私有制和国家的起源》中阐述了国家产生的学说。他指出，国家不是从来就有的，在人类之初的原始共产主义社会，没有剥削、没有阶级，也就没有国家。当人类社会生产力发展到一定阶段，有了剩余劳动和剩余产品，出现了私有制，社会分裂为经济利益互相冲突的对立阶级，出现了剥削者和被剥削者、压迫者和被压迫者、统治者和被统治者的分裂和对立，统治阶级就需要一种表面上凌驾于社会之上的力量来统治被统治阶级，缓和冲突，于是国家就产生了。社会分裂为阶级之后，才出现了国家。国家是阶级分裂、阶级斗争的产物，是随着阶级的产生而产生的。列宁在《国家与革命》中认为，"国家是阶级矛盾不可调和的产物和表现。在阶级矛盾客观上达到不能调和的地方、时候和程度，便产生了国家。反过来说，国家的存在表明阶级矛盾的不可调和"。可见，国家是人类社会生产力发展到一定阶段阶级和阶级斗争不可调和的产物，即它不是从来就有的，也不是永恒需要的。马克思主义国家学说阐明了国家产生、发展和消亡的规律，得出结论：无产阶级应当建立自己阶级的国家，建立合理的社会制度，代表人民的利益，并为国家的消亡创造条件。马克思主义国家学说的核心是：国家是阶级斗争不可调和的产物；国家是阶级统治的机关，是一个阶级剥削、压迫另一个阶级的工具；军队、监狱、法院、警察是国家政权的主要强力工具；国家随着阶级的消失而消亡，而国家的最终消亡必须经过无产阶级专政国家的过渡。马克思主义国家学说揭示了国家本质的阶级性，在世界历史的几千年中，各类国家的发展概莫能外，奴隶制度、封建制度、资本主义制度、社会主义制度下的国家都是如此。资本主义国家不认可马克思主义关于国家的本质，资本主义国家宪法通常以"主权在民""全民国家"等超阶级的字样规定国体，否认国家的阶级本质，但是军队、监狱、法院、警察各个国家都有，至今还在加强，对外军队要侵略他国，对内专政不允许推翻其政权的敌对力量存在，这就是阶级性的表现。

根据国家学说，马克思、恩格斯时代进行了巴黎公社革命，试验了建立无产阶级专政国家的途径，但是革命失败了。列宁领导俄国革命获得成功，建立了无产阶级专政的国家。中国共产党领导中国革命，进行了建立无产阶级专政国家的实践。根据中国的国情，中国共产党把无产阶级专政理论运用于革命实践中，1928年7月中共六大提出建立"工农民主专政"的目标；1940年毛泽东在《新民主主义论》中提出建立"各个革命阶级联合专政"的目标；1948年毛泽东在《将革命进行到底》中提出"人民民主专政"的概念。1949年毛泽东在《论人民民主专政》中全面阐述了人民民主专政问题。中华人民共和国成立后，1954年颁布了社会主义性质的宪法，把人民民主专政确立为国体，即国家政权性质。在马克思主义国家学说指导下，从无产阶级专政到工农民主专政，再到各革命阶级联合专政，直到人民民主专政，中国共产党找到了符合自己国情的国家政治形式。

共产党从来都鲜明地表明自己的立场和态度，毛泽东在《论人民民主专政》一文中，主要论述了我国建立人民民主专政国家的重要性、必要性、必然性，阐明了这一国家的阶级性本质，分析了各阶级在这一国家中所占的地位，鲜明地提出了居于统治阶级地位的工人阶级对被推翻的统治阶级的镇压态度，肯定了这一国家阶级性和人民性的统一。毛泽东指出："中国人民在几十年中积累起来的一切经验，都叫我们实行人民民主专政，或曰人民民主独裁。总之是一样，就是剥夺反动派的发言权，只让人民有发言权。"他划定了人民的界限，"在中国，在现阶段，是工人阶级，农民阶级，城市小资产阶级和民族资产阶级"。他解释了民主和专政的含义，"对人民内部的民主方面和对反动派的专政方面，互相结合起来，就是人民民主专政"。《论人民民主专政》成为确定我国国体的理论基础。新中国成立60多年坚持人民民主专政国体，成功地实践了马克思主义关于无产阶级专政和毛泽东关于人民民主专政的理论。

二　人民民主专政与社会主义国家职能

马克思主义国家学说阐明了无产阶级专政的两个基本职能和属性，一是阶级工具职能，即对内镇压被统治阶级、对外抵抗外来侵略，具有鲜明的阶级属性；二是公共服务职能，即组织生产、发展经济、协调关系、保证公平、繁荣文化、统一道德、提供保障等，具有公共服务的属性。无产阶级专政是在消灭了阶级对阶级的压迫基础上建立的，阶级矛盾和阶级斗争不是主要矛盾。无产阶级专政国家的阶级工具职能，其范围和作用会逐步缩小、减少，而公共服务职能会逐步扩大、加重。但这不等于放弃阶级工具的职能，在某些特殊情况下，这个职能有可能加重、加大。两种职能处在动态性中。

在马克思主义学说指引下，无产阶级革命胜利的结果是建立了社会主义国家。当无产阶级或工人阶级建立自己国家、组建了新的政府之后，无产阶级专政的两个职能变为社会主义国家的职能。根据国家发展的需要，社会主义国家（人民民主专政国家）具有两大职能，即对内对外职能。社会主义国家职能在无产阶级专政职能基础上发生一些变化。以我国为例，有以下国家职能：一是对内职能，包括政治、经济、文化、社会公共服务职能。政治职能即国家维护政治统治和政治稳定的职能；经济职能即国家组织和领导经济建设，促进社会经济发展，提高社会生产力水平和人民生活水平的职能；文化职能即国家组织和领导建设文化的职能；社会公共服务职能即为国家和社会的发展创造良好的社会环境和自然环境的职能。二是对外职能，包括保卫、交往和合作职能，即保卫国家安全不受侵犯、与他国建立关系开展交流合作的职能。

人民民主专政的国家性质体现在国家职能中，就是国家为了广大人民群众的根本利益，通过组织机构创建和实施国家制度和政策，使广大人民群众获得民主权利和利益；同时，国家为了保卫人民民主和国家安全，要通过专政工具抵御外敌入侵，防止和打击颠覆国家政权、损害人民利益的敌对分子或敌人。因此，人民民主专政的国家通过国家机器和机构管理社会各个阶级或阶层包括敌对阶级或阶层，维护国家和人民的整体利益以及合法的人民个人利益，但决不维护敌人的利益。人民民主专政下的国家职能反映了我国工人阶级和广大人民群众的意志。毛泽东在《论人民民主专政》中不仅界定了当时的人民范围，而且还说明了对人民民主的方法，他说：我们对人民"是民主的即说服的方法，而不是强迫的方法。人民犯了法也要受处罚，也要坐班房，也有死刑，但这是若干个别的情形，和对于反动阶级当作一个阶级的专政来说，有原则的区别"。当时，毛泽东所说的专政专指被推翻的反动派阶级。在现在看来，应是那些企图想颠覆国家政权的人。当今世界，没有哪个国家会允许颠覆自己的政权，没有哪个国家会保卫和维护敌人的利益。实行资产阶级专政的国家不允许他国侵犯自己的利益，也不允许敌人颠覆自己的政权，决不保卫和维护敌人的利益。资本主义国家不管如何向世人声称民主、民治、民享，专政敌人的国家机器和方式都是存在的。所以，当今世界根本没有无阶级或超阶级的国家形式，国家职能中都体现出阶级性。只要国家这个政治共同体组织还存在，国家机构管理社会就要有民主，巩固其自身利益就要有专政，不同的是多数人的民主还是少数人的民主。资本主义国家是少数人的民主，社会主义国家是多数人的民主，这是民主本质的区别。社会主义国家职能就是对人民民主、对敌人专政的职能。

三　依法治国应以人民民主专政为基础

依法治国，首先是依宪治国；依法执政，关键是依宪执政。由此，依法治国理政的总依据就是国家宪法，因宪法规定着国家的国体、政体和各项制度、总政策，是国家根本法，依法治国就应坚持宪法的方向，应在宪法的范围内。

1954年宪法规定了我国的国体，即"中华人民共和国是工人阶级领导的、以工农联盟为基础的人民民主专政的国家"。1982年现行宪法表述为"中华人民共和国是工人阶级领导的、以工农联盟为基础的人民民主专政的社会主义国家"。国体亦即国家性质，就是各阶级在国家中的地位，要明确谁是统治阶级、谁是被统治阶级。国体决定国家的政体、社会制度。根据我国宪法规定的国体，我国的政体是人民代表大会制度。所谓政体是指政权的组织形式，就是指统治阶级采取何种原则和方式来组织自己的政权机关，实现自己的统治。我国采用民主集中制原则，以人民代表大会方式组织政权机关，国家行政机关、审判机关、检察机关由人民代表大会产生。中国共产党是工人阶级的先锋队，宪法中的国体规定赋予了中国共产党合法的领导地位。由国体决定确定的政体是我国的民主形式，人民代表通过人民代表大会表达民主的意愿，讨论国事，制定政策，管理国家，行使权力。同时，由国体决定国家选择的社会制度，我国人民民主专政的国体决定国家选择社会主义制度。与社会制度相对应，宪法规定了我国人民代表大会的根本政治制度，中国共产党领导的多党合作的政党制度，政治民主的协商制度，民族区域自治的基本制度，以及经济、文化、法律制度等。可见，国体是宪法的根基。坚持依法治国、依宪治国就是要坚持人民民主专政的国体。坚持这一国体，就必须坚持中国共产党的领导，坚持社会主义制度，坚持人民代表大会制度，坚持政治民主协商制度，坚持民族区域自治制度。所以，依法治国首先要依宪治国就是坚持了国体、政体、社会制度、中国共产党领导地位的合法性。如果不坚持这些那还依什么法治什么样的国呢，整个依法治国的大前提、大方向就出错了！

人民民主专政的国体是我国宪法的根基，不能动摇。在世界上社会主义制度和资本主义制度两种社会制度的较量中，资本主义国家也不会放弃本国宪法确定的国体、政体、社会制度等，相反，他们一直标榜他们国体中超阶级的全民性的民主性。如本文前面分析，按照马克思主义国家学说，事实上当今资本主义国家是资产阶级专政的国家。世界现代国家没有谁会自行动摇或更改国体的。在我国，一些主张实行"宪政"的人，其实就是要动摇宪法中的国体这个基础。试想人民民主专政的国体基础不存在了，中国还能是社会主义国家吗？阶级性质被否定掉了，共产党领导、社会主义的一切制度就都被否定了。显而易见，所谓"宪政"的政治目的是十分明确的。现在一提"人民民主专政"，有人就惊怪我国要搞阶级斗争运动了，要搞"文化大革命"了，其实这是错误的诱导，我国一直在坚持人民民主专政，不断改进人民民主的方式，打击和专政危害国家的一切敌人。如果将"人民民主专政"换成"宪政"，那就是移花接木了。在依法治国中，我们应当保持清醒的头脑。

十八大以来，中国共产党十分强调走中国特色社会主义法治道路。依法治国要保障人民民主，社会公平正义、和谐稳定。全人类都向往民主、自由，相信"条条道路通罗马"的道理，就应坚信法治中国道路一定能够让中国走向法治保障下的自由、民主、公平之路，而通往这条道路，人民民主专政的国体必须是基础。

四　实施依法治国战略布局要坚持人民民主专政

党的十八届四中全会做出《关于全面推进依法治国若干重大问题的决定》，标志着我国开始实施全面推进依法治国的战略。全面推进依法治国，是解决党和国家事业发展面临的一系列重大问题，解放和增强社会活力、促进社会公平正义、维护社会和谐稳定、确保党和国家长治久安的根本要求。要推动我国经济社会持续健康发展，不断开拓中国特色社会主义事业更加广阔的发展前景，就必须全面推进社会主义法治国家建设，从法治上为解决这些问题提供制度化方案。鉴于人民民主专政在推进依法治国中具有基础的作用，因而在实施全面推进依法治国战略布局中要很好地坚持人民民主专政。

坚持人民民主专政首先要做到民主通畅，促进国家生活和社会生活有序。"民主"一词源于希腊字"demos"，意为人民。其含义是在一定的阶级范围内，按照平等和少数服从多数原则来共同管理国家事务的国家制度。英语的民主 Democracy，或译民主制、民主主义，旧译德谟克拉西、德先生，从其字面上来看，代表着由人民统治，即"人民做主"。至于民主的统治方法以及"人民"的构成范围则有许多不同的定义，现在一般是由多数人进行统治。我国的人民民主是有序的民主，是多数人的民主。我国在宪法内规定了公民的基本权利和义务，在具体法律中规定了公民的具体权利和义务。国家以法的形式明确公民的权利和义务，并能保障每个公民享有和行使自己的权利，督促每个公民依法履行自己的义务。人民与公民的概念不同，拥有国籍的人就是公民，犯罪分子或敌人都是公民，有积极公民和消极公民差别。我理解，我国现阶段的人民应是积极公民（包括各个阶层公民的人）。民主就是人民要通过有序的途径、以合法的方式表达自己参与国家和社会管理的意见，使之上升为国家意志，并通过人民的具体工作把这个意志贯彻下去。这就要求人民的活动有规则、有秩序，言行应在宪法和法律范围内。依法治国是全体公民的责任，人民是责任的主要主体。所以，十八届四中全会做出的决定要求科学立法、严格执法、公正司法和全民守法，为此要加强党的领导，坚持人民主体地位，从中国实际出发，建设高素质的法治工作队伍，建立起中国特色社会主义法治体系，最终依法完善人民民主的各项制度，即人民代表大会制度、政治协商制度、民族区域自治制度和基层自治制度，让民主的渠道更加通畅，让人民的权利和自由得到更多的保障。人民民主是现代民主，需要在一定的规则和程序下运行。法治会使政府通过对法律负责来间接对人民负责，体现了民主的规范化、制度化。在法律规范下的人民民主得到实现，人民各得其位、各尽其责，国家生活和社会生活才能有序。

　　坚持人民民主专政其次要做到专政有力，促进社会和谐稳定。我国是社会主义国家，社会主义制度建立时间较短，而且这一制度还在不断完善中。经过社会主义改造、建立与改革完善的过程，我国已宣布剥削阶级被消灭了，即新中国成立时的反动阶级已经不存在了，但阶级在一定范围内还是存在的。在国内，还存在损害人民利益、破坏社会秩序的力量，也存在企图分裂国家、颠覆现政权的力量，他们就是人民的敌人。在国际上，西方资产阶级反对我国的社会主义制度，总想把我国纳入资本主义体系；同时因大国利益博弈，企图分化、肢解中国的国际势力，与国内反对共产党的所谓"民主人士"以及民族分裂分子勾连起来，分裂中国，他们也是中国人民的敌人。根据我国人民民主专政的性质，现有的专政工具即警察、军队、法律就是要对国内国外的敌人实行严厉的专政。我国打击分裂主义、恐怖主义、极端宗教主义；同时加强军队建设、准备打仗、随时打击来犯之敌、捍卫国家主权，等等，都是现阶段我国实施专政的具体体现。实行有力的专政才能为我国全面推进深入改革、全面建成小康社会、实现中国梦营造良好环境，为我国社会的和谐稳定提供安全保障。专政由我国的专政机关执行，专政权力是由人民代表大会制度下法律机构经法定程序而赋予的。法是阶级的意志、人民的意志，当一定的社会行为违背人民意志的时候，法就要惩处这种行为，专政机关就要担负这种惩处责任。

我国依法治国要进一步完善中国特色社会主义法治体系，也包括了完善专政体系内容在内。强有力的专政体系才能保证依法治国的顺利进行，才能保证社会安全与稳定。

鉴于人民民主专政在社会主义国家职能和依法治国中的地位与作用，我们在实施依法治国战略布局中坚持人民民主专政就是理所当然的。

（发表于《调查与研查》2015 年第 2 期）

社会与历史研究

评《西藏地方近代史》

西藏位于中国的西南边疆，是中国的西南大门。由于西藏战略地位的重要性，近代以来成为令人瞩目的地方，也成为中外学者关注的重要区域之一。尤其是所谓的"西藏问题"开始于近代，一些侵略分子竭力策动"西藏独立"，一些国际"知名人士"格外注意西藏近代社会的发展和变化。因而，西藏近代史成为西藏地方史的焦点，成为国内外藏学专家研究的重点，也是西藏青年人关心的热点。近代以来，由于侵略分子和分裂分子曾"著书"向世人"介绍"西藏，歪曲了西藏历史的真相，以至于使世人和西藏的青年人陷入了困惑中。《藏族简史》《西藏历史上的法律地位》和《西藏的历史地位辨》等书的著作者们用大量史实向世人揭示西藏历史的真相，为恢复西藏历史的本来面目做出了贡献。而近期由许广智教授主编的《西藏地方近代史》把近代以来殖民主义、帝国主义侵略西藏，策动"西藏独立"，西藏爱国力量反对分裂、维护祖国统一的完整历史呈现在世人面前，再现西藏近代史的真实面貌，将给人们一个清晰的思路，帮助世人和青年人真正了解西藏的近代史，认清所谓"西藏问题"和"西藏独立"的实质、

一 全书内容介绍

全书内容共分十章，约 25.6 万字，叙述了从 17 世纪西方传教士深入西藏阿里进行侵略活动到西藏和平解放前夕的近代历史发展过程。该书把西藏地方近代的历史阶段定为从 1888 年的英国第一次侵略战争到 1959 年民主改革为止。为了让人们了解近代资本主义、帝国主义侵略西藏的全貌，该书从 17 世纪西方传教士进入西藏阿里开始，叙述了以英、俄为首

的资本主义列强以"传教""游历"和"通商"等为名，向西藏地区进行政治渗透，为其发动侵略战争奠定基础，并写至 1951 年西藏和平解放、驱逐帝国主义势力出西藏。

全书按四个阶段叙述列强对西藏的侵略，即第一阶段是从 17 世纪西方传教士深入西藏阿里开始到 1888 年英国发动第一次武装侵略战争结束；第二阶段是从 1888 年英国发动第一次武装侵略战争开始到 1904 年英国发动第二次武装侵略战争结束；第三阶段是从 1904 年英国发动第二次武装侵略战争开始到 1912 年辛亥革命爆发为止；第四阶段是从 1912 年中华民国政府成立到 1951 年西藏和平解放。

该书抓住这四个阶段的特点和发生的大事及其前因后果来论述列强的侵略，把握两条主线：一是外国侵略者侵略西藏和西藏人民反侵略斗争；二是帝国主义策动"西藏独立"和西藏上层爱国人士及广大藏族人民反分裂斗争，呈现出西藏近代历史完整的过程及其客观规律。

二　《西藏近代地方史》的几个特点

1. 将西藏近代地方史的内容纳入中国近代史范围阐述

《西藏近代地方史》将西藏近代历史置于中国近代史中，从当时的国际背景和国内特定的情况来阐述西藏近代发生的每一个历史事件，突出了中国各民族人民同生死共命运的历史和唇齿相依、血肉相连的关系，说明了西藏地方近代史与整个中国近代史在发生和发展过程中紧密相连、息息相关，密不可分，是一个完整的整体。该书在论证西藏近代史是中国近代史组成部分的同时，又充分阐述和论证了西藏地方史的特点，构成了一幅生动反映西藏地方近代史的长篇画卷。把西藏地方近代史作为中国近代史的一个组成部分，而又使西藏地方历史体现出特色，形成独立系统，在学术界属首次。

《西藏近代地方史》阐明这样一个道理：西藏地方近代命运的变化和祖国命运的变化紧密相连；西藏近代屡遭侵略反映出中国清王朝政权的衰落和中华民国政权的动荡；当中央政权孱弱时西藏各族人民的利益就难以保证，当中央政权强大时西藏各族人民的利益才能得到保护和满足。《西藏近代地方史》有力地说明了：西藏是中国不可分割的组成部分。

2. 贯穿了西藏人民爱祖国、反侵略的主线

西藏人民富于斗争精神，具有爱祖国、反侵略的优良传统。从西方传教士进入西藏起，西藏人民就自发地开始了反抗斗争。全书在列强侵略西藏地方的每一阶段中都叙述了人民保卫家园、保卫祖国的斗争。西藏之所以没有被外国侵略者占领，之所以没有被分裂出去，就是西藏人民斗争的结果。西藏各族人民是西藏历史发展的推动者和西藏历史的创造者。

3. 突出了反对分裂、维护祖国统一的中心内容

西藏近代风云变幻，在帝国主义侵略者的挑拨、诱骗和煽动下，渐渐出现了一些亲帝分子，使西藏在侵略与反侵略的斗争中滋生了分裂与反分裂的斗争，出现了爱国力量与分裂力量的较量，西藏近代史的主旋律也成为反侵略、反分裂斗争。西藏爱国力量在实力薄弱的情况下始终坚持斗争，为维护祖国统一做出了贡献。近代西藏爱国力量与分裂力量的较量主要反映在西藏社会的上层，侵略分子和亲帝分子曾多次诱骗十三世达赖喇嘛，但他在走过一段弯路后，迷途知返，没有走上分裂祖国的道路，这是帝国主义和分裂势力的失败。西藏近代史表明，西藏的爱国力量和人民的斗争是西藏和祖国不分离的重要保证。

（发表于《西藏大学学报》2003 年第 1 期）

"两个矛盾" 决定西藏必须推进
跨越式发展和长治久安
——学习贯彻中央第五次西藏工作座谈会精神体会

中央第五次西藏工作座谈会确定了当前和今后一段时期西藏工作的主题，提出了西藏工作的方针、思路和重点。这一切都基于中央对西藏所作的科学分析、准确的形势判断，标志着我党把对西藏工作的指导思想、发展战略、目标任务和政策措施的重大理论和实践问题的认识和把握提高到了一个新的高度。其中，中央深刻准确地分析当前西藏的两个矛盾，奠定了部署西藏工作的认识基础，这一认识决定今后西藏工作的实践主题必然是推进跨越式发展和长治久安，为做好西藏工作指明了方向。

一　对两个矛盾的把握是中央对西藏区情的再认识

中央第五次西藏工作座谈会上，中央领导运用马克思主义矛盾分析法对西藏当前社会矛盾进行了客观分析，指出当前西藏的社会主要矛盾仍然是人民日益增长的物质文化需要同落后的社会生产之间的矛盾，同时西藏还存在着各族人民同以达赖集团为代表的分裂势力之间的特殊矛盾。两个矛盾的分析与判断符合西藏实际，抓住了当前西藏社会的主要问题。当前，我国全面建成小康社会进入关键时期、西藏跨越式发展进入关键阶段，西藏的发展、稳定与安全影响到全国的发展、稳定与安全，西藏社会呈现出一些亟待解决的矛盾，有人民日益增长的物质文化需要同落后的社会生产之间的矛盾、各族人民同以达赖集团为代表的分裂势力之间的矛盾、经济社会发展不平衡矛盾，等等。中央第五次西藏工作座谈会认真总结了中央第四次西藏工作座谈会以来西藏发展稳定取得的成绩和经验，全面分析了西藏工作面临的形势和任务，基于对西藏实际的分析，确定了西藏的社会主要矛盾仍然是人民日益增长的物质文化需要同落后的社会生产之间的矛盾，特殊矛盾是各族人民同以达赖集团为代表的分裂势力之间的矛盾。这两个矛盾的定位是处于西藏已经实现了基本小康、西藏发展已经站在新的历史起点的方位上，中央对西藏区情的再认识，也是正确认识。这一认识包含了中央对西藏历史和现实的分析，也包含了中央对西藏当前和未来的把握，是中央第五次西藏工作座谈会制定西藏工作的指导思想、发展战略、目标任务和政策措施的前提条件，也是我们思考今后西藏工作的认识基础。基于西藏两个矛盾的存在，必然要求西藏在我国全面建设小康社会的关键阶段必须推进跨越式发展和长治久安。

二　西藏的社会主要矛盾要求西藏工作必须推进跨越式发展

总体讲，西藏丰富的资源优势未转化为现实的经济优势，劳动力素质低、人力资源匮乏，全国援藏还未形成西藏经济的"造血"机制，自我发展能力有限，西藏各族人民的物质生活水平与全国相比还有差距，到2020年要实现全面建设小康社会的目标，一般的发展方式难以达到。因此，解决西藏社会主要矛盾的办法不是一般的发展，必须是跨越式发展。中央第四次西藏工作座谈会制定了跨越式发展的措施，中央第五次西藏工作座谈会对推进跨越式发展作了更为周密的安排和部署。

中央第五次西藏工作座谈会的指导思想，突出强调要推进西藏跨越式发展，对推进西藏跨越式发展提出了具体要求。第一，跨越式发展要科学，实现全面建设小康社会的奋斗目标，必须推动经济社会更好更快更大发展，夯实建设社会主义新西藏的物质基础，同时必须把中央关于加快西藏发展的决策部署同西藏实际紧密结合起来，转变发展观念、创新发展模式、提高发展质量，充分发挥自身优势和潜力，使跨越式发展建立在科学发展的基础之上。第二，做到七个"更加注重"，就是推进西藏跨越式发展，要更加注重改善农牧民生产生活条件、更加注重经济社会协调发展、更加注重增强自我发展能力、更加注重提高基本公共服务能力和均等化水平、更加注重保护高原生态环境、更加注重扩大同内地的交流合作、更加注重建立促进经济社会发展的体制机制。第三，把西藏建成国家重要的屏障和基地，即实现经济增长、生活宽裕、生态良好、社会稳定、文明进步的统一，使西藏成为重要的国家安全屏障、重要的生态安全屏障、重要的战略资源储备基地、重要的高原特色农产品基地、重要的中华民族特色文化保护地、重要的世界旅游目的地。第四，分阶段实现西藏经济社会发展的主要目标，到2015年，农牧民人均纯收入与全国平均水平的差距显著缩小，基本公共服务能力显著提高，生态环境进一步改善，基础设施建设取得重大进展，全面建设小康社会的基础更加扎实；到2020年，农牧民人均纯收入接近全国平均水平，人民生活水平全面提升，基本公共服务能力接近全国平均水平，基础设施条件全面改善，生态安全屏障建设取得明显成效，自我发展能力明显增强，社会更加和谐稳定，确保实现全面建设小康社会的奋斗目标。第五，大力推进经济建设，从西藏资源条件、产业基础和国家战略需要出发，统筹规划，科学布局，着重培育具有地方特色和比较优势的战略支撑产业，稳步提升农牧业发展水平，做大做强做精特色旅游业，支持发展民族手工业，加强基础设施建设和能源资源开发，深化改革开放，增强自我发展能力。第六，大力加强社会建设，突出重点，加大投入，把更多财力投到公共服务领域、落实到重大公益性项目上，把政策资金更多向广大农牧区和边远地区倾斜，推进基本公共服务均等化，提高教育信息化、现代化水平，加快建设覆盖城乡居民的社会保障体系和社会救助体系，加快发展医疗卫生事业，完善社会管理，大幅提高社会事业发展水平。第七，加强生态文明建设，坚持把生态保护作为西藏生态文明建设的基础，把建设资源节约型、环境友好型社会放在西藏发展的突出位置，按照保护优先、综合治理、因地制宜、突出重点的原则，统筹生态环境保护和经济发展、社会进步、民生改善，促进生态保护和经济建设协调发展、环境优化和民生改善同步提升，实现西藏生态系统良性循环。第八，大力保障民生，切实把保障和改善民生作为西藏经济社会发展的出发点和落脚点，继续实施"富民兴藏"战略，提高各族群众生活水平和质量，把更多关怀和温暖送给广大农牧民和困难群众，着重解决他们迫切需要解决的问题，特别是农牧区条件艰苦、农牧民增收困难等问题；继续推进以安居工程为突破口的社会主义新农村建设，加快农村水电路气房和通信等设施建设；完善和落实各项增收政策，千方百计增加各族群众特别是农牧民收入；加大中央扶贫资金投入力度，重点向农牧区、地方病病区、边境地区倾斜；健全公共文化服务网络，完善公共文化机构运行保障机制，推进基本文化设施建设，提高精神文化产品供给能力，丰富各族群众精神文化生活。

中央第五次西藏工作座谈会不仅准确分析和把握西藏的社会主要矛盾，而且为解决这一社会主要矛盾提出了具体的举措和办法，要求必须把中央关心、全国支援同西藏各族干部群众艰苦奋斗紧密结合起来，推进西藏跨越式发展。

三　西藏的特殊矛盾要求西藏工作
必须推进长治久安

中央根据西藏社会的实际判定当前西藏的特殊矛盾是各族人民同以达赖集团为代表的分裂势力之间的矛盾。达赖集团自 1959 年出逃国外以来，一直从事破坏祖国统一和民族团结的分裂活动，严重破坏了西藏社会生产和社会稳定，极大地影响了西藏在社会主义祖国大家庭中的发展进程，成为制约和阻挠西藏社会发展的重要因素。中央确定各族人民同以达赖集团为代表的分裂势力之间的矛盾为西藏的特殊矛盾，抓住了西藏社会发展中的个性问题，提出解决这一矛盾要推进社会长治久安。

中央第五次西藏工作座谈会指出，必须把维护稳定作为硬任务和第一责任，深入持久开展反分裂斗争；必须凝聚人心、汇聚力量，切实做好民族宗教工作。这是中央对西藏推进社会长治久安的总要求。同时，中央对西藏实现长治久安也提出了具体指导意见。第一，做好民族工作，要毫不动摇地坚持和完善党的民族理论和民族政策，坚持和完善民族区域自治制度，把有利于民族平等团结进步、有利于各民族共同繁荣发展、有利于民族交往交流交融、有利于国家统一和社会稳定作为衡量民族工作成效的重要标准，推动各民族和睦相处、和衷共济、和谐发展。第二，做好宗教工作，全面贯彻落实党的宗教工作基本方针和国家管理宗教事务的法律法规，切实维护藏传佛教正常秩序，引导藏传佛教与社会主义社会相适应。第三，做好意识形态工作，深入开展社会主义核心价值体系宣传教育，弘扬社会主义先进文化，普及科学知识，使各族干部群众不断增强中华民族意识、国家意识、法制意识、公民意识。第四，做好政法工作，高举维护社会稳定、维护社会主义法制、维护人民群众根本利益、维护祖国统一、维护民族团结的旗帜，切实防范和打击达赖集团的渗透破坏活动。

中央第五次西藏工作座谈会不仅准确分析和把握西藏的特殊矛盾，而且为解决这一特殊矛盾提出了具体的举措和办法。我们要把中央的指导精神落实在具体行动上，同心协力推进我区社会走向长治久安，为推进自治区跨越式发展创造良好的社会环境。

四 两个矛盾决定推进西藏跨越式发展和长治久安互为基础

在西藏，人民日益增长的物质文化需要同落后的社会生产之间的矛盾解决得好，就可为解决各族人民同以达赖集团为代表的分裂势力之间的特殊矛盾提供条件；这一主要矛盾解决得不好，就会影响特殊矛盾的解决。西藏各族人民物质文化需求不能满足，达赖集团就会利用我们发展中出现的问题散布谣言、蛊惑民众、争夺人心，为他们分裂活动寻找社会基础、群众基础和思想基础。相反，我们的社会生产能够满足各族人民的物质文化需求，达赖集团的分裂活动就没有市场，就没有任何基础，他们就难以挑起事端，他们的势力就会不断萎缩。反过来讲，我们与达赖集团的斗争不断取得胜利，正义和人心始终在我们这一边，我们就可以集中更多更大的精力搞建设、搞发展，各族人民的物质文化条件就会不断改善和优化。总之，西藏社会的两个矛盾互为基础、条件，要同时解决，不能割裂。中央把推进跨越式发展和长治久安作为西藏工作的主题说明，这两者之间也是互为基础。因此，中央要求"紧紧抓住发展和稳定两件大事，确保经济社会跨越式发展，确保国家安全和西藏长治久安，确保各族人民物质文化生活水平不断提高，确保生态环境良好，努力建设团结、民主、富裕、文明、和谐的社会主义新西藏"。西藏社会两个矛盾的解决关键在于党的领导。因此，必须加强各级领导班子和干部队伍、基层组织、党员队伍建设，努力建设一支政治坚定、作风优良、纪律严明、勤政为民、恪尽职守、清正廉洁的干部队伍，为推进跨越式发展和长治久安提供坚强有力的政治和组织保证。总之，西藏存在的社会主要矛盾和特殊矛盾决定了西藏工作的主题必须是推进跨越式发展和长治久安。我们要在党中央的正确领导下，在全国人民的大力支持下，集全区各族人民的智慧，举全区各族人民的力量，不畏艰难实践好这一主题，为完成党中央赋予的历史性任务写出最好的答卷！

（发表于《西藏日报》2010 年 3 月 20 日）

构建西藏和四省藏区长治久安
体制、机制的思考

摘 要 西藏和四省藏区在社会稳定方面相互影响，具有一些共性特征，面临一些共同的问题。为了实现西藏和四省藏区长治久安的目标，需要构建长治久安体制、机制，由中央相关部门组织、西藏和四省藏区联系与协调。建立国家统一协调的反分裂斗争机制，建立西藏和四省藏区维护社会稳定、经济社会发展、意识形态工作、民族宗教工作、民族教育工作、生态建设和社会矛盾纠纷解决方面的协调机制。中央第五次西藏工作座谈会对推进西藏实现跨越式发展和长治久安作出了战略部署，同时还对加快四川、云南、甘肃、青海藏区经济社会发展进行了全面部署。从中央对西藏和四省藏区工作部署的情况看，西藏和四省藏区在若干工作方面具有共性特征，推进跨越式发展和长治久安是共同的任务和目标。由于历史的原因、现实的影响，西藏和四省藏区在构建社会长治久安方面面临共同的问题，建立长治久安体制和协调机制是解决这些问题的可取之策。

关键词 西藏和四省藏区 长治久安 体制 机制

中央第五次西藏工作座谈会对推进西藏实现跨越式发展和长治久安作出了战略部署，同时还对加快四川、云南、甘肃、青海藏区经济社会发展进行了全面部署。从中央对西藏和四省藏区工作部署的情况看，西藏和四省藏区在若干工作方面具有共性特征，推进跨越式发展和长治久安是共同的任务和目标。由于历史的原因、现实的影响，西藏和四省藏区在构建社会长治久安方面面临共同的问题，建立长治久安体制和协调机制是解决这些问题的可取之策。

一　西藏和四省藏区在社会稳定方面相互影响

大约在隋唐时期，我国西南地区的多个部落、氏族在相互融合的基础上形成了藏民族。至今，藏族人民还主要居住在青藏高原上。在历史上，藏族居住区分别归于不同的区域管理机构管理。中华人民共和国成立后，将藏族居住区划归西藏自治区和四川、云南、甘肃、青海四省管理。其中，西藏位于祖国的边疆地带，西藏特殊的地位决定了西藏和四省藏区在维护国家的统一与安全方面具有重要的意义。解放以来，西藏和四省藏区在社会稳定方面相互影响，对我国的统一、稳定与发展产生着较大的作用。

（一）西藏民主改革前叛乱从其他藏区蔓延到西藏

20 世纪中叶，随着四省藏区和西藏的解放，巩固西南边疆国防和维护本地区社会稳定成为主要任务，中国人民解放军奉命担负这一任务，到达祖国的边防哨所，守卫祖国的西南大门，维护四省藏区和西藏社会的稳定。从当时的社会情况看，四省藏区和西藏还处在政教合一的封建农奴制度统治之下，藏族人民未获得真正的解放。要彻底解放藏族人民还必须继续进行革命，为了使藏族人民早日得到彻底解放，1956 年年初四川和青海等省开始逐步实行民主改革。民主改革就要改变生产关系，即改变生产资料农奴主所有制。这一改革先从四川和青海等藏区开始，必然影响其他藏区，尤其是影响到西藏地方政府。尽管"十七条协议"中规定："有关西藏的改革事宜，中央不加强迫。西藏地方政府应自动进行改革，人民提出改革要求时，得采取与西藏领导人员协商的办法解决之。"但是，西藏地方政府中的上层反动分子根本不愿意进行任何改革，解放农奴。1955年 5 月，达赖喇嘛在结束内地参观返藏时，噶伦索康·旺钦格勒和达赖喇嘛的副经师赤江·罗桑益西借口进行佛事活动，坚持走南北两路，把班禅一行支走青藏线，他们走川藏线，并分别在甘孜藏族自治州的理塘、甘孜地区策动叛乱。伪"人民会议"分子阿乐群则从拉萨赶往四川藏区上书达赖喇嘛，要求恢复伪"人民会议"，撤销对两司曹的处分，并在理塘召集甘孜南部地区 20 名反动头人开会，确定在四川藏区搞武装叛乱，在拉萨搞政治斗争，相互配合争取"西藏独立"。1956 年年初，甘孜地区进行民主改革时，理塘地区的理塘寺、巴塘寺和甘孜地区的大金寺首先叛乱。叛乱期间，西藏反动上层以商队名义给叛乱武装运送武器。叛乱给藏区人民生命财产造成极大的危害，成都军区派部队在当地人民群众的支持下迅速平息叛乱。后来，恩珠仓·公布扎西等组织的叛乱武装在西藏上层反动集团的支持下，西渡金沙江，把叛乱活动扩大到西藏昌都地区。

1957年2月，西藏上层反动集团派出大批喇嘛到青海、甘南地区与当地反动头人勾结发动叛乱，并对到拉萨朝佛的青海上中层藏族人士煽动叛乱，还写信给青海等地的官员，策动发动叛乱，赶走共产党。在西藏地方政府反动上层的策动下，四川、云南、甘肃、青海四省的叛乱分子纷纷窜到西藏区内，在叛乱统一组织"四水六岗"的指挥下，武装叛乱进一步扩大。1959年3月，拉萨发生公开的武装叛乱，其中有来自四省藏区几千人的叛乱分子参与。

可见，1959年西藏叛乱是从与西藏相邻的四省藏区开始逐渐蔓延到西藏的。四省藏区和西藏的叛乱严重损害了人民的利益，破坏了藏区社会的安定团结，人民解放军奉中央之命迅速平定各地叛乱，恢复了社会秩序，稳定了四省藏区和西藏的局势。

（二）改革开放时期分裂骚乱从西藏波及其他藏区

从平定1959年叛乱以来，西藏和四省藏区一直保持了社会的基本稳定态势。1987年3月，在拉萨发生了破坏国家统一的分裂活动，直至1989年连续三年时间，在西藏发生大小几十起骚乱事件，3月9日全国人大宣布戒严，西藏人民政府在各族人民的支持下迅速平息了骚乱，有力地维护了西藏社会的稳定。进入20世纪90年代，西藏的反分裂斗争形势依然尖锐复杂，维护社会稳定任务十分艰巨。西藏地区的维稳形势对相邻四省藏区也产生了一定的影响，使西藏和四省藏区处于国家反分裂斗争的前沿。在国际敌对势力的干预与支持下，2008年在我国举办奥运会之际，达赖集团精心策划了"3·14"事件。拉萨发生严重的打砸抢烧暴力犯罪事件，给各族人民群众生命与财产造成了严重的威胁，破坏了正常的社会秩序，极大地损害了各族人民的利益。而且事件从西藏逐渐波及四省藏区，在相近几天内，甘肃、青海、四川等藏区相继发生与西藏拉萨相似的暴力犯罪事件。同时，也波及西藏和四省藏区在内地民族学院学习的高校学生和内地西藏班（校）学生，西藏和四省藏区社会稳定形势严峻。

1959年西藏叛乱与2008年拉萨骚乱两次事件都是西藏分裂势力策动

制造的。1959 年西藏地方政府上层反动分子先策动四省藏区叛乱，然后挑起西藏全区叛乱。2008 年逃亡国外的所谓"流亡政府"的骨干分子先策动拉萨骚乱，然后波及四省藏区。近 50 年间，西藏和四省藏区两次发生规模较大、涉及面较广的叛乱和骚乱事件，分裂势力为总指挥没有改变，但他们针对不同的情形改变了策略，叛乱由四省藏区至西藏，骚乱由西藏及四省藏区，相互配合、相互影响，都威胁西藏和四省藏区的社会稳定和长治久安。这一情形给我们一种启示，如果不着力遏制分裂势力的势头，今后有可能在西藏和四省藏区同时发生危害社会稳定的分裂事件。

二　影响西藏和四省藏区长治久安的主要因素

"长治久安"一词出自《汉书·贾谊传》中"建久安之势，成长治之业"，形容国家长期安定和巩固。西藏和四省藏区长治久安是这一地区长期安定的状态。目前，这一地区还存在突出的问题，影响着长治久安。

（一）达赖集团分裂国家、图谋独立是影响西藏和四省藏区长治久安的根本原因

达赖集团从 1959 年叛逃国外以来，一直进行分裂国家的活动。50 年来，他们已从进行边境骚扰转变为境外策划、境内制造骚乱、以暴力手段实现西藏独立。从 2002 年以来到目前为止，达赖方面派人回国与中央接谈已达 9 次，在国际舞台上，达赖不提"独立"二字，要求在中华人民共和国框架内实现藏族的"高度自治"和"大藏区"，其实质是想实现整个藏区即西藏和四省藏区的独立。达赖集团不顾历史的事实和西藏社会的真实情况，在国际敌对势力的支持下，把暴力美化为"人民起义"，把独立装饰为"大藏区自治"，常以"民族""宗教"和"人权"为幌子，不停地向西藏和四省藏区的民众进行"西藏独立"蛊惑，利用民众的民族、宗教感情与我争夺人心，已从青少年学生、干部扩展到普通市民、农牧民。如达赖集团煽动市民不穿新装、不过藏历年，煽动农民不播种耕地等，西藏和四省藏区相互影响。多年来，一方面他们进行思想动员，另一方面则组织"独立"活动，将思想与行动相结合，给西藏和四省藏区造成极大的危害，企图动摇我们反分裂斗争的思想基础、群众基础和社会基础，使我们在反分裂斗争方面面临严峻复杂的形势，威胁社会稳定和长治

久安。

达赖集团图谋"西藏独立"甚至是"藏族独立"的政治目标，直接破坏着西藏和四省藏区的民族关系，他们的分裂言行企图离间我国藏民族与其他民族的关系，进而为他们实现"独立"目的奠定民族基础。他们离间民族关系的言论对西藏和四省藏区的民族关系影响恶劣，破坏着这一地区社会关系的融洽，导致不同民族成员之间相互不信任，甚至产生摩擦或矛盾，进而造成社会不稳定，影响长治久安的社会局面。

总之，只要达赖集团分裂破坏活动存在，西藏和四省藏区就不得安宁，社会稳定和长治久安就会受到影响。

（二）国际敌对势力干预是影响西藏和四省藏区长治久安的重要原因

国际敌对势力尤其是西方反华势力一直把达赖集团作为他们"西化""分化"中国的先锋。从 20 世纪 80 年代以来，不仅从物质上大力支持达赖集团，而且为达赖集团提供国际舞台，纵容达赖集团的独立活动国际化，使达赖集团的独立活动取得了国内国外两个空间。同时，一些国家还以所谓"西藏问题"向我国施压，干预我国内政。国际敌对势力公开支持达赖集团助长了他们的分裂气焰，同时也刺激了西藏和四省藏区内民族分裂主义意识，使一些分裂主义分子产生依靠国际敌对势力支持实现"西藏独立"的幻想。30 年来，分裂骚乱活动规模不断扩大与国际敌对势力的支持有密切关系。从全球化条件下大国竞争趋势看，国际敌对势力不会放弃中国"西藏牌"，他们会继续支持达赖集团的分裂活动。只要国际敌对势力支持达赖集团，西藏和四省藏区就不得安宁，维护社会稳定、实现长治久安任务就依然繁重。

（三）区域发展不平衡影响着西藏和四省藏区的长治久安

西藏和四省藏区社会稳定问题不仅受达赖集团和国际敌对势力的影响，同时也有我们内部自身发展的原因。改革开放以来，我国逐渐实现了由计划经济向市场经济的转轨，在这一过程中，少数民族地区也逐渐与全国接轨。但由于各种条件的影响，到目前，少数民族地区经济社会发展仍然缓慢，与全国发达地区比较，属于落后地区。西藏和四省藏区都属于西部落后地区。经济发展缓慢、社会进步滞后，与全国发达地区甚至一般地区相比形成明显对比。经济社会发展不平衡不仅影响人民群众生活水平的提高，而且也影响民族的凝聚力和向心力。民族地区与其他地区发展差异的拉大，实际造成了民族之间的差异拉大，客观上会造成民族疏离感的增强，这给达赖集团和国际敌对势力造成可乘之机。

近年来，在经济社会发展中，西藏和四省藏区也不平衡，同是藏族居住地区、实行民族区域自治的地方，但发展参差不齐。加之中央加大对西藏的投资力度、全国加大对西藏的支援力度。客观上出现的发展差距和主观上出现的政策差距，必然导致西藏和四省藏区民众产生不同的思想认识和一定的情绪，这使达赖集团鼓吹的"大藏区"思想渗透有了一定的基础。西藏和四省藏区与全国发展不平衡以及西藏和四省藏区内部发展不平衡，潜藏着社会不稳定的因素，威胁社会长治久安。

（四）相邻边界资源纠纷也是影响西藏和四省藏区的社会安定的因素

西藏和四省藏区彼此相邻，牧民的草场相连，近年来因一些草场、虫草采挖甚至采矿等问题发生区域资源纠纷。一些资源纠纷的发生往往幕后有人煽动和操作，蛊惑群众对抗情绪，使群众中发生的一般矛盾纠纷引发为群体性事件，并迅速在国际上大肆炒作，以此制造事端，把人民内部矛盾转化为对抗性矛盾，置人民群众与各地政府于对抗中，加大了政府处理的难度，极大地影响西藏和四省藏区的社会安定。

三　对策建议

西藏和四省藏区在构建社会长治久安之势方面都面对达赖集团的分裂破坏、国际敌对势力的干预渗透以及自身发展中的问题。从达赖集团未来的走向和国际敌对势力的需求观察，今后西藏和四省藏区实现长治久安依然面临共同的问题。中央第五次西藏工作座谈会加强了西藏和四省藏区的工作力度以及区省之间的联系，实际上正在形成中央统一协调、西藏和四省藏区加强联系的体制、机制。贯彻落实五次座谈会精神，推进西藏和四省藏区长治久安，除了各区省制定相应的政策、采取适当的措施外，还应构建西藏和四省藏区长治久安体制和协调机制。这一体制、机制应由中央相关部门组织、西藏和四省藏区联系与协调。

（一）建立国家统一协调的反分裂斗争机制

经过"3·14"事件，达赖集团"西藏独立"的阴谋又一次遭到失败，但是他们并未放弃"西藏独立"的目标，仍频繁活动于国际舞台，对内继续进行渗透。近一段时期以来，还通过藏传佛教向内地传播、在国外争取华人支持、达赖新年发表告汉族同胞书等手段，向汉族进行渗透，争取汉族支持"西藏独立"；同时在国际国内大肆宣扬"大藏区"思想，继续向西藏和四省藏区民众进行思想文化渗透，分裂国家的活动仍在推进中。"后达赖时期"的分裂活动多样且不断变化手法。我们预计"后达赖时期"达赖集团的分裂活动会更加强烈，还可能向暴力发展，国际敌对势力也会大力支持。因此，西藏和四省藏区面临的反分裂斗争形势依然十分严峻。建议国家有关机构和安全部门尽早建立西藏和四省藏区反分裂斗争的统一协调机制，对未来西藏和四省藏区反分裂斗争作出安排，做到反分裂斗争有预见性、主动性，坚决防止任何形式的分裂活动的发生和蔓延。在应对反分裂斗争中，西藏和四省藏区应统一行动，不给分裂势力任何可乘之机，把可能发生较大规模的骚乱事件迅速消灭在萌芽状态中，确保西藏和四省藏区的安全与稳定，才能保持长治久安的局面。

（二）建立西藏和四省藏区维护社会稳定的协调机制

"3·14"事件以后，西藏和四省藏区都建立了维护稳定机构，加强了维稳工作。面对今后的维稳形势，建议西藏和四省藏区在公安部、中央维护稳定办公室的领导下，建立维稳协调机制，尤其是区省维稳办建立信息沟通机制，及时向其他区省通报维稳中的问题与情况，做到各区省掌握维稳动向，及时制止影响本地区稳定事件的发生，确保西藏和四省藏区社会稳定。

（三）建立西藏和四省藏区经济社会发展协调机制

经济社会发展不平衡是影响西藏和四省藏区社会稳定和长治久安的内部因素，为此建议由各区省政府建立西藏和四省藏区经济社会发展协调机制，统筹西藏和四省藏区经济社会发展，尽可能做到各项政策基本一致，实现西藏和四省藏区平衡发展，缩小几个藏区经济社会发展的差距。这是西藏和四省藏区长治久安的经济基础和社会条件，务必高度重视。

（四）建立西藏和四省藏区意识形态工作协调机制

长期以来，达赖集团非常重视向西藏和四省藏区进行意识形态的渗透，这是他们得以在几个藏区策动骚乱的思想基础。为此建议西藏和四省藏区宣传文化部门建立意识形态工作协调机制，定期召开协调会议，研究面临的共同问题和解决方式，如共同查缴和制止反动宣传品的传播，共同清理网络渗透，不给达赖集团任何宣传渗透平台；在社会主义文化大发展大繁荣方面加强合作与交流，在对待民族传统文化和宗教文化方面统一态度与政策，克服过去松弛不一的情形，使意识形态工作在西藏和四省藏区协调一致，确保意识形态的安全。

（五）建立西藏和四省藏区民族宗教工作协调机制

民族宗教工作是西藏和四省藏区工作的重要内容，也是社会稳定和发展的基础，为此建议西藏和四省藏区民族宗教工作部门建立工作协调机制。主要是要大力开展民族团结教育，建立民族关系调解机制，会同有关部门及时处理不同民族成员之间发生的矛盾纠纷，防止严重影响民族关系的事件发生，促进和谐民族关系的巩固。同时，共同探索宗教与社会主义社会相适应、依法管理宗教和寺庙的途径；加强对活佛转世工作的探讨；与边防公安联系，加强对出入境宗教信徒的管理工作；做到在民族工作、宗教工作方面执行国家政策的统一性，使民族宗教工作在维护社会稳定和经济社会发展中发挥好作用。

（六）建立西藏和四省藏区民族教育发展协调机制

民族教育是民族地区经济社会发展的基础，新中国成立以来，国家投入巨资在民族地区发展教育，取得了举世瞩目的成就，为民族地区经济社会发展与文明进步奠定了扎实的教育文化基础，在促进西藏和四省藏区与祖国其他地区的联系与交流、促进整个国家在政治、经济、文化一体化进程中发挥了重要的作用。但同时西藏和四省藏区民族教育与全国区省教育比较还存在差距，就是西藏和四省藏区之间民族教育也存在差距。为此建议西藏和四省藏区教育部门也应建立协调机制，统一促进民族教育发展的政策，探讨解决民族教育问题的途径，大力发展民族教育，在全面提高民族文化素质方面发挥重要作用。

（七）建立西藏和四省藏区生态建设协调机制

西藏和四省藏区位于青藏高原上，在生态基础方面有许多共性，物种丰富，资源多样，气候接近，人们的生态观念相同，生态建设关系着国家生态安全。为此建议西藏和四省藏区环保部门建立协调机制，探索解决青藏高原的生态问题，统一规划生态建设目标、步骤等事宜，共同维护国家的生态安全，有力抵制国际敌对势力和达赖集团对我国生态保护的诬蔑。

（八）建立西藏和四省藏区矛盾纠纷解决协调机制

西藏和四省藏区相邻，边界居民或流动人口之间发生矛盾纠纷在所难免，为了确保社会的安定，建议各区省边界地区或县乡建立矛盾纠纷解决机制，即相邻地区建立一定级别的矛盾纠纷协调机构，一旦群众之间发生矛盾纠纷及时能够跨区省协调解决，防止事态扩大，促进边界地带的社会安稳，形成相邻区省和谐的社会关系。

2010 年 8 月 18—19 日，公安部在西藏拉萨召开西藏和四省藏区公安工作会议，要求进一步统一思想、坚定信心，牢固树立政治意识、忧患意识、大局意识和责任意识，切实增强使命感、责任感、紧迫感，牢牢抓住贯彻落实中央第五次西藏工作座谈会精神这一历史机遇，加快推动西藏和四省藏区公安工作的发展进步，要紧紧围绕实现西藏跨越式发展和长治久安的要求，以反分裂斗争和确保藏区社会稳定为主线，以加强公安机关能力建设为重点，着力提高公安机关的执法能力和服务水平，更好地担负起新形势下反分裂斗争和维护稳定的重任。近期，中央西藏工作协调小组将四省藏区发展稳定工作纳入统筹协调范围。这些协调机制的建立已开启了西藏和四省藏区建立长治久安体制和协调机制的先例，为全面建立西藏和四省藏区长治久安协调机制做出了示范。为了保证西藏和四省藏区社会的长治久安，建议中央相关部门和各区省有关部门逐渐建立促进长治久安的体制、系统机制与机构，并良性运作，取得良好的结果。西藏和四省藏区长治久安体制、机制的建立与良好运作，必将有力地防控分裂活动的发生，打击达赖集团的嚣张气焰，维护几个藏区的社会稳定，保持长治久安的局面。

参考文献

［1］《中共中央国务院召开第五次西藏工作座谈会》，《人民日报》2010 年 1 月 23 日。

［2］许广智：《西藏地方现代史》，西藏人民出版社 2009 年版。

［3］《公安部召开西藏和四省藏区公安工作会议》，新华网，2010 年。

［4］许广智：《浅谈当今世界的民族、宗教问题及其对西藏政局的影响》，《西藏大学学报》（社会科学版）2010 年第 2 期。

［5］方晓玲：《维护西藏社会稳定中的社会化问题》，《西藏研究》2010 年第 3 期。

［6］胡鞍钢、胡联合：《转型与稳定：中国如何长治久安》，人民出版社 2005 年版。

［7］曹峻、杨慧、杨丽娟：《全球化与中国国家安全》，社会科学文献出版社2008 年版。

［8］中央社会治安综合治理委员会办公室：《长治久安之策》，中国长安出版社2002 年版。

（发表于《西藏大学学报》2010 年第 4 期）

一部厚重的中国地方通史

——谈恰白·次旦平措主持编著《西藏简明通史·松石宝串》的治史精神

摘　要　恰白·次旦平措主持编著的《西藏简明通史·松石宝串》是一部厚重的中国地方通史，书稿以西藏地方政权演变为基本线索，描述了西藏地方历史的全貌，揭示了西藏地方走向祖国完整的过程和特有的规律，贯穿着中华民族多元一体和中国一体化的主线，体现了恰白先生独到的治史方法和高尚精神。恰白先生为西藏历史研究、藏学研究和中国地方史研究做出了重大贡献，不仅是西藏史专家和藏学家，而且是中国地方史史学家。

关键词　恰白先生　西藏通史　中国地方通史　治史精神

随着人们对地方区域问题的日益关注，地方史研究走进了学者们的视野。中国地方史研究素有传统，从两汉起开始了地方简史的研究，各少数民族也有不少地方的史籍。20世纪二三十年代面对中国边疆危机，学者们重视研究边疆地方史，连横编《台湾通史》（台湾通史社，1921年版）、曾问吾著《中国经营西域史》（商务印书馆1936年版）等。① 20世纪70年代以来，美国的中国史研究逐渐改变了过去的"整体研究"的学术形式，掀起了地方史研究的浪潮，他们的重点放在社会史和文化史方面，拓展了以往政治史、经济史、思想史三分天下的治史格局。② 国内有学者认为，21世纪以来，中国地方史研究出现了蓬勃发展的局面，推出了一大批学术成果。③ 可惜，在总结中国地方通史研究成

---

① 张黎：《2000年以来中国地方史研究述评》，《乐山师范学院学报》2009年第1期。
② 陈君：《近三十年来美国的中国地方史研究》，《史学史研究》2002年第1期。
③ 张黎：《2000年以来中国地方史研究述评》，《乐山师范学院学报》2009年第1期。

果时有个遗漏，没有把少数民族专家的地方通史研究成果列入其中。我所知道的西藏藏族专家恰白·次旦平措等几位先生，经过数年的潜心研究，以藏文资料为基础，参考了汉族、蒙古族、西夏等历史史料，呕心沥血著述《西藏简明通史·松石宝串》，于 1989 年 10 月出版了上卷，1990 年出版中卷，1991 年出版下卷，三卷本藏文共 150 万字；同时，在汉藏族翻译专家的努力下，1996 年 1 月出版汉文版第一版，2004 年 3 月出版汉文版第二版，上下两册汉文共 84 万字。"这是我国藏族学者用藏文编写的第一部西藏通史，它集近两千年西藏的政治、宗教、经济、文化、民俗之大成"①，也是一部中国地方通史巨著，在全国范围知晓的人越来越多。

恰白·次旦平措先生主持编著《西藏简明通史·松石宝串》，在西藏学界和全国乃至国际藏学界引起了极大的反响，并获得国家最高图书奖，西藏有关领导、专家、学者予以了极高的评价。藏文西藏通史的著述是西藏自治区的一件大事，受到时任自治区党委书记胡锦涛同志的热情关注，并出席了藏文版上卷的首发式。《西藏简明通史·松石宝串》作为一部地方通史含有深邃的学术思想，为此，从 2007 年开始，西藏自治区社会科学院成立恰白学术思想研究课题组，对恰白先生的学术思想进行全面系统的研究。适逢根敦群培与恰白·次旦平措学术思想研讨会召开之际，作为一个历史学学习的晚辈，出于对恰白等学者的崇敬之情，从一部厚重的中国地方通史角度，想对先生们的治史精神作点评述。

一

《西藏简明通史》是一部编年体地方通史，全书分为：西藏远古史、悉不野王统世系、吐蕃赞普王统世系、西藏分裂时期、萨迦巴统治时期、帕木竹巴统治西藏时期、甘丹颇章政权统治时期七个部分。作为以通史标注的地方历史研究成果，《西藏简明通史》与连横编《台湾通史》、周勇主编《重庆通史》（重庆出版社 2002 年版）、何仁仲主编《贵州通史》（当代中国出版社 2003 年版）等在编目上有别，《西藏简明通史》以西藏

① 廖东凡：《恰白先生和〈西藏通史——松石宝串〉》，《中国西藏》1998 年第 3 期。

地方政权演变为基本线索，而其他通史以中央王朝政权演变为基本线索；前者描述西藏地方政治、经济、文化等情况以及地方政权与中央王朝政权的关系，后者描述中央王朝政权之下当地地方政治、经济、文化等状况。这些通史的共同点是都从地方远古状况的源头说起，《台湾通史》全书内容起于隋大业元年，终于清光绪二十一年，从最早到达台湾的开拓者，到清中后期抵抗日本侵略的志士将领，凡有关台湾的政治、军事、经济、物产、风俗、人物等，均有论列；其他通史由远古直至现代。开始初读《西藏简明通史》篇目有点担忧：这样的基本线索会不会写成一部西藏独立的历史，可通读完全部内容后，才懂得恰白等先生著史的方法和精神，进而消除担忧。近代以来，研究西藏历史的著述恰白先生等不是唯一，也不是最先，英国人贝尔著《西藏今昔》（1924 年版）、英国人黎吉生著《西藏及其历史》（即《西藏简史》，1963 年版）、旧西藏政府官员夏格巴著《西藏政治史》（1967 年英文版），他们也是从西藏远古历史说起，但取史料为其目的所用，不能客观反映西藏历史的原貌，都把西藏的历史写成与中国历史相对的独立史了。藏族简史组编写《藏族简史》（1985 年版），赵萍、续文辉编著《简明西藏地方史》（2000 年版），周毓华、彭陟焱、王玉玲编著《简明藏族史教程》（2005 年版）等，他们都以中央王朝政权（中央政府）为基本线索，大多运用汉文资料描述西藏的政治、经济、文化等状况。而恰白等学者则以西藏地方政权演变为基本线索，运用藏文原始史料勾勒出中华民族多元一体、西藏地方逐渐与全国走向融合、结合成政治一体化国家的历史轮廓，以文字语言再现出西藏地方几千年的历史变迁，以科学探究精神揭示出西藏成为中国一部分的历史规律。他们用大量的藏文史料佐证，而不是凭空构想出传统的神话中心的西藏地方史。与恰白先生一同编撰《西藏简明通史》的几位学者正是在拨开迷雾、还历史本来面目的方法指导下，完成通史写作的。他们采用编年体方法著史，又采用纪传体方法描述历史人物和事件，在记人叙事中描写当时的政治、经济、文化、军事、社会以及民族间的交往交流等，栩栩如生，生动活泼，堪称一部厚重的中国地方通史。云南诗人于坚在电视台名家评论自己喜爱的图书的节目中说："中国西藏文明是人类文明的源头之一，许多源头已经干枯消失，而西藏文明在某些方面依然保持着活力，继续给予我们启示，这种启示在今天越来越重要。今年我应《中国国家地理》杂志之约写布达拉宫，因此通读了几位藏族历史学家合撰的《西藏简明通史·松石宝串》，多好的一个名。这本通史与我通常见过的不同，里面有故事、歌谣、史料，相当好看。作者叙述历史的口气像一个老人在讲过去的故事，很少判断或加入概念，只是平静有力的叙述。一本历史书读了两遍，在我的阅读史上绝无仅有。"能够将西藏通史这样严肃而重大的题材编写得这样吸引读者，可见其独特的社会价值和文化价值。[①]

随着先生的笔脉，通读《西藏简明通史》可进入一种境界，先生笔下的人物事件脉络清晰，描述朴实，又穿插历史记载的故事，却揭示出深刻的历史道理，如，先生通过描述赞普都松芒波杰品尝小鸟衔叶，遣使到内地寻找此植物，并恳求唐朝传授制碗技术的过程，描写了吐蕃茶叶和碗的出现情形，"说明汉藏两个民族之间一千三百年的政治、生活工艺等方面的深厚关系"[②]。从通史全貌中可看到藏民族与中华民族其他成员融于一体的脉络，看到西藏地方起伏的变迁；可看到西藏地方形形色色人物的聪慧，也有平庸之人；可看到古战场的刀光剑影，也可看到各民族间融合友好的画面；一幅真实的历史写卷，让读者倍加感叹，对中华民族重要成员藏族及其先民史迹的认同感、亲和感油然而生。历史是记载，一部记述近两千年的地方通史记载了西藏高原历史的波澜壮阔和中华民族深深的前行足迹。

二

先生有独特的治史方法。第一，遵从历史发展的客观规律，从由分散走向一体的历史脉络，揭示出西藏地方与祖国其他地区走向统一的轨迹，以史实说明西藏历代政权及其统治者是主动与中央王朝联系或主动归属的过程。如，据《红史》《白史》记述：松赞干布18岁时，遣使去向唐太宗献贺礼，当时为唐贞观八年（634），藏历木马年。唐太宗亦派金字使

① 恰白学术思想研究课题组编：《恰白·次旦平措学术思想研究评论集》，西藏古籍文献出版社、中国藏学出版社2007年版，第20页。
② 恰白·次旦平措等：《西藏简明通史·松石宝串》，西藏社会科学院、中国西藏杂志社、西藏古籍出版社2004年版，第126页。

者来向赞普致谢，开始了唐蕃间的官方联系。① 后又几次请嫁公主。从公元 12 世纪末叶开始，蒙古成吉思汗的军事力量兴起，用武力征服了祖国北方的许多地区，并逐渐攻取了西夏。成吉思汗去世后，由他的第三子窝阔台继承汗位。当窝阔台汗分派诸王子分别领兵向南方开拓疆土时，安多和康区的一些寺院和高僧派人前去，向自己附近的蒙古军奉献礼品，表示愿意遵从蒙古汗王的旨令，并请求不要派蒙古军进攻藏族居住地各地区。紧接着，这种办法也被卫藏各地普遍采用。各大地方势力集团看到蒙古王子阔端先后派兵进入藏区的不可抗拒的威势，纷纷派遣自己的人员向各蒙古王子表示归顺并建立依靠关系。② 公元 1642 年，在固始汗的支持下，第五世达赖喇嘛建立甘丹颇章地方政权，但是遭到藏巴第巴和噶玛噶举派势力的反对，除了固始汗的军事力量外，这一政权需要得到内地政治力量的支持。达赖喇嘛、班禅大师和固始汗商议派遣赛钦曲结为使者与清朝皇上联络，1642 年赛钦曲结出发，1643 年到达沈阳，受到清太宗的隆重迎接，清太宗致信于达赖喇嘛……先生把西藏地区作为中国的一个部分从远古时期叙史，用具体史实详细描述出西藏这个中国历史的源头之一如何与其他地区相汇聚形成统一的多民族国家。这样叙述西藏历史进程和西藏与祖国的关系，涓涓流淌，河曲九折终归大海，让人可信可亲。

　　第二，科学使用史料，先生认为：一要充分挖掘整理藏族本民族的历史文献，因为其中记载了当时的作者以及同时代凡人亲眼见到的东西；二在西藏史学研究过程中要做到客观公正，除重视本民族历史文献外，还要参考其他民族书写的历史资料，如汉族、蒙古族、西夏等历史的史书中与西藏有关的资料，以及敦煌文献记载的有关西藏的内容；三要充分利用考古成果研究西藏历史，这是一个非常重要、不可或缺的方法。先生这样选用史料比较科学而全面，反映真实的史实。③ 第三，创新体例，略知西藏历史的人都知道写好一部西藏通史真不易，西藏历史上遗留下来的史籍浩如烟海，历来都重王统记、宗教史等传统史学，写西藏通史既要熟悉史籍和传统，又要懂得现代史学方法，恰白先生做到

① 恰白·次旦平措等：《西藏简明通史·松石宝串》，西藏社会科学院、中国西藏杂志社、西藏古籍出版社 2004 年版，第 104 页。
② 同上书，第 353 页。
③ 孙勇：《在"恰白先生学术思想探讨采访活动"会议上的讲话》。

了传统与现代的结合,① 继承了藏族史学的传统又体现出现代史学的观念,在全书中采用了编年体体例描述西藏地方政权演变的全过程,又运用了纪传体方法记述西藏历史上的重要人物和重大事件,在重要人物中不仅有历任王权掌握者,还有为西藏经济、宗教、文化做出重大贡献的贤哲们,反映出西藏清晰的政治脉络。先生采用多种体例的结合方法,奉献给读者一部非常有可读性的地方通史,克服了一些史家刻板的著述弱点,我是第一次读到这样的通史。

三

在恰白先生主持编著的《西藏简明通史》及其系列学术论文中,都体现出先生治史的高尚精神境界。两千多年前我国西汉王朝史家司马迁,以"一家之言"的风格,客观地记录了五帝至汉武帝时期的历史,他虽受腐刑,却不以个人恩怨记述历史,开创史家求实之精神,令后世无比敬仰。而恰白先生虽可能还是一个受宗教影响较深的学者,却不因自己的信仰而左右历史的著述。他在接受采访谈及《西藏简明通史·松石宝串》一大特色是尊重客观事实,摆脱神学史观影响时说:"主要是因为我们剥掉了藏族历史的神话外衣,还历史以真面目。以前很多藏族宗教渊源、派别等史书具有浓厚的宗教色彩。可研究历史,必须以唯物辩证的眼光去看待和认识,不能把自己的宗教信仰当作衡量历史的天平。虽然西藏历史离不开宗教,但历史不能等同于宗教史。"② 先生的治史指导思想十分明确,他说:"写一本历史书,指导思想很重要,没有指导思想,等于一个人没有骨头,等于一座房子没有支架。前辈给我们留下了许多史书,大都是王朝史、教派史、家族史,还有地区、寺庙、部落的方志。这些书确实保存下了非常丰富的史料,很有生动有趣的故事,但是这些史书都有浓厚的宗教色彩,有的本身就是宗教源流,人和神不分,宗教和历史往往纠缠在

---

① 《探究西藏历史的现代人——恰白·次旦平措学术思想评论集》,中国藏学出版社、西藏古籍出版社 2010 年版,第 180 页。

② 亚东·达瓦次仁:《西藏历史巨著〈西藏简明通史·松石宝串〉——访著名藏族学者恰白·次旦平措》,《西藏大学学报》2005 年第 1 期。

一起，弄不清哪些是真，哪些是假？哪些是史实？哪些是幻觉？我们必须进行认真的对比、分析、去伪存真。时代的局限，教派的偏见，在史书上更是比比皆是，我们只有用历史唯物主义的观点指导，才能写出一部能如实反映西藏历史进程，以及西藏和祖国关系的书。"① 恰白先生治史抛开自己所受影响较深的信仰，尊重客观事实，甄别各种史籍，力求唯物思想境界，"把藏族史的研究在广阔的领域内从人文科学进一步引向了历史唯物主义"。② 他以个人的思想境界带来的是地方史研究的重大进步，体现出他对民族传统文化的科学态度。除此，他作为一个少数民族学者也打破了传统治学的观念，站在中华民族的立场上阐释西藏历史，以史促进民族团结、国家统一，闪烁着浓厚的和谐思想和爱国主义精神。先生治史谦恭，他们查阅几百种资料，又剥离掉神化内容，按照西藏地方政权世系写出了较完整的西藏通史，却认为还有不尽如人意的地方，在出版书稿时强调一定要标注"简明"二字，先生在接受访谈时认为仍要进一步完善，他说："这部书现在已有人的雏形，要把它培育成五脏俱全的完备的人，还有很多工作要做。第一，有关汉藏关系方面的内容，由许多汉文资料可资借鉴，需要加以补充。第二，从编著这部书的目的出发，本书在内容上多倾向于政治事件，在宗教方面也有众多史料可以借鉴。而这部书缺少的是西藏经济及其相关内容和知识，比如藏区的天文、地理、环境、气候变化以及农业生产状况和各种社会制度下的生产发展等等，这些都需要补充。"③ 正因为先生治学严谨且史德高尚，才能完成这样一部地方史巨著，让世人敬仰。

司马迁说："君子所贵乎道者三：太上立德，其次立功，其次立言。"④ "三立"是司马迁的人生观。在恰白先生的治史过程中也体现着"三立"的人生境界，这部地方史巨著中显现出先生的人品和史德，以史

---

① 廖东凡：《恰白先生和〈西藏通史——松石宝串〉》，《中国西藏》1998 年第 3 期。

② 《探究西藏历史的现代人——恰白·次旦平措学术思想评论集》，中国藏学出版社、西藏古籍出版社 2010 年版，第 12 页。

③ 亚东·达瓦次仁：《西藏历史巨著〈西藏简明通史·松石宝串〉——访著名藏族学者恰白·次旦平措》，《西藏大学学报》2005 年第 1 期。

④ 司马迁著，张大可辑评：《史记·百家汇评本》，湖北长江出版集团、长江出版社 2007 年版，绪论第 13 页。

明鉴后人，以史留存思想，不仅是西藏历史研究和藏学研究的巨大成就，而且是中国地方通史研究的巨大成就。恰白先生不仅是西藏史专家和藏学家，而且是中国地方史史学家，他的一生为西藏历史研究、藏学研究和中国历史研究都做出了重大贡献，应彪炳史册！

（发表于《西藏研究》2011 年第 4 期，获社会科学院论文类三等奖）

面向 21 世纪的中尼经济、文化
与发展合作前景

尼泊尔是一个历史悠久、文化灿烂的国家，是中国西南方的友好邻居。中尼之间在历史上建立起深厚的友谊，进入 21 世纪以来，在经济、文化与发展合作方面呈现出良好态势，有着美好的前景。

一　源远流长的中尼传统友谊

尼泊尔国境和中国毗连，中尼关系历史悠久，源远流长。早在公元 5 世纪，我国东晋高僧法显从长安出发，经新疆至印度，转入尼泊尔南部平原，朝拜了释迦牟尼诞生和圆寂的遗址，曾撰《佛国记》，记叙了旅途的所见所闻，法显是访问尼泊尔最早的中国人，也是外国人访问尼泊尔而留有真实记录的第一人。

公元 7—8 世纪，是中国的唐朝及其西藏地方与尼泊尔（泥婆罗）联系最为繁盛的时期。当时唐朝与尼泊尔接触的人中是王玄策。他一生曾三次出使尼泊尔，对凯拉斯库特宫无限赞赏，称赞尼泊尔建筑之华丽令人瞠目结舌。据他当时说，在美术和造型艺术的精炼形式方面，中国不能和尼泊尔媲美。而尼泊尔人熟悉的中国高僧玄奘，在赴西域求法的途中也遍访尼泊尔各地，留下了许多精彩、详细的记述。

阿姆苏·瓦尔马国王统治时期是一个黄金时代。他很有学问，酷爱艺术和文学，是一个有着卓越政治才能的施政者。他将女儿布里库蒂（藏籍称墀尊公主）嫁给了中国西藏的松赞干布赞普。从那时起，在吐蕃王朝的 200 多年间，尼泊尔和中国西藏一直保持着密切的政治、经济、文化、军事关系，尼泊尔的先进文化，如绘画、雕塑、建筑等，对吐蕃文化和宗教的发展产生了深远的影响。建造于这一时期的桑耶寺，融合尼泊尔、西藏地方和中国内地三种建筑风格，是中尼友谊与合作的象征。

直到 19 世纪英国殖民主义者入侵前，中尼两国间的友好往来还一直不断。后来，由于英国殖民主义者的蓄意挑拨和在两国间制造冲突，中尼两国友好往来暂时受到了阻碍。

二　中华人民共和国成立后的中尼友好关系

1955 年 8 月 1 日中尼两国正式建立外交关系，签订了《中华人民共和国和尼泊尔王国保持友好关系以及关于中国西藏地方和尼泊尔之间的通商和交通的协定》，双方重申以和平共处五项原则为指导两国关系的基本准则，两国人民的友好关系更是进入了一个新的阶段。

中尼两国边境贸易历史悠久。从 6 世纪以来，尼泊尔人民进行商贸往来的主要对象一直是中国西藏，对华关系也一直是尼泊尔最重要的外交关系之一。过去的贸易主要在尼泊尔与中国的西藏之间进行，贸易品种主要是食物、食盐、动物产品和草药。尼泊尔在中国西藏与印度贸易之间发挥了重要作用。20 世纪 50 年代，藏印贸易发展到高峰时期时，仅拉萨、亚东两地的尼泊尔商铺就曾多达 200 余家。

20 世纪 60 年代，拉萨至加德满都的公路建成以后，贸易额获得巨大增长，两国关系相应得到促进。1961 年 9 月，尼泊尔国王马亨德拉应中国的邀请，来华进行国事访问。10 月 12 日，中华人民共和国主席刘少奇同马亨德拉国王正式签订了《中华人民共和国和尼泊尔王国的边界条约》。随后，两国顺利解决了边界问题。中尼两国边界问题的顺利解决，不仅是中尼两国人民友好合作的象征，也在国际上为邻国之间本着和平共处五项原则解决一切纠纷问题做出了典范。

尼泊尔为农业国，经济落后，是世界上最不发达的国家之一。中国在力所能及的范围内向尼泊尔提供一定的经济援助。这种援助的最大特点就是不附带任何政治条件，不要求任何特权。同时，双方高层往来不断，尼泊尔国王、首相均多次访华。2002 年 7 月，尼泊尔贾南德拉国王对中国进行国事访问，进一步将两国友好关系推向前进。2008 年 8 月 24 日，在中国刚刚举办奥运会后，普拉昌达总理访华，标志着中尼关系继续向前发展。

中尼建交后，周恩来总理曾两次访问尼泊尔。邓小平副总理、李鹏总理、李瑞环政协主席、钱琪琛副总理兼外长、江泽民主席也先后访问过尼泊尔。从 20 世纪 70 年代以来，西藏自治区的历任领导任荣、天宝、伍精华等都访问过尼泊尔。1996 年年底，中华人民共和国国家主席江泽民对尼泊尔进行了国事访问，两国领导人共同确立建立世代友好的睦邻伙伴关系，将中尼两国友好关系推向一个新的阶段。

三　走向 21 世纪的中尼经济、文化与发展合作关系及其展望

中尼之间有着上千年友好交往的历史。进入新世纪以来，两国的传统民间友谊和友好合作关系不断发展，经贸往来进一步加强，文化交流以及佛教界的往来进一步增强，促进了中尼关系向前发展。

经过最近 40 多年的发展，尼泊尔这个内陆国家同世界经济已经有了广泛的联系，经济上取得了瞩目的成就：农业生产持续增长，工业领域不断扩大，对外贸易全面开放，国际旅游蓬勃发展。2000 年，中尼两国商务部长在无锡探讨了双方之间可能的合作领域，签署了备忘录。之后，两国间的联系得到了前所未有的发展。过去，尼泊尔 98% 的进口贸易货物来自印度，现在有 1/3 来自印度，而中国大陆加上中国香港成为尼泊尔的第二大贸易伙伴。两国之间建立了牢靠的互信关系。过去，中国通过援助项目与尼泊尔贸易。现在，由于两国都实行市场经济，中国的商人和企业家在尼泊尔的发展机会已经愈来愈多；中国商品很受欢迎。

今年是中尼正式建交 56 周年。在过去的 56 年中，尽管国际局势风云变幻，但两国关系始终持续、稳定、健康发展。两国的传统友谊和友好合作始终保持健康顺利发展，已成为大小国家平等相待、友好相处、互利合作的典范。正如尼共（联合马列）总书记尼帕尔先生所说："长久以来，尼泊尔与中国的友好关系一直是深刻的、全方位的、扎根于人民心中的密切关系。"尤其是进入 21 世纪后，中尼在政治、经济、贸易、安全和文化等方面的联系比以往任何时候都更为密切。中尼两国于 2009 年确定建立和发展世代友好的全面合作伙伴关系。从两国关系的快速发展中，我们高兴地看到，平等相待、和睦共处、世代友好已成为两国关系的特点。

　　展望未来，中尼在经济、文化与发展合作方面有极大的空间，双方在旅游、水电、农业、教育和医疗设施方面还很有很大的合作潜力。两国同属发展中国家，都面临着争取和平稳定的国际环境，集中精力进行经济建设的重要任务。尼泊尔是亚洲水电资源最丰富的国家之一；是自然和人文风景秀美的旅游目的地，被称为"亚洲的瑞士"；尼泊尔是天然草药的宝库；尼泊尔也有发展各种高效农业的优厚条件。在这方面，中国可以扮演重要的角色。中尼两国应将继续根据和平共处的五项原则，不断加强中尼友好，同时愿在平等互利的基础上，进一步深化经济合作。中尼双方应共同努力建设世代友好的睦邻伙伴关系，以迎接 21 世纪的挑战。

　　面向 21 世纪的中尼双边关系的健康发展，应当包括贸易的健康发展在内，争取做到大体平衡，以有利于双方。由于中国内陆与尼泊尔相距遥远，货物运输成本很高，因此，中国商人可以在尼泊尔投资建立合资企业，以促进双方经济合作，降低贸易成本，弥合贸易差距。中国在尼泊尔生产的产品还可以就近销往印度这一巨大的市场，同时可以享受免税的优惠。中尼两国还可以合作发电，将尼泊尔的电力供应到西藏。进一步发展边境贸易，也有利于消除双方的贸易逆差。

　　发展旅游产业将是 21 世纪中尼关系发展的一个重要方面。由于中国经济的发展，许多人都想出国旅游，但以前似乎只是热在了东南亚国家。尼泊尔是一个旅游资源丰富的国家，尼泊尔是佛陀的诞生圣地；雄伟的喜马拉雅山具有无穷的魅力。自从拉萨至加德满都的陆路、直航线路开通后，中尼之间的经济文化关系发展迅速。

　　中尼双方在体育、文学、艺术、广播、科学、宗教、摄影、出版、教育等方面均有交流，平均每年有 15 项之多，约有数百名尼留学生在华学习。进入新世纪以来，中国西藏的学术机构与尼泊尔学术界、教育界建立了友好交流交往的关系，一些学者相互访学，增进了知识界与学术界的合作交流。今后仍会增强这一趋势。

　　展望未来，中尼之间的发展合作前景广阔。我们祝愿中尼友谊像盛开的杜鹃花一样绚丽，像金秋的果实一样丰硕！

（本文参加 2011 年 8 月 1—4 日由中国人民对外友好协会与尼泊尔世界文化网络协会组织的"多角度深入透视尼泊尔——中国关系过去、现在和未来"研讨会交流）

中尼学术交流初探

　　中尼两国人民很早就开始了文化和经济上的交往，建立了传统的友谊。中华人民共和国成立以来，尤其是 1955 年 8 月 1 日两国正式建交以来，两国人民的友好关系更进入了一个新的阶段。中尼建交后，毛泽东、周恩来、刘少奇等中国领导人十分关心两国经济文化的交流问题，双方共同努力，推动经济文化交流工作，呈现出前所未有的活跃局面。

　　根据两国签订的相关协议，20 世纪 60 年代，尼泊尔派出了一定数量的留学生，同时中国有关学术机构与尼泊尔相互交流，开展尼文化研究。周恩来总理特别关心中尼文化交流工作，对尼派留学生和进修生予以了特殊的关照，在当时中国经济十分困难的情况下，特别指示一定要照顾好尼留学生，尼留学生在华学习时的生活水平超过了当时中国教授的生活水平。中国各学校对尼留学生也提供了力所能及的学习条件，对留学生的个别问题采取个别处理的方法，如在国内导师要带三四十个学生，对尼留学生则采取一带一的办法，使尼泊尔来华的留学生深切感受到中国人民的友好情谊，他们学成回国，为中尼两国友好交往做出了重要贡献。

　　在中国国内，有条件的学术机构、大中专院校都相应成立了南亚研究所或研究中心，对包括尼泊尔在内的南亚地区和国家进行研究，使中国人民对尼泊尔有更多的了解。如，四川外国语学院翻译、四川人民出版社出版了［尼］I. R 阿里亚尔、T. P 顿格亚尔所著的《新编尼泊尔史》。中国社会科学院的王宏伟研究员、云南社会科学院的任佳研究员从事两国学术界的交流工作，出版和发表了一定数量的书籍和文章，如王宏伟著有《尼泊尔》一书。1999 年 5 月，尼泊尔成立了中国研究中心，中国研究中心主席马丹·雷格米长期以来一直密切关注中国的发展及外交政策，经常撰写关于中尼关系及中国与南亚和美国关系的文章，曾多次访华，致力于中尼关系研究和推进中尼关系的发展。

进入新世纪以来，中尼学术界的往来交流逐渐升温。2004 年 7 月，尼泊尔中国研究中心成立了中国信息中心，拥有大量的中国图书和一些专门上中文网站的电脑，介绍中国的发展情况，为尼泊尔青年到中国留学、旅游、经商免费提供咨询和帮助。研究中心的研究人员经常在媒体上发表对华友好的讲话和评论，对尼泊尔人了解中国、对周边国家和国际社会了解中国产生了很大影响。研究中心还经常性地举办研讨会，与政府进行沟通，邀请中国专家访尼。该中心学术研讨会主题包括"中尼经贸合作和双边关系前景""南盟与中国""中美关系与尼泊尔"等。该中心相继出版了一批颇具学术价值的研究中国及南亚问题和中尼关系的书籍，如《南亚与中国——走向区域合作》《中国、美国与尼泊尔》。刊物包括《中国社会主义市场经济》《中国政治史》《中国经济发展统计》《西藏社会史》及《中国研究选集》等。

2007 年 6 月，河北经贸大学与尼泊尔加德满都大学共同创办的加德满都大学孔子学院揭牌成立。近年来中国社会科学院一些研究机构的学者纷纷访问尼泊尔学术界。尼泊尔一些高校的负责人到中国有关高校参访，一些学术机构也着力推动学术交流不断向前发展。中国教育部对尼提出的培养工科、医科、经贸等方面人才做出了积极的回应，十多年来接收大学生、硕士研究生、博士研究生达数千人，中国成为尼泊尔第二大留学目的国。

中国西藏社会科学院于 2008 年与尼泊尔学术界建立了联系，2010 年先后与特里布文大学经济发展与管理研究中心、加德满都大学孔子学院、加德满都大学签订了合作意向书，与尼泊尔中国研究中心的合作意向书也正在筹划中。西藏社会科学院与上述大学和研究机构初步开展了一些学术交流活动。如 2010 年 10 月，特里布文大学经济发展与管理研究中心主任 Bharat Pokharel 教授、特里布文大学医学院 Balmukunda Regnri 教授来中国西藏进行为期 5 天的学术访问。Pokharel 教授在西藏参访期间，对西藏经济发展进行实地考察，还作了题为"尼泊尔经济"的学术报告，西藏社会科学院科研人员、西藏大学部分研究生参加了报告会。2010 年年底，尼泊尔加德满都大学常务副校长 Suresh Raj Sharma 教授到拉萨进行为期 5 天的学术访问，在西藏社会科学院举办了介绍尼泊尔高校发展状况的讲座，西藏社会科学院科研人员、西藏大学、西藏藏医学院的部分师生参加了讲座。2010 年年底，尼泊尔加德满都大学孔子学院中方院长鲍德嫒教授到西藏社会科学院参访，进行了交流座谈。

西藏社会科学院业已制订与尼泊尔的学术交流计划，主要包括与上述 4 家机构、院校举办学术讲座，开展课题研究合作，互派进修生，建立专家学者互访机制，每年向 4 家机构、院校赠送藏、英、汉文图书各 100 册等内容。目前，各项工作正在开展中。双方学者主要研究中尼经贸、民俗、宗教、文化等内容，交流力度逐渐增大。

回顾中国与尼泊尔的学术交流历程，我们看到中尼在学术交流方面已经取得了很大的进展。展望未来，我们对中尼之间加强学术交流充满了希望。中国西藏和尼泊尔一山之隔，有着传统友好关系，在学术交流方面有理由发展得更快、更深入，西藏社会科学院与尼泊尔四家研究机构初步建立的合作关系应进入实质性阶段，落实有关协议的内容，不断扩大学术交流范围，开展领域较为广泛的合作研究，为促进中尼两国特别是中国西藏与尼泊尔关系发展提供更多的智力支持。

尼泊尔在学术交流中已传递出明确的信息，希望从西藏的经济建设、卫生、教育的发展以及管理等方面借鉴经验，期盼交流扩大到卫生、教育、经济管理等方面。中国西藏和尼泊尔学术界的同人们都应为此做出努力，实现尼泊尔学术界的愿望，不断增强两国学术界的多方面合作。

我们还希望中尼两国学者共同致力于南亚地区和平与发展问题研究。中尼学者可就维护南亚和平稳定与发展经济、改善人民生活方面，从智库角度给各国决策层提出有关建议，推动南亚地区的和平与发展。

学术文化交流是推动中尼两国友谊深入发展的重要桥梁，也是促进中尼两国经济文化发展的助推力。中尼两个发展中国家在 21 世纪都面临着良好的发展机遇，我们希望两国学界、学者担负起历史职责和时代使命，为中国和尼泊尔更加美好的明天携手共进。

（本文参加 2011 年 8 月 1—4 日由中国人民对外友好协会与
尼泊尔世界文化网络协会组织的"多角度深入透视尼泊尔—
中国关系过去、现在和未来"研讨会交流）

纪念百万农奴解放研究

西藏教育的深刻变革与转折

——纪念西藏百万农奴解放日设立一周年

摘　要　旧西藏政教合一的封建农奴制度严重阻碍了西藏教育的发展，民主改革废除这一社会制度，解放了百万农奴，西藏人民获得了受教育的权利，西藏建立了现代教育制度和民族教育体系，设立现代教育内容，西藏教育迅速发展。民主改革推动西藏教育发生深刻变革，实现了由封建农奴制教育向社会主义教育转折、由贵族教育向平民教育转折、由传统教育向现代教育转折。

关键词　社会制度　百万农奴　西藏教育　变革　转折

教育是开启人类智慧的钥匙，是人类走向文明的桥梁，是社会进步的标尺。然而，在20世纪50年代前夕的我国西藏地区，教育依然十分的落后，大部分的人们愚昧无知，盲目生存，不能掌握自身的命运。就在20世纪50年代末，轰轰烈烈的民主改革摧毁了落后的政教合一的封建农奴制度，百万农奴获得了解放，旧有的教育制度发生了深刻的变革与转折，从此西藏人民改变了自身的命运，人们从愚昧走向了文明。

一　只有废除封建农奴制度才有现代教育的发展

教育是传承人类智慧的活动，我国西藏地区藏族先民很早就开始了教育活动，但在政教合一的封建农奴制度下，传统教育延续甚久，近代教育几乎没有发展，现代教育难以建立。

1. 传统教育发展缓慢

公元7世纪，藏族贤人创制了文字，随后开始了以藏文传授、推广为目的的教育活动。公元 8 世纪，佛教正是传入西藏，西藏第一所寺庙桑耶寺建成，随后，佛教经典的翻译、教义的传播逐渐广泛，由此寺院教育产生。朗达玛灭佛时寺院教育停止。公元 10 世纪随着佛教再度兴起以及政教合一制度的形成，寺院教育成为西藏传统教育的主要形式。除此，西藏的传统教育还有私塾、藏医药教育、僧俗官员教育。旧西藏社会的人才均来自这些教育。寺院教育主要是培养佛经翻译人才和讲授佛经人才。私塾教育私创者以医学为主，官办以佛学为主。藏医药教育主要传授医学理论和经验。僧俗官员教育主要是培养僧人和贵族子弟学习佛教经文、藏文和一些简单的运算。这些教育都有具体的教育内容，有的有学制，有考试制度，教学内容都围绕佛教内容设置，就是藏语文和医药学中佛教内容也很多。在当时的社会条件下，能够接受教育的绝大多数是僧人和贵族子弟，普通的生活在社会底层的广大人民没有受教育的权利、没有受教育的机会。旧西藏的教育是为政教合一的封建农奴制社会培养少数人才的，绝大多数人们不能接受教育，没有文化，同时旧西藏地方政府通过各地寺庙对信仰佛教的群众进行潜移默化的思想教育，用宗教控制了人们的头脑。在旧西藏的传统教育中，佛教教育占据主要地位，虽然有医药学、天文历算等科技的内容，但几乎没有现代科技内容，就是少数人有一定的文化知识也没有科学思想，千余年来西藏传统教育一直停留在落后状态，严重影响了人与社会的发展与进步。

2. 近代教育昙花一现

清末百日维新期间，光绪帝下令各省、府、厅、州、县的大小寺院为学堂，筹设医学等专门学堂。张荫棠、联豫在西藏创办新式学堂，开始了西藏近代教育。这些学堂教授藏文、汉文、算学、兵式体操，兼学英语，主创者旨在"提高藏民的文化素质"，但能够接受教育的人也极少。随着清王朝的灭亡，学校教育结束。十三世达赖喇嘛曾下令，西藏地方各宗必须设立藏文小学，规定无论出身贵贱，凡藏民之子皆可入校学习，想发展平民教育。然而，由于当时西藏地方封建农奴制度的落后和上层保守势力的阻挠，达赖喇嘛在西藏地方各宗都创办藏文学校的设想未能完全付之于实践，只有为数不多的几宗办起了藏文学校。1943 年前后，英帝国主义先后在江孜和拉萨开办英语学校，1944 年在江孜开办军官学校。这三所学校的学生大多来自贵族家庭。英国殖民者办学的目的是进行文化渗透，帮助西藏实现"独立"，但在宗教势力的反对下，历时五个月的拉萨英语学校宣布停止。

3. 现代教育起步艰难

1951 年 5 月 23 日"十七条协议"签订后，中央人民政府依据协议、结合西藏实际逐步发展西藏的民族语言、文字和学校教育，现代教育开始起步。1951 年创立昌都小学，1952 年在争取噶厦同意后创办拉萨小学，1956 年又与噶厦商量创办拉萨中学，1958 年全区公办小学 13 所，在校生 2600 人，各地还有不同规模的民办小学。① 与此同时，幼儿教育开始起步。除此，中共西藏工委在拉萨创办藏文干部培训班，在陕西咸阳创办西藏公学培养干部，还开办多种形式的群众业余文化学校开始扫盲教育。在两种制度、两个政权并存时期，发展教育受到旧政府的制约，当时的办学政策是：大多数学校设立董事会，允许聘请噶厦官员和喇嘛为教师，学校可以设立学经课。

到 1959 年前，旧西藏教育发展十分缓慢、十分艰难，其中一个重要的原因就是落后的政教合一的封建农奴制度严重阻碍了西藏教育的发展，不废除这一制度西藏教育难以发展。

二　民主改革推动西藏教育的深刻变革

1959 年 3 月 28 日，中央人民政府宣布解散西藏地方噶厦政府，西藏开始了波澜壮阔的民主改革。民主改革推翻了统治西藏千余年的政教合一的封建农奴制度，为西藏经济政治文化等各项事业的发展扫清了障碍，为西藏教育的发展提供了良好的社会条件，百万农奴获得解放，使西藏的教育发生了深刻的变革，西藏教育迅速发展。

1. 建立新的教育制度和现代民族教育体系

西藏民主改革结束了旧的教育制度与人民教育制度并存的局面，建立了新的教育制度，随之，现代民族教育体系逐步建立起来。

民主改革的进行，使西藏广大农奴在政治上解除了对农奴主的人身依附关系，经济上分得了土地和牲畜。生产方式的改变和生产力的解放，大

---

① 西藏自治区地方志编纂委员会编：《西藏自治区志·教育志》(《概述》)，中国藏学出版社 2005 年版，第 2 页。

大激发了群众受教育的积极性，两种政权并存时期的学校已不能满足形势发展的需要。自治区筹委会文教处为满足群众要求，一方面积极恢复了一批 1957 年停办的公办小学，另一方面制定了"民办为主、公办为辅、民办公助"的办学方针，支持鼓励群众自己筹资办学。到 1965 年自治区成立时，自治区教育行政机构——文教厅成立，地（市）设文教局，县设文教卫生科，全区教育行政管理系统建立。全区公办小学发展到 68 所，民办小学发展到 1485 所，小学在校生达 56110 人；普通中学发展到 5 所，在校生达 1359 人；[①] 建立了全区第一所中等师范学校——拉萨师范学校；建立了全区第一所高等院校——西藏民族学院。创办保育园 9 所，在园儿童 700 余人。[②] 在"稳定发展"方针指导下，西藏教育事业取得了前所未有的成绩，出现了一个从学前教育、中小学教育、中等专业教育、高等教育到成人教育和干部培训的民族教育体系的雏形。

当时，学校办学体制相当灵活，全日制、半日制、隔日制、农闲小学、冬学、晚学、巡回教学等多种形式并存，6—20 岁都可入学。学校规模小、数量多，因地制宜，因陋就简。教师就地取材，能者为师。课程以藏文为主，有条件的开设算术、政治等。民办经费由群众自筹一点，勤工俭学收一点，国家补助一点。公办小学的贫困优等生可享受助学金，奖励面在 10% 左右。中学生的 40% 可享受助学金，边境区的农牧民子弟可全部享受助学金。中等师范学校实行"三包"（包吃、包穿、包住）。教育的高速发展，虽然适应了群众高涨的办学热情，但办学条件差，质量低。1962 年，全区学校进行了一次调整，确立了今后一个时期"以提高现有学校质量为主，加强师资队伍建设、大力培养民族师资"的指导思想。1965 年召开了全区第一次教育工作会议，进一步总结了办学经验，促进了全区教学质量的提高。[③]

经过民主改革，自治区已基本建立起以区内办学为主、区内外教育相结合，包括幼儿教育、中小学教育、特殊教育、职业教育、高等教育和成人教育在内的、较为完善的社会主义现代民族教育体系，人民受教育权利得到保障，人民受教育程度迅速提高。

---

① 西藏自治区地方志编纂委员会编：《西藏自治区志·教育志》，中国藏学出版社 2005 年版，第 3 页。

② 同上。

③ 尚俊娥：《西藏教育今昔》，五洲传播出版社 1996 年版，第 6 页。

2. 确立现代教育内容，全面培养新西藏建设人才

经过民主改革，新西藏百业待兴，需要各行各业的建设人才。西藏中小学规模不断发展，学校教学内容更加完善，实行全日制中小学教学计划，小学主要开设藏语文、汉语文、算术、政治、自然、地理、历史、音乐、美术、体育、劳动等课程；① 初中主要开设政治、藏语文、汉语文、数学、物理、化学、地理、历史、生物、体育、音乐、美术、劳动技术等课程，高中主要开设政治、藏语文、汉语文、数学、物理、化学、生物、地理、历史、体育、劳动技术和选修课程等。② 民主改革后至 20 世纪 70 年代，西藏陆续建立了培养专门职业人才的多所中等职业学校，专业涉及警察、农牧、艺术、财经、卫生、体育、邮电等。1960 年 9 月起筹建 1961 年正式建成拉萨市师范学校，创办了师范专业，到 1975 年年底，全区有 1 所师范学院、5 所中等师范学校，培养中小学教师。1965 年在西藏公学的基础上西藏民族学院成立，西藏创办了现代高等教育，经过几十年的发展，建立了涵盖文、理、工、农、法等学科几十个专业的高等教育体系，培养专门高级人才。

从上述事实看出，现代教育不仅是建立现代式学校，更是设置了现代教学内容，培养社会发展所需的各种现代人才。在现代学校教育下，西藏成长出一批批专门人才，藏族博士、硕士、学士，科学家、教师、工程师、作家、医生、画家、农牧技师等脱颖而出，他们成为社会主义新西藏建设的生力军，彻底改变了旧西藏教育落后、人才严重匮乏的状况，西藏教育迎来了历史的春天。

三　西藏教育的转折

民主改革是西藏社会的转折，也是西藏教育的转折。民主改革是新旧西藏的分水岭，新西藏的教育实现了三个转折。

1. 由封建农奴制教育向社会主义教育转折

在政教合一的封建农奴制度下，旧西藏的教育大权长期被僧俗农奴主

---

① 西藏自治区地方志编纂委员会编：《西藏自治区志·教育志》，中国藏学出版社 2005 年版，第 15 页。

② 同上书，第 48 页。

阶级所把持，教育目的带有鲜明的阶级性和浓烈的宗教色彩。学校以僧人、贵族、官员子弟为招生对象，以培养西藏地方政府所需的各级僧俗官员为目标。经过民主改革，西藏各族人民翻身当家做主，人民拥有了受教育权利，教育目的具有鲜明的人民性，招生对象是西藏广大人民也包括当时的贵族在内。教育逐步实现了与宗教的分离，尽管社会主义制度在西藏一时还未能建立起来，但在全国社会主义教育的影响下，学校教育中已有了社会主义的教育内容，社会主义的教育逐步建立起来。新西藏教育为管理新社会、建设新社会培养各级各类人才，这些人才参与了西藏社会事务的管理，成为新西藏的管理者和建设者。由封建农奴制教育向社会主义教育转折，主要体现了为谁培养人、培养什么人，是新旧西藏教育的分水岭。

2. 由贵族教育向平民教育转折

贵族教育是特权教育，反映着教育的极其不公平性。旧西藏政教合一的封建农奴制度下的教育就是少数人的贵族教育，这一社会制度剥夺了平民受教育的权利。虽然当时的教育十分简单而粗劣，但藏族广大劳动人民也是无权涉足的。政府明文规定，不准铁匠、屠户子女入校，平民子弟即使有幸陪读，也不得和贵族子弟坐在一起，毕业后只能回家劳动。因此，解放前夕，全区儿童入学率不足 2%，文盲率高达 95%。[1] 新西藏开始了平民教育，这是大众化的教育，社会全体成员拥有受教育的权利，不剥夺任何人的权利。民主改革初期，国家和西藏地区的财力十分有限，但政府尽最大力量创造条件，动员劳动人民的子女入学接受教育，到 1972 年前后，适龄儿童入学率达到 40%，1979 年年底时为 89.3%。[2] 由贵族教育向平民教育转折，主要体现了教育为谁服务的问题。

3. 由传统教育向现代教育转折

旧西藏一直坚持传统教育，学生学习课程除领主贵族的道德规范外，还要学一些做统治者必备的知识技能。如：藏语言文法、书法、应用公文及算学、梵文、宗教仪规禁忌等。近代自然科学如数学、物理、化学等和社会科学如政治、历史、地理等几乎是空白。学校既没有合格的教师，也没有统一的教材、专门的校舍。"僧侣即教师，经文即课本，经堂、卧室

---

① 韩晓悟：《民主改革开辟了西藏现代教育发展的新天地》，《西藏教育》2009 年第 3 期。

② 西藏自治区地方志编纂委员会编：《西藏自治区志·教育志》，中国藏学出版社 2005 年版，第 11 页。

即课堂"。没有专门管理教育的机构，没有统一的学制，教学方法以读写为主，随遇而教，遇事而学。新西藏开始了现代教育，广大受教育者不仅学习语言学传承民族文化、开展民族间的广泛交流，而且学习自然科学知识和社会科学知识，增强了人们认识自然、社会的能力，提高了人的综合素质。尽管千余年来流传的藏传佛教影响到人们生活的方方面面，但现代教育广泛传播现代文明知识，帮助人们逐渐摆脱宗教唯心思想的愚弄，改变了对世界、对社会和对人自己本身的看法，人民掌握了认识世界和改造世界的知识，主宰了自己的命运。由传统教育向现代教育的转折主要解放了人的思想和精神，使人的主体性得到了体现。

废除政教合一的封建农奴制度，真正解放了百万农奴。没有封建农奴制度的废除、没有百万农奴的解放，就没有西藏教育的发展、就没有西藏人与社会的发展和进步。有百万农奴的解放才有了西藏教育的解放，有西藏教育的变革才有了西藏人民追求文明的自由，有西藏教育的转折才有了人的素质的提高和社会的发展与进步。百万农奴的解放是西藏社会的解放、教育的解放、人性的解放。值此西藏百万农奴解放纪念日设立一周年之际，仅从西藏教育深刻变革与转折的一角窥视，废除政教合一的封建农奴制度、解放百万农奴应予特书、再书。

（发表于《西藏教育》2010 年第 6 期）

再思考："3·28"纪念什么

以法律形式确立某天为某一种纪念日，已成为国际通用的方式。如，英国、意大利和德国等许多国家将 1 月 27 日定为纳粹大屠杀遇害者纪念日，第 60 届联大全体会议又将这一天定为国际大屠杀纪念日。又如，美、英、法等国把 5 月 8 日定为欧洲胜利日，原苏联及俄罗斯把 5 月 9 日定为战胜德国法西斯纪念日。在我国，西藏自治区将 3 月 28 日设为西藏百万农奴解放纪念日，十二届全国人大常委会第七次会议将 9 月 3 日确定为中国人民抗日战争胜利纪念日、将 12 月 13 日确定为南京大屠杀死难者国家公祭日。可见，各种纪念日的设立，都是为了纪念影响重大的历史事件。这些历史事件虽已过去，但人类纪念它就是要告诫后人记住它的影响和意义，使自己朝着文明进步的方向前进。"3·28"纪念日，是中国一个地方的纪念日，自 2009 年 3 月 28 日开始，西藏各族人民每年都以各种方式举行纪念活动。

"3·28"之所以要这样纪念，是因为这个日子有非常的价值和意义。

第一，纪念人获得自由。马克思认为，人是"有人格的个体"，"人以一种全面的方式，就是说，作为一个完整的人，占有自己全面的本质"。对于生活在 20 世纪中叶前的西藏大多数人来说，都不是"有人格的个体"，更不是"完整的人"，不能"占有自己全面的本质"，因为他们连简单的生存都难以维系，这群人就是当时的农奴。他们是社会的大多数，却生活在社会的最底层；他们创造着社会的财富，却又不能归自己所有。西藏农奴的这种境遇，是当时极端落后的封建农奴制度造成的。1951年和平解放西藏的"十七条协议"提出，西藏地方政府应自动改革封建农奴制度。但是西藏反动上层不但不改，还发动武装叛乱企图维护这种制度万世不变。1959 年 3 月 28 日国务院发布命令，宣布解散原西藏地方政府，开始民主改革，废除封建农奴制度。民主改革成功后，西藏的百万农奴获得了解放,标志着西藏绝大多人获得了自由。昔日的农奴,有了自己的土地、牲畜、房屋等,有了参与国家政治、发展经济、接受文化教育等权利。人的自由是一种不受压迫和剥削的状态。西藏的农奴获得了生产资料,获得了社会权利,是因为限制他们拥有这些的对立阶级和社会制度不再存在了。西藏农奴获得自由不仅表现在这些方面,而且更是人的主体性获得自由,当家做主最终是人的主体意识的迸发。西藏百万农奴的解放,使西藏绝大多人具有自我支配能力,可以自主地选择生活,选择宗教信仰。西藏农奴的解放不仅是农奴身份的转换,更是人的被奴役性向自由自主性转变,人从自然主义向人本主义逐渐发展。

西藏百万农奴获得解放已过去半个多世纪,农奴作为一个被压迫、被剥削的阶级早已消失。西藏的封建农奴制度已被废除,社会主义制度最终得以确立。人类由必然王国走向自由王国是一个长期的过程,人的自由在不断拓展。民主改革以来,中国共产党在西藏实施的各项政策,采取的各种经济社会发展措施,都在于最大限度地拓展人民的自由,为西藏人民实现自由发展提供充足的条件。几十年来,西藏人民的主体意识越来越强,真正成了社会历史发展进步的创造者,向着"完整的人"不断发展。人的这种变化都基于55年前人获得自由的起点,所以,百万农奴得解放值得纪念。

第二,纪念生产力获得解放。马克思主义认为,人是生产力中最重要最活跃的要素。当一种社会制度很大程度限制了人的自由的时候,这个社会的生产力必然受到束缚,人难以发展,社会生产力也难以发展。民主改革前的西藏,广大农奴是社会生产力的主要构成要素,社会实行农奴主占有生产资料的所有制制度,严重抑制了农奴发展生产的积极性,导致社会生产力极其低下,以致影响了整个社会的活力。当时,阿沛·阿旺晋美就感叹道:农奴死光了,贵族也活不成。这句话简单地道出了生产力决定生产关系的道理。民主改革后,广大农奴获得了自由,西藏社会生产力得到了空前的解放。

民主改革后,中国共产党在西藏大力发展教育,创建各级各类学校培养人才,开展扫除文盲的教育活动,不断提升各族人民的文化水平和科技素质,最大限度地促进入的发展,从根本上促进社会生产力的发展。如今,西藏各族人民受教育的年限已达到人均8.4年,农牧区的科技贡献率已在40%以上。生产力的解放不仅改变了人们的生产生活方式,而且更加增强了人们改造世界、改造社会的能力。西藏社会生产力获得如此巨大的飞跃，从根本上说，是基于 55 年前人获得自由后生产力得到了解放。所以，百万农奴得解放值得纪念。

第三，纪念社会获得进步。由人组成的社会是一个极其复杂的系统，但无论有多复杂，人最终是社会的主宰者。马克思说，人是一切社会关系的总和。由人建立的各种社会关系发生变化时，尤其是社会关系朝着一种合理的关系变化时，社会就会更加文明进步。西藏民主改革后，随着人获得自由，生产力被极大地解放出来，作为生产关系最重要要素的生产资料公有制也慢慢建立起来，经济关系、政治关系、法律关系、民族关系等均发生根本性的变化，社会主义经济体系建立起来，人民当家做主的民主制度得以创建，以法律保障的人与人之间平等的关系形成，平等、团结、互助、和谐的社会主义新型民族关系也得到确立。

民主改革 50 多年来，在中央关心、全国人民支援和西藏各族人民艰苦奋斗下，社会财富日益丰富，物质文明和精神文明得到同步发展，民主自由和法制健全并行，人们的文化知识水平大幅度提高，各族人民的综合素质逐渐增强，人民健康水平显著上升，整个社会面貌发生巨变。西藏社会获得如此伟大的变迁，都基于 55 年前人获得自由后生产力得到解放、社会不断进步的起点，所以，百万农奴得解放值得纪念。

马克思指出："只有当现实的个体的人把抽象的公民复归于自身，并且作为个体的人，在自己的经验生活、自己的个体劳动、自己的个体关系中间，成为类存在物的时候，只有当人认识到自身'固有的力量'是社会力量，并把这种力量组织起来因而不再把社会力量以政治力量的形式同自身分离的时候，只有到了那个时候，人的解放才能完成。"旧西藏的农奴只有到了民主改革的时候，自身的解放才能完成。西藏的解放是人的解放，西藏的跨越是人的跨越。回顾西藏 55 年来的历史，这一进程都是沿着人不断走向自由、生产力不断提升、社会不断进步的轨迹前进的，这种轨迹还在继续，并已不可逆转。

（发表于《西藏日报》2014 年 3 月 28 日）

历史之趋势 人民之愿望
——我看新旧西藏的变化

　　1959 年 3 月 28 日，中央政府宣布解散西藏地方政府，由西藏自治区筹备委员会行使西藏地方政府职权，领导西藏各族人民一边平叛一边进行民主改革。"3·28"这一天成为中国西藏地方历史上的重要日子。这一天宣告了西藏地方旧政权、旧制度、旧时代的结束，也宣告了西藏地方新的政权、新的制度和新的时代的开启。2009 年 1 月 19 日，西藏自治区九届人大二次会议决定，将每年的 3 月 28 日设为西藏百万农奴解放纪念日。所以，这一天成为新旧西藏的分水岭，经历了从旧西藏到新西藏的人们，过上了连做梦都想不到的日子，都能以自身的实际述说出新旧西藏的种种变化，流露出幸福的喜悦。我们从人们感受到的实实在在的变化中看到了西藏地方 56 年来最根本的变迁，归根结底，就是社会制度变了，人变了，社会变了。

　　社会制度的变化是根本。"3·28"西藏地方百万农奴的解放标志着西藏政教合一的封建农奴制度的寿终正寝。这一制度最落后、最黑暗、最残酷是举世公认的，它窒息了社会生机，泯灭了人性，阻滞了文明。"3·28"以后，西藏地方发生了一系列社会变革，最终确立起社会主义新的制度。在新的制度下，人民掌握了管理社会的权力，获得了生产资料；人民作为劳动者激发出最大的积极性，以主人翁的地位构筑起以公有制为主体的经济基础，建立起现代文化体系、社会体系；人民参与社会的建设与改革，创造并享受着丰富的物质和精神财富。西藏地方半个多世纪一切的变化都始于社会制度的根本变化。

　　人的变化是关键。说到底，人世间一切变化最重要的在于人，检验社会制度的好坏要看这制度给人带来了什么。"3·28"以后，西藏地方建立起来的新制度使人发生了巨大的变化。西藏民主改革后，农奴翻身当家做主，农奴主也获得了解放而新生，人民享有了经济、政治、文化、社会等各种权利，同时也具有相应的平等地位，人们在社会建设与发展中创造着自身价值和社会价值，在中国享有与各族人民同等的尊严和自豪。人民自由地进行经济文化交流，自由地传承和弘扬传统文化，自由地选择宗教信仰；人民自主意识越来越增强，享有自由、平等和尊严。人们平均受教育年限达到 8.4 年，基本素质大大提高；人均寿命达到 67 岁，健康水平日益增强；人民的物质生活得到极大的丰富，以 2014 年为例，西藏农村居民人均可支配收入 7471 元，城镇居民人均可支配收入 22026 元，城乡居民住上宽敞明亮的新房，现代家电、汽车等高档消费品进了普通人家中，电视、电话、网络普遍开通。

社会步入现代文明大门的变化是必然。以"3·28"为起点，西藏社会逐渐步入了现代文明的大门，走上了现代文明的道路。现代工业体系建立起来，改变了过去无工业的状况；现代交通包括公路、铁路、航空通向国内国际许多地方；现代农牧业的诞生打破了传统农牧业发展缓慢的局面；现代教育体系的创建改变了人的综合素质；现代医疗的发展提高了人的寿命预期；现代技术的引进大大提高了社会生产力；信息化覆盖方便了生产生活；人们的衣、食、住、行已具现代水准。西藏人民的生产生活从传统进入了现代，从人力改变为机械，人类的现代文明深深着落于西藏这片古老的土地上。如今，西藏人民继续保留了生活的很多习俗，传统与现代文明并存，传统在现代得到发展，呈现出传统现代化趋势，如人们喝酥油茶的习惯保留下来，而打茶的工具却从酥油桶换成了搅拌机等。西藏地方在社会制度发生根本变化后，人获得了解放与进步，现代文明的到来必然不可阻挡。

追求社会制度的合理和人的平等与尊严，走向现代文明是全人类的共同目标，这一目标成为全人类历史发展的趋势，是世界所有人民的愿望，中国西藏地方的"3·28"就是实现这一目标的开端。半个多世纪以来，西藏人民一直在追求并实现着这一目标。对于西藏地方顺应历史趋势和人民愿望的这种变化，谁能反对和阻止得了呢？如果谁要反对和阻止那就要阻碍历史前进的步伐、与西藏人民为敌了。

（发表于《人民日报·海外版》2015 年 3 月 28 日）

政教合一：西藏封建农奴制度必然覆灭

在西藏民主改革中，政教合一的封建农奴制度被彻底摧毁了。从形式上看，1959 年 3 月 28 日，中央人民政府宣布解散西藏地方政府，宣告政教合一的封建农奴制度终结；而从实质上看，这一制度的终结是其产生、发展、消亡过程的必然。

一 政教合一的封建农奴制度导致贫富极大悬殊、利益严重对立，使旧西藏社会步入绝症边缘

从 13 世纪开始，西藏地区藏传佛教与地方政权结合在一起，逐渐形成了政权、教权和神权高度集中统一的"神权至上，政权庇护神权，神权控制政权，神权与政权融为一体，共同维护官家、贵族和寺院上层僧侣三大封建领主的统治"的政教合一制度。这一制度显著的特点之一是政治和思想精神紧密地结合在一起，从宗教角度为统治者富人和被统治者穷人作了"合理"的解释。即，穷富都是"业果"，富人是因前世积德而得"正果"应该富裕，穷人是因前世造了孽而得"恶果"应该贫穷，穷人今世受苦才能洗净罪孽，下世就能转生到更好的境界；宗教"合理"解释了统治者富裕有理，被统治者贫困有因，还让没有文化的穷人即农奴"坚信不疑"，只能接受。这就从思想上、精神上愚弄和控制了农奴，让其"甘愿"受穷，不抗争。而与西藏地方政权架构相适应的是在经济方面建立庄园制，占总人口不足 5% 的官家、贵族和寺院上层僧侣三大封建领主，不仅几乎占有西藏全部耕地、牧场、森林、山川、河流、河滩以及大部分牲畜，而且还占有了全部的农奴，农奴世代为奴，依附于他们这个阶级。农奴过着世代非人的生活，正像法国旅行家亚历山大·大卫·妮尔

在《古老的西藏面对新生的中国》一书中，对旧西藏的农奴制描述的那样，"他们完全失去了一切人的自由，一年更比一年穷"。旧西藏的社会阶级状况令人惊叹，农奴主与农奴之间的贫富差距是何等的悬殊，利益格局是多么严重的对立，生活在社会底层的农奴是那么的痛苦！然而，政教合一制度却从精神上麻醉了农奴的意识，使之不懂得贫穷的现实原因，没有一点抗争力；从经济上榨干了农奴的血汗，使之难以生存。一个群体的人几乎都被麻醉得压榨得进入僵死状态，他们怎能有生存力、生产力和创造力呢？一群不劳而获的人不生产、不创造社会财富，靠剥削他人过日子，而他们又把被剥削的人控制得像僵尸一样，使整个社会失去了活力，创造世界的劳动者农奴即活生生的人几乎无法生存了，整个社会必然是患上了绝症。

马克思、恩格斯在《共产党宣言》中讲："我们已经看到，至今的一切社会都是建立在压迫阶级和被压迫阶级的对立之上的。但是，为了有可能压迫一个阶级，就必须保证这个阶级至少有能够勉强维持它的奴隶般的生存的条件。"实际上，民主改革前的西藏，农奴主压迫下的农奴已经不能生存了。经历过西藏封建农奴制社会的阿沛·阿旺晋美曾回忆说："记得在40年代，我同一些知心朋友曾多次交谈过西藏旧社会（制度）的危机，大家均认为照老样子下去，用不了多久，农奴死光了，贵族也活不成，整个社会就将毁灭。"这番话就诊断出西藏封建农奴制社会患上了绝症，已临近死亡。

二　政教合一的封建农奴制度使旧西藏社会丧失了发展的动力，已无自我修复能力

旧西藏政教合一的封建农奴制度下，社会死气沉沉、矛盾重重。三大领主们越来越多地占有土地和农奴，横征暴敛，使农奴们破产逃亡，社会发展呈凋敝之势。西藏地方统治集团内部达赖和班禅之间的矛盾加重。同时还遭受到英、俄等帝国主义国家外敌的侵略。西藏内忧外患，社会问题比比皆是。对此，清朝政府分别颁发了"设站定界事宜十八条"和《新订章程二十九条》，对全藏政治制度、军事、贸易、司法、寺庙管理、财务稽核以及庄园租赋等都做出了严格的规定，试图对西藏地方的政治、经

济等各方面的制度进行调整，解决社会严重的弊端，遏制西藏社会的衰败情势以及缓和社会矛盾。

　　清朝政府为加强对西藏地方的治理，抵制帝国主义的侵略行为，于1906年4月，任命张荫棠为钦差大臣进藏处理藏务，筹办新政。张荫棠向清政府提出治藏建设十九条及西藏地方善后问题二十四款即"治藏新政"。主要内容有：优待达赖和班禅、恢复藏王，调北洋新军6000人驻藏，架电线，修公路，办学校，开矿山，建工厂，试种茶树，课征盐井税，设银行，办报纸等。同时根据其治藏新政策，令西藏地方政府设立交涉、督练、巡警、盐茶、财政、工商、路矿、学务、农务九局。张荫棠入藏后还命人把《训俗浅言》《藏俗改良》两本小册子译成藏文，散发各地，其中有"喇嘛白昼不必诵经，宜兼做农工商业以生财……"等内容。清末西藏地方改革虽然触到了政治、军事、经济、文化等各个方面，对西藏地方的旧制度和传统观念发起了挑战，试图改变西藏社会整体状况，使沉寂了几百年的封建农奴制社会中吹进了一缕新鲜的空气。但这次改革是在封建农奴制度的基础之上进行的，并没有影响到其制度的本质，因而不能从根本上解决问题，不能根治西藏社会的绝症，最后都以失败而结束。

　　在政教合一的封建农奴制度中，藏传佛教是阻碍西藏社会发展的重要因素。20世纪上半叶，西藏人文主义先驱者根敦群培，在封闭、禁欲、保守、迷信、落后、思想禁锢的政教合一社会里唯我独醒，深刻指出了宗教的弊端，揭露僧人的腐败与堕落，提倡藏传佛教改革思想，他在西藏创立了人文主义的史观，替代了神本主义思想，他是西藏对宗教有比较清醒认识的第一人，但他的见解并未得到西藏统治者的采纳，藏传佛教依旧没有任何的变革。

　　可见，西藏社会就像一个即将垂死的人一样，患上了绝症却无良方可治愈。西藏的农奴主和农奴阶级严重对立，生产关系阻碍生产力发展到达了极限，社会丧失了发展的动力，改革已无法达到自我修复的目的，政教合一的封建农奴制度已是无药可救。

三　政教合一的封建农奴制度被世界文明潮流所淘汰，自行走向灭亡

　　政教合一的封建农奴制度是人类社会中一种落后的社会制度。19

世纪后，世界许多国家和地区掀起废奴运动。1807年，英国议会通过法令禁止本国船只参与奴隶贩运交易。1861年，俄国皇帝亚历山大二世正式批准了废除农奴制度的"法令"和"宣言"。1862年，美国总统林肯发表《解放黑人奴隶宣言》，1865年美国国会通过《宪法第13条修正案》，正式废除奴隶制。1948年，联合国大会通过的《世界人权宣言》规定：任何人不得使为奴隶或奴役；一切形式的奴隶制度和奴隶买卖，均应予以禁止。可见，终结奴隶制度是全人类的愿望，是社会发展的大趋势。在人类历史上，奴隶制曾经是人类进入国家状态、走向文明的开始，但是随着人类文明的不断更新，近代文明、现代文明将文明起点的产物奴隶制扔进了历史的陈列馆中，因奴隶制具有野蛮性、愚昧性和落后性，严重束缚了人性的自由和尊严，人类对此已是深恶痛绝。

到20世纪时，由于西藏地区极其封闭，与外界几乎隔绝，西藏地方的统治者对世界文明耳目闭塞，即使是十三世达赖喇嘛以及一些亲英分子接触过西方文明的东西，但也只是些皮毛之物，并非了解西方制度的文明进化过程，他们在西藏也进行过变革的尝试，但是也未触及制度的改革，西藏的政教合一的封建农奴制度一直保持到20世纪50年代末。中央人民政府和西藏地方政府签订的"十七条协议"中涉及制度改革问题，中央希望十四世达赖能顺应西藏人民的愿望，主动改革制度，但是西藏地方上层集团主要怕改革制度动摇自己的利益，最终走上了叛逃之路。西藏地方统治者始终不放弃已是绝症的政教合一的封建农奴制度，那最终只能被世界现代文明所抛弃，走向自我灭亡。

马克思、恩格斯在《共产党宣言》中认为，资产阶级"首先生产的是它自身的掘墓人。资产阶级的灭亡和无产阶级的胜利是同样不可避免的"。这说明统治阶级如果不能让被统治阶级生存生活下去时，要造就出它的掘墓人。西藏政教合一的封建农奴制度根本不能与资本主义制度相比，但道理同样，当农奴主阶级不让农奴活下去的时候，农奴一定是它的掘墓人，农奴主的灭亡和农奴的胜利是同样不可避免的，这被西藏民主改革证实了。和平解放后，中国共产党在领导西藏革命中，通过耐心的启蒙、教育，解禁了宗教对广大农奴的思想控制，农奴阶级觉醒起来，组织起来，与农奴主斗争，烧地契、分田地、分房屋等，夺回了自己创造的生产资料，亲手推翻了长期压迫自己的社会制度。农奴阶级终于掘开了政教合一的封建农奴制度的坟墓，获得了解放，重见了天日。

　　因此，西藏政教合一的封建农奴制度是自己敲响覆灭丧钟的，退出西藏社会的历史舞台是必然的。

（发表于《中国社会科学报》2015 年 5 月 15 日）

教育教学研究

思想道德修养与法律基础课程
教学改革探索与实践

摘　要　思想道德修养与法律基础课对教育和引导大学生提高思想道德素质和法律素质具有重要作用。文章结合教学实践对该课程教学情况进行了总结与分析，提出了进一步深化课程教学改革的建议。

关键词　教学改革　实践

　　思想道德修养与法律基础是教育部于 2005 年在原思想道德修养、法律基础两门课程基础上进行整合而新确定的一门高校思想政治理论课。这是一门旨在培养和提高大学生思想道德素质和法律素质，从而达到树德、树人目的的课程，也是大学生成长成才的修身课。随着经济社会的发展和市场经济体制改革的进一步深化，大学生在思想道德、法律意识、人生价值观等方面存在许多困惑与问题，这些困惑与问题严重困扰着大学生的成长成才。教育部和各高校都十分重视这个问题，希望通过课程教学和各种教育帮助大学生形成成熟的道德观、法律观和人生价值观，通过加强大学生的道德与法律修养，进一步提高大学生的思想道德素质和法律素质。基于上述目的，我们开展了思想道德修养与法律基础课程的教学改革，收到了良好的效果。对 2005 级、2006 级学生进行的抽样调查（发放调查问问卷 500 份，回收 460 份，有效率为 92%）结果显示：70% 的学生认为"思想道德修养与法律基础"对大学生成长成才"非常有用"；66.2% 的学生认为思想道德修养与法律基础"能理论联系实际解决学生的一些问题"；64.4% 的学生学生认为思想道德修养与法律基础教材"实用、满意"；对任课教师教学方法满意的，2005 级学生占 23.4%，2006 级学生占 63.5%；对课程教学效果满意的，2005 级学生占 15.84%，2006 级学生占 47.2%。调查结果表明，随着教育教学改革的深入，学生对课程的满意程度也在不断提高。同时我们也看到，该课程的教学还存在一定的问题，今后仍需进一步深化教学改革，以取得更好的效果。

一　开展思想道德修养与法律基础课程教学改革的基本做法及成效

思想道德修养与法律基础是融思想性、教育性、理论性和实践性于一体的一门必修课程。近年来，我们围绕课程性质和特点，不断改进教学手段，丰富教学方法，从教学内容、教学手段、教学方法到考试环节进行了一系列的改革，收到明显成效。

（一）选择适合西藏高校学生实际的教学内容

思想道德修养与法律基础内容非常丰富，包含了学生对大学新生活的适应、大学生的社会责任和历史使命、成才目标与要求、心理健康教育、人际交往与恋爱、道德观、人生观、价值观、理想信念、爱国主义以及法律基础知识等关于大学生成长成才的各方面内容，其内容具有一定的理论深度。我们在教学过程中，注意研究教材内容，精讲其中与学生实际紧密结合的内容，并从西藏学生实际出发，有针对性地讲授，让学生联系西藏的实际思考问题，进而帮助解决他们在成才成人过程中遇到的问题。如，讲授学生适应新生活的内容时，考虑来自区内外的学生实际，提出帮助他们尽快适应大学生活的方法，让学生进行体验与应用，得到多数学生的赞同。紧密结合西藏实际，加强反分裂教育。讲授爱国主义内容时，与西藏的反分裂教育结合起来，让学生认识到在西藏高校爱国主义的特殊要求，明白大学生爱国的责任和义务，坚定热爱祖国、反对分裂、维护祖国统一和加强民族团结的自觉性。讲授理想信念的内容时，与西藏经济社会的发展进步联系起来，教育引导学生认识到树立中国特色社会主义的共同理想，就是要树立建设社会主义现代化西藏的理想，将个人的前途与西藏经济社会的发展统一起来，教育学生为西藏经济社会的发展建功立业。讲授传统道德与社会公德、职业道德等内容时，也紧密与西藏的实际相结合，帮助学生了解道德建设的现实性和重要性，进而激发学生的道德责任感。讲授法律基础知识时，把民族区域自治法与西藏的实践紧密结合起来，让学生领悟民族区域自治政策、民族区域自治法的优越性和实践成效，进而把握其内容。在民法、刑法、婚姻法、继承法等法律理论知识的讲授中，列举西藏的案例以及我校的典型案例，让学生感到法律就在身边，帮助学生认识学法的重要意义，增强学习法律的主动性，掌握有关法律知识。

总之，我们在教学中，尽可能做到把较深奥的理论与具体实际紧密结合起来，让学生既容易理解、又能轻松领悟富有社会现实意义和个人实际意义的理论知识。通过深入浅出的课堂讲解，为学生进行道德与法律实践奠定了良好的理论基础。

（二）探索教学手段、方法的改革

在教学中，我们基本使用了现代化的多媒体教学手段，同时更注重教学方法的改进，应用课堂与宿舍讨论法、演讲法、辩论法、体验法、学习研究法、收看影像资料片、参观、案例法等多种教学方法。课堂与宿舍讨论法就是围绕教学重点和难点，确定主题，组织学生在课堂分组或是按宿舍分组，由组长负责组织讨论，要求人人参与发言，讨论后确定一名代表在课堂上进行交流。如，组织学生讨论我校学生"八荣八耻"荣辱观的践行、大学生道德困惑问题及其解决方法、学校精神文明建设等问题。运用讨论法的目的在于引导学生思考问题，探讨解决问题的方法。讨论中，同学们对于一些问题如道德困惑的问题存在争议，通过讨论交流最后达成了共识，纠正了不正确的认识和看法。组织讨论我校学生的法律意识问题，大家普遍认为我校学生法律意识不强，从而提出增强法律意识的方法，学生自我教育有一定的效果。演讲法就是选择与学生实际紧密结合的内容组织演讲，如针对一些学生的社会责任意识不强，我们选择"祖国、父母与我的大学"为主题进行演讲，旨在教育学生认识到祖国、父母为自己上大学所提供的条件，激发学生努力学习成才报答祖国和父母的情感，增强学生的社会责任意识。辩论法是针对一些学生在某些问题的认识上存在分歧，如集体主义价值观与是否促进学生的成才，通过辩论，学生形成了集体主义价值观有利于成才的思想，消除了一些错误认识。体验法是让学生到实际生活中进行体验并加以总结领悟，如人际交往中的宽容心、诚信度是一些学生很欠缺的，我们让学生在处理人际关系中进行亲身体验。学生普遍认为，不愿与缺少宽容心和诚信的人交往，意识到自己应做有宽容心和诚信的人，达到了"己所不欲，勿施于人"的教育目的。学习研究法是让学生阅读课外书籍，思考和解决问题，如怎样确立人生观，让学生阅读名人传记，思考自己的人生问题和人生观确立问题。在学习爱国主义内容时，我们组织学生收看"西藏抗英百年祭——江孜浴血"和"东京审判"等影像资料片，还组织学生参观自治区博物馆，让学生根据收看影视片和参观情况撰写心得体会，进一步深化了学生对爱国主义理论的学习，巩固了课堂知识，将理性思考与感性认识统一起来，收到了良好的效果。案例法就是结合大学生成长的实际，组织学生对思想道德和法律的案例进行分析与评述，帮助学生掌握基本理论，形成正确观点和认识，教育学生养成良好的行为，如分析人生问题、道德现象、违法犯罪行为以及民事、刑事案件等。案例法教育直观形象，具有较强的说服力，师生共同参与既具有启发性也具有探讨性，能够调动和激发学生的学习热情和积极性。

在教学中，我们针对不同层次的学生分别应用了上述一些教学方法，收到了较好的效果。但也存在一些问题，因思想道德修养与法律基础课时有限，又是大班上课，一些学生参与的积极性还没有充分调动起来，教师进行教学方法的探索和改革也不平衡。

（三）改革考试传统的考试方法

从 2004 年以来，我们改革了考试方法，即加大对学生平时表现的考核。思想道德修养、法律基础"思想道德修养与法律基础课程平时成绩均占 40%，任课教师根据作业、考勤、纪律、讨论发言等情况给出 30 分平时成绩，班主任根据学生行为表现给出 10 分的平时成绩；期末考试占 60%，即期末考试 100 分卷面成绩折合为 60 分。同时改革了考试试题形式，由原来的名词解释、填空、选择、判断、简答、论述等题型改为案例或材料分析、辨析、论述等题型，改变了学生考前死记硬背的做法，主要考察了学生分析问题和解决问题的能力。从调查情况看，学生对考试题型的改革非常满意，90% 以上的学生都表示赞成。从教学过程看，由于考试方法的改革，教师更加重视平时的考核，也加大了对学生分析能力的培养力度，学生也更加重视平时作业的完成和行为表现。

教学内容、教学手段与考试方法的改革是一致的，教学内容、教学手段的改革决定考试方法的改革，反过来考试方法的改革又促进了教学内容和教学手段的改革。正是基于这些改革，才赢得了学生对课程内容和效果的赞同，也表明该课程的教学质量在不断提高。

二　教学改革中的问题及分析

教学改革的不断探索，促进了教学质量的提高，但也存在一些比较突出的问题。

（一）课程目的与教育教学效果有待于协调统一

思想道德修养与法律基础是一门实践性和应用性极强的课程，也是一门大学生成长成才的修身课，它主要是通过课堂教学与课外实践引导学生自觉加强修养，进而达到提高自身思想道德素质和法律素质的目的。大学生的成长成才问题是社会和家庭十分关注的问题，社会和家庭对学校寄予了极大的希望；教育部和各高校多次对该课程的内容体系进行整合与改革，目的也在于发挥该课程在培养大学生成才方面的功能和作用，不断提高大学生整体的思想道德素质和法律素质。大学生在成长成才过程中，遇到了很多人生问题的困惑，渴望在学校和老师的教育帮助下解疑释惑。但目前我们对这一教育教学目的把握不够，在多数教师和学生看来，依然把该课程作为一门知识理论课程对待，其教学效果离社会、学校和学生的期望还有较大的距离，还没有达到引导学生自觉思考和解决人生、社会、道德和法律等各种问题的目的，教师把它当知识课教，学生把它当考试课学，教完了、学完了、任务完成了的思想较重，该课程教学的延续性尚未体现出来，一些学生学习该课程后，没有完全形成提高思想道德和法律修养的自觉行为。

（二）教学方法与考试内容有待于协调统一

目前，我们进行了大量的教学方法的改革探索，学生比较欢迎。但在计入平时成绩的作业中对教学方法的改进体现不够，如讨论中一些学生的认识有所提高或改变，还应在作业中进一步深化其认识，或在期末考试中进行检查等。我们改变了靠死记硬背的考试题型，但是考核内容面较窄、题量较少、分值较大，对教学方法改进后学生的思想和行为的变化考核欠缺，这需要我们进一步加强研究与改进。

（三）思想道德教育与法律教育有待于协调统一

2006 年以前，思想道德教育与法律教育分别在思想道德修养与法律基础两门课程中进行，教学内容比较均衡。两门课程整合为一门课程后，思想道德教育内容编排在前，法律教育内容编排在后，中间有一部分交叉内容，法律内容较多而又排列在后，教学中往往导致教师和学生给予的重视程度有所下降，虽然课时分布是合理的，但在临近考试时学习法律部分的效果就会受到影响。这要求我们在教学方法上多采取案例教学法或在条件具备时开展模拟法庭活动加以强化，保证法律教育的质量。

三　进一步深化教学改革的思考与建议

经过多年的探索与实践，我们在思想道德修养与法律基础课程教学中形成了一整套良好的做法，但教学改革是无止境的，今后要在《中共中央宣传部教育部关于进一步加强和改进高等学校思想政治理论课的意见》的指导下，从我校学生的实际出发，继续深化教学改革，以期取得更好的效果。

（一）深入进行调查与研究，以满足学生要求为改革的出发点

为了学生、服务学生是我们进行教学改革的出发点和落脚点，学生需要什么、满足学生是我们进行教学改革的基础与前提，也是我们的教学理念。要大力加强调查与研究，定期不定期地通过问卷、召开学生座谈会、谈心等方法及时征求学生意见，了解学生的思想、生活、成才实际，特别是了解他们变化着的思想实际，把他们的需求作为教学改革的动力，把满足他们的愿望作为检验教学质量的标准。通过调查与研究，使每位教师深刻感受到肩负的责任和使命，进而增强教学改革的自觉性和积极性，不断推动教学改革持久深入地进行。

（二）以提高教育教学质量为目的，进一步开展集体备课与教研活动

思想道德修养与法律基础是一门公共必修课，任课教师由多人组成，如何提高该课程的教学质量，加强集体备课和教研活动是一个重要的前提。集体备课和教研活动要紧紧围绕该课程的教学重点难点和学生存在的问题而展开，提出如何解决重点难点和学生实际问题的思路与办法，并应用于教学实践，再进行分析总结与研究，使教研活动成为教学的准备程序、教学方法应用和教学效果总结的重要环节，通过教研活动要不断提升教师的备课能力和教研水平，促进教学方法改进。思想道德修养与法律基础是 2006 年开出的一门新的思想政治理论课，教研活动要认真学习和研究新的教学体系和内容，把握好教学内容及其内在联系，进一步探讨相应

的教学方法，以提高教学质量和效果。

（三）抓好实践教学和考试方式改革，进一步增强教学效果

在教学方法改革中，要加强实践教学环节。根据大学生成长和发展的规律，积极探索实践教学的方法和途径，引导学生在实践中加强思想道德与法律修养，养成良好的行为和习惯。在考试方式上，要通过作业和各种活动加强对学生平时表现的引导和教育，强化行为训练；期末考试应与平时教育结合起来，适当增加试题数量，加强对学生思想认识和行为表现的考核，重在考核其理论素养和实践能力。

（四）以培养合格人才为目标，不断强化教书育人意识

思想道德修养与法律基础是帮助大学生成才的一门重要课程，要教育学生成才成人，教师要示范在前，身体力行，为学生做出表率和榜样。教师首先应是德行高尚、具有法律信仰和理念的人，教育学生才能有感染力和实际效应。教师具有教书育人意识，才能全身心投入教学工作中，进行教学改革，以高尚的人格魅力和高超的教学技艺育人。因而，教书育人是教学改革的重要资源和不竭动力。要进一步深化教学改革，就必须强化教书育人意识，把培养合格人才作为教学改革的落脚点和归宿。要紧紧围绕培养"靠得住、留得下、用得上"的合格人才目标，进一步强化教师教书育人的意识，不断增强责任感和使命感。教师要将主要精力投入到深化教学改革和提高教学质量的工作中。

参考资料

[1] 中共中央宣传部、教育部：《关于进一步加强和改进高等学校思想政治理论课的意见》，教社政〔2005〕5 号。

[2]《中共中央宣传部、教育部关于进一步加强和改进高等学校思想政治理论课的意见》，实施方案，教社政〔2005〕9 号。

[3]《思想理论教育导刊》，2006 年增刊，"思想道德修养与法律基础学习辅导专辑"，高等教育出版社。

[4] 教育部社会科学研究与思想政治工作司：《高校思想政治理论课实践教学的探索与思考》，高等教育出版社 2006 年版。

（与杨文仙、曾燕、魏莉合作，发表于《西藏大学学报》2007 年增刊）

加强思想政治理论课改革
提高教育教学质量

  思想政治理论课在高校培养合格人才中具有重要的作用。在"98 方案"（原"两课"）基础上，《中共中央宣传部教育部关于进一步加强和改进高等学校思想政治理论课的意见》对思想政治理论课新的课程体系做了统一的部署，新的课程体系包括马克思主义基本原理、中国近现代史纲要、毛泽东思想、邓小平理论和"三个代表"重要思想概论、思想道德修养与法律基础四门课程，称作"05 方案"。从 2006 年秋季起，全国高校已执行新的思想政治理论课课程设置方案。自治区高校根据培养人才的需要增加"马克思主义祖国观民族观宗教观文化观教育概论"课程。目前，自治区高校已开始实施思想政治理论课新方案。我们要乘新的课程调整、实施之际，重点加强教学改革，努力提高思想政治理论课教育实效和教学质量。为此，根据自治区高校思想政治理论课教学现状，对课程改革提出以下几点思路。

一　明确思想政治理论新课程的性质，确定本课程教学的指导思想，确立本课程的理念

  马克思主义是我们立党立国的根本指导思想，是全党全国人民团结奋斗的共同思想基础。高等学校思想政治理论课承担着对大学生进行系统的马克思主义理论教育的任务，是对大学生进行思想政治教育的主渠道。充分发挥思想政治理论课的作用，用马克思列宁主义、毛泽东思想、邓小平理论和"三个代表"重要思想武装当代大学生，是党的教育方针的具体体现，是社会主义大学的本质特征，是党和国家事业长远发展的根本保

证。系统进行马克思主义理论教育是思想政治理论课的重要任务。

本课程要从自治区高校实际出发，为培养"靠得住、留得下、用得上"的人才提供思想理论基础，通过提高教学质量不断提高学生的思想政治素质；本课程教学要关注高中新课改形势，根据西藏大学生的特点，积极探讨适合自治区高校的教学方式，不断提高教学质量。

本课程应确定新的理念。一是坚持马克思主义基本观点教育与把握时代特征相结合，即既要引导学生学习经济、政治、文化、哲学等科学知识的学习，又要与时俱进地进行邓小平理论、"三个代表"重要思想和科学发展观基本观点的教育；教学要联系我国改革开放和社会主义现代化建设的客观实际，以马克思主义的新思想、新观点、新论断引导学生提高探究能力。二是坚持政治方向的引导与注重学生成长的特点相结合，即帮助学生确立正确的价值标准，把握正确的政治方向；要求教师尊重、理解、关心学生，贴近学生思想实际，重视释疑解惑、因势利导，提高学生关注政治的热情和判断形势发展的能力，增强思想政治教育的针对性和实效性。三是坚持课程的实践性和开放性相结合，即强调改革课程的教学方式和学习方式，尤其倡导研究性学习方式，实现从以"讲""教"为中心向以"学"为中心的转变；教学要拓展课程资源，大力加强学生获取知识、提出问题、分析和解决问题的能力。四是建立课程新的评价机制，即探讨形成性评价和终结性评价相结合的方式，加强过程评价，促进学生发展。

二　加强教材研究，着力把握学科体系、教材体系和教学体系的关系

思想政治理论课新的教材在编写上注重了青年学生的思想特点和思想政治教育的规律性，使学科体系与教材体系出现一些差别，不能将专业课的学科体系和教材体系照搬到思想政治理论课的教材体系中来。教育部颁发的教学大纲和统编教材，体现着国家对教学基本内容的规范性要求，应遵照执行；但对这一要求要加以辩证理解，教师要根据教材组织多种形式的教学活动，探索教学模式。因此，新的教材试行后，教师要下功夫研究学科体系与教材体系的关系，研究教材体系和教学体系的关系，处理好讲授基本原理与吸收科研新成果的关系，处理好讲授理论知识与联系实际、

解决问题的关系，处理好引导学生学习理论与学会做人的关系。在应用新教材后，使思想政治理论课教学在培养合格人才方面发挥出更好的功能和作用。

三　开展课堂教学改革研究，探索新的教学方法和学习方式

教师主导的"目标—策略—评价"的教学与学生经历的"活动—体验—表现"的学习，是我们应探讨的基本教学方式和学习方式。教师要在新的理念下，改变"一言堂"的习惯做法，放下架子，学会向学生学习，学会在课堂上倾听，加强与学生的交流，尊重、激发、保护和保持学生学习思想政治理论课的兴趣、热情和信心，真正实现教师角色的转换——由传统的知识传授者转变为学生学习的帮助者和发展的促进者。这是思想政治理论课构建新型教学模式、实现课堂教学突破的关键，是新课程实施中教师帮助学生提高学习效率、从而提高教学质量的研究重点。

要实现新的教学方式和学习方式，教师必须将讲授与实践活动结合起来。教师要精心设计教学内容与实践活动内容，要在内容、方式和活动时机上做好安排，有目的、有步骤地开展活动，即内容上要围绕教学重难点和值得探究的问题开展，方式上要让学生都参与进来，时机上要注意与学生的兴奋点结合进行，活动要有目标要求、有时间保障，活动后要加以总结和提升。活动中要引导学生领悟所学理论知识的生活意义和社会意义，使学生体验到思想政治理论知识的有用性，切忌走形式、玩热闹。教师要根据该课程大班上课的特点，加强教学研究，进行集体备课、听课，探究有效的方法，逐步推行。

四　主动开发和整合利用多种课程资源

思想政治理论课要用好教材、超越教材，创造性地运用教材。新的教材在总结以往教材内容的基础上，做了较大的调整与变动，教师要结合自治区高校学生的实际水平，运用自身的教学经验和教学智慧，根据课程目

标和要求，进行教学设计，对教材内容进行适当选择、补充、延伸，合理重组教学内容，以有利于学生的学习；注重使用当代社会进步、经济发展和科技创新的成果充实教学内容、更新教学案例和素材，体现时代性，有利于学生新思维形成；要将概念、原理、观点等理论教学与学生的日常生活和已有经验相结合，有利于学生构建自己的经验知识；要注重对教材内容的超越，有利于学生探究和创新能力的培养。

在使用好教材的同时，要注意教科书与其他资源的合理整合，充分利用多种课程资源支撑学生的学习活动。如网络信息、图片、录音、录像、影视作品、参观、调查、访谈、时事政策、党团活动、班级活动、学校特色、乡土资源等。要将身边的资源与学校的资源、社会的资源结合起来使用，拓展学生的视野。

五　研究思想政治理论课综合评价方式

思想政治理论课教育教学的价值在于实现学生思想政治素质的提高，目前该课程的评价方式存在许多问题，制约着教学方法的改革和教学质量的提高，因此，改革思想政治理论课评价方式势在必行。

思想政治理论课要综合考核学生对所学内容的理解和行为表现，重在反映大学生马克思主义理论素养和道德品质；实行学生学业成绩与成长记录相结合的评价方式，不仅考查学生对学科理论知识的掌握，更要注重过程评价和自我评价，重视学习的过程和体验，既坚持正确的价值标准，又尊重学生个性的表现；将知识目标，能力目标与情感、态度和价值目标的评价统一起来，形成综合评价。因此，要改变现有的考试方式，由三段式组成：平时主要考察学生的学习态度、体验表现和活动效果，占30%，中期主要考察学生的能力素质、情感、认识和价值取向，可采取随堂开卷方式，占40%，期末主要考查学生对理论知识的掌握，可采取闭卷方式，占30%。

六　改进和完善思想政治理论课教研活动，
　　鼓励课题推动教学改革

思想政治理论课改革要通过开展富有成效的教研活动和课题研究方

式，解决课程教学中出现的问题，积极探索本课程教育教学的新思路和新方法，为课程教学实现目标提供保障。一是要建立校本研究机制，成立思想政治理论课各门课程备课组，以教学设计的集体研究为切入口，保证集体备课，有时间、有地点、有内容，合理安排，使每一位教师教研有所得，改变教研活动就是统一教学进度、研究考试题型和内容的做法；要遵循集体设计—实施—研讨反思—再设计的教研方式，并将其制度化，加强教师的自我反思、自我评价和交流互助，使教研活动在提高教学质量中发挥出重要的作用。二是加强教研室建设，思想政治理论教研室要组织教师加强思想政治理论、教育思想与教育观念和课改理论的学习，将其内化为教师的专业素质，外化为教师的专业能力。三是教师要积极开展思想政治理论课教学的课题研究，形成在教学中研究、在研究中教学的良好习惯，学校应在科研上给予支持。

（发表于《西藏教育》2007 年第 7 期）

民族法制建设与西藏高校法学人才的培养

摘　要　民族法制建设是我国法制建设的重要组成部分，新世纪面临着新的任务。民族法制建设的任务对法学人才的素质提出了较高的要求。西藏高校应适应民族法制建设形势，积极探索法学人才的培养方法和途径，为建设社会主义法治国家、实现依法治藏、建设和谐西藏输送合格人才。

关键词　民族法制建设　西藏高校　法学人才　培养

一　新时期我国民族法制建设的重要任务

民族法制建设是我国法制建设的重要组成部分。民族法制是指处理民族问题的法律、法规、规章制度的总和，即静态意义上的、以法律法规文件形式表现出来的涉及民族问题的法律制度；也包括动态意义上的关于民族问题的立法、守法、执法、法规实施的监督以及法律意识的宣传教育等一系列环节。① 我国的民族法制建设经过 50 多年的发展，已初步形成了具有中国特色的民族法规体系、民族立法机制和执行机制。但是还很不完善，离社会主义民主和法制建设的要求还有较大的差距，21 世纪我国民族法制建设的任务非常艰巨。我国民族法制建设应着重做好以下几个方面的工作。

1. 围绕社会主义和谐社会建设目标，加快民族法制建设步伐，为民

---

① 毛公宁、王平：《试论我国民族法制建设问题》，《中南民族大学学报》（人文社会科学版）2004 年第 6 期。

族地区建设和谐社会提供法制保障

《中共中央关于构建社会主义和谐社会若干重大问题的决定》绘制了我国建设社会主义和谐社会的宏伟蓝图，各民族地区也制定了建设和谐社会的规划。《中共西藏自治区委员会关于建设和谐西藏若干问题的决定》对建设和谐西藏做出了总部署。建设和谐社会成为目前全国各族人民的共同目标，进一步巩固和发展平等、团结、互助、和谐的社会主义民族关系是全国各族的共同愿望。实现这些目标和愿望要有完善的制度保障，其中法制保障是必不可少的。

民族地区要加强社会主义民族法制建设，为建设和谐社会提供有力的法制保障。第一要坚持和完善人民代表大会制度、民族区域自治制度，从各个层次扩大公民有序的政治参与，保障各族人民依法管理国家事务、管理经济和文化事业、管理社会事务，完善民主权利保障制度，巩固人民当家做主的政治地位，保证人民依法直接行使民主权利。第二要根据宪法和民族区域自治法，不断拓宽地方立法范围、提高立法质量，完善法律制度，夯实社会和谐的法治基础。第三要加快建设法治政府，全面推进依法行政。第四要加强对权力运行的制约和监督，加强对行政机关、司法机关的监督。第五要拓展和规范法律服务，加强和改进法律援助工作。第六要深入开展法制宣传教育，形成全体公民自觉学法守法用法的氛围。第七要坚持司法为民、公正司法，推进司法体制和工作机制改革，加强司法民主建设，发挥司法维护公平正义的职能作用。

2. 进一步完善民族法规体系、立法机制和执行机制，实现民族法制现代化

民族法制现代化，就是民族法制建设与市场经济被引入社会主义的制度框架的同步发展以及与现代化的理性的法制在中国历史性重构的同步发展。[①] 民族法制现代化的前提是建立健全民族法规体系、立法机制和执行机制。目前，我国民族法规体系、立法机制和执行机制系很不完备。因此，根据"依法治国，建设社会主义法治国家"的宪法精神，建立健全民族法制体系、立法机制和执行机制，是新世纪我国民族法制建设、实现民族法制现代化的重要任务。要制定民族自治条例，制定一系列单行民族法律、法规，特别是经济、民族教育和民族语言文字等方面的法律法规。

---

① 戴小民等：《民族法制问题探索》，民族出版社 2002 年版，第 26 页。

要形成以民族自治条例、单行条例和变通规定为核心的地方民族法制体系，并提高立法质量，到 2010 年，基本形成中国特色的民族法律法规体系和立法机制。要建立和健全民族法制监督机制，强化民族法律、法规贯彻执行情况的检查和监督，加强民族执法。目前在民族法制建设中，一些地方和部门有法不依、执法不严、违法不纠的现象还相当严重。因此必须建立健全民族法律、法规实施的监督机制，包括权力机关监督、司法监督、行政执法监督、群众监督和舆论监督等制度，并建立相应的法律责任制度和民族司法审查制度，形成民族地区的诉讼法，明确规定违反民族法律、法规的制裁程序和措施，逐步形成一套完备的监督机制，造就有法必依、执法必严、违法必究的民族法制环境，树立民族法制的权威性，使民族法律、法规在国家政治生活、经济生活和社会生活中得到全面贯彻实施。

3. 大力宣传民族法制，增强民族法制意识

要进一步普及民族法制的宣传教育，提高全体公民特别是各级领导干部的民族法律意识。执法、司法、守法的关键在于法治观念的牢固树立和自觉性的提高，不增强各族人民的民族法制观念，要全面贯彻落实民族法律、法规是不可能，也不可能实现民族法制的现代化。民族法是调整我国民族关系的法律规范。因此不论是汉族还是少数民族，都应该学习民族法律、法规，只有知法、懂法，才能更好地正确运用民族法律规范维护自己的合法权益。国家公务人员特别是领导干部更应该带头学习民族法律、法规，带头宣传、全面贯彻、切实遵照民族法律、法规。这是民族法制建设健康发展的基本保证，也是民族法制现代化的题中之义。

西藏自治区与其他民族地区相比较，在民族法制建设方面还有一定的差距，民族法规体系、立法机制和执行机制尚不完善，民族法制普及不够，法制保障尚显不足，因而，民族法制建设任务极其繁重。在构建和谐社会、小康社会中，必须加快民族法制建设，为实现其目标、完成其任务提供强有力的法制保障。

二 民族法制建设对法学人才素质的要求

民族法制建设是建设民族地区和谐社会、促进民族地区经济社会发展

的重要保障。培养适应民族法制建设要求与需要的法学人才是加强民族法制建设的有力措施。法学专业学生能否成为民族地区的法学人才，要看其能否在民族法制建设中做出贡献、为推进民族法制建设尽到责任。法学人才肩负着 21 世纪民族法制建设的重任，新时期民族法制建设的任务给法学人才素质提出了较高的要求。

1. 法学专业学生要有志于民族法制建设事业

民族法制建设是我国法制建设的重要内容之一，它关系着民族地区民主法制的建设，关系着我国社会主义法治国家的建设。目前，我国民族法制建设任重道远，要求法学院校尤其是民族地区法学院校培养一批有志于民族法制建设事业的法学人才。法学专业学生不但应掌握法学的一般基础理论知识、掌握民族理论政策，了解民族地区基本情况和法律文化背景，而且还特别要有投身于民族法制建设的理想。当前，我国民族地区法学人才还比较匮乏，民法法制建设在人力、物力和财力等方面存在较大的困难，到民族地区工作比较艰辛，这就需要法学专业毕业生到民族地区工作要有足够的思想和心理准备，要有坚强的信心和决心，要有执着的吃苦精神，要有为民族法制建设奉献的意识，还要求有民族法制建设的能力和水平。法学院校尤其是民族地区的高校要培养和造就一支有志于民族法制建设的法学人才队伍，使之成为新世纪民族法制建设的生力军。

2. 法学专业学生要成为适应民族法制建设要求的法律人

法学人才首先必须是法律人。法律人就是要求法律工作者具有宽厚的基础知识、独特的法律思维、娴熟的法律运用能力、一定的法律内研究能力和高尚的职业道德情操。[①] 法学专业学生要成为适应民族法制建设要求的法律人，就要掌握丰富的法律理论知识，具有广泛的文化基础，包括历史学、经济学、社会学、民族学以及其他社会科学、自然科学，也包括这些学科与地方特色相结合的交叉学科知识；要求具有较强的法律思维能力，运用相关知识分析和观察民族地区的法律问题，进而用法律解决社会问题；要求具有坚定的道德信念和法律信仰，维护公平正义，树立民族法制权威。法学专业学生要成为既忠于法律职业，又立志献身于民族法制事业的法律工作者。

---

① 周志荣：《从法学专业毕业生的素质缺陷看法学教育》，《法制日报》2005 年 8 月 8 日。

3. 法学专业学生要具有较强的法律应用能力

对于民族地区来说，法学专业主要是培养应用型人才，毕业生要到基层从事司法和执法工作，这就需要有较强的法律应用能力，即毕业生能够在法律实务部门从事审理案件、处理案件和代理各种法律实务的工作。法律应用能力首先是实践能力，就是能够运用法律理论和民族自治法理论对具体法律事件、法律现象进行全面的分析，能够应对民族地区的突发事件和疑难复杂案件。随着经济社会的发展与进步，民族地区的法治环境也在发生着较大的变化，法律纠纷增多，呈现复杂情形，到民族地区工作的法学专业学生在工作中应既能把握民族政策，又能应用法学理论，稳妥地处理法律事件，解决社会问题，为民族地区的安定与发展创造良好的社会法治环境。

西藏民族法制建设的任务要求到该地区工作的法学人才，首先有投身于西藏民族法制建设的志向，愿意到基层工作，甘愿为西藏民族法制建设事业而献身。其次要有较强的法律人意识，用法律思维思考民族法制建设中的一系列问题，驾驭较复杂的法制环境，有效解决民族法律问题。最后要具备综合的专业能力素质，既具有较强的法律应用能力，也要有一定的研究能力，能够通过对西藏民族法制建设诸多问题的研究，找到解决问题的对策与办法，为进一步完善民族法规、立法机制和执行机制，实现民族法制现代化出谋划策，推动民族法制工作前进。

三　西藏高校法学人才培养中的几个问题

从 20 世纪 90 年代开始，西藏高校设立法学专业，为地方培养和输送法律人才。在发展法学专业过程中，根据西藏实际进行探索，逐渐形成了地方性法学人才培养的模式。但与内地高校相比，还存在较多的问题，还不能完全适应西藏民族法制建设的需要。新时期西藏高校法学人才培养应突出把握好以下几个问题。

1. 围绕西藏民族法制建设目标，制定和完善法学专业培养方案

西藏民族法制建设的目标是进一步完善民族区域自治制度，全面落实好《民族区域自治法》赋予的各项自治权。为此，要加快完善民族法规体系、立法机制和执行机制以及实现民族法制现代化的步伐。西藏

高校要办好法学专业，必须紧紧围绕这个目标制定和完善法学专业培养方案。在培养目标上，西藏高校要培养适合在自治区立法、司法和执法部门以及法律咨询、服务和仲裁部门机构工作的，"靠得住、留得下、用得上"，为西藏经济社会发展服务、为民族法制建设服务的应用型人才，体现区域服务性。在课程设置上，要把法学理论和民族区域自治法理论紧密结合起来，既设置法学科的基本理论课程即专业主干课程和专业基础课程，又设置区域特色课程，特色课程包括历史学、经济学、社会学、民族学以及其他社会科学、自然科学等学科与地方特色相结合的交叉学科课程，如民族区域自治法、民族理论与政策、西藏地方法制史、西藏文化、西藏民俗、西藏宗教发展史、法律藏语、藏文信息处理等课程，体现法学基本理论和民族区域自治法理论的结合性。在实践环节上，要结合西藏实际，选择典型案例，应用法学理论和民族自治法理论进行实际练习，培养学生解决本地区法律问题的实际能力，体现法律实务知识的应用性。

2. 重视法学专业学生的职业理念教育和法律思维与实践能力的培养

法学应用型人才职业特点非常突出，一个是表现在职业理念上，另一个是表现在职业角色上。职业理念是指因法学专业培养的是立法、司法和执法的职业者，必须具备廉洁、刚正、正义、奉献的品质，拥有维护公平、主持公道的责任，而应具有的专业人员特质。职业角色是指从事法律工作的职业性。根据西藏经济社会发展需要，西藏高校对法学专业学生进行职业理念教育要着重把握：一是培养学生具有坚定的政治方向，即法律执业者始终必须为祖国服务、维护祖国统一、成为国家政权的保卫者，为社会主义服务、维护社会主义制度、成为社会主义制度的捍卫者；二是培养学生具有无私的献身精神，即要有志于西藏民族法制建设事业，不怕艰辛、愿意终生为此奋斗；三是培养学生做公平正义的使者，即成为权利的守护者，伸张正义、消除邪恶；四是培养学生具有较强的职业能力，即忠于职守、尽职尽责，做法律的执行者；五是培养法律文化的建设者，要把民族传统与法律实施有机结合起来，弘扬民族优秀的传统文化，建设社会主义的法律文化。

法律思维是按照法律的逻辑，运用法律理论和知识观察、分析和解决社会问题的思维方式，是做一个法律人必有的最核心的素养要求。培养法学专业学生的法律思维，就是教育学生严格按照法律要求思考问题，排除个人偏见，避免随意性，公正合法地解决问题。实践能力是锻炼学生的理论应用能力、成为法律工作者必备的基本能力。法学是一门实践性极强的学科，法科学生进入社会既是探新创造过程又是将所学知识应用于实践过程，因此法学教育应传授给学生经验知识，并引导学生关注、思考社会问题，造就学生的实践精神，培养学生的实践能力。① 目前，西藏高校法学专业教育中，普遍重视学生的理论知识教育，对学生法律思维和法律实践能力的培养与训练还很欠缺。因此在教育教学中，应突出和重视学生法律思维和法律实践能力的培养：一是指导学生进行调研，了解西藏的民族立法状况、立法机制和监督机制的运行与完善情况，了解民族区域自治法实践情况，发现问题，找出原因，引导学生按照法律要求提出解决问题的对策，便于将来工作后积极参与到民族法制建设，以法律思维解决民族法制建设中的问题，并能有所建树，推动西藏民族法制建设的发展；二是加强实验、实训基地建设，营造适宜的实践教学环境，使学生在校期间得到用人部门的实际培训，具备较强的法学操作能力，以便适应将来的工作需要；三是在实践教学中，对学生进行分析案件、审理案件、处理案件等实务操作环节的基础训练，培养学生公正、合法的司法和执法的理念和能力。

3. 建设一支适应西藏民族法制建设的师资队伍

为西藏地区培养高素质的法学应用型人才，首先要建设一支适应西藏民族法制建设的师资队伍，即建设与应用型人才培养目标相一致，既具有深厚的专业理论知识，又具有较强的实践能力的师资队伍。② 这支队伍要掌握法学基本理论，要研究民族法制建设问题，还具有法学实践经历和能力。为此，要通过培训、进修提高教师的理论素养，同时也应采取措施如联系司法部门安排教师挂职锻炼等，增强其实践能力。此外，还应聘请地方立法、司法和执法等有关部门的领导和专家到学校兼职，成为师资队伍的组成部分，既请他们为学生授课，也请他们培训教师。建立以学校教师为主、以职业兼职教师为辅的师资队伍是办好西藏高校法学专业的一个重要条件，我们应积极进行探索和试验。

① 王凤民、刘新影：《关于地方高校法学专业定位域特色建设的思考》，《绥化学院学报》2006 年第 8 期。

② 许步国、王凤民：《法学本科应用型人才培养模式的探索与研究》，《牡丹江师范学院学报》（哲学社会科学版）2006 年第 5 期。

　　总之，西藏高校担负着为西藏地区培养法学人才的重任，要根据西藏民族法制建设的需求，立足西藏经济社会发展的实际，找准法学专业的定位，做到专业建设为培养人才服务，为建设社会主义法治国家、实现依法治藏、建设和谐西藏输送合格的人才。

（发表于《民族教育研究》2007 年第 6 期）

以方永刚同志为榜样 做好高校
思想政治理论教育工作

当前在全国理论界尤其是在高校兴起了学习方永刚同志先进事迹的热潮。我们学习了关于方永刚同志先进事迹的报道后，思想上受到很大的震动。作为同行，方永刚同志坚定对马克思主义的信仰、对党的信念，用严谨科学的精神研究党的创新理论，兴求真务实之风，把所宣传的理论与实际工作结合起来，以饱满的激情、高超的授课艺术把党的理论讲述给学生和所有听他讲座的人，他的政治信念、讲课艺术、创新精神以及作为理论工作者的敏感性和他与病魔作斗争的顽强毅力都是我们学习的榜样。

现在，思想政治理论课越来越受到党和国家以及全社会的高度重视，把方永刚同志树为先进典型人物，反映了社会的一种价值导向，是我们理论工作者的骄傲。方永刚同志深入学习党的理论、坚定信仰党的理论、积极宣传党的理论、模范践行党的理论，集中体现了一个共产党员、一位新时代军人的精神风貌、高尚情操和博大胸怀。我们可以把方永刚同志的先进事迹称作方永刚精神。他的精神就在于深入学习中国化的马克思主义，建设学习型政党。伟大的事业需要伟大的理论，伟大的理论推动着伟大的事业。伟大的理论要被全党、全国人民所接受，并转化为实际行动，需要有无数个方永刚这样的理论工作者做好党的创新理论的宣传工作。方永刚作为一名思想政治理论教员，真学、真信、真情传播、真诚实践党的理论，是理论工作者的楷模。他用执着、勇气和精神，把平凡的事情做到极致；他深入学习党的理论、追求真理、刻苦钻研，勇于探索；他坚定信仰党的理论、忠于理想、矢志不移，执着进取；他积极传播党的理论、爱岗敬业、不辱使命，顽强拼搏；他模范践行党的理论、求真务实、知行统一，创新开拓；他具有高度的政治觉悟和高尚师德，为忠诚党的事业而献身。在他身上凝聚着新时代一个理论工作者的高尚品格。

　　学习方永刚同志的先进事迹后，我们与他相比，感到有较大的差距。学习方永刚同志，我们应做到以下几点：

　　第一，坚定对马克思主义和党的理论的信仰。方永刚同志说："我们做马克思主义理论教员的，自己都不信真理的话，怎么让别人信呢？自己都不感动的话，又怎么去感动别人呢？"方永刚同志坚信马克思主义，他才执着地钻研、生动地讲授，为学生和群众做出表率，宣传党的理论为听众所接受，把党的理论变为强大的物质力量。我们常讲，做思想政治工作要"晓之以理，动之以情"，这种"理"与"情"就是源于思想政治理论工作者的信仰。信仰马克思主义。才能真情讲授党的创新理论，说服听众、感动听众；如果自己不信仰马克思主义那就只能照本宣科地讲党的创新理论，讲不深、讲不透，让听众不信服，起不到教育作用。作为高校思想政治理论课教师首先自己要坚定不移地信仰马克思主义，信仰党的理论，学生在听讲时才能够感受到一个思想政治理论教师无穷的魅力。教师信仰，才能要求学生信仰；如果教师不信仰，怎能要求学生信仰呢？我们学习方永刚同志的先进事迹，对马克思主义的学习要在真学、真信、真懂上下功夫，信仰坚定了，才能做到真情传播，真诚实践。

　　第二，强化事业心和责任感。大家都感到思想政治理论课难讲，效果不佳，为什么方永刚同志就能把它讲到如此的程度呢？其原因就在于他热爱思想政治教育事业，把思想政治理论课当作一门学问，花费了大量的精力钻研，吃透了理论的实质，同时注意研究实际问题，把理论讲到了人们的心坎上，引起了人们心灵的共鸣。我们学习方永刚同志，就是要把理论宣传作为一门学问深入研究，把思想政治理论教育作为一项伟大的事业而投入最大的精力，真正理解和领会党的理论的深刻内涵和实质，以一种忠诚的态度，以时代的责任感、使命感加强学习与研究，加深理论功底，夯实做好思想理论工作的基础。

　　第三，坚持理论联系实际的工作作风。同样的思想政治理论课，同样的课程大纲，同样的听课对象，同样的社会大环境，为什么方永刚同志能把课程讲得如此鲜活、如此深受欢迎？原因是他不断加强自身理论学习，发现新东西，推陈出新。讲课前他要深入研究授课对象，了解授课对象的实际情况，做到有的放矢，理论联系实际做得好，他才把课讲得那么好、那么受欢迎。他说：理论还原和指导生活需要一系列的环节，理论工作者要当好"政治翻译"。他做过1000多场报告，让各种听众心服口服。听完他的报告，大家感悟颇深。能够解决许多实际问题。他传播理论，帮助人们解决了实际问题，体现了理论宣传的实践性和实效性。我们学习方永刚同志，就是要走进大学生的心灵，弄清他们所想所思，尤其是了解西藏高校学生面对毕业就业制度改革以及学习、生活压力带来的影响，贴近他们的思想、生活、学习实际，用科学的理论武装他们的头脑，帮助他们解决各种实际问题，进而增加思想政治理论课的感染力和实效性，使理论教育在育人的过程中发挥出应有的作用。

当前，西藏大学把学习方永刚先进事迹与正在进行的本科教学水平评估工作紧密地结合起来，把此项工作作为评建工作的重要组成部分，加强师德建设，培养教师爱岗敬业、教书育人精神，训练和提高教师教学技能，大力进行思想政治理论课教学改革，使思想政治理论课在培养"靠得住、用得上、留得下"人才过程中发挥重要的作用。

总之，高校思想政治理论课担负着培养社会主义合格建设者和可靠接班人、塑造大学生心灵的神圣使命，我们学习方永刚同志，要不辱使命，增强自身的理论素养，历练自身的理论能力，把握好理论与实际的结合点，不断提高思想政治理论课的教育教学质量和效果，不辜负党的期望和人民的重托。

（发表于《西藏日报》2007 年 5 月 18 日）

为西藏教育的发展撑起一个支点

——写在《西藏教育》（汉文版）刊发 200 期之时

在我国改革开放的东风吹佛西藏高原时，在西藏经济社会大步伐前进中，《西藏教育》问世。从 1984 年起至今，《西藏教育》（汉文版）已走过 26 年、刊发 200 期的历程。这期间，编辑人员已更换了几茬，创刊的编辑老师已经退休，但对于《西藏教育》来讲，它很年轻，正在迎着初升的朝阳，茁壮成长。《西藏教育》（汉文版）刊发 200 期，倾注了自治区有关领导、教育厅党组和教育厅行政等各级领导的关心，凝聚着所有编辑人员的辛勤劳动，还有热爱西藏民族教育工作者的大力支持。

《西藏教育》（汉文版）从创刊以来，已经由模块简单、容量较小的刊物发展为，包括教育政策、教育论坛、教学研究、课程改革、教材教法研讨、教学参考、现代技术教育、语言文字教学、班主任工作、教师心得等多样模块，融幼儿教育、基础教育、职业教育、成人教育、特殊教育、高等教育研究为一体的容量较大的教育刊物；由创刊时不定期内部发行刊物发展到公开发行的季刊、双月刊，现已成为月刊，年刊发 12 期，每期约登载 10 万字，年发约 120 万字。刊物始终坚持的宗旨是：坚持党的四项基本原则，坚持社会主义办刊方向，以改革开放政策为指导，宣传贯彻国家的教育方针、政策和改革措施；结合西藏实际，探讨西藏民族教育的规律和特点，总结、交流和推广教学工作经验，为提高西藏教育管理水平和教育教学质量服务，为广大教育行政干部、教育科研人员和师生员工服务。这一宗旨保证了《西藏教育》的质量和水平。目前，《西藏教育》已由起初面向全区各教育行政部门和各级各类学校的干部、教师发行，扩展到面向国内外发行。它向世界展现着西藏民族教育事业发展的历程和面貌，已是全面介绍西藏现代教育发展状况、向世界展示西藏教育风采的平台，也是国家和西藏自治区教育政策的宣传平台，还是致力于西藏民族教育事业工作者研讨交流教育教学工作的平台，成为让世人了解西藏教育发展的一个重要窗口，成为促进西藏教育发展的一个重要支点。

《西藏教育》是我国教育政策和民族教育政策的宣传平台。教育政策是对教育方针的具体贯彻，我国根据多民族的特点，除了制定适应全国的教育政策以外，还制定了适应民族地区的民族教育政策，支持民族地区教育的跨越式发展。宣传和贯彻落实国家教育政策和民族教育政策是民族地区教育发展的一项重要任务，这些政策需要通过一定的平台让各族干部群众所掌握。《西藏教育》刊发以来，一直以专栏形式刊登国家和自治区各级领导关于教育的讲话以及具体民族教育政策的介绍，以此平台向西藏教育工作者、学生和家长宣传党和国家的教育政策和民族教育政策。教育行政工作者、教师通过学习和理解，在工作中做到执行、贯彻和宣传教育政策和民族教育政策尤其是教育部、国家民委关于西藏发展民族教育的政策。学生和家长通过了解政策，积极支持西藏民族教育事业的发展。从1985年以来，西藏贯彻实施在内地创办西藏班（校）、实行学生寄宿制"三包"措施、实现"两基"攻坚目标、教育援藏等具有西藏特点的民族教育政策，都是教育工作者自觉力行和学生、家长大力支持的结果。20多年来，《西藏教育》刊发的国家教育政策和民族教育政策及其执行情况的内容，记述了国家教育政策和民族教育政策得以落实的过程，成为直接宣传党和国家教育政策和民族教育政策的一个重要平台，对促进西藏教育发展发挥了重要的作用。

《西藏教育》是介绍西藏教育变化与发展的平台。改革开放以来，西藏教育事业走上了大踏步、跨越式发展的道路。从1985年开始，在农牧区实行以寄宿制为主的中小学校办学模式，并对义务教育阶段的农牧民子女实行包吃、包住、包学习费用的"三包"政策。2008年，西藏73个县（市、区）已全部实现普及六年义务教育和基本扫除文盲，其中70个县完成普及九年义务教育，文盲率下降到2.4%。小学学龄儿童入学率达到98.5%，初中入学率达到92.2%，高中入学率达到51.2%。据统计，西藏现有小学884所、普通中学117所、教学点1237个。2008年，西藏人均受教育年限已达6.3年。西藏有本专科院校6所，在校学生近3万人，高等教育入学率已达19.7%。还有中等专（职）业学校10所，在校生2.1万人。20多年来，全国先后有20个省、直辖市的28所学校开办内地西藏班（校），有53所内地重点高中、90多所高等学校招收西藏班学生，累计招收初中生 36727 人，高中（中专）生 3070 人，高校本专科生 1.2 万余人，为西藏培养输送了 1.8 万余名各级各类建设人才。2010 年，全国又有 42 所职业学校招收西藏 3000 余名学生，接受职业技术教育。西藏教育已建立起幼儿教育、基础教育、职业教育、成人教育、特殊教育到高等教育的现代化教育体系，已形成区内办学与区外办学相结合的办学模式。《西藏教育》在刊发的 200 期内容中都有详细内容记述了西藏教育发展的具体历程，留下了西藏教育每一步发展的足迹。我们今天翻看《西藏教育》，可以清晰地再现西藏教育发展的轨迹，是一笔记载西藏教育发展情况的宝贵资料。

《西藏教育》是西藏教育工作者进行教育教学研究与交流的平台。西藏教育有着自身的特殊性，从现代教育创办以来，一直实行双语教学，用国家通用语言和民族语言——藏语教学，而且教育对象大部分来自农牧区，学生基础很差，民族教育教学工作比较复杂，做好民族教育教学工作难度很大。为了促进教育教学工作，《西藏教育》设立较多的栏目，吸引教育工作者尤其是广大教师积极探讨西藏教育教学问题，有高校的、有中专（中职）的、有中学的、有小学的教育教学内容；有文科的、有理科的教育教学内容；有内地班（校）的、有区内各级各类学校的教育教学内容；有德育的、有专业的、有技术的教育教学内容；有教育理论的、有教育知识的、有教学方法的教育教学内容；等等。一本不算太厚的《西藏教育》却容纳了西藏教育的很多内容，目的是给教育工作者以更广阔的交流平台。通过这样的平台，教育工作者将大家对西藏民族教育探讨的好思路、好方法、好措施、好经验都应用于教育教学工作中，促进了教育教学工作的发展。《西藏教育》已成为从事西藏民族教育工作的同人们交流交往交融的一个良好的平台，一条不可或缺的学习途径。

对于一本刊物来说，26 载的历程不算长，200 期的刊发量不算大，可《西藏教育》走过的历程和发刊的内容记载了新西藏教育腾飞的历程。26 年间，西藏教育变化巨大、发展迅猛，教育的现实成就给予了《西藏教育》发展的鼎力支持，没有西藏教育现实的发展就没有《西藏教育》刊物的发展，《西藏教育》刊物的发展是西藏现实教育发展的结果，同时《西藏教育》也从理论上、理念上和实践中为西藏教育发展撑起了一个思想和智慧的支点。26 年来，《西藏教育》以各个栏目作平台培养了一批具有一定教育理论素养的藏汉等民族的教育教学研究者，他们既是西藏教育的耕耘者，也是《西藏教育》的支持者。在《西藏教育》刊发 200 期之时，作为西藏教育研究者的一员，感谢编辑老师的辛勤劳动，并希望编辑老师编选更多优秀文章，促进西藏教育更好更快更大发展。

中央第五次西藏工作座谈会给西藏教育的发展带来了新的契机，西藏教育承担着推进跨越式发展和长治久安重大的任务，《西藏教育》也迎来了又一个新的发展机遇。汇聚成就主流，承载就是力量。最后，祝愿《西藏教育》旦复旦兮，书写辉煌，与西藏民族教育事业共奋进，托起明天更加美好的希望！

（发表于《西藏教育》2010 年第 11 期）

后　记

　　我的科研工作包括从事高校教育教学研究和社会科学院哲学社会科学研究两个阶段，与本职工作相关形成了一些科研成果。本论文集编辑50余篇论文、文章与研究报告，分为十个方面内容：马克思主义理论与应用研究、思想政治教育研究、爱国主义教育研究、价值观教育研究、民族理论与实践研究、文化建设研究、法制建设研究、社会与历史研究、纪念百万农奴解放研究、教育教学研究。其中一部分是公开发表过的文章或论文，一部分是课题研究报告。所选择的内容基本反映出编者的思考与科研轨迹，故名"耕耘　思考　求索"。编辑完论文集的内容，深感学问无止境，仍需继续求索。由于本人水平有限，书中内容难免有误，期待读者批评与指正。

　　中央确立对口援藏政策以来，中国社会科学院连续开展对口支援西藏社会科学院的工作，在人力、财力、物力等方面给予很大的帮助。在西藏社会科学院成立30周年之际，中国社会科学出版社资助出版一批研究成果，我的论文集有幸为其中一部。感谢中国社会科学院及中国社会科学出版社给予西藏社会科学院的大力支持。

　　衷心感谢中国社会科学出版社领导和编辑老师，感谢西藏社会科学院领导和编辑老师为本论文集编辑出版付出辛勤劳动！

编者

2015 年 5 月